AF140631

Bibliografische Information der Deutschen Nationalbibliothek: Die Deutsche Nationalbibliothek verzeichnet diese Publikation in der Deutschen National-bibliografie; detaillierte bibliografische Daten sind im Internet über dnb.dnb.de abrufbar.

© 2015 Michael Wieland

Herstellung und Verlag: BoD – Books on Demand, Norderstedt

ISBN 9783739217352

„Vorrangdogmatik und Rücksichtnahme auf die Identität der nationalen Verfassungen in der Rechtsprechung des Europäischen Gerichtshofs"

Inaugural-Dissertation
zur Erlangung der Doktorwürde einer Hohen Juristischen Fakultät der Ludwig-Maximilians-Universität zu München

Meinen Eltern

Inhaltsverzeichnis

12

A) Gegenstand der Arbeit und Gang der Analyse

Das richterrechtlich entwickelte Institut des Vorrangs des Unionsrechts vor dem Recht der Mitgliedstaaten war und ist eines der prägenden Elemente der Rechtsordnung der Europäischen Union. Zusammen mit dem Prinzip der unmittelbaren Wirkung des Unionsrechts gehört es zu den vom Europäischen Gerichtshof (EuGH)[1] selbst als „wesentliche Merkmale"[2] bezeichneten Strukturprinzipien der von den Verträgen geschaffenen Unionsrechtsordnung.[3]

Mit der Gründung der Europäischen Gemeinschaften wurde eine neue Rechtsordnung geschaffen. Dabei war es von Anbeginn der Union eine der dringlichsten und praktisch bedeutsamsten Fragen, wie das Verhältnis des Unionsrechts zu dem nationalen Recht der Mitgliedstaaten ausgestaltet ist. Die Gründungsverträge enthielten zu diesem Aspekt keine Aussage. Die Rechtsprechung des EuGH warf in der Folge neues Licht auf diese Frage und gab dazu eine scheinbar eindeutige Antwort: Das Recht der Europäischen Union geht jeglichem nationalem Recht vor.

In Rechtsprechung und Literatur führte dies zu kontroversen Beiträgen, die ganze Bibliotheken gefüllt haben und weiter füllen werden. Aus Sicht der Mitgliedstaaten stellt sich der Vorrang jedenfalls in einem völlig anderen Gewande dar, als vom EuGH postuliert. Zwar wird allgemein ein Vorrang des Unionsrechts vor nationalem Recht akzeptiert, da dies für die Effektivität und die Funktionsfähigkeit der Union nach allgemeiner Ansicht unerlässlich ist. Das ist aber auch schon das Ende der Gemeinsamkeiten. Insbesondere am Postulat des Vorrangs des Unionsrechts vor jeglichem nationalem Recht, also auch vor dem Verfassungsrecht, scheiden sich die europäischen Geister.

Vielleicht ist die Sorge vieler nationaler Verfassungsgerichte und unzähliger Autoren in der Literatur über zu weit reichende Eingriffe des Unionsrechts in die nationalen Rechtsordnungen aber nicht in dem Maße berechtigt, wie es nach der bekannten Rechtsprechung des EuGH zur Entwicklung des Vorrangs erscheinen mag. Denn womöglich lässt der EuGH im Rahmen seiner Rechtsprechung Raum für die Achtung gewisser Aspekte des nationalen Verfassungsrechts.

---

[1] Zur Vereinfachung wird in dieser Arbeit bei Bezugnahmen auf die Judikativorgane der Europäischen Union und damit auf den EuGH und das Gericht erster Instanz nur vom EuGH gesprochen. Das Gericht erster Instanz wird gegebenenfalls gesondert benannt.

[2] Europäischer Gerichtshof, Urt. v. 14.12.1991, EWR - Gutachten 1/91, Slg. 1991, S. I-6079, Rn. 21.

[3] Vgl. *von Danwitz*, Verwaltungsrechtliches System und Europäische Integration, S. 109; *Everling*, DVBl 1985, S. 1201.

Um diese Frage beantworten zu können, erscheint es zunächst angebracht, die Entwicklung des Vorrangs des Unionsrechts durch den EuGH anhand der Leitentscheidungen genau zu beleuchten. Nur so lässt sich das Institut des Vorrangs beschreiben und nur so können alle Auswirkungen deutlich gemacht werden.

Nach dieser eingehenden Darstellung des Instituts des Vorrangs aus Sicht des EuGH werden im nächsten Schritt weitere Rechtssachen des EuGH vorgestellt und bewertet. Diese könnten nahe legen, dass der EuGH den Vorrang des Unionsrechts nicht dergestalt absolut anwendet wie er dies selbst formal behauptet[4] und wie gemeinhin angenommen wird.

Anschließend wird versucht, die gefundenen Ergebnisse zu kategorisieren, weiter mit Hilfe rechtstheoretischer Überlegungen die Hintergründe der Entscheidungen zu beleuchten, sodann ein normatives Gerüst für die in den Urteilen gefundenen Ergebnisse aufzustellen und schließlich die Auswirkung auf die Vorrangdogmatik zu bewerten.

---

[4] Dworkin meint zutreffend: „Fitting what judges did is more important than fitting what they said", *Dworkin*, Law's empire, S. 247.

B)   Begründung der Vorrangdogmatik durch den EuGH

I.   Einleitung

Eine Rechtsordnung der kontinentaleuropäischen Tradition besteht in modernen, demokratischen und pluralistischen Staaten üblicherweise aus den verschiedensten Rechtsquellen von teilweise unterschiedlichen Normgebern.[5] So gibt es das Naturrecht (freilich ohne große Bedeutung für die tägliche Rechtspraxis[6]), supranationales und internationales Völkerrecht, das Europarecht, Verfassungsrecht, einfaches Gesetzesrecht als Bundes- oder Landesrecht, Verordnungen, Satzungen und Verwaltungsvorschriften und schließlich Gewohnheitsrecht und Richterrecht als Recht verschiedener Rangordnungen[7]. Alle zusammen bilden die „Gesamtrechtsordnung".[8]

Bei der Anwendung dieser Rechtsquellen kann es vorkommen, dass ein Sachverhalt mehreren Rechtsnormen, auch verschiedener Rechtsquellen, zugeordnet werden kann. Bei zwei sich widersprechenden Normen stellt sich sodann die Frage, welche Norm zur Anwendung kommen soll oder gar welche wirksam ist. Solang dies nicht geklärt ist, wissen der Bürger, aber auch die Verwaltung und die Gerichte, nicht, was gilt, und können so ihr „Verhalten" nicht am Recht ausrichten.[9]

Normwidersprüche werden grundsätzlich durch allgemeine Kollisionsregeln verhindert oder ausgeräumt. Im Stufenbau der Rechtsordnung gilt etwa der Grundsatz, dass bei Normkollisionen die Norm höheren Ranges dem der nachgeordneten Rangstufe vorgeht, der Grundsatz des „lex superior derogat

---

[5] Vgl. *Rüthers/Fischer/Birk*, Rechtstheorie, Rn. 220ff.

[6] Naturrecht ist als eigenständige, bindende Rechtsquelle wohl zu verneinen, jedoch sind viele daraus abgeleitete Wertvorstellungen in die anderen Rechtsquellen eingeflossen, vgl. *Rüthers/Fischer/Birk*, Rechtstheorie, Rn. 262ff.

[7] *Maurer*, Allgemeines Verwaltungsrecht, § 4, Rn. 7ff ; *Röhl/Röhl*, Allgemeine Rechtslehre, S. 305ff, 585; zur historischen Entwicklung von hierarchisch gegliedertem Recht in der Neuzeit: *Vesting*, Rechtstheorie, Rn. 68ff.

[8] *Rüthers/Fischer/Birk*, Rechtstheorie, Rn. 270.

[9] *Schilling*, Der Staat 1994, S. 557.

legi inferiori".[10] Bei gleichrangigen Normen sind weitere Kollisionsregeln zu beachten.[11]

Die modernen Gesetze enthalten jedoch meist spezielle Kollisionsregeln, weshalb man auf solch allgemeine Kollisionsregeln nur noch selten zurückgreifen muss.[12] Diese allgemeinen oder speziellen Kollisionsregeln legen also fest, welche Rechtsnorm die maßgebliche, die vorherrschende ist, welche „Vorrang" genießen soll.

Damit ist die Bedeutung des Begriffs „Vorrang"[13] in der Rechtswissenschaft gefunden: Grundsätzlich bezeichnet Vorrang die Wirkung einer Kollision zweier Normen zugunsten der Anwendbarkeit oder Geltung der einer von beiden Normen.

Die Vorstellung, dass besonders wichtiges, höheres Recht über einfachen oder anderen Gesetzen steht und damit den Begriff Vorrang im juristischen Sinne grob bezeichnet, ist sehr alt. Häufig wurde der Begriff dabei mit dem Verfassungsbegriff verknüpft.[14] Aristoteles meinte hierzu: „Denn man muss, wie es faktisch auch geschieht, die Gesetze nach den Verfassungen richten, und nicht umgekehrt."[15]

In Mehrebenensystemen, welche fast alle modernen Rechtsordnungen heute darstellen, war es häufig ein Merkmal einer Gesetzesebene, vor den anderen Regeln Vorrang im Konfliktfall zu beanspruchen.[16] Im Verfassungsstaat kontinentaleuropäischer Prägung stellen die Vorschriften der Verfassung dabei die höchste nationale Rechtsebene dar. Die Definition einer Verfassung ist in rechtswissenschaftlicher Hinsicht ausgesprochen komplex. In Deutschland wird Verfassung häufig als Grundordnung einer juristischen Person, be-

---

[10] Vgl. *Maurer*, Allgemeines Verwaltungsrecht, § 4, Rn. 50ff; *Röhl/Röhl*, Allgemeine Rechtslehre, S. 585f; *Rüthers/Fischer/Birk*, Rechtstheorie, Rn. 272f.

[11] Vgl. *Röhl/Röhl*, Allgemeine Rechtslehre, S. 585; *Rüthers/Fischer/Birk*, Rechtstheorie, Rn. 771ff: Diese Kollisionsregeln sind: lex posterior derogat legi priori; lex specialis derogat legi generali.

[12] *Röhl/Röhl*, Allgemeine Rechtslehre, S. 585.

[13] Im allgemeinen Sprachgebrauch wird die Bedeutung des Wortes Vorrang wie folgt beschrieben: „im Vergleich zu jemandem, etwas anderen wichtigerer Stellenwert, größere Bedeutung", in: Duden, Mannheim, 6. Auflage 2007, S. 1672; als synonyme Wörter werden „Erstrangigkeit, größere Bedeutung, größerer Stellenwert, höhere Dringlichkeit, höhere Wichtigkeit, höherer Rang" angeführt, vgl. Duden, Mannheim, 6. Auflage 2007, S. 1030. Zu unterscheiden bleibt diese Auslegung des Begriffes „Vorrang" von der Bedeutung, die dieser Begriff im Rahmen des Grundsatzes des „Vorrangs" des Gesetztes gem. Art. 20 Abs. 3 GG innehat.

[14] *Peters*, Elemente einer Theorie der Verfassung Europas, S. 58.

[15] *Aristoteles*, Politik, 1289a, 10ff, und weiter bei 1282b, 10: „Denn zugleich mit den Verfassungen werden notwendigerweise auch die Gesetze schlecht oder gut, gerecht oder ungerecht sein. Nur müssen offensichtlich die Gesetze der Verfassung entsprechen."

[16] Zu einigen Ausnahmen vgl. *Peters*, Elemente einer Theorie der Verfassung Europas, S. 351ff.

sonders eines Staates bezeichnet.[17] Jedenfalls kann es als ein Merkmal einer Verfassung bezeichnet werden, dass sie Geltung vor anderen innerstaatlichen Regelungen beansprucht. Deshalb wird die Frage, ob dem Unionsrecht Verfassungscharakter zukomme[18], mitunter an die Existenz der Vorrangdogmatik geknüpft.[19]

Im zwischenstaatlichen Bereich haben internationale Verträge meist einen höheren Rang als innerstaatliches Recht. Sicherlich gibt es entsprechend der Regel „pacta sunt servanda" die Vorgabe, solche Verträge zu beachten. Dies bedeutete aber mehr, dass Staaten sich nicht auf ihre nationalen Gesetze berufen könnten, um die Nichteinhaltung der vertraglichen Pflichten zu entschuldigen.[20]

Um diese Schwäche bei der Durchsetzung der internationalen Verträge zu beseitigen, regte etwa Morgenstern schon 1950 an: „Only the full integration of international society, by giving international law the means of enforcing its authority directly within the state, can establish the supremacy of international law in its fullest sense."[21]

Häufig geht die Begründung von Rangverhältnissen auf ein geschichtliches Ereignis wie eine Revolution oder eine Staatsneugründung nach einem Kriege zurück und bleibt danach weitgehend statisch. Falls so ein geschichtliches Ereignis nicht der Ursprung für eine Vorrangordnung ist, ist dessen Entstehung meist schwieriger.[22]

Die Europäische Union beruht auf dem Gründungsakt ihrer Mitglieder. Durch das freiwillige Abtreten von Kompetenzen bzw. das Öffnen des nationales Souveränitätspanzers wurde dem innerstaatlichen Recht eine neue Rechtsquelle hinzugefügt. Sodann stellt sich automatisch die Frage nach dem Rang und der Geltungskraft dieser neuen Rechtsquelle, auch wenn diese Frage zu Anfang der Europäischen Gemeinschaften nicht sonderlich virulent war. Nach den allgemeinen Kollisionsregeln könnte man meinen, dass ein höherrangiges Unionsrecht dem nationalen Recht vorgehe, was so aber keinesfalls allgemein

---

[17] Grabenwarter definiert Verfassung „als Selbstorganisation eines souveränen Gemeinwesens", *Grabenwarter*, in:Veröffentlichungen der Vereinigung der deutschen Staatsrechtslehrer Band 60, S. 292; umfassende Darstellung findet sich bei *Böckenförde*, Staat, Verfassung, Demokratie, 29ff; auch bei *Pernice*, in: Veröffentlichungen der Vereinigung der deutschen Staatsrechtslehrer 60, S. 156, m.w.N.

[18] Dazu u.a. *Bieber*, in: Müller-Graff/Riedel (Hrsg.), Gemeinsames Verfassungsrecht in der Europäischen Union, ; *Huber*, in: Veröffentlichungen der Vereinigung der deutschen Staatsrechtslehrer Band 60, S. 196, Fn. 3 m.w.N.; *Pernice*, ZaöRV 2010, S. 55ff.

[19] *Peters*, Elemente einer Theorie der Verfassung Europas, S. 308f.

[20] de Witte, in: Craig/de Burca (Hrsg.), The Evolution of EU Law, S. 178; zum Begriff des Vorrangs im Völkerrecht: *Beljin*, EuR 2002, S. 356.

[21] *Morgenstern*, in: The british yearbook of international law 1950, S. 91.

[22] *Schmitt-Glaeser*, in: von Bogdandy (Hrsg.), Europäisches Verfassungsrecht, S. 207.

angenommen wurde. Nicht zuletzt die Tatsache, dass das Unionsrecht nur solche Bereiche regelt, für die die Regelungskompetenz von den Mitgliedstaaten ausdrücklich abgetreten worden ist, kann auch so ausgelegt werden, dass das Unionsrecht und das nationale Recht auf einer gleichrangigen Ebene anzuordnen sind. Zunächst erschien die Kollisionsfrage ungelöst. Dies ist insoweit auch nicht verwunderlich, da die Gründungsverträge gerade keine Vorschrift enthielten, die die Folgen einer Kollision von Gemeinschaftsrecht und nationalem Recht regelte. Vielleicht war die Skepsis gegenüber dem neu geschaffenen Zusammenschluss von Staaten noch zu groß und noch zu wenig Vertrautheit im Sinne einer kulturellen, politischen Verwandtschaft und im Sinne einer historischen Gewöhnung vorhanden.

Was die Politik nicht wagte oder wollte, entwickelte der EuGH jedoch im Laufe der Zeit durch Richterrecht und schuf so eine Kollisionsregel für das Gemeinschaftsrecht. In einer Untersuchung der wichtigsten Entscheidungen, mit denen der EuGH den Vorrang des Gemeinschaftsrechts begründete, lassen sich die Argumente, der Zweck und die Auswirkungen dieses Rechtsinstituts am Besten darstellen.

II. Erste Andeutungen zum Vorrang des Unionsrechts

Nach Gründung der Europäischen Gemeinschaft für Kohle und Stahl (EGKS, „Montanunion") im Jahre 1951 mit Inkrafttreten am 24. Juli 1952 und der Gründung der Europäischen Wirtschaftsgemeinschaft (EWG) und der Europäische Atomgemeinschaft (EAG) im Jahre 1957 mit Inkrafttreten am 1. Januar 1958 war ein neues, vornehmlich auf den wirtschaftlichen Bereich abzielendes Bündnis in und für Europa geschaffen.[23] Die Verträge äußerten sich jedoch wie gesagt nicht zu der Frage, wie bei Konflikten zwischen Gemeinschaftsrecht und nationalem Recht zu verfahren sei.[24] Dieser Frage schien zunächst keine zentrale Bedeutung zuzukommen, da die Gründungsverträge nur bei Verordnungen eine unmittelbare Geltung in den Mitgliedstaaten vorsah.[25] Zur Zeit der Gründung der Verträge der Europäischen Gemeinschaften war generell anerkannt, dass der Status internationaler Rechtsvorschriften in einer innerstaatlichen Rechtsordnung durch (verfassungsrechtliche) Vorschriften der jeweiligen Länder geregelt wurde.[26]

1. Die Rechtssachen Stork und Ruhrkohlenverkaufsgesellschaften

Erste Erwägungen zur besonderen Stellung des Gemeinschaftsrechts stellte der EuGH jedoch schon sehr früh an.

In den Rechtssachen Stork[27] und Ruhrkohlenverkaufsgesellschaften[28] legte der EuGH dar, dass seiner Ansicht nach nationales Verfassungsrecht, insbesondere die nationalen Grundrechte, zur Beurteilung der Rechtmäßigkeit eines Gemeinschaftsaktes irrelevant seien, da sich der EuGH „im Regelfall nicht über nationale Rechtsvorschriften auszusprechen" habe, sondern „lediglich die Wahrung des Rechts bei der Auslegung und Anwendung des Vertrages und seiner Durchführungsvorschriften zu sichern" habe.[29]

Offenbar ging der EuGH davon aus, dass der Grundrechtsschutz nicht Bestandteil der Gemeinschaftsrechtordnung sei und er folglich auch nicht für dessen Beachtung zuständig sei.[30] Rechtlichen Argumenten, dass der Gemein-

---

[23] Zur Vereinfachung werden dieser drei Gemeinschaften als Europäischen Gemeinschaften (EG) bezeichnet.

[24] de *Witte*, in: Craig/de Burca (Hrsg.), The Evolution of EU Law, S. 178; auch der am 1.11.1993 in Kraft getretene EU Vertag enthielt hierzu keine Regelung, vgl. *Streinz*, Europarecht, Rn. 197.

[25] *Wolf-Niedermaier*, Der Europäische Gerichtshof zwischen Recht und Politik, S. 96.

[26] de *Witte*, in: Craig/de Burca (Hrsg.), The Evolution of EU Law, S. 178, m.w.N.

[27] Europäischer Gerichtshof, Urt. v. 04.02.1959, Rs. 1/58 - STORK, Slg. 1959, S. 45.

[28] Europäischer Gerichtshof, Urt. v. 15.07.1960,, Verbundene Rs. 36, 37, 38-59 und 40-59 - RUHRKOHLENVERKAUFSGESELLSCHAFTEN, Slg. 1960, S. 887.

[29] Europäischer Gerichtshof, Urt. v. 04.02.1959, Rs. 1/58 - STORK, Slg. 1959, S. 45, S. 63.

[30] *Wolf-Niedermaier*, Der Europäische Gerichtshof zwischen Recht und Politik, S. 101.

schaftsrechtsakt Grundrechte mitgliedstaatlichen Verfassungsrechts verletzt habe, ging er mit der obigen Begründung nicht nach. Er vertrat hier den Vorrang des Gemeinschaftsrechts vor den Grundrechten ohne Beschränkungen.

2. Rechtssache Humblet

In der Rechtssache Humblet[31] stellte er folgendes klar: *„Wenn der Gerichtshof in seinem Urteil feststellt, dass ein Akt der Gesetzgebungs- oder der Verwaltungsorgane eines Mitgliedstaates dem Gemeinschaftsrecht zuwiderläuft, so ist dieser Staat nach dem Artikel 86 EGKS-Vertrag verpflichtet, sowohl diesen Akt rückgängig zu machen als auch die möglicherweise durch ihn verursachten rechtswidrigen Folgen zu beheben. Diese Verpflichtung ergibt sich aus dem Vertrag und dem Protokoll, die in den Mitgliedstaaten aufgrund ihrer Ratifizierung Gesetzeskraft besitzen und dem innerstaatlichen Recht vorgehen.“*[32]

In der Rechtssache Humblet stellte der EuGH tatsächlich die Unvereinbarkeit der nationalen (hier der belgischen) Maßnahme mit dem EGKS-Protokoll fest, worauf er den belgischen Staat verpflichtete, diese Rechtsauslegung zu ändern und den Kläger zu entschädigen. Er räumte zwar ein, dass er nationale Gesetze oder Vorschriften nicht für nichtig erklären könne, allerdings macht er sehr deutlich, dass die Vorschriften des Gemeinschaftsrechts nationalen Vorschriften vorgehen. Der Vorrang des Europarechts wird zwar noch nicht explizit ausgesprochen, wird aber offenbar bereits hier vorausgesetzt.[33]

3. Rechtssache Van Gend en Loos

In der Rechtssache Van Gend en Loos[34] legt der EuGH die Grundlage für den Vorrang des Gemeinschaftsrechts. Ausdrücklich nahm er da zur Vorrangfrage zwar immer noch nicht Stellung.[35] Bei diesem Urteil handle es sich aber

---

[31] Europäischer Gerichtshof, Urt. v. 16.12.1960, Rs. 6/60 - HUMBLET, Slg. 1960, S. 1165.

[32] Europäischer Gerichtshof, Urt. v. 16.12.1960, Rs. 6/60 - HUMBLET, Slg. 1960, S. 1165, S. 1085.

[33] Ganz anders in der deutschsprachigen Literatur: der Vorrang von Vorschriften der Europäischen Gemeinschaften wird noch verbreitet abgelehnt, so z.B. *Carstens*, in: Riese/Aubin/von Caemmerer (Hrsg.), Festschrift für Otto Riese aus Anlass seines siebzigsten Geburtstages, ; *Erler*, in: Veröffentlichungen der Vereinigung der deutschen Staatsrechtslehrer Band 18 ;*Thieme*, in: Veröffentlichungen der Vereinigung der deutschen Staatsrechtslehrer Band 18; hierzu auch *Grabitz*, Gemeinschaftsrecht bricht nationales Recht, S. 12ff m.w.N. Grabitz bejaht den Vorrang, kommt aber im Kollisionsfall zur Nichtigkeit der nationalen Norm, *Grabitz*, Gemeinschaftsrecht bricht nationales Recht, S. 103.

[34] Europäischer Gerichtshof, Urt. v. 05.02.1963, Rs. 26/62 - VAN GEND, Slg. 1963, S. 3.

[35] Vgl. *Haltern*, Europarecht, Rn. 914.

um „the true point of departure for the Court's jurisprudential development of the supremacy of Community law"[36], mit welchem implizit bereits über die Vorrangfrage entschieden wurde.[37]

Richtungweisend war das Urteil zunächst hinsichtlich seiner Aussage über die unmittelbare Geltung von gemeinschaftsrechtlichen Regelungen.[38] In dem Ersuchen um Vorabentscheidung wurde dem EuGH u. a. die Frage vorgelegt, ob Art. 12 EWG (heute Art. 30 AEUV) interne Wirkung habe, mithin ob einzelne aus diesem Artikel unmittelbar Rechte herleiten könne. Die Klägerin im Ausgangsverfahren, die Firma van Gend & Loos, wandte sich gegen den erhöhten Einfuhrzoll auf den Import chemischer Erzeugnisse durch die Niederlande anstelle des gemeinschaftseinheitlichen Zollsatzes und stütze sich dabei auf Art. 12 EWG (heute Art. 30 AEUV). Der EuGH legt in seinem Urteil dar, dass das Gemeinschaftsrecht unter gewissen Umständen dem Einzelnen subjektive Rechte verleiht und ihm Pflichten auferlegt. Den Vertragsregelungen selbst kommt damit unter gewissen Umständen unmittelbare Wirkung zu.[39]

Die zunächst wenig beachtete Bedeutung des Vorrangs des Gemeinschaftsrechts aufgrund der unmittelbaren Geltung des Gemeinschaftsrechts nur bei Verordnungen war spätestens mit diesem Urteil beendet. Damit war angedeutet, dass der EuGH um eine klare Aussage bezüglich der Stellung des Gemeinschaftsrechts zu mitgliedstaatlichem Recht in nicht allzu ferner Zukunft nicht umhinkommen würde. Die Rechtssache Van Gend en Loos enthielt auch bereits eine Aussage über die Besonderheit des Gemeinschaftsrechts: *„Aus alledem ist zu schließen, dass die Gemeinschaft eine neue Rechtsordnung des Völkerrechts darstellt, zu deren Gunsten die Staaten, wenn auch in begrenztem Rahmen, ihre Souveränitätsrechte eingeschränkt haben, eine Rechtsordnung, deren Rechtssubjekte nicht nur die Mitgliedstaaten, sondern auch die einzelnen sind."*[40]

Dem Urteil war als Konsequenz einer unmittelbar anwendbaren Gemeinschaftsrechtsbestimmung bereits zu entnehmen, dass dieser Bestimmung auch Vorrang vor nationalem Recht einzuräumen ist. Eine klare Aussage über diese Konsequenz und damit zum Vorrang vermied der EuGH jedoch noch. Vielmehr sprach das Urteil noch von einer „neue[n] Rechtsordnung des Völkerrechts"[41]. Über Geltung und Rang des Völkerrechts entscheidet letztlich jeder Staat nach eigenen Regeln und hat damit die Möglichkeit, dessen Wirkung

---

[36] *Bebr,* Development of judicial control of the European communities, S. 635.
[37] *Haltern,* Europarecht, Rn. 914; *Terhechte,* EuR 2006, Fn. 38; *Wolf-Niedermaier,* Der Europäische Gerichtshof zwischen Recht und Politik, S.97.
[38] Vgl. *Oppermann,* Europarecht, Rn. 629.
[39] Europäischer Gerichtshof, Urt. v. 16.12.1960, Rs. 6/60 - HUMBLET, Slg. 1960, S. 1165, S. 25.
[40] Europäischer Gerichtshof, Urt. v. 05.02.1963, Rs. 26/62 - VAN GEND, Slg. 1963, S. 3, S. 25.
[41] Europäischer Gerichtshof, Urt. v. 16.12.1960, Rs. 6/60 - HUMBLET, Slg. 1960, S. 1165, S. 25.

selbst festzulegen. Für das Völkerrecht besteht keine allgemeine Vorrangregel. Durch den Wortlaut des Urteils ist aber bereits deutlich geworden, dass die Verträge als Übereinkommen zwischen den Völkern Europas einzustufen sind und dass hier eine unmittelbare Beziehung zwischen dem Gemeinschaftsrecht und den Völkern der Mitgliedstaaten etabliert worden ist. Dies proklamiert den Anspruch auf unabhängige politische und rechtliche Geltungskraft, was bedeutet, dass die Europäischen Gemeinschaften mit souveränen Rechten ausgestattet sind.[42]

---

[42] *Maduro*, EuR 2007, S. 6.

III.   Die Rechtssache Costa/E.N.E.L.

Wegweisend für die Lehre vom Vorrang des Gemeinschaftsrechts war das „legendäre"[43] Urteil Costa/E.N.E.L.[44]

1.   Sachverhalt

Italien verstaatliche 1962 die Erzeugung und Verteilung elektrischen Stroms, wofür die Gesellschaft E.N.E.L. gegründet würde. Ein Aktionär der von der Verstaatlichung betroffenen Elektrizitätsunternehmen, Herr Costa, sah sich um seine Dividende gebracht und weigerte sich deshalb, seine Stromrechung zu bezahlen. Im Rechtsstreit führte er an, das Verstaatlichungsgesetz verstoße gegen Gemeinschaftsrecht. Der italienische Corte Costituzionale schließlich entschied, dass das Gemeinschaftsrecht in Italien den gleichen Rang wie innerstaatliches Gesetzesrecht habe. Nach dem Grundsatz „lex posterior derogat legi priori" gehe das zeitlich nachfolgende Verstaatlichungsgesetz dem Gemeinschaftsrecht vor. Zugleich kam es zu einer Vorlage nach Art. 177 EWG (heute Art. 267 AEUV) zum EuGH. Etwa fünf Monate nach der Vorlage der Corte Costituzionale erließ der EuGH das Urteil Costa/E.N.E.L., welches „leuchtturmartig für die Vorrangfrage"[45] steht. Diese Entscheidung fundiere die Gemeinschaftsverfassung in Aussagen, denen angesichts aller insoweit fehlenden Vertragsbestimmungen schlechthin konstituierende Bedeutung beizumessen sei.[46] Jedenfalls war diese Entscheidung richtungweisend für die Entwicklung der Gemeinschaft hin zu einem Staaten- und „Verfassungsverbund"[47].

2.   Urteil

In der Rechtssache Costa/E.N.E.L begründet der EuGH die Vorrangthese in folgenden Schritten[48]:

---

[43] *Terhechte*, EuR 2006, S. 835.

[44] Europäischer Gerichtshof, Urt. v. 15.07.1964, Rs. 6/64 - COSTA/E.N.E.L., Slg. 1964, S. 1253.

[45] *Terhechte*, EuR 2006, S. 835.

[46] *Ipsen*, in: Schwarze (Hrsg.), Der Europäische Gerichtshof als Verfassungsgericht und Rechtsschutzinstanz, S. 197.

[47] Zum Begriff des europäischen Verfassungsverbundes vertiefend: *Pernice*, ZaöRV 2010, S. 51ff; *Pernice*, AöR 2011, S. 193.

[48] Vgl. *Haltern*, Europarecht, Rn. 917ff ; *Herdegen*, Europarecht, S. 217f.

a) Begründung eigener Rechtsordnung

Zunächst erklärt er ausdrücklich, wie in der Rechtssache Van Gend en Loos[49] bereits angedeutet, dass durch die Gemeinschaftsverträge eine neuartige Rechtsordnung geschaffen worden sei: *„Zum Unterschied von gewöhnlichen internationalen Verträgen hat der EWG-Vertrag eine eigene Rechtsordnung geschaffen, die bei seinem Inkrafttreten in die Rechtsordnungen der Mitgliedstaaten aufgenommen worden und von ihren Gerichten anzuwenden ist."[50]*
Der EuGH grenzt das Gemeinschaftsrecht damit deutlich vom traditionellen intergouvernementalen Zuschnitt der Völkerrechtsordnung ab, bei welcher im Einzelfall über den Vorrang relevanter internationaler Vertragsbestimmungen entschieden wird. Diese Abgrenzung vom Völkerrecht bedeutet eine Privilegierung des Gemeinschaftsrechts gegenüber der innerstaatlichen Anwendung von allgemeinem Völkerrecht.[51] Damit wurde die Möglichkeit der einzelnen Mitgliedstaaten ausgeschaltet, nach eigenem Ermessen über Rang und Wirksamkeit des Gemeinschaftsrechts zu entscheiden.

b) Übertragung von Hoheitsrechten auf die Gemeinschaft

Weiter untermauert der EuGH die Neuartigkeit dieser Rechtsordnung mit der Beschränkung von Hoheitsrechten: *„Denn durch die Gründung einer Gemeinschaft für unbegrenzte Zeit, die mit eigenen Organen, mit der Rechts- und Geschäftsfähigkeit, mit internationaler Handlungsfähigkeit und insbesondere mit echten, aus der Beschränkung der Zuständigkeit der Mitgliedstaaten oder der Übertragung von Hoheitsrechten der Mitgliedstaaten auf die Gemeinschaft herrührenden Hoheitsrechten ausgestattet ist, haben die Mitgliedstaaten, wenn auch auf einem begrenzten Gebiet, ihre Souveränitätsrechte beschränkt und so einen Rechtskörper geschaffen, der für ihre Angehörigen und sie selbst verbindlich ist."[52]*
Der EuGH betont die aktive Rolle der Mitgliedstaaten, stellt also klar, dass er hier nicht eigenmächtig Kompetenzen an sich reißt. Durch die Beschränkung der eigenen Souveränität und die Schaffung neuer Organe zur Ausfüllung der abgetretenen Kompetenzen haben die Mitgliedstaaten in den Verträgen, und nicht etwa in den einzelnen Verfassungen, selbst den Grundstein dafür gelegt, was der EuGH nunmehr nur noch praktisch ausführt. Die nationalen Verfassungen werden dabei zur Herleitung der eigenen Kompeten-

---

[49] Europäischer Gerichtshof, Urt. v. 05.02.1963, Rs. 26/62 - VAN GEND, Slg. 1963, S. 3.
[50] Europäischer Gerichtshof, Urt. v. 15.07.1964, Rs. 6/64 - COSTA/E.N.E.L., Slg. 1964, S. 1253, S. 1269.
[51] *Peters*, Elemente einer Theorie der Verfassung Europas, S. 244.
[52] Europäischer Gerichtshof, Urt. v. 15.07.1964, Rs. 6/64 - COSTA/E.N.E.L., Slg. 1964, S. 1253, S. 1269.

zen nicht angeführt. Damit deutet der EuGH an, dass er im Rahmen seiner Rechtssprechung, also auf dem begrenzten Gebiet seiner Kompetenzen, nur dem Gemeinschaftsrecht unterworfen ist.

c)   Notwendigkeit der Einheitlichkeit der Gemeinschaftsrechtsordnung

Sodann führt er den „Wortlaut und Geist" des Vertrages als Argument für seine Vorrangdogmatik an: *„Diese Aufnahme der Bestimmungen des Gemeinschaftsrechts in das Recht der einzelnen Mitgliedstaaten und, allgemeiner, Wortlaut und Geist des Vertrages haben zur Folge, dass es den Staaten unmöglich ist, gegen eine von ihnen auf der Grundlage der Gegenseitigkeit angenommene Rechtsordnung nachträgliche einseitige Maßnahmen ins Feld zu führen. Solche Maßnahmen stehen der Anwendbarkeit der Gemeinschaftsrechtsordnung daher nicht entgegen. Denn es würde eine Gefahr für die Verwirklichung der in Artikel 5 Absatz 2 [heute Art. 4 Abs. 3 EUV] aufgeführten Ziele des Vertrages bedeuten und dem Verbot des Artikels 7 [heute Art. 18 AEUV] widersprechende Diskriminierungen zur Folge haben, wenn das Gemeinschaftsrecht je nach der nachträglichen innerstaatlichen Gesetzgebung von einem Staat zum andern verschiedene Geltung haben könnte."[53]*
Der EuGH führt den Grundsatz der Vertragstreue an, appelliert an den gegenseitigen Respekt und betont die Bedeutung des Gleichheitsgedankens auch durch die Erwähnung des Diskriminierungsverbots. Dem Gleichheitsgedanken kommt im Rahmen der Argumentation des EuGH eine große Bedeutung als sachlicher Grund zu.[54] Die Gleichheit vor dem europäischen Gesetz für alle Unionsbürger und die Mitgliedstaaten ist „eine elementare Voraussetzung für die Existenz und Akzeptanz der Gemeinschaft."[55] Der Grundsatz der gleichen Freiheit und der gleichen Rechte ist das „eigentliche zentripetale Schwungrad der Rechtsordnung".[56] Er mahnt weiter das auf der Hand liegende Argument der Untergrabung des Gemeinschaftsrechts an, wenn es einzelnen Mitgliedstaaten möglich wäre, sich einseitig den Auswirkungen des Gemeinschaftsrechts zu entziehen. Die Wirksamkeit des Gemeinschaftsrechts wäre dadurch entscheidend geschwächt, der gesamte Integrationsprozess in Frage gestellt.

---

[53] Europäischer Gerichtshof, Urt. v. 15.07.1964, Rs. 6/64 - COSTA/E.N.E.L., Slg. 1964, S. 1253, S. 1269.
[54] Vgl. *Pernice*, Das Verhältnis europäischer zu nationalen Gerichten im europäischen Verfassungsverbund, S. 23.
[55] *Oppermann*, Europarecht, Rn. 628.
[56] *von Bogdandy*, in: von Bogdandy (Hrsg.), Europäisches Verfassungsrecht, S. 191.

d) Zeitliche Komponente des Vorrangs

Weiter argumentiert der EuGH pragmatisch: *„Die Verpflichtungen, die die Mitgliedstaaten im Vertrag zur Gründung der Gemeinschaft eingegangen sind, wären keine unbedingten mehr, sondern nur noch eventuelle, wenn sie durch spätere Gesetzgebungsakte der Signatarstaaten in Frage gestellt werden könnten. Wo der Vertrag den Staaten das Recht zu einseitigem Vorgehen zugestehen will, tut er das durch klare Bestimmungen... Für Anträge der Staaten auf Ausnahmegenehmigungen sind andererseits Genehmigungsverfahren vorgesehen..., die gegenstandslos wären, wenn die Staaten die Möglichkeit hätten, sich ihren Verpflichtungen durch den bloßen Erlass von Gesetzen zu entziehen."*[57]

Der EuGH bereitet einseitigen Maßnahmen schließlich durch den Umkehrschluss aus speziellen Vertragsermächtigungen eine klare Absage. Die zeitliche Komponente des Vorrangs wird klargestellt: auch nachfolgende Gesetze der Mitgliedstaaten können dem Gemeinschaftsrecht nicht vorgehen. Dem Grundsatz „lex posterior derogat legi priori"[58] wird damit eine klare Absage erteilt.

e) Wortlautargument

Im letzten Schritt bedient der EuGH sich schließlich eines Wortlautarguments: *„Der Vorrang des Gemeinschaftsrechts wird auch durch Artikel 189 [heute Art. 288 AEUV] bestätigt; ihm zufolge ist die Verordnung " verbindlich " und "gilt unmittelbar in jedem Mitgliedstaat". Diese Bestimmung, die durch nichts eingeschränkt wird, wäre ohne Bedeutung, wenn die Mitgliedstaaten sie durch Gesetzgebungsakte, die den gemeinschaftsrechtlichen Normen vorgingen, einseitig ihrer Wirksamkeit berauben könnten."*[59]

Dieses Wortlautargument ist jedoch im Vergleich zur teleologischen Argumentation wenig überzeugend: so bezieht sich die zitierte Norm nur auf Verordnungen, der EuGH postuliert aber den Vorrang des gesamten Gemeinschaftsrechts. Überdies hat Art. 288 Abs. 2 AEUV die unmittelbare Anwendbarkeit zum Gegenstand, nicht etwa den Vorrang. Mangels ausdrücklicher vertraglicher Regelungen zum Vorrang bleib dem EuGH zum Schluss seiner Argumentation wohl nur diese Bezugnahme, um im Sinne einer klassischen

---

[57] Europäischer Gerichtshof, Urt. v. 15.07.1964, Rs. 6/64 - COSTA/E.N.E.L., Slg. 1964, S. 1253, S. 1270.
[58] Vertiefend *Rüthers/Fischer/Birk*, Rechtstheorie, Rn. 772.
[59] Europäischer Gerichtshof, Urt. v. 15.07.1964, Rs. 6/64 - COSTA/E.N.E.L., Slg. 1964, S. 1253, S. 1270.

juristischen Methodik auch den Wortlaut für die Entwicklung seiner Dogmatik herangezogen zu haben.

f)   Zusammenfassung

Von besonderem Gewicht sind für den EuGH wohl folgende Strategien: zum einen stellt er das Gemeinschaftsrecht als etwas völlig Neuartiges dar und grenzt es damit klar vom klassischen Völkerrecht ab. Zum anderen kommt dem Grundsatz der Effektivität des Gemeinschaftsrechts auch bei der Entwicklung dieser Dogmatik, wie bei seiner Dogmatik zur unmittelbaren Anwendbarkeit und zum Haftungsrecht, neben dem Gedanken der Gleichheit eine entscheidende Rolle zu.[60] Gefestigt werden diese entscheidenden Argumente wie gesehen von einigen weiteren, nicht immer voll überzeugenden Überlegungen.

Der EuGH stellt schließlich fest: *„Aus alledem folgt, dass dem vom Vertrag geschaffenen, somit aus einer autonomen Rechtsquelle fließenden Recht wegen dieser seiner Eigenständigkeit keine wie immer gearteten innerstaatlichen Rechtsvorschriften vorgehen können, wenn ihm nicht sein Charakter als Gemeinschaftsrecht aberkannt und wenn nicht die Rechtsgrundlage der Gemeinschaft selbst in Frage gestellt werden soll."[61]*

Gemeinschaftsrecht hat also Vorrang vor nationalem Recht, der Zeitpunkt des Erlasses spielt dabei keine Rolle. Mit diesem Urteil hat der EuGH den Grundstein zu seiner viel zitieren Rolle als „Motor der Integration" gelegt und die Bedeutung und Rolle der Gemeinschaft hin zu einer Integrationsgemeinschaft aus dem politischen Willen der Väter der Verträge heraus abgeleitet und konsequent gefestigt.

---

[60] *Haltern*, Europarecht, Rn. 912.
[61] Europäischer Gerichtshof, Urt. v. 15.07.1964 Rs 6/64 - COSTA/E N E L , Slg. 1964, S. 1253, S. 1270.

IV. Rechtssache Lück

In der Rechtssache Lück[62] wurde der EuGH zur Klärung der Frage angerufen, *„welche Folgen sich aus dem Vorrang des Gemeinschaftsrechts für entgegenstehendes nationales Recht ergeben, [mithin], ob der [nationale] Richter diese Vorschriften, soweit sie mit dem Gemeinschaftsrecht unvereinbar sind, als nicht anwendbar anzusehen hat oder ob er ihre Nichtigkeit ... feststellen muss."[63]*

1. Urteil

Darauf antwortet der EuGH, dass die Mitgliedstaaten berechtigt sind, *„unter mehreren nach der innerstaatlichen Rechtsordnung in Betracht kommenden Wegen denjenigen zu wählen, die zum Schutz der durch das Gemeinschaftsrecht gewährleisteten Rechte geeignet erscheinen. ... Daher ist es Sache des vorlegenden Gerichts, zwischen den in der Frage genannten [Unanwendbarkeit in diesem Fall oder Nichtigkeit] oder sonst in Betracht kommenden Lösungen zu wählen."[64]*

a) Anwendungsvorrang im gemeinschaftsrechtlichen Sinne

Wie der Generalanwalt Lagrange schon 1964 in den Schlussanträgen zu Costa/E.N.E.L. dargelegt hat, kann der gemeinschaftsrechtliche Vorrang verstanden werden als *„Frage des Nebeneinander zweier... einander widersprechender Rechtsnormen, die beide in der innerstaatlichen Rechtsordnung Geltung beanspruchen und von denen die eine im Vertrag enthalten oder von Gemeinschaftsorganen erlassen, die andere von staatlichen Organen gesetzt ist."[65]*

Es ist jedoch grundsätzlich darauf hinzuweisen, dass dem EuGH auch nach seiner eigenen Ansicht[66] nicht die Kompetenz zukommt, über die Rechtsfolgen einer Normenkollision für das nationale Recht zu entscheiden.[67]

---

[62] Europäischer Gerichtshof, Urt. v. 04.04.1968, Rs. 34/67 - LÜCK, Slg. 1968, S. 364; bestätigend siehe beispielsweise: Europäischer Gerichtshof, Urt. v. 22.10.1998, Verbundene Rs. C-10/97 bis C-22/97 - IN.CO.GE.'90, Slg. 1998, S. I-6307.

[63] Europäischer Gerichtshof, Urt. v. 04.04.1968, Rs. 34/67 - LÜCK, Slg. 1968, S. 364, S. 373.

[64] Europäischer Gerichtshof, Urt. v. 04.04.1968, Rs. 34/67 - LÜCK, Slg. 1968, S. 364, S. 373.

[65] Europäischer Gerichtshof, Urt. v. 25.06.1964, Rs. 6/64, Schlussanträge vom 25.06.1964 - COSTA/E.N.E.L., Slg. 1964, S. 1253, S. 1285.

[66] Europäischer Gerichtshof, Urt. v. 07.02.1984, Rs. 237/82 - JONGENEEL KAAS, Slg. 1984, S. 483, Rn. 6.

[67] Vgl. *Streinz*, Europarecht, Rn. 218 m.w.N.

Beim Vorrang des Unionsrechts von einem Anwendungsvorrang zu sprechen, hat sich weitgehend durchgesetzt.[68] Dieser Begriff steht im Gegensatz zum Geltungsvorrang, dem generell als Rechtsfolge die Nichtigkeit der verdrängten Norm zugesprochen wird.[69] Dessen Bedeutung wird auch mit Überordnung, Verbindlichkeit, Maßgeblichkeit und Durchsetzbarkeit gegenüber nachrangigem Recht beschrieben.[70] Allerdings lassen sich allgemeingültige Aussagen über Kollisionsregeln schwerlich machen. So wird der Kollisionsregel „lex superior derogat legi inferiori" die Folge der Nichtigkeit der verdrängten Norm zugesprochen, bei der Kollisionsregel „lex specialis derogat legi generali" wird überwiegend nur von einer Verdrängung der allgemeineren Norm gesprochen, die dabei in Geltung bleibt.[71]

So ist Anwendungsvorrang im unionsrechtlichen Sinn kein „normtheoretisch abgesicherter Begriff"[72], keine fest bestimmte Figur der juristischen Methodenlehre.[73] Als Kollisionsregel gebietet er, dass die Norm des nationalen Rechts das Unionsrecht in seiner Wirkung nicht beeinträchtigen darf und daher gegebenenfalls ganz außer Anwendung bleiben muss.[74] Bei der Kollision handelt es sich um einen Normanwendungskonflikt, und nicht um einen Geltungskonflikt. Die Gültigkeit der nationalen Norm hängt also nicht von der Entscheidung über den Kollisionsfall ab.[75]

Diese Lösung ist „schonender"[76] und greift nicht mit einer radikalen Nichtigkeitsfolge in das nationale Recht ein, sondern lässt die Geltung des nationalen Rechts unberührt. Auf Fälle ohne unionsrechtlichen Bezug kann die nationale Norm also weiter angewandt werden (gegebenenfalls mit der Folge der Inländerdiskriminierung) und sogar wieder gänzlich aufleben, wenn das kollidierende Unionsrecht geändert würde.[77]

Der Begriff des Anwendungsvorrangs im allgemeinen hat im deutschen Staatsrecht zunächst eine andere Bedeutung: Ist eine Norm einer rangniederen Ebene, etwa ein einfaches Bundesgesetz, konkreter als die Norm einer ranghöheren Ebene, etwa eine Verfassungsvorschrift, sperrt die randniedere Norm die

---

[68] *Röhl/Röhl*, Allgemeine Rechtslehre, S. 594.

[69] Vgl. *Funke*, DÖV 2007, S. 736 m.w.N.

[70] *Di Fabio*, NJW 1990, S. 950.

[71] Vgl. *Funke*, DÖV 2007, S. 735f. m.w.N.

[72] *Di Fabio*, NJW 1990, S. 950.

[73] *Funke*, DÖV 2007, S. 735.

[74] Zur Unterscheidung von direkter und indirekter Kollision vgl. *Beljin*, EuR 2002, S. 355ff; *von Danwitz*, Verwaltungsrechtliches System und Europäische Integration, S. 114ff; *Jarass/Beljin*, NVwZ 2004, S. 2ff; *Kadelbach*, Allgemeines Verwaltungsrecht unter europäischem Einfluß, S. 27ff.

[75] Vgl. *Kadelbach*, Allgemeines Verwaltungsrecht unter europäischem Einfluß, S. 24f.

[76] *von Danwitz*, Verwaltungsrechtliches System und Europäische Integration, S. 112.

[77] *Röhl/Röhl*, Allgemeine Rechtslehre, S. 594.

Anwendung der höherrangigen Norm, hat also Anwendungsvorrang.[78] Nur wenn eine konkrete Regelung fehlt oder lückenhaft ist, kann auf die höherrangige Norm, hier die Verfassung selbst, zurückgegriffen werden. Dieser Anwendungsvorrang ergibt sich aus der Verbindlichkeit des in der Regel konkreter und ausführlicher formulierten Gesetzes.[79] Dies hindert natürlich nicht, das einfache Gesetz auf die Vereinbarkeit mit der Verfassung zu prüfen oder es im Sinne der Verfassung auszulegen.

Der Begriff des Anwendungsvorrangs im unionsrechtlichen Sinne bezeichnet die Lösung einer Normenkollision und hat wie dargestellt eine andere Bedeutung. Die damit umschriebene Form der Durchsetzung des Unionsrechts wirke, so Röhl, eher wie eine Spitzfindigkeit, mit deren Hilfe der eindeutige Vorrang des Gemeinschaftsrechts ein milderes Aussehen erhalten solle.[80]

Auch beim Anwendungsvorrang im unionsrechtlichen Sinne tritt eine Norm zurück, wie das beim Geltungsvorrang, bei dem der Anwendungsbereich der Norm teilweise oder bis auf null reduziert wird, ebenfalls der Fall ist. Auch Geltungsreduktion tritt nicht nur im Einzelfall, sondern in einem ganzen Spektrum von Fällen auf. Der Anwendungsvorrang im unionsrechtlichen Sinne ist also nicht mit dem Anwendungsvorrang im allgemeinen Sinne zu vergleichen, sondern als allgemeine Kollisionsregel in Teilen eher dem Geltungsvorrang, etwa dem Verhältnis lex specialis zum lex generalis, vergleichbar.[81]

Letztlich ist diese Begrifflichkeit der Besonderheit der Unionsrechtsordnung geschuldet, die aufgrund ihrer Eigenständigkeit und Eigenartigkeit (Rechtsordnung „sui generis") auch Rechtsinstitute eigener Art und mit eigener Wirkung wie den Anwendungsvorrang im unionsrechtlichen Sinne hervorbringt. Mit den in der deutschen Rechtsordnung gebräuchlichen Begriffen Anwendungsvorrang im allgemeinen Sinne und Geltungsvorrang ist dieses Institut demnach nicht hinreichend bestimmbar.

---

[78] Vgl. *Di Fabio*, NJW 1990, S. 950; *Röhl/Röhl*, Allgemeine Rechtslehre, S. 156.
[79] *Maurer*, Allgemeines Verwaltungsrecht, § 4, Rn. 58.
[80] *Röhl/Röhl*, Allgemeine Rechtslehre, S. 156.
[81] *Funke*, DÖV 2007, S. 738; *Röhl/Röhl*, Allgemeine Rechtslehre, S. 594f.

V. Die Rechtssache Internationale Handelsgesellschaft

Die nächste grundlegende Entscheidung für die Festigung und Konkretisierung der Vorrangdogmatik durch den EuGH ist die Rechtssache Internationale Handelsgesellschaft[82].

Nach der Entscheidung in der Rechtssache Costa/E.N.E.L[83] wurde die dort entwickelte Vorrangdogmatik des EuGH in dieser Rechtssache auf ihre Stringenz geprüft: Wie würde der EuGH das Verhältnis zwischen nationalem Recht und Gemeinschaftsrecht bewerten, wenn einerseits die höchsten nationalen Rechtsvorschriften, andererseits Gemeinschaftssekundärrecht, hier eine Verordnung, miteinander kollidierten?

1. Sachverhalt

Die gemeinsame Marktorganisation für Getreide sah Einfuhr- und Ausfuhrlizenzen für bestimmte Agrarprodukte nur bei Stellung einer Kaution vor. Wurde das Geschäft während der Dauer der Lizenz nicht durchgeführt, verfiel automatisch die Kaution. Die Klägerin, das deutsche Unternehmen Internationale Handelsgesellschaft, focht diese Regelung mit der Begründung an, dass sie den Importeur unverhältnismäßig belaste. Dies verstoße gegen das im deutschen Grundgesetz verankerte Prinzip der Verhältnismäßigkeit und die ebenfalls durch das Grundgesetz garantierten Grundsätze der Entfaltungs- und Dispositionsfreiheit sowie der Wirtschaftsfreiheit. Ein deutsches Verwaltungsgericht hielt diese Regelung über den Verfall der Kaution für grundrechtlich bedenklich und führte aus, die entsprechenden Verordnungen müssten die durch das Grundgesetz garantierten elementaren Grundrechte und die wesentlichen Strukturprinzipien des nationalen Rechts beachten. Es legte den Fall deshalb dem EuGH zur Vorabentscheidung vor.

2. Urteil

a)   Vorrang auch vor nationalem Verfassungsrecht

Zur Frage, ob die EG-Regelung über die Stellung von Exportkautionen in rechtswidriger Weise gegen deutsche Grundrechte verstößt urteilte der EuGH:

„Die einheitliche Geltung des Gemeinschaftsrechts würde beeinträchtigt, wenn bei der Entscheidung über die Gültigkeit von Handlungen der Gemein-

---

[82] Europäischer Gerichtshof, Urt. v. 17.12.1970, Rs. 11/70 - INTERNATIONALE HANDELS-GESELLSCHAFT, Slg. 1970, S. 1125

[83] Europäischer Gerichtshof, Urt. v. 15.07.1964, Rs. 6/64 - COSTA/E.N.E.L., Slg. 1964, S. 1253.

schaftsorgane Normen oder Grundsätze des nationalen Rechts herangezogen würden. Die Gültigkeit solcher Handlungen kann nur nach dem Gemeinschaftsrecht beurteilt werden, denn dem vom Vertrag geschaffenen, somit aus einer autonomen Rechtsquelle fließenden Recht kann wegen seiner Eigenständigkeit keine wie immer gearteten innerstaatlichen Rechtsvorschriften vorgehen, wenn ihm nicht sein Charakter als Gemeinschaftsrecht aberkannt und wenn nicht die Rechtsgrundlage der Gemeinschaft selbst in Frage gestellt werden soll. Daher kann es die Gültigkeit einer Gemeinschaftshandlung oder deren Geltung in einem Mitgliedstaat nicht berühren, wenn geltend gemacht wird, die Grundrechte in der ihnen von der Verfassung dieses Staates gegebenen Gestalt oder die Strukturprinzipien der nationalen Verfassung seien verletzt."[84]

In Übereinstimmung mit Generalanwalt und Kommission stellte der EuGH also nochmals klar, dass das Gemeinschaftsrecht auch Vorrang vor nationalem Verfassungsrecht beansprucht. Gemeinschaftsrecht, gleich welches Ranges, geht den „wie immer gearteten innerstaatlichen Rechtsvorschriften", also auch den nationalen Verfassungen vor. Hierfür werden wieder die Autonomie der Rechtsordnung, der Gleichheitsgrundsatz und damit die Wirksamkeit des Gemeinschaftsrechts angeführt.[85]

Die Entscheidung in der Rechtssache Internationale Handelsgesellschaft steht für den Fall, in dem der EuGH die deutlichsten Worte im Bezug zum Vorrang über nationales Verfassungsrecht gebraucht.[86]

b)   Grundrechtsschutz durch den EuGH

Gleichzeitig sah sich der EuGH einer neuen Problematik gegenüber gestellt: Denn wenn er den Vorrang, so wie in Costa/E.N.E.L.[87] bereits angelegt und in der Rechtssache Internationale Handelsgesellschaft[88] konkretisiert, auch gegenüber nationalem Verfassungsrecht und damit den Grundrechten ins Feld führt, diese also verdrängt, muss er den Grundrechtsschutz auf andere Weise gewährleisten, um den rechtsstaatlichen Grundprinzipien seiner Mitgliedstaaten genüge zu tun. Sich dieser Situation bewusst, erklärt der EuGH:

---

[84] Europäischer Gerichtshof, Urt. v. 17.12.1970, Rs. 11/70 - INTERNATIONALE HANDELS-GESELLSCHAFT, Slg. 1970, S. 1125, Rn. 3.

[85] Die Entstehungsgeschichte des EWG-Vertrages bestätigt dies. Denn die deutsche Forderung nach einer Festschreibung des Vorrangs der nationalen Verfassungen in den Verträgen wurde damals ausdrücklich abgelehnt, vgl. *Huber,* AöR 1991, S. 217, m.w.N.

[86] *Mayer,* German Law Journal 2005, S. 1497.

[87] Europäischer Gerichtshof, Urt. v. 15.07.1964, Rs. 6/64 - COSTA/E.N.E.L., Slg. 1964, S. 1253.

[88] Europäischer Gerichtshof, Urt. v. 17.12.1970, Rs. 11/70 - INTERNATIONALE HANDELS-GESELLSCHAFT, Slg. 1970, S. 1125.

„Es ist jedoch zu prüfen, ob nicht eine entsprechende gemeinschaftsrecht-liche Garantie verkannt worden ist; denn die Beachtung der Grundrechte gehört zu den allgemeinen Rechtsgrundsätzen, deren Wahrung der Gerichtshof zu sichern hat. Die Gewährleistung dieser Rechts muss zwar von den gemein-samen Verfassungsüberlieferungen der Mitgliedstaaten getragen sein, sie muss sich aber auch in die Struktur und die Ziele der Gemeinschaft einfügen. "[89]

Damit konnte der EuGH den mitgliedstaatlichen Bedenken entgegentre-ten, der Schutz der Grundrechte sei im Gemeinschaftsrecht nicht gewährleistet und somit seine Akzeptanz und Plausibilität wahren. Die richterliche Entwick-lung der Gemeinschaftsgrundrechte an dieser Stelle kann auch als „Gegenleis-tung" für den uneingeschränkten Vorrang betrachtet werden.[90] Gleichzeitig wurde damit natürlich die Unabhängigkeit des Gemeinschaftsrechts untermau-ert, indem der für eine autonome Rechtsordnung unabdingbare Grundrechts-schutz aus der eigenen Struktur heraus, abgeleitet freilich unter Rückgriff auf die Europäische Menschenrechtskonvention (EMRK), die gemeinsamen Ver-fassungstraditionen der Mitgliedstaaten und das soft law[91], entwickelt und gewährleistet wird.[92]

---

[89] Europäischer Gerichtshof, Urt. v. 17.12.1970, Rs. 11/70 - INTERNATIONALE HANDELS-GESELLSCHAFT, Slg. 1970, S. 1125, Rn. 4.

[90] *Wölker*, EuR 2007, S. 38.

[91] Zu diesem Begriff erläuternd: *Huber*, Recht der europäischen Integration, § 8, Rn. 40.

[92] Zum Grundrechtsschutz erstmals bereits: Europäischer Gerichtshof, Urt. v. 12.11.1969, Rs. 29/69 - STAUDER, Slg. 1969, S. 419, später die Grundsatzentscheidung: Europäischer Ge-richtshof, Urt. v. 14.05.1974, Rs. 4-73 - NOLD, Slg. 1974, S. 491; weitere wichtige Entschei-dungen zum Grundrechtsschutz auf Gemeinschaftsebene: Europäischer Gerichtshof, Urt. v. 13.12.1979, Rs. 44/79 - HAUER, Slg. 1979, S. 3727; Europäischer Gerichtshof, Urt. v. 15.05.1986, Rs. 222/84 - JOHNSTON, Slg. 1986, S. 1651; Europäischer Gerichtshof, Urt. v. 21.09.1989, Verbundene Rs. 46/87 und 227/88 - HOECHST, Slg. 1989, S. 2859; Europäischer Gerichtshof, Urt. v. 18.06.1991, Rs. C-260/89 - ERT, Slg. 1991, S. I-2925; Europäischer Gerichts-hof, Urt. v. 14.10.2004, Rs. C-36/02 - OMEGA SPIELHALLEN, Slg. 2004, S. I-9609; vgl. Aus-führungen unter D.I.1.

VI.   Die Rechtssache Simmenthal

Mit der Rechtssache Simmenthal[93] hat der EuGH die Entwicklung seiner Rechtssprechung zum Vorrang zunächst abgeschlossen bzw. abgerundet.[94]

1.   Sachverhalt

Bei der Einfuhr von Rindfleisch von Frankreich nach Italien musste das italienische Unternehmen Simmenthal wegen gesundheitsrechtlicher, in Italien gesetzlich vorgeschriebener Untersuchungen Gebühren bezahlen. Simmenthal klagte auf Rückzahlung, da es das entsprechende Gesetz für gemeinschaftsrechtswidrig hielt. Auf die Vorlage des italienischen Gerichts entschied der EuGH im Vorabentscheidungsverfahren, dass die Untersuchungen und die dafür erhobenen Gebühren gemeinschaftsrechtswidrig seien.[95] Das italienische Gericht urteilte daraufhin, dass die italienische Finanzverwaltung die Gebühr zurückzahlen müsse. Diese legte hiergegen Einspruch ein mit der Begründung, dass das italienische Gesetz nach dem EWG-Vertrag erlassen worden sei und damit von italienischen Gerichten zu beachten sei. Zwar sei die Vorrangdogmatik auch in Italien anerkannt, jedoch könne nur das italienische Verfassungsgericht die Verfassungswidrigkeit und Unanwendbarkeit eines italienischen Gesetzes feststellen. So lautete bis dahin die ständige Rechtssprechung des italienischen Corte Costituzionale, die sich damit eklatant gegen die bisher dargelegte, vom EuGH entwickelte Vorrangdogmatik stellte und diese damit insgesamt in Frage stellte. Das italienische Gericht legt deshalb ein zweites Vorabentscheidungsersuchen an den EuGH zur Klärung der herrschenden Rechtsunsicherheit vor.

2.   Urteil

Der EuGH entschied daraufhin: *„Darüber hinaus haben nach dem Grundsatz des Vorrangs des Gemeinschaftsrechts die Vertragsbestimmungen und die unmittelbar geltenden Rechtsakte der Gemeinschaftsorgane in ihrem Verhältnis zum internen Recht der Mitgliedstaaten nicht nur zur Folge, dass allein durch ihr Inkrafttreten jede entgegenstehende Bestimmung des geltenden staatlichen Rechts ohne weiteres unanwendbar wird, sondern auch – da diese Bestimmungen und Rechtsakte vorrangiger Bestandteil der im Gebiet eines*

---

[93] Europäischer Gerichtshof, Urt. v. 09.03.1978, Rs. 106/77 - SIMMENTHAL II, Slg. 1978, S. 629.
[94] Vgl. *Huber*, Recht der europäischen Integration, § 9; Rn. 9.
[95] Europäischer Gerichtshof, Urt. v. 15.12.1976, Rs. 35-76 - SIMMENTHAL I, Slg. 1976, S. 1871.

jeden Mitgliedstaats bestehenden Rechtsordnung sind -, dass ein wirksames Zustandekommen neuer Gesetzgebungsakte insoweit verhindert wird, als diese mit Gemeinschaftsnormen unvereinbar wären. Würde nämlich staatlichen Gesetzgebungsakten, die auf den Bereich übergreifen, in dem sich die Rechtssetzungsgewalt der Gemeinschaft auswirkt, oder die sonst mit den Bestimmungen des Gemeinschaftsrechts unvereinbar sind, irgendeine rechtliche Wirksamkeit zuerkannt, so würde insoweit die Effektivität der Verpflichtungen, welche die Mitgliedstaaten nach dem Vertrag vorbehaltlos und unwiderruflich übernommen haben, verneint, und die Grundlagen der Gemeinschaft selbst würden auf diese Weise in Frage gestellt[96]. ...

Aus alledem folgt, dass jeder im Rahmen seiner Zuständigkeit angerufene staatliche Richter verpflichtet ist, das Gemeinschaftsrecht uneingeschränkt anzuwenden und die Rechte, die es dem einzelnen verleiht, zu schützen, indem er jede möglicherweise entgegenstehende Bestimmung des nationalen Rechts, gleichgültig, ob sie früher oder später als die Gemeinschaftsnorm ergangen ist, unangewendet lässt[97] ...ohne dass ... [er] die vorherige Beseitigung dieser Bestimmung auf gesetzgeberischem Wege oder durch irgendein anderes verfassungsrechtliches Verfahren beantragen oder abwarten müsste.[98] "

a) Zeitlich unbegrenzte Wirkung

Die zeitlich umfassende Wirkung des Gemeinschaftsrechts war schon in der Rechtssache Costa/E.N.E.L. behandelt worden und wird in der Rechtssache Simmenthal nochmals sehr deutlich herausgestellt.

b) Verwerfungsmonopol

Weiterer Gegenstand des Urteils zur Abrundung der Vorrangdogmatik ist das Verwerfungsmonopol. Der EuGH spricht den mitgliedstaatlichen Gerichten damit eine Kompetenz, die freilich gleichzeitig eine Pflicht bedeutet, zu, die sie im innerstaatlichen Recht nicht besitzen: nationales Recht, das dem Unionsrecht entgegensteht, unangewendet zu lassen, um dem Unionsrecht zu voller Wirksamkeit zu verhelfen. Gleichermaßen macht der EuGH klar, dass die Mitgliedstaaten keine dem Unionsrecht entgegenstehenden Gesetze verabschieden dürfen. Ein wirksames Zustandekommen neuer nationaler Gesetze

---

[96] Europäischer Gerichtshof, Urt. v. 09.03.1978, Rs. 106/77 - SIMMENTHAL II, Slg. 1978, S. 629, Rn. 17/18.
[97] Europäischer Gerichtshof, Urt. v. 09.03.1978, Rs. 106/77 - SIMMENTHAL II, Slg. 1978, S. 629, Rn. 21/23.
[98] Europäischer Gerichtshof, Urt. v. 09.03.1978, Rs. 106/77 - SIMMENTHAL II, Slg. 1978, S. 629, Rn. 24.

wird damit aber nicht verhindert. Die insoweit missverständliche Formulierung wird in der Rechtssache IN.CO.GE.'90[99] klargestellt.[100]

Hinsichtlich des Unionsrechts liegt das Verwerfungsmonopol nur beim EuGH. Durch die dezentrale Systematik des Verwerfungsmonopols hinsichtlich des nationalen Rechts wird dem Unionsrecht eine maximale Durchsetzung auf nationaler Ebene ermöglicht. Einheitlichkeit, Gleichheit und Gemeinschaftstreue stehen also wieder im Hintergrund dieser Entscheidung.

c)   Rechtsfolge Anwendungsvorrang

Zugleich stellte der EuGH in dieser Entscheidung die Rechtsfolgen des Vorrangs nochmals klar[101]: er betrachtet den Vorrang als reinen Anwendungs-, nicht Geltungsvorrang, d.h. dem Gemeinschaftsrecht widersprechendes nationales Recht ist nicht etwa nichtig, sondern lediglich insoweit unanwendbar.[102] Dies wird deutlich, indem der EuGH darlegt, dass nationale Rechtsvorschriften im Falle einer Kollision von Gemeinschaftsrecht mit nationalem Recht „ohne weiteres unanwendbar"[103] werde. Das Gemeinschaftsrecht verdrängt in seinem Anwendungsbereich die widersprechende innerstaatliche Norm, die jedoch weiterhin grundsätzlich Geltung behält.[104] Das Ergebnis, die Geltung der gemeinschaftsrechtlichen Norm, ist dem EuGH wichtig, nicht aber deren Folgen.[105] Auf die Rechtssache Simmenthal als das bis dahin deutlichste, energischste und vollständigste Urteil[106] zum Vorrang des Gemeinschaftsrechts kam der EuGH später häufig zurück, indem er seine hierin vorgebrachten Argumente in späteren Urteilen wiederholte und bekräftigte.[107]

---

[99] Europäischer Gerichtshof, Urt. v. 22.10.1998, Verbundene Rs. C-10/97 bis C-22/97 - IN.CO.GE.'90, Slg. 1998, S. I-6307.

[100] *Huber*, Recht der europäischen Integration, § 9, Rn. 12, Fn. 5, m.w.N.

[101] Vgl. B IV.

[102] *Peters*, Elemente einer Theorie der Verfassung Europas, S. 330f.

[103] Europäischer Gerichtshof, Urt. v. 09.03.1978, Rs. 106/77 - SIMMENTHAL II, Slg. 1978, S. 629, Rn. 17/18.

[104] *Pernice*, Das Verhältnis europäischer zu nationalen Gerichten im europäischen Verfassungsverbund, Fn.66 m.w.N; vereinzelt wurden diese Ausführungen des EuGH jedoch dahingehend gedeutet, dass entgegenstehende nationale Vorschriften nichtig seien, vgl. *Wölker*, EuR 2007, S. 39.

[105] *Huber*, Recht der europäischen Integration, § 9, Rn. 11.

[106] *Bebr*, Development of judicial control of the European communities, S. 642.

[107] *Wolf-Niedermaier*, Der Europäische Gerichtshof zwischen Recht und Politik, S. 100; eine nicht abschließende Auflistung von Urteilen im Zusammenhang mit der Vorrangdogmatik findet sich auf der Homepage des EuGH unter: http://curia.europa.eu/common/recdoc/repertoire_jurisp/bull_ordrejur/data/index_A-03_01.html (Stand April 2013).

VII.   Weitere Entwicklung

1.   Weitere Urteile des EuGH

In ihren Grundzügen war die Vorrangdogmatik mit den oben beschriebenen Urteilen vollendet. In weiteren Urteilen[108] wurde die Vorrangdoktrin vom EuGH bestätigt.

Die Vorrangdogmatik unterlag aber weiter einer gewissen Dynamik und wurde vom EuGH über die Jahre hinsichtlich ihrer Auswirkungen in Details noch präzisiert[109].

a)   Vorrang auch vor bestandskräftigen Verwaltungsakten

In den Rechtssachen Ciola[110] und Kühne&Heitz[111] hat der EuGH klargestellt, dass der Anwendungsvorrang auch bestandskräftige Verwaltungsakte umfassen kann, diese also aufzuheben sind. Jedoch ist die Durchbrechung der Bestandskraft an enge Voraussetzungen geknüpft.[112] Im Rahmen einer Abwägung zwischen dem Effektivitätsgrundsatzes und dem allgemeinen Grundsatz der Rechtssicherheit werden nationale Behörden nur zu einer Überprüfung ihrer Entscheidung verpflichtet, wenn die Behörde nach nationalem Recht befugt ist, diese Entscheidung zurückzunehmen, die Entscheidung infolge eines Urteils eines in letzter Instanz entscheidenden nationalen Gerichts bestandskräftig geworden ist, das Urteil des nationalen Gerichts auf einer unrichtigen Auslegung des Unionsrechts beruht und dabei kein Vorabentscheidungsverfahren eingeleitet wurde, obwohl dies erforderlich gewesen wäre, der Betroffene sich unmittelbar nach Kenntnis von der Entscheidung des Gerichts-

---

[108] Exemplarisch für viele weitere: Europäischer Gerichtshof, Urt. v. 13.02.1969, Rs. 14/69 - WALT WILHELM, Slg. 1969, S. 1, Rn. 6; Europäischer Gerichtshof, Urt. v. 13.07.1972, Rs. 48/71 - KOMMISSION/ITALIEN, Slg. 1972, S. 529, Rn. 5/10; Europäischer Gerichtshof, Urt. v. 25.09.1979, Rs. 232/78 - SCHAFFLEISCH, Slg. 1979, S. 2729, Rn. 7; Europäischer Gerichtshof, Urt. v. 19.06.1990, Rs. C-213/89 - FACTORTAME LTD, Slg. 1990, S. I-2433, Rn. 18ff; Europäischer Gerichtshof, Urt. v. 21.05.1987, Rs. 249/85 - ALBAKO, Slg. 1987, S. 2345, Rn. 17; Europäischer Gerichtshof, Urt. v. 22.10.1998, Verbundene Rs. C-10/97 bis C-22/97 - IN.CO.GE.'90, Slg. 1998, S. I-6307, Rn. 20f.
[109] Zu weiteren praktischen Auswirkungen des Vorrangs vgl. *Wölker*, EuR 2007, S. 46ff.
[110] Europäischer Gerichtshof, Urt. v. 29.04.1999, Rs. C-224/97 - ERICH CIOLA, Slg. 1999, S. I-2517.
[111] Europäischer Gerichtshof, Urt. v. 13.01.2004, Rs. C-453/00 - KÜHNE & HEITZ, Slg. 2004, S. I-837.
[112] Europäischer Gerichtshof, Urt. v. 13.01.2004, Rs. C-453/00 - KÜHNE & HEITZ, Slg. 2004, S. I-837, Rn. 26f; Europäischer Gerichtshof, Urt. v. 12.02.2008, Rs. C-2/06 - KEMPTER, Slg. 2008, S. I-411, ;*Wölker*, EuR 2007, S. 40.

hofs an die Verwaltungsbehörde gewandt hat und Rechte Dritter nicht betroffen sind.[113]

b)   Vorrang gegenüber Gerichtsentscheidungen

Der Vorrang gilt prinzipiell auch gegenüber Gerichtsentscheidungen, allerdings nur, soweit diese noch nicht rechtskräftig geworden sind.[114] Vor einer Durchbrechung der Rechtskraft macht der EuGH ausdrücklich Halt.[115]

c)   Ausnahme im einstweiligen Rechtsschutz

Unter eng ausgesteckten Voraussetzungen[116] besteht im Verfahren des einstweiligen Rechtsschutzes die Möglichkeit, dass ein nationales Gericht eine unionsrechtliche Norm während eines vorübergehenden Zeitraums nicht anwendet. Dies führt aber nicht zu einer nennenswerten Einschränkung oder Begrenzung des Vorrangs, da zum einen der Zeitraum begrenzt und zum anderen die Vorraussetzungen hinreichend klar und begrenzend sind, um einen Missbrauch zu verhindern.

2.   Schriftliche Fixierung des Vorrangs des Unionsrechts in den Unionsverträgen

a)   Vertrag über die Europäische Union

Auch der am 1.11.1993 in Kraft getretene EU-Vertrag enthält keine Regelung über das Verhältnis von nationalem Recht und Unionsrecht. Es blieb also trotz der umfangreichen Reformen durch den EU-Vertrag dabei, dass der Vorrang des Unionsrechts ein ungeschriebener Grundsatz des Unionsrechts, richterrechtlich entwickelt durch den EuGH, blieb. Ein Umkehrschluss aus der Nichterwähnung kann nicht gezogen werden, am Bestand des Instituts des Vorrangs als gesichertes Allgemeingut konnte nicht ernsthaft gezweifelt werden.[117]

---

[113] *Streinz*, Europarecht, Rn. 607, vertiefend: *Rennert*, DVBl 2007, S. 400ff.
[114] Europäischer Gerichtshof, Urt. v. 28.06.2001, Rs. C-118/00 - LARSY, Slg. 2001, S. I-5063, Rn. 33ff.
[115] Europäischer Gerichtshof, Urt. v. 01.06.1999, Rs. C-126/97 - ECO SWISS, Slg. 1999, S. I-3055, Rn. 46; Europäischer Gerichtshof, Urt. v. 30.09.2003, Rs. C-224/01 - KÖBLER, Slg. 2003, S. I-10239, Rn. 38; Europäischer Gerichtshof, Urt. v. 16.03.2006, Rs. C-234/04 - KAPFERER, Slg. 2006, S. I-2585, Rn. 20; vgl. *Wölker*, EuR 2007, S. 40.
[116] Europäischer Gerichtshof, Urt. v. 21.02.1991, Verbundene Rs. C-143/88 und C-92/89 - ZUCKERFABRIK, Slg. 1991, S. I-415, Rn. 27ff; Europäischer Gerichtshof, Urt. v. 09.11.1995, Rs. C-465/93 - ATLANTA, Slg. 1995, S. I-3761, Rn. 31ff; vgl. *Terhechte*, EuR 2006, S. 840f.
[117] *Terhechte*, EuR 2006, S. 835.

b)   Vertrag von Amsterdam

Seit dem Vertrag von Amsterdam enthält der EU-Vertrag ein Protokoll über die Anwendung der Grundsätze des Subsidiaritätsprinzips und der Verhältnismäßigkeit. Hier findet sich erstmalig im Rahmen der Verträge, wenn auch nur in einem Protokoll, eine auf den Vorrang des Unionsrechts bezogene Regelung: *„2. Die Grundsätze der Subsidiarität und der Verhältnismäßigkeit werden unter Beachtung der allgemeinen Bestimmungen und der Ziele des Vertrags angewandt...; dabei werden die vom Gerichtshof aufgestellten Grundsätze für das Verhältnis zwischen einzelstaatlichem Recht und Gemeinschaftsrecht nicht berührt,...* "[118]

Der Begriff Vorrang kommt zwar auch hier nicht vor, jedoch wird eindeutig auf die EuGH-Rechtsprechung zum Vorrang Bezug genommen. Zu einer dogmatischen Änderung hinsichtlich des Vorrangs führte dies aber nicht. Denn Ziel war weniger gewesen, die schriftliche Fixierung des Vorrangs und damit dessen Bestandssicherung zu gewährleisten. Vielmehr sollte „nur" eine Einschränkung des Vorrangs aus Gründen der Subsidiarität oder der Verhältnismäßigkeit verhindert werden.[119] Das Subsidiaritätsprotokoll wäre überdies ein etwas seltsamer Ort, um diese grundlegende Kollisionsregel zu verankern.

c)   Entwurf des Vertrags über eine Verfassung für Europa

aa)   Schriftliche Fixierung des Vorrangs

Im Vertrag über eine Verfassung für Europa sollte der Vorrang des Unionsrechts schriftlich fixiert werden.

Art. I-6 des Entwurfes über einen Vertrages über eine Verfassung für Europa lautete unter dem Titel „Das Unionsrecht":

„Die Verfassung und das von den Organen der Union in Ausübung der der Union übertragenen Zuständigkeiten gesetzte Recht haben Vorrang vor dem Recht der Mitgliedstaaten."[120]

---

[118] Abgedruckt in: ABl. 1997 Nr. C 340/105; Satorius II, Nr. 151, Protokoll Nr. 30; vertiefend zum Protokoll insgesamt: *Kenntner*, NJW 1998, .

[119] Vgl. *Streinz*, Europarecht, S. 73, Fn. 103; *Terhechte*, EuR 2006, S. 835, Fn. 36; zur Entstehungsgeschichte des Protokolls: *Hasselbach*, JZ 1996, S. 943f; vereinzelt wird in dem Protokoll eine Kodifizierung der Rechtsprechung zum Vorrang gesehen, vgl. *Mayer*, in: Grabitz/Hilf/Nettesheim, Das Recht der Europäischen Union, Rn. 36. Hasselbach hebt zwar die rechtliche Bindungswirkung des Protokolls hervor, da es integrativer Bestandteil des Vertrages sei und dessen Rechtsqualität teile, hätte aber eine klarer gefasst und an prominenterer Stelle im Vertrag platzierte Festschreibung des Vorrangs begrüßt, in: *Hasselbach*, JZ 1996, S. 911.

[120] *Streinz/Ohler/Herrmann/Kruis*, Die neue Verfassung für Europa, S. 122.

Teilweise wurde vertreten, dass mit diesem Verweis auf die mittlerweile allgemein anerkannte Rechtsprechung nicht viel gewonnen gewesen wäre[121]. Vielmehr sei es problematisch gewesen, dass der Vorrang für das ganze Unionsrecht angeordnet worden wäre, also auch für Europäische Rahmengesetze und Europäische Beschlüsse. Da diese nicht unbedingt unmittelbare Wirkung entfalten, hätte dies zu erheblicher Rechtsunsicherheit geführt.[122]

Andererseits wird angeführt, dass diese Normierung des Vorrangs einen Unterschied zur vorherigen Rechtslage bedeutet hätte. Denn der EuGH hätte sich in Zukunft auf den Verfassungstext berufen können, anstatt seine eigenen Rechtsprechung zu zitieren. Eine ausdrückliche Entscheidung des Verfassungsgebers, den Vorrang des Unionsrechts primärrechtlich zu verankern, hätte eine ungemein größere Legitimität und Autorität verliehen als der Verweis auf die richterrechtliche Rechtsfortbildung.[123]

bb)   Scheitern der Verfassung

Der Vertrag über eine Verfassung für Europa wurde in den Referenden in Frankreich am 29.05.2005 in den Niederlanden am 01.06.2005 jedoch abgelehnt. Die schriftliche Fixierung der Vorrangdogmatik scheiterte damit einmal mehr.

d)   Vertrag von Lissabon

aa)   Erneute Skepsis hinsichtlich einer schriftlichen Fixierung des Vorrangs

Nach der Ablehnung des Vertrages über eine Verfassung für Europa stürzte die Europäische Union in eine tiefe Verfassungskrise. Die danach ausgerufene Reflexionsphase endete mit dem unter deutscher EU-Präsidentschaft zustande gekommenen Beschluss des Europäischen Rates vom 23. Juni 2007, eine Regierungskonferenz zur Ausarbeitung eines EU-Reformvertrages einzuberufen. Nach langwierigen und schwierigen Verhandlungen zwischen den Vertragsparteien veröffentlichte die portugiesische EU-Präsidentschaft am 5. Oktober 2007 einen revidierten Vertragsentwurf, der Grundlage der Einigung der Staats- und Regierungschefs auf dem EU-Gipfel vom 18./19. Oktober 2007 war, den Vertrag von Lissabon. Dieser „Vertrag von Lissabon zur Änderung des Vertrages über die Europäische Union und des Vertrages zur Gründung der

---

[121] So ähnlich *Kwiecien*, German Law Journal 2005, S. 1495.
[122] *Streinz/Ohler/Herrmann/Kruis*, Die neue Verfassung für Europa, S. 67f.
[123] Vgl. *Kumm/Ferres Comella*, International Journal of Constitutional Law 2005, S. 477; ähnlich hinsichtlich der Wirkung einer schriftlichen Fixierung in den Verträgen, *Hasselbach*, JZ 1996, S. 944.

Europäischen Gemeinschaft" wurde schließlich am 13.12.2007 feierlich unterzeichnet.

Nach einem langwierigen Ratifikationsprozess[124] konnte der Vertrag am 1.12.2009 in Kraft treten.

Der Name des Vertrages von Lissabon enthält ganz bewußt das Wort „Verfassung" nicht mehr. Gegenüber dem ursprünglichen Verfassungsvertrag enthält dieser Reformvertrag inhaltlich eine Reihe von Änderungen und Ergänzungen. Die offenkundigste Änderung ist zunächst die Verschmelzung von Europäischer Union und Europäischer Gemeinschaft zu einer Europäischen Union. Weiter soll nicht mehr wie mit der geplanten Verfassung nur ein Vertrags- bzw. Verfassungswerk vorliegen, sondern es werden weiterhin mehrere Verträge nebeneinander bestehen (der EUV und der ursprüngliche EGV, welcher nun in „Vertrag über die Arbeitsweise der Europäischen Union" (AEUV) umbenannt wird, bilden sodann den Kern der Europäischen Union, der EAG bleibt ebenfalls bestehen).[125]

In etlichen EU-Staaten, vor allem in Großbritannien, den Niederlanden und Tschechien[126] gab es Vorbehalte hinsichtlich der Aufnahme des Vorrangs in den Vertragstext. Vornehmlich rühren diese aus der unterschiedlichen Herleitung des Vorrangs durch EuGH und den nationalen Verfassungsgerichten und der damit verbundenen Angst einer unbegrenzten Kompetenzerweiterung der Europäischen Union durch den EuGH. Aus diesem Grund unterblieb die Aufnahme des im EU-Verfassungsvertrag noch vorgesehenen Artikels über den Vorrang des EU-Rechts im Vertrag von Lissabon. Calliess meint dazu, dass sich gerade das Bestreben zu mehr Transparenz zum Beispiel durch die explizite Regelung des Vorrangs im Verfassungstext kontraproduktiv ausgewirkt zu haben schien, indem Selbstverständlichkeiten des geltenden Gemeinschaftsrechts plötzlich in Frage gestellt wurden. In manchen Medien und politischen Debatten sei den Bürgern suggeriert worden, der Verfassungsvertrag etabliere in Art. I-6 VVE nun erstmals einen Vorrang des europäischen Rechts vor dem nationalen Recht. So mancher Bürger hätte mit Staunen darauf reagiert, dass „sein" nationales Recht vom Europarecht verdrängt werden könne. Dass der Vorrang des Gemeinschaftsrechts schon seit Jahrzehnten etabliert sei, sei bei dieser fehlgeleiteten Debatte aus dem Blickfeld geraten. Man müsse es deshalb schon als fast tragisch bezeichnen, wenn der Verfassungsvertrag den allgemein akzeptierten Vorrang des Gemeinschaftsrechts nunmehr erstmals

---

[124] Zum Ablauf des Ratifikationsprozesses vgl. *Streinz/Ohler/Herrmann*, Der Vertrag von Lissabon zur Reform der EU, S. 27.

[125] Vgl. *Terhechte*, EuR 2008, S. 149f.

[126] Vgl. *Maurer*, in: Pernice (Hrsg.), Der Vertrag von Lissabon: Reform der EU ohne Verfassung?, S. 39.

nachlesbar und damit transparent machen wollte, aber mitunter an solcher Form der Transparenz gescheitert sei.[127]

bb)   Vorrang des Unionsrechts in Erklärung Nr. 17 der Schlussakte

So wird der Vorrang schließlich nur als Erklärung Nr. 17 der Schlussakte der Regierungskonferenz beigefügt. Diese lautet wie folgt:

„17. Erklärung zum Vorrang

Die Konferenz weist darauf hin, dass die Verträge und das von der Union auf der Grundlage der Verträge gesetzte Recht im Einklang mit der ständigen Rechtsprechung des Gerichtshofs der Europäischen Union unter den in dieser Rechtsprechung festgelegten Bedingungen Vorrang vor dem Recht der Mitgliedstaaten haben.

Darüber hinaus hat die Konferenz beschlossen, dass das Gutachten des Juristischen Dienstes des Rates zum Vorrang in der Fassung des Dokuments 11197/07 (JUR 260) dieser Schlussakte beigefügt wird:

Gutachten des Juristischen Dienstes des Rates vom 22. Juni 2007

Nach der Rechtsprechung des Gerichtshofs ist der Vorrang des EG-Rechts einer der Grundpfeiler des Gemeinschaftsrechts. Dem Gerichtshof zufolge ergibt sich dieser Grundsatz aus der Besonderheit der Europäischen Gemeinschaft. Zum Zeitpunkt des ersten Urteils im Rahmen dieser ständigen Rechtsprechung (Rechtssache 6/64, Costa gegen ENEL, 15. Juli 1964) war dieser Vorrang im Vertrag nicht erwähnt. Dies ist auch heute noch der Fall. Die Tatsache, dass der Grundsatz dieses Vorrangs nicht in den künftigen Vertrag aufgenommen wird, ändert nichts an seiner Existenz und an der bestehenden Rechtsprechung des Gerichtshofs.

‚Aus ... [dem] *folgt, dass dem vom Vertrag geschaffenen, somit aus einer autonomen Rechtsquelle fließenden Recht wegen dieser seiner Eigenständigkeit keine wie immer gearteten innerstaatlichen Rechtsvorschriften vorgehen können, wenn ihm nicht sein Charakter als Gemeinschaftsrecht aberkannt und wenn nicht die Rechtsgrundlage der Gemeinschaft selbst in Frage gestellt werden soll.'“[128]*

Diese Erklärung hat lediglich politische Bindungswirkung, entfaltet aber keinerlei rechtliche Wirkung. Eine genauere Beschreibung der „festgelegten Bedingungen" wird nicht vorgenommen, zur vollständigen Beschreibung des

---

[127] *Calliess*, in: Pernice (Hrsg.), Der Vertrag von Lissabon: Reform der EU ohne Verfassung?, S. 64f.

[128] ABl. 2007 Nr. C 306/256; Denkschrift zum Vertrag von Lissabon, S.39, im Internet auf: http://www.auswaertiges-amt.de/cae/servlet/contentblob/358382/publicationFile/3093/Denkschrift-lissabon.pdf (Stand April 2013).

Vorrangs muss weiter auf die hier dargestellte Rechtsprechung im Einzelnen zurückgegriffen werden.

Mit dieser Erklärung wird der in der Rechtsprechung des EuGH entwickelte Vorrang des Unionsrechts bestätigt und, wenn auch in nicht sehr deutlicher Form, bekräftigt. Die nun vollständig in den Vertrag über die Arbeitsweise der Europäischen Union überführten Gebiete Justiz und Inneres unterfallen der Rechtsprechung des EuGH und damit dem Vorrang, wohingegen die Gemeinsame Außen- und Sicherheitspolitik intergouvernemental bleibt und weiterhin dem nationalen Souveränitätsvorbehalt unterliegt.[129]

Eine klare Verankerung des Vorrangs wäre aus unionsrechtlicher Sicht wünschenswert gewesen, da es weiteren Angriffen auf den Vorrang einen klaren Riegel vorschieben würde und so zur Akzeptanz des EuGH beitragen würde. Etwaige Rechtsunsicherheiten über die Reichweite, soweit sie nicht klar aus der Vorschrift hervorgehen, könnten alsbald auf dem sicheren Boden der festgeschriebenen Vorrangregel durch Rechtsprechung und Lehre geklärt werden. Das jetzige Maß an Rechtsunsicherheit würde langfristig insgesamt nicht vergrößert, sondern durch die Festschreibung des Vorrangs verringert.

Andererseits hätte eine schriftliche Fixierung des Vorrangs in den Verträgen jedenfalls formal zu einer Unterordnung der nationalen Rechtsordnungen und damit auch der nationalen Verfassungen unter das Unionsrecht bedeutet. Dies wäre aus Sicht einiger nationaler Verfassungsgerichte, darunter wohl auch das Bundesverfassungsgericht, jedenfalls hinsichtlich einiger bestimmter Verfassungsvorschriften so nicht hinnehmbar gewesen. Durch die fehlende schriftliche Fixierung sind der EuGH und die nationalen Verfassungsgerichte zur Kooperation gezwungen. Insoweit bleibt es aus rechtlicher Sicht nicht ganz unerheblich, anders als Terhechte meint[130], ob der Vorrang weiter ein ungeschriebener Grundsatz des Unionsrechts ist, oder ob er schriftlich fixiert worden wäre.

Im Ergebnis, nicht aber in rechtstheoretischer Hinsicht, besteht eine ausgesprochene Notwendigkeit zur Festschreibung des Vorrangs ohnehin nicht, da der Vorrang des Unionsrechts sich bis zum heutigen Tage ohne nennenswerte tatsächliche Widerstände der nationalen Gerichte durchsetzen konnte.

---

[129] Vgl. *Braas*, in: Pernice (Hrsg.), Der Vertrag von Lissabon: Reform der EU ohne Verfassung?, S. 126; *Terhechte*, EuR 2008, S. 154f, der ebenfalls davon ausgeht, dass die Rolle des Vorrangs gerade im Bereich der GASP noch für Diskussionen sorgen werde.
[130] Vgl. *Terhechte*, JuS 2008, S.405.

VIII. Zusammenfassung

1. Bedeutung des Vorrangs

Rechtsdogmatisch gesehen handelt es sich beim des Vorrangs des Unionsrechts um einen allgemeinen Grundsatz[131] auf der Ebene des Primärrechts[132]. Der Vorrang des Unionsrechts ist eines der obersten „Verfassungsprinzipien bzw. -regeln des Gemeinschaftsrechts".[133] Dabei ist hervorzuheben, dass es sich nicht um eine „materielle Rechtsnorm"[134] handelt, sondern um eine Rechtsanwendungsregel. Es kann als Kollisionsregel, als Metaregel eines Rechtssystems, hier des Unionsrechts, begriffen werden.[135]

Der Vorrang ist neben dem Grundsatz der unmittelbaren Anwendbarkeit im Unionsrecht das wichtigste konkretisierende Prinzip gleicher Freiheit, weshalb sogar gesagt werden kann, das „eigentliche Unionsrecht" habe erst mit den Urteilen in den Rechtssachen Van Gend Loos[136] und Costa E.N.E.L.[137] begonnen. Beide Institute, das der unmittelbaren Anwendbarkeit des Unionsrechts und sein Anwendungsvorrang, werden so auch als „Kronjuwelen" der Unionsrechts bezeichnet, sie prägen in wesentlichem Maße die Eigenschaft der Union als supranationale Gemeinschaft.[138]

Das Prinzip der unmittelbaren Anwendbarkeit war und ist eine Grundvoraussetzung, um dem Vorrang zu seiner Durchsetzungskraft und Bedeutung zu verhelfen. Erst die beiden Grundsätze zusammen haben dazu geführt, dass sich das Gemeinschaftsrecht in den nationalen Rechtsordnungen durchsetzen konnte.[139] Denn die unmittelbare Anwendbarkeit führt dazu, dass das Unionsrecht nicht nur Pflichten für die Mitgliedsstaaten begründet, sondern unmittelbar in der Rechtsanwendung in den Mitgliedstaaten wirkt. Erst die unmittelbare Anwendbarkeit macht eine Kollision zwischen Unionsrecht und nationalem Recht möglich.[140] Auch der EuGH betone die Komplementarität dieser beiden

---

[131] *Schwarze*, in: Schwarze, EU-Kommentar, Art. 19 EUV, Rn.24; *Terhechte*, JuS 2008, S. 404.

[132] Vgl. *Streinz*, Europarecht, Rn. 458; *Isensee*, in: Burmeister (Hrsg.), Verfassungsstaatlichkeit, S. 1244.

[133] *Terhechte*, EuR 2006, S. 835.

[134] *Terhechte*, EuR 2006, S. 835; *Terhechte*, JuS 2008, S. 405.

[135] *Nettesheim*, EuR 2006, S. 737.

[136] Europäischer Gerichtshof, Urt. v. 05.02.1963, Rs. 26/62 - VAN GEND, Slg. 1963, S. 3.

[137] Europäischer Gerichtshof, Urt. v. 15.07.1964, Rs. 6/64 - COSTA/E.N.E.L., Slg. 1964, S. 1253.

[138] *Terhechte*, EuR 2006, S. 828; dazu auch; *Weiler*, The Yale Law Journal 1991, S. 2414f.

[139] Bogdandy spricht in: *von Bogdandy*, in: von Bogdandy (Hrsg.), Die europäische Option, S. 107, von den „zwei grundlegenden Doktrinen, mit denen das Gemeinschaftsrecht den Panzer des Nationalstaats durchstoßen hat."

[140] Vgl. *Beljin*, EuR 2002, S. 354; *Pernice*, in: Veröffentlichungen der Vereinigung der deutschen Staatsrechtslehrer Band 60, S. 172.

Grundsätze.[141] Da sich beim Vorrang die Frage der Hierarchie, dem wichtigsten Instrument der Einheitsstiftung, stelle, sei er von dabei von besonderer Bedeutung.[142]

2. Vorrang als Kollisionsregel

Allerdings ist anzumerken, dass der Vorrang im Verhältnis unmittelbar anwendbares Unionsrecht/nationales Recht weniger eine Über- bzw. Unterordnungsregel im Sinne einer Normenhierarchie darstellt, sondern eine Kollisionsregel[143], ohne eine Hierarchie bezüglich einer „wichtigeren", „höheren" oder „bedeutenderen Rechtsquelle" zu begründen.[144] Denn zum einen regelt keine der beteiligten Rechtsordnungen alle Hoheitsrechte, vielmehr sind beide Bestandteile einer fragmentarischen Ordnung.[145] Zum anderen wird dies auch durch die Auslegung der Wirkung des Vorrangs auf die entgegenstehenden nationalen Rechtnormen verdeutlicht, welche nicht zum Geltungsvorrang, sondern zu der speziellen Wirkung des Anwendungsvorrangs im unionsrechtlichen Sinne gelangt (siehe B. IV. a).

Allerdings ist nicht von der Hand zu weisen, dass es in Fragen der Letztentscheidungsbefugnis eine rein prozedurale Hierarchie gibt.[146] Diese ist bisher freilich mehr einer praktischen denn einer durchgehenden theoretischen Natur. Denn aus Sicht einiger nationaler Höchstgerichte ist im „Notfall" das nationale Verfassungsrecht Maßstab für die Gültigkeit von Unionsrecht[147],

---

[141] *Wolf-Niedermaier*, Der Europäische Gerichtshof zwischen Recht und Politik, S. 107.

[142] *von Bogdandy*, in: von Bogdandy (Hrsg.), Europäisches Verfassungsrecht, S. 191f.

[143] Vgl. *Krieger*, Die gemeinschaftsrechtskonforme Auslegung des deutschen Rechts, S. 216, 223f; *Mayer*, in: Grabitz/Hilf/Nettesheim, Das Recht der Europäischen Union, Rn. 35; *Peters*, Elemente einer Theorie der Verfassung Europas, S. 350.

[144] Vgl. *Funke*, DÖV 2007, S. 736; *Pernice*, in: Veröffentlichungen der Vereinigung der deutschen Staatsrechtslehrer Band 60, S. 185; so auch *Mayer*, in: Schuppert/Pernice/Haltern (Hrsg.), Europawissenschaft, S. 460; Weiler merkt an, dass der Vorrang keine absolute Regel in dem Sinne sei, dass Gemeinschaftsrecht das nationale Recht generell aussteche, sondern mehr als Prinzip zu verstehen sei, wonach jede Rechtsordnung höher innerhalb ihrer Kompetenzsphäre sei, in: *Weiler*, The Yale Law Journal 1991, S. 2414, Fn. 26. So wird auch hinsichtlich der in den mitgliedschaftlichen Rechtsordnungen und der in der gemeinschaftlichen Rechtsordnung beteiligten Gerichte davon gesprochen, dass ein hierarchisches Verhältnis nicht bestehe, in: *Dashwood/Johnston*, in: Dashwood/Johnston (Hrsg.), The future of the judicial system of the European Union, S. 58.

[145] Vgl. *Peters*, Elemente einer Theorie der Verfassung Europas, S. 255.

[146] Vgl. *Peters*, Elemente einer Theorie der Verfassung Europas, S. 279; Di Fabio legt dar, dass das bei der Beanspruchung von kollektiver Entscheidungsverbindlichkeit zwangsläufig eine Art von Hierarchie gesetzt werde, in: *Di Fabio*, Das Recht offener Staaten, S. 138.

[147] Zur Sicht der bedeutendsten nationalen Höchstgerichte siehe vertiefend: Bogdandy, Armin von/Huber, Peter M. (Hrsg.), Handbuch Ius Publicum Europaeum II, § 14 bis § 26; *Mayer*, in: Grabitz/Hilf/Nettesheim, Das Recht der Europäischen Union, Art. 19 EUV, Rn. 92- 103, *Mayer*, in: von Bogdandy/Bast (Hrsg.), Europäisches Verfassungsrecht, S. 578ff, und als vergleichende

nach dem EuGH ist allein das primäre Unionsrecht Maßstab für die Gültigkeit von Sekundärrecht. Allerdings gibt es bisher keinen Fall, in dem ein nationales Höchstgericht seine „Reservezuständigkeit" in Anspruch genommen hätte, insoweit ist die prozedurale Hierarchie jedenfalls in der heutigen Rechtspraxis intakt.

3. Scheinbar weitgehend absolute Anwendung durch den EuGH

Der EuGH begründet den Vorrang wie gesehen vornehmlich aus der Autonomie der Rechtsordnung[148] und der willentlichen Abtretung von Kompetenzen seitens der Mitgliedstaaten an die Union. Zudem wird vehement „auf das teleologisch ermittelte Prinzip der Sicherung der Funktionsfähigkeit der Union abgestellt".[149]

Der EuGH scheint den Vorrang weitgehend absolut[150] anzuwenden. Abgesehen von den dargestellten Einschränkungen hinsichtlich der Bestandskraft von Verwaltungsakten, der Rechtskraft von Urteilen und im einstweiligen Rechtsschutz (siehe B.VII.1.a, b, c), hat der EuGH klargestellt, dass jede Bestimmung einer nationalen Rechtsordnung oder jede nationale Gesetzgebungs-, Verwaltungs- oder Gerichtspraxis im Anwendungsbereich des Unionsrechts sich dem Vorrang des Gemeinschaftsrechts jeglicher Ebene beugen muss.[151]

Gerade hinsichtlich der im Rahmen dieser Arbeit besonders wichtigen Auswirkung auf Vorschriften der nationalen Verfassungen hat er nach den deutlichen Worten in der Rechtssache Internationale Handelsgesellschaft[152] diese Rechtsprechungslinie auch mehrfach wiederholt und bestätig.[153]

Darstellung *Huber*, in: von Bogdandy/Huber (Hrsg.), Handbuch Ius Publicum Europaeum II, §
26.
[148] *Wegener*, in: Calliess/Ruffert, EUV AEUV, Art. 19 EUV, Rn. 27; *Peters,* Elemente einer Theorie der Verfassung Europas, S. 309f.
[149] *Streinz*, Europarecht, Rn. 206.
[150] Vgl. *Haltern*, Europarecht, Rn. 934, 937, 941; *Mayer,* German Law Journal 2005, S. 1499; de *Witte*, in: Craig/de Burca (Hrsg.), The Evolution of EU Law, S. 190.
[151] Vgl. Europäischer Gerichtshof, Urt. v. 19.06.1990, Rs. C-213/89 - FACTORTAME LTD, Slg. 1990, S. I- 2433, Rn. 20.
[152] Europäischer Gerichtshof, Urt. v. 17.12.1970, Rs. 11/70 - INTERNATIONALE HANDELS-GESELL-SCHAFT, Slg. 1970, S. 1125, Rn. 3.
[153] Europäischer Gerichtshof, Urt. v. 17.12.1980, Rs. 149/79 - KOMMISSION/BELGIEN, Slg. 1980, S. 3881, Rn. 19; Europäischer Gerichtshof, Urt. v. 02.07.1996, Rs. C-473/93 - KOMMIS-SION/LUXEMBURG, Slg. 1996, S. I-3207, Rn. 37/38.

4. Begründung durch Richterrecht

Bemerkenswert, gerade im Hinblick auf die ernorme Bedeutung des Vorrangs, ist sicherlich dessen richterrechtliche Entwicklung[154]. Ganz allgemein ist unter Richterrecht die Schaffung von Rechtsregeln durch die Rechtsprechung in Fällen von Regelungslücken im Gesetz zu verstehen.[155]

Allerdings entspricht dies der „gemeineuropäischen Rechtsüberlieferung und Rechtskultur"[156]. In formeller Hinsicht ist die dem EuGH in Art. 19 Abs. 1 EUV eingeräumte Zuständigkeit zur „Wahrung des Rechts" als klare Absage an eine rigorosen Gesetzespositivismus zu deuten. In materieller Hinsicht bedingt der „dynamisch-evolutive Integrationsansatz" des EG-Vertrages, dass der EuGH berechtigt, wenn nicht sogar aufgefordert ist, vom Vertrag nicht gewollte Lücken zu füllen.[157] Hinsichtlich der starken Ausprägung des Richterrechts in der Unionsrechtsordnung weist Everling darauf hin, dass die Grundlagen der Union rudimentär seien, ihre Ansätze erst durch den EuGH zu einer funktionsfähigen Verfassung ausgebildet worden seien und daher die Setzung von Richterrecht in der Union eine ständige Aufgabe sei.[158]

Das Bundesverfassungsgericht hat in mehreren Entscheidungen darauf hingewiesen, dass eine Rechtsfortbildung durch Richterrecht weder hinsichtlich des Zustimmungsgesetzes noch des Grundgesetzes grundsätzlich problematisch sei.[159] Auch in der sonst überaus kritischen nationalen Höchstgerichts-

---

[154] Hierzu vertiefend: *Borchardt*, in: Randelzhofer/Scholz/Wilke (Hrsg.), Gedächtnisschrift für Eberhard Grabitz, 41ff; *Calliess*, in: Berliner Online-Beiträge zum Europarecht, Nr. 28, S. 1-25 ; *Commichau*, Nationales Verfassungsrecht und europäische Gemeinschaftsverfassung, S. 26ff; *Everling*, JZ 2000, 217ff ; *Peters*, Elemente einer Theorie der Verfassung Europas, S. 401ff; *Ukrow*, Richterliche Rechtsfortbildung durch den EuGH, S. 68ff.

[155] *Larenz*, Methodenlehre der Rechtswissenschaft, S. 366.

[156] BVerfGE 75, 223, 243; vgl. *Stotz*, in: Riesenhuber (Hrsg.), Europäische Methodenlehre, S. 415; *Höpfner/Rüthers*, AcP 2009, S. 18.

[157] Vgl. *Calliess*, NJW 2005, S. 930.

[158] *Everling*, DRiZ 1993, S. 6; *Everling*, Integration 1994, S. 170; vgl. auch *Everling*, Richterrecht in der Europäischen Gemeinschaft, Vorträge, Reden und Berichte aus dem Europa-Institut, abrufbar im Internet unter: http://europainstitut.de/fileadmin/schriften/151.pdf (Stand: April 2013), S. 36ff.

[159] BVerfGE 75, 223, 240ff.: „Zwar ist dem Gerichtshof keine Befugnis übertragen worden, auf diesem Wege [durch richterliche Rechtsfortbildung] Gemeinschaftskompetenzen beliebig zu erweitern; ebenso wenig aber können Zweifel daran bestehen, dass die Mitgliedstaaten die Gemeinschaft mit einem Gericht ausstatten wollten, dem Rechtsfindungswege offen stehen sollten, wie sie in jahrhundertelanger gemeineuropäischer Rechtsüberlieferung und Rechtskultur ausgeformt worden sind. Der Richter war in Europa niemals lediglich "la bouche qui prononce les paroles de la loi"; das römische Recht, das englische common law, das Gemeine Recht waren weithin richterliche Rechtsschöpfungen ebenso wie in jüngerer Zeit etwa in Frankreich die Herausbildung allgemeiner Rechtsgrundsätze des Verwaltungsrechts durch den Staatsrat oder in Deutschland das allgemeine Verwaltungsrecht, weite Teile des Arbeitsrechts oder die Sicherungsrechte im privatrechtlichen Geschäftsverkehr. Die Gemeinschaftsverträge sind auch im Lichte

barkeit der Mitgliedstaaten herrscht hier dem Grunde nach weitgehend Einigkeit.[160]

5. Weitere Wirkung des Vorrangs

Der Anwendungsvorrang des Unionsrechts setzt einen Konflikt, eine Kollision von nationalem Recht und Unionsrecht voraus. Die dargestellte Wirkung des Anwendungsvorrangs des Unionsrechts auf das nationale Recht entfaltet sich zunächst nur bei einer direkten Kollision. Eine direkte Kollision liegt vor, wenn eine unionsrechtliche und eine nationale Regelung den gleichen Sachverhalt mit unterschiedlichen Rechtsfolgen regeln, hierfür ist Vorraussetzung die unmittelbare Anwendbarkeit der unionsrechtlichen Regelung. Dieser Fall der direkten Kollision ist ursprünglicher Gegenstand der Untersuchung zum Anwendungsvorrang, falls auf die sogleich dargestellten weiteren Wirkungen des Vorrangs Bezug genommen wird, wird dies besonders erwähnt, soweit es sich nicht von selbst ergibt.

a)   Indirekte Kollision

Jedoch können auch bei indirekten Kollisionen Folgen des Anwendungsvorrangs ausgelöst werden, wenn auch nicht in derselben Weise und Intensität. Hier verhelfen die Kriterien der Effektivität und der Gleichwertigkeit dem Anwendungsvorrang zur Durchsetzung.[161] Eine indirekte Kollision liegt bei jeder sonstigen Beeinträchtigung des Unionsrechts durch nationale Rechtsakte vor. Ein Beispiel bilden die durch nationales Verwaltungsverfahrensrecht hervorgerufenen Normkollisionen bei der Rückforderung unionsrechtswidriger Beihilfen.

Damit wird aber auch deutlich, dass der Vorrang im Kern, also bei dem klassischen Fall der direkten Kollision, als eine normative Regel zu qualifizieren ist, eine darüber hinausgehende Wirkung bei indirekten Kollisionen seinen

---

gemeineuropäischer Rechtsüberlieferung und Rechtskultur zu verstehen. Zu meinen, dem Gerichtshof der Gemeinschaften wäre die Methode der Rechtsfortbildung verwehrt, ist angesichts dessen verfehlt. Das Bundesverfassungsgericht ist auch bislang schon ohne Aufhebens davon ausgegangen, dass der Gerichtshof subjektive Rechte des privaten Einzelnen aus allgemeinen Rechtsgrundsätzen entwickeln darf (BVerfGE 37, 271; 73, 339)."
[160] Vgl. dazu *Ukrow,* Richterliche Rechtsfortbildung durch den EuGH, S. 96ff.
[161] *Ruffert,* in: Calliess/Ruffert, EUV AEUV, Art. 1 AEUV, Rn. 22. m.w.N; vgl. auch Europäischer Gerichtshof, Urt. v. 16.12.1976, Rs. 33/76 - REWE, Slg. 1976, S. 1989, Rn. 5; dazu *von Danwitz,* Verwaltungsrechtliches System und Europäische Integration, S. 114f; *Jarass/Beljin,* NVwZ 2004, S. 5; *Huthmacher,* Der Vorrang des Gemeinschaftsrechts bei indirekten Kollisionen, S. 142ff.; *Kadelbach,* Allgemeines Verwaltungsrecht unter europäischem Einfluß, S. 27ff; *Krieger,* Die gemeinschaftsrechtskonforme Auslegung des deutschen Rechts, S. 218, Fn. 667 m.w.N.

weitergehenden Normgehalt als Rechtsprinzip zum Ausdruck bringt[162]. Im Fall einer Prinzipienkollision steht die Abwägung der betroffenen Rechtsgüter im Vordergrund, eine feste Regel zur Lösung des Konflikts besteht gerade nicht. Die Einheitlichkeit und Effektivität des Unionsrechts als maßgebliche Gründe für die Entwicklung des Vorrangs entfalten hier als Gehalt des Rechtsprinzips ihre Wirkung, der Vorrang wirkt nicht als zwingende Regel. Das Bestreben nach möglichst umfassender Beachtung des Unionsrechts wird sich an der Herstellung einer praktischen Konkordanz orientieren und sich um eine harmonisierende Auslegung der betroffenen Regelungen der beiden Rechtsordnungen bemühen.[163]

b)   Unionsrechtskonforme Auslegung

Als Vorrang im weiteren Sinne außerhalb des Anwendungsvorrangs[164] bzw. Ausfluss des Vorrangs[165] ist ferner das Gebot der unionsrechtskonformen Auslegung des mitgliedstaatlichen Rechts zu bezeichnen.[166] Der EuGH hat dies nie explizit ausgesprochen, sondern sich auf Richtlinien selbst oder die mitgliedstaatliche Loyalitätspflicht aus Art. 10 EGV (heute Art. 4 Abs. 3 EUV) berufen, Formulierungen des EuGH deuten eine Wirkung des Vorrangs in Richtung einer unionsrechtskonformen Auslegung aber an.[167] Die Rechtsfolgen des Anwendungsvorrangs werden nicht ausgelöst, vielmehr kann die unionsrechtskonforme Auslegung nur soweit zum Einsatz kommen, wie die nationalen Auslegungsregeln dies gestatten.[168] Die richtlinienkonforme Auslegung stellt einen Unterfall der unionsrechtskonformen Auslegung dar.[169]

---

[162] *von Danwitz*, Verwaltungsrechtliches System und Europäische Integration, S. 114; a.A. *Krieger*, Die gemeinschaftsrechtskonforme Auslegung des deutschen Rechts, S. 223f.
[163] *von Danwitz*, Verwaltungsrechtliches System und Europäische Integration, S. 116.
[164] *Beljin*, EuR 2002, S. 355, 358f.; *Jarass/Beljin*, NVwZ 2004, S. 2.
[165] *Ruffert*, in: Calliess/Ruffert, EUV AEUV, Art. 1 AEUV, Rn. 24.
[166] Vgl. *Bieber/Epiney/Haag*, Die Europäische Union, § 8, Rn. 16 m.w.N.; *Borchardt*, Die rechtlichen Grundlagen der Europäischen Union, Rn. 162; *Höpfner/Rüthers*, AcP 2009, S. 23ff; *Wegener*, in: Calliess/Ruffert, EUV AEUV, Art. 19 EUV, Rn. 32.
[167] Europäischer Gerichtshof, Urt. v. 28.06.2001, Rs. C-118/00 - LARSY, Slg. 2001, S. I-5063, Rn. 51/53; vgl. *Beljin*, EuR 2002, S. 355.
[168] Europäischer Gerichtshof, Urt. v. 10.04.1984, Rs.14/83 - VON COLSON, Slg. 1984, S. 1891, Rn. 28; vgl. *Jarass/Beljin*, JZ 2003, S. 774.
[169] Zum Zusammenhang des Postulats der richtlinienkonformen Auslegung und einem generellen Postulat der gemeinschaftsrechtskonformen Auslegung siehe *Krieger*, Die gemeinschaftsrechtskonforme Auslegung des deutschen Rechts, S. 53ff.

c)   Bedeutung bei Kompetenzabgrenzung

Durch die finale Zuweisung der Kompetenzen an die Europäische Union in den Verträgen ist eine klare, eindeutige Abgrenzung und Bestimmung der Kompetenzen nicht immer leicht. Der EuGH hat aufgrund seines Auslegungsmonopols und seiner Letztentscheidungsbefugnis hinsichtlich der Verträge hier eine sehr bedeutende und verantwortungsvolle Rolle. Die Bestimmung der Kompetenzen entscheidet über den Einflussbereich und damit letztlich über die Macht der Europäischen Union und stellt einen der neuralgischsten Bereiche in der Rechtsprechung des EuGH dar. Mit der Wirkung des Anwendungsvorrangs in den nationalen Rechtsordnungen, das zumindest temporäre Verdrängen der nationalen Rechtsvorschriften, stellt der Anwendungsvorrang ein sehr starkes Instrument dar. Der EuGH kann damit seine Auslegung der Kompetenzen der Europäischen Union vollumfänglich durchsetzen (solange nicht ein nationales Höchstgericht sich gegen eine solche Kompetenzentscheidung wendet, was bisher noch nicht geschehen ist). Durch die finale Zuweisung der Kompetenzen ist es für die Mitgliedstaaten teilweise schwer ersichtlich, wie weit ihre Kompetenz in bestimmten Bereichen reicht und wo die Kompetenz der Europäischen Union beginnt. Auch bleibt zum Teil unklar, in welchem Bereich die Europäische Union von ihrer Kompetenz Gebrauch macht. Die Verantwortung des EuGH und gleichzeitig die nicht genaue Abgrenzbarkeit der Kompetenzen auch aus Sicht der Mitgliedstaaten, gepaart mit dem starken Schwert des Anwendungsvorrangs, gebietet bereits aus diesen Grundsätzen heraus eine rücksichtsvolle Auslegung der Kompetenzen durch den EuGH im Hinblick auf bestimmte nationale Verfassungsvorschriften. Wenn also die Rede ist von der Rücksichtnahme auf eine nationale Verfassungsidentität der Mitgliedstaaten könnte gerade bei der Kompetenzbestimmung durch den EuGH die Rücksicht auf identitätsprägende nationale Verfassungsvorschriften unabdingbar sein.[170] In normativer Hinsicht gebietet dies ohnehin Art. 4 Absatz 2 EUV. Dieser normiert ein Achtungsgebot der Union hinsichtlich der jeweiligen nationalen Identität der Mitgliedstaaten, die in ihren grundlegenden verfassungsmäßigen Strukturen zum Ausdruck kommt. Der Vorrang des Unionsrechts spielt dabei hier aufgrund seiner starken Wirkung, die er bis hinein in die nationalen Verfassungsvorschriften entfalten kann, eine jedenfalls mittelbare Rolle. Im weiteren Verlauf der Arbeit wird auf diese Vorschrift und ihre Auswirkung auf die Vorrangdogmatik und die Rechtsprechung des EuGH noch genauer einzugehen sein. In Art. 4 Abs. 2 EUV könnte ein Ansatz zur

---

[170]Vgl. *Schmitt-Glaeser*, Grundgesetz und Europarecht als Elemente europäischen Verfassungsrechts, S. 187.

Erklärung von Ergebnissen liegen, die bei den zu untersuchenden Rechtssachen gewonnen werden könnten.

6. Erstreckung des Vorrangs auch auf die Bereiche PJZS und GASP?

Hinsichtlich der Reichweite des Vorrangs ist zunächst festzuhalten, dass der Vorrang zunächst aus der und für die Gemeinschaftsrechtsordnung entwickelt wurde. Mit dem Vertrag von Maastricht wurde die Europäische Union begründet und mit ihr die intergouvernementalen Bereiche der „Gemeinsamen Außen- und Sicherheitspolitik" (GASP) und der „Polizeilichen und justiziellen Zusammenarbeit in Strafsachen" (PJZS), die zusammen mit den Gemeinschaftsverträgen die Säulenstruktur der Union begründeten. Der Vorrang des Gemeinschaftsrechts galt insoweit bis zum Vertrag von Lissabon grundsätzlich nicht für Rechtsakte dieser Bereiche. Im Rahmen der ehemaligen dritten Säule, der PJZS, war dies jedoch nicht ganz eindeutig. Vielmehr verfügte der EuGH zwar hier über eine in der Breite nicht ansatzweise vergleichbare Kontrollkompetenz wie hinsichtlich der Gemeinschaftsverträge, jedoch verfügte er seit dem Amsterdamer Vertrag gem. Art. 46 b) i.V.m. Art. 35 EUV a.F. auch hier über Kompetenzen.[171] Der EuGH wurde dabei im Wege der Organleihe tätig.[172]

Spätestens seit dem Urteil Pupino[173] wurde die Auffassung vertreten, dass zumindest für Rechtsakte der dritten Säule der Grundsatz des Vorrangs in ähnlicher Weise gelten dürfte wie für das Gemeinschaftsrecht.[174] Dabei ging es um die Auslegung eines Rahmenbeschlusses, also um sekundäres Gemeinschaftsrecht. Der EuGH legt dar, dass der Grundsatz der gemeinschaftsrechtskonformen Auslegung auch auf Rahmenbeschlüsse anzuwenden sei.[175]

Mit der Auflösung der Säulenstruktur gilt der Vorrang nun grundsätzlich für das gesamte Unionsrecht. Im Anwendungsbereich der GASP freilich ist

---

[171] Vgl. *Schmahl*, EuR 2008, S. 19; *Schwarze*, in: Schwarze, EU-Kommentar 2009 , Art. 220 EGV, Rn. 37.

[172] *Huber*, in: Streinz, Vertrag über die Europäische Union und Vertrag zur Gründung der Europäischen Gemeinschaft 2003, Art. 220 EGV, Rn. 10; a.A. *Pechstein*, in: Streinz, Vertrag über die Europäische Union und Vertrag zur Gründung der Europäischen Gemeinschaft 2003, Art. 46 EUV, Rn. 3.

[173] Europäischer Gerichtshof, Urt. v. 16.06.2005, Rs. C-105/03 - PUPINO, Slg. 2005, S. I-5285.

[174] *Wölker*, EuR 2007, S. 53f; in der Rechtssache Gestoras Pro Amnistia hält es der EuGH es auch für möglich, dass gemeinsame Standpunkte gem. Art. 34 Abs. 2 a) EUV Rechtswirkungen gegenüber Dritten entfalten können: Europäischer Gerichtshof, Urt. v. 27.02.2007, Rs. C-354/04 P - GASTORAS, Slg. 2007, S. I-1579, Rn. 52ff.

[175] Europäischer Gerichtshof, Urt. v. 16.06.2005, Rs. C-105/03 - PUPINO, Slg. 2005, S. I-5285, Rn. 34, 38.

eine Normenkollision kaum denkbar[176], weshalb dem Vorrang in diesem Bereich keine praktische Bedeutung zukommt. Die soeben zitierte Rechtsprechung des EuGH legt nahe, dass sich der Vorrang auch auf diesen Bereich der ehemals zweiten Säule erstrecken könnte, falls den Rechtsakten tatsächlich unmittelbare Wirkung zukommt.[177] Mit der Eingliederung der PJZS in den AEUV nehmen Rechtsakte dieses Bereichs grundsätzlich jedenfalls am Vorrang teil.[178]

7. Mitgliedschaftliche Sicht zur Herleitung und Wirkung des Anwendungsvorrangs

Die Begründung des Vorrangs des Unionsrechts durch den EuGH steht im Gegensatz zu der Auffassung der meisten nationalen Verfassungsgerichte, die die Grundlage des Vorrangs des Unionsrechts im nationalen Rechtsanwendungsbefehl sehen.[179] Die genuin europarechtliche Antwort auf die Vorrangfrage hat in den Mitgliedstaaten nur sehr vereinzelt Anhängerschaft gefunden.[180] Im Grundsatz wird das Institut des Vorrangs des Unionsrechts aber von allen Mitgliedstaaten anerkannt.[181] Der Vorrang des Unionsrechts ist jedoch

---

[176] *Streinz*, in: Streinz, EUV/AEUV, Art. 4 EUV, Rn. 38.

[177] Vgl. *Skouris*, ZEuS 2005, S. 476f, der von einer „Parallelisierung" verschiedenen Bereiche des Gemeinschafts- bzw. Unionsrecht spricht; ähnlich *von Unger*, NVwZ 2006, S. 48f; auch *Hellmann*, Der Vertrag von Lissabon, S. 63. Im Einzelnen herrscht hier noch keine Klarheit über die genaue Reichweite des Vorrangs im Unionsrecht (vgl. *Frenz*, Wirkungen und Rechtsschutz, Rn. 1267; *Streinz/Ohler/Herrmann*, Der Vertrag von Lissabon zur Reform der EU, S. 101f). Da dies Gegenstand einer eigenen, vertiefenden Untersuchung sein könnte und das Ergebnis dieser Untersuchung überdies für den Fortlauf dieser Arbeit nicht von Relevanz scheint, wird hier von einem weiteren Eingehen auf diese Frage abgesehen.

[178] Vertiefend zur Zuständigkeit des EuGH für diesen Bereich: *Huber*, in: Streinz, EUV/AEUV, Art. 19 EUV, Rn. 29ff.

[179] Vgl. etwa *Huber*, Recht der europäischen Integration, § 7, Rn. 5 m.w.N., § 9, Rn. 13 m.w.N; *Peters*, Elemente einer Theorie der Verfassung Europas, S. 310ff.; *Streinz*, in: Köbler/Heinze/Hromadka (Hrsg.), Europas universale rechtsordnungspolitische Aufgabe im Recht des dritten Jahrtausends, S. 1147; de *Witte*, in: Craig/de Burca (Hrsg.), The Evolution of EU Law, S. 193-198.

[180] *von Danwitz*, Verwaltungsrechtliches System und Europäische Integration, S. 109, Fn. 126 m.w.N.

[181] *Everling*, DVBl 1985, S. 1201; *Pernice*, in: Veröffentlichungen der Vereinigung der deutschen Staatsrechtslehrer bad 60, S. 182; *Streinz*, Europarecht, Rn. 203; *Weiler/Haltern*, Harvard International Law Journal 1996, S. 412; *Oppermann/Classen/Nettesheim*, Europarecht, S. 156f; vertiefend: *Mayer*, Kompetenzüberschreitung und Letztentscheidung, S. 140-271; *von Danwitz*, Verwaltungsrechtliches System und Europäische Integration, S. 109ff.; schön zur der Tragweite der Anerkennung des Vorrangs in den einzelnen Mitgliedstaaten: *Grabenwarter*, in: von Bogdandy (Hrsg.), Europäisches Verfassungsrecht, S. 284ff; *Weiler*, Comparative Political Studies 1994, S. 517ff.; ein Auflistung von Entscheidungen mitgliedstaatlicher Höchstgerichte, die zunächst Zweifel am Primat des Vorrangs anmeldeten, findet sich bei *Köck*, in: Bröh-

nur in wenigen nationalen Verfassungen kodifiziert.[182] Die mitgliedschaftliche Sicht der Herleitung und Geltung des Unionsrechts soll hier beispielhaft anhand der Rechtsprechung des Bundesverfassungsgerichts kurz beleuchtet werden, um Auswirkungen dieser Sicht auf die Rechtsprechung des EuGH beurteilen zu können.[183]

a)   Rechtsprechung des Bundesverfassungsgerichts

Das Bundesverfassungsgericht erklärt den Vorrang des Unionsrechts mit der bundesverfassungsrechtlichen Ermächtigung. So öffne Art. 24 Abs. 1 GG die deutsche Rechtsordnung derart, „dass der ausschließliche Herrschaftsanspruch der Bundesrepublik Deutschland im Geltungsbereich des Grundgesetzes zurückgenommen und der unmittelbaren Geltung und Anwendbarkeit eines Rechts aus anderer Quelle innerhalb des staatlichen Herrschaftsbereichs gelassen wird"[184]. In dieser als Solange-I-Beschluss bekannt gewordenen Entscheidung forderte das Bundesverfassungsgericht wegen des angeblichen Fehlens von Grundrechtsgarantien durch das Gemeinschaftsrecht die Geltung der Grundrechte beim Vollzug von Gemeinschaftsrecht durch deutsche Gerichte und Behörden. Mit der Solange-II Entscheidung[185] hat das Bundesverfassungsgericht anerkannt, dass die Gemeinschaftsrechtsordnung und die Rechtsprechung des EuGH nun einen Grundrechtsschutz gewährleiste, „der dem vom Grundgesetz als unabdingbar gebotenen Grundrechtsschutz im wesentlichen gleich zu achten ist, zumal den Wesensgehalt der Grundrechte generell verbürgt"[186]. *Solange* dieser wirksame Schutz der Grundrechte gewährleistet sei, werde das Bundesverfassungsgericht seine Gerichtsbarkeit über die An-

---

mer/Bieber/Calliess/Langenfeld/Weber/Wolf (Hrsg.), Internationale Gemeinschaft und Menschenrechte, S. 557, Fn. 2.

[182] Die irische Verfassung enthält in Art. 29 Abs. 4 Nr. 3 und 4 Bestimmungen, wonach kein künftiger oder bestehender Teil des Gemeinschaftsrechts als gegen das irische Grundgesetz verstoßend qualifiziert werden darf, in: *Grabenwarter*, in: von Bogdandy (Hrsg.), Europäisches Verfassungsrecht, S. 290 m.w.N.; Art. 93 Verfassung der Niederlande erklärt Bestimmungen von Verträgen völkerrechtlicher Organisationen für verbindlich.

[183] Zur Vertiefung zur Rechtsprechung anderer mitgliedschaftlicher Höchstgerichte *Kirchhof*, in: Isensee/Kirchhof (Hrsg.), Deutschland in der Staatengemeinschaft, § 214, Rn. 173ff, *Huber*, in: von Bogdandy/Huber (Hrsg.), Handbuch Ius Publicum Europaeum II, S. 403ff oder *Peters*, Elemente einer Theorie der Verfassung Europas, S. 256ff, 279. Zwischen den Höchstgerichten der Mitgliedstaaten besteht überdies „eine Kultur informeller gegenseitiger Beeinflussung und Bestärkung" (*Kottmann/Wohlfahrt*, ZaöRV 2009, S. 466), wobei das Bundesverfassungsgericht und seine Urteile sicher über eine besonders große Bedeutung verfügen, so *Pernice*, ZaöRV 2010, S.59, 68.

[184] Bundesverfassungsgericht, Urt. v. 29.05.1974, BVerfGE 37, 271ff, 280.

[185] Bundesverfassungsgericht, Urt. v. 22.10.1986, BVerfGE 73, 339.

[186] Bundesverfassungsgericht, Urt. v. 22.10.1986, BVerfGE 73, 339,Rn. 132.

wendbarkeit von abgeleitetem Gemeinschaftsrecht nicht mehr ausüben. Das Maastricht-Urteil[187] hat die Grundsätze der Solange-II-Entscheidung grundsätzlich bestätigt, jedoch eine wichtige Klarstellung vorgenommen: War ausgehend vom Wortlaut der Solange-II-Entscheidung noch denkbar, dass sich das Bundesverfassungsgericht bei einer weiteren Verfestigung des Grundrechtsschutzes innerhalb der Gemeinschaften dauerhaft zurücknehmen werde, stellte die Maastricht-Entscheidung klar, dass das Bundesverfassungsgericht seine Wächterfunktion über die Grundrechtskontrolle als ein dauerhaftes „Kooperationsverhältnis"[188] zwischen den beiden Höchstgerichten vorstellt. Über die die Maastricht-Entscheidung nochmals klarstellende Bananenmarkt-Entscheidung[189] kam es mit dem Lissabon-Entscheidung[190] zu einer weiteren bedeutenden Entscheidung des Bundesverfassungsgerichts zum Verhältnis des Unionsrechts zum nationalen Recht. In dieser Entscheidung wird die Integrationsfreundlichkeit des Grundgesetzes hervorgehoben. Es wird aber unterstrichen, dass das Bundesverfassungsgericht für sich in Anspruch nimmt zu prüfen, ob der unantastbare Kerngehalt der Verfassungsidentität des Grundgesetzes nach Art. 23 Abs. 1 S. 3 i.V.m. Art. 79 Abs. 3 GG gewahrt ist.[191] Das Bundesverfassungsgericht benennt dabei ganz konkret Bereiche, die als Ausfluss der Wahrung des Demokratieprinzips als „besonders sensibel für die demokratische Selbstgestaltungsfähigkeit eines Verfassungsstaates"[192] anzusehen sind: „Zu wesentlichen Bereichen demokratischer Gestaltung gehören unter anderem die Staatsbürgerschaft, das zivile und militärische Gewaltmonopol, Einnahmen und Ausgaben einschließlich der Kreditaufnahme sowie die für die Grundrechtsverwirklichung maßgeblichen Eingriffstatbestände, vor allem bei intensiven Grundrechtseingriffen wie dem Freiheitsentzug in der Strafrechtspflege oder bei Unterbringungsmaßnahmen. Zu diesen bedeutsamen Sachbereichen gehören auch kulturelle Fragen wie die Verfügung über die Sprache, die Gestaltung der Familien- und Bildungsverhältnisse, die Ordnung der Mei-

---

[187] Bundesverfassungsgericht, Urt. v. 12.10.1993, BVerfGE 89, 155.

[188] Bundesverfassungsgericht, Urt. v. 12.10.1993, BVerfGE 89, 155, Rn. 70 und 80; vertiefend zu dieser Kooperation: *Kirchhof*, in: Isensee/Kirchhof (Hrsg.), Deutschland in der Staatengemeinschaft, Rn. 182ff.

[189] Bundesverfassungsgericht, Urt. v. 07.06.2000, BVerfGE 102, 147

[190] Bundesverfassungsgericht, Urt. v. 30.06.2009, BVerfGE 123, 267

[191] Bundesverfassungsgericht, Urt. v. 30.06.2009, BVerfGE 123, 267, Rn. 331ff. Vertiefend zur Identitätskontrolle: *Ulrich Hufeld*, in: Isensee/Kirchhof (Hrsg.), Deutschland in der Staatengemeinschaft, § 215, Rn.65.

[192] Bundesverfassungsgericht, Urt. v. 30.06.2009, BVerfGE 123, 267, Rn. 252.

nungs-, Presse- und Versammlungsfreiheit oder der Umgang mit dem religiösen oder weltanschaulichen Bekenntnis."[193]

Zudem nimmt das Bundesverfassungsgericht weiter die Prüfungskontrolle dahingehend in Anspruch, ob die Rechtsakte der Europäischen Union von den Zustimmungsgesetzen zu den Unionsvertragen gedeckt sind, die sogenannte ultra-vires-Kontrolle. Den Ausführungen zur ultra-vires-Kontrolle liegt die „Brückentheorie" von Kirchhof zugrunde, die besagt, dass Europarecht nur über die Brücke des nationalen Zustimmungsgesetzes nach Deutschland gelangt.[194] In der Honeywell-Entscheidung[195] präzisiert das Bundesverfassungsgericht nochmals seine Ausführungen zur ultra-vires-Kontrolle (vertiefend unter C) VIII. 5.).

Es lässt sich feststellen, dass die Rechtsprechung des Bundesverfassungsgerichts zum Verhältnis von Europarecht und nationalem deutschen Recht erhebliche Unterschiede zur diesbezüglichen Sicht des EuGH aufweist. Das Bundesverfassungsgericht leitet den Vorrang des Unionsrechts im Gegensatz zum EuGH, der den Vorrang des Unionsrechts wie oben dargestellt aus dem Unionsrecht ableitet, aus der verfassungsrechtlichen Ermächtigung ab. Als Konsequenz dieser Ansicht beansprucht das Bundesverfassungsgericht das letzte Wort in Fragen der Kompetenzüberschreitung und des Grundrechtsschutzes. Es nimmt seine Judikation aber insoweit zurück, als nur die grundsätzliche Gewährleistung der Einhaltung der Standards in grundrechtlicher und kompetenzwahrender Hinsicht im Rahmen eines so bezeichneten „Kooperationsverhältnisses" überwacht werden.
Ein Kooperationsverhältnisses kann aber nur dann funktionieren, wenn sich die beteiligten Parteien, hier die nationalen Verfassungsgerichte und im speziellen das Bundesverfassungsgerichts und der EuGH, über die gemeinsamen Grundregeln dieser Kooperation einig sind. Da die Ansichten zur Begründung des Vorrangs des Unionsrechts der beiden Parteien jedoch zu verschieden sind, um eine grundsätzliche Einigung zu erreichen, kann die Kooperation nur in der Achtung der Auswirkungen der Ansicht des jeweils anderen liegen. Dabei spielt sicher eine bedeutende Rolle, dass sich sowohl die nationalen Verfassungsgerichte als auch EuGH darüber im Klaren sein müssen, dass für die Funktionsfähigkeit der Europäischen Union ein „Verfassungskonflikt"

---

[193] Bundesverfassungsgericht, Urt. v. 30.06.2009, BVerfGE 123, 267, Rn. 249. Diese Aufzählung führte zu vielstimmiger Kritik, vgl dazu *Classen*, in: von Mangoldt/Klein/Starck, GG Kommentar, Art. 23 GG, Rn. 29 m.w.N.

[194] *Kirchhof*, in: Isensee/Kirchhof (Hrsg.), Normativität und Schutz der Verfassung - Internationale Beziehungen, Rn. 65.

[195] Bundesverfassungsgericht, Urt. v. 06.07.2010, BVerfGE 126, 286.

zwischen einem nationalen Höchstgereicht und den EuGH zu vermeiden ist. Das Bundesverfassungsgericht hat mit seiner Rechtsprechung jedenfalls ein Drohpotential installiert. Ob der EuGH in seinen Entscheidungen trotz dieses Drohpotentials gänzlich unbefangen handelt, ob dieses Drohpotential auch Einfluss auf den EuGH nimmt, und ob der EuGH seine Rolle als Partner eines Kooperationsverhältnisses begreift, wird noch zu hinterfragen sein wird.

C) Untersuchung einzelner Rechtssachen

I. Einleitung

Wie im vorigen Kapitel aufgezeigt, hat der EuGH die verschiedenen Aspekte seiner Vorrangdogmatik in den dort untersuchten Urteilen entwickelt. Die Art und die Reichweite des Vorrangs stellen sich aus Sicht des EuGH, wie gesehen, zunächst als sehr weitgehend dar. So scheint der Vorrang gegenüber jedwedem nationalen Recht, also auch gegenüber Verfassungsrecht, zu gelten. Auch in weiten Teilen der Literatur wurde die Auslegung des Vorrangs durch den EuGH als nahezu absolut beurteilt. In letzter Konsequenz würde dies bedeuten, dass der EuGH mittels des Vorrangs des Unionsrechts jegliche Verfassungsnormen der Mitgliedstaaten aushebeln könnte.[196] Durch diese absolute Auslegung der Verpflichtungen aus den Unionsverträgen würde den Mitgliedstaaten zugemutet, im Konfliktfall alle politischen Werte und alle gesellschaftspolitischen Vorstellungen, die eine nationale Identität ausmachen, dem Unionsrecht unterzuordnen.[197]

Allerdings ist nie ernsthaft der Versuch unternommen wurde, die Ausführung des EuGH zur Anwendung des Vorrangs und seine weitere Rechtsprechung einer genaueren Untersuchung hinsichtlich der Rücksichtnahme auf identitätsprägende Verfassungsvorschriften zu unterziehen. In der bedeutenden Entscheidung Costa/E.N.E.L.[198] beispielsweise führt der EuGH aus, dass dem Gemeinschaftsrecht kein innerstaatliches Recht vorgehen könne.[199] Dies bedeutet aber sicher nicht zwangsläufig, dass das Unionsrecht dem innerstaatlichen Recht immer vorgeht. Dennoch drängt sich der Verdacht auf, dass diese Schlussfolgerung weit verbreitet ist.

An dieser Stelle soll der Versuch unternommen werden, nachzuweisen, dass und warum der EuGH den Vorrang nicht grenzenlos hinsichtlich aller nationalen Werte anwendet. In normativer Hinsicht könnte sich dies durch eine gewisse „Rücksichtnahme" auf bestimmte nationale Verfassungsvorschriften ausdrücken.

---

[196] *Mayer*, in: von Bogdandy/Bast (Hrsg.), Europäisches Verfassungsrecht, S. 571.

[197] *Folz*, Demokratie und Integration, S. 238.

[198] Europäischer Gerichtshof, Urt. v. 15.07.1964, Rs. 6/64 - COSTA/E.N.E.L., Slg. 1964, S. 1253.

[199] Europäischer Gerichtshof, Urt. v. 15.07.1964, Rs. 6/64 - COSTA/E.N.E.L., Slg. 1964, S. 1253, S. 1270.

Denn trotz der soeben aufgezeigten und über viele Jahre hin entwickelten Dogmatik zum Vorrang lassen einige Urteile des EuGH zumindest Zweifel daran aufkommen, dass der EuGH unter allen Umständen und in allen Fällen an dem Vorrang des Unionsrechts festhält.

Diesen Urteilen ist gemein, dass sie die Kollision von nationalem Verfassungsrecht bzw. Verfassungswerten und dem Unionsrecht zum Gegenstand haben.

II.　Die Rechtssache Grogan

Besonders großes Konfliktpotenzial im Verhältnis einer nationalen Verfassung, hier der irischen Verfassung, und dem Gemeinschaftsrecht enthielt das Vorabentscheidungsverfahren in Fall Grogan[200].

1.　Ausgangslage

Zum Verständnis des Rechtsstreits ist ein kurzer Einblick in das irische Abtreibungsrecht vonnöten. Eine schwangere Frau macht sich nach dem Offences Against the Person Act von 1861 nach Art. 58 strafbar, wenn sie versucht, eine Abtreibung bei sich selbst herbeizuführen. Nach Art. 59 dieses Gesetzes ist auch strafbar, wer dazu unerlaubten Beistand leistet.[201] Vom Zeitpunkt der Empfängnis an haben die irischen Gerichte das Lebensrecht des Ungeborenen („the right to life of the unborn") anerkannt, was sich auch in dieser Strafvorschrift manifestiert.

Im Jahr 1983 wurde ein Referendum durchgeführt, wodurch das Lebensrecht des Ungeborenen ausdrücklich in die Verfassung aufgenommen wurde. Art. 40.3.3 der irischen Verfassung lautet seither: „Der Staat erkennt das Recht des ungeborenen Lebens an, mit gebührender Rücksicht auf das Leben der Mutter, und er verbürgt sich in seinen Gesetzen, dieses Recht zu achten und, soweit dies durchführbar ist, es zu verteidigen und zu schützen."[202]

In einer Entscheidung des irischen Supreme Court vom 16. März 1988[203] führte dieser aus, dass sich aus dieser Verfassungsnorm auch die Verpflichtung der irischen Gerichte ergebe, jede Beeinträchtigung ungeborenen Lebens zu verhüten. Weder aus der Meinungsfreiheit noch aus der Vereinigungsfreiheit könne ein Anspruch abgeleitet werden, Hilfestellung für eine Schwanger-

---

[200] Europäischer Gerichtshof, Urt. v. 04.10.1991, Rs. C-159/90 - GROGAN, Slg. 1991, S. I-4685.
[201] Durch das Health (Family Planning) Act von 1972 wurde dies ausdrücklich bestätigt, vgl. *Langenfeld/Zimmermann Andreas,* ZaöRV 1992, S. 262.
[202] Nachzulesen in: *Kimmel,* Verfassungen der EU-Mitgliedstaaten, Nr. 8, S. 282.
[203] Irish Surpreme Court, Urt. v. 16.03.1988, in: Irish Law Reports Monthly 1989, S. 19ff.

schaftsunterbrechung im Ausland zu leisten. Auch die Verbreitung von Informationen über die Möglichkeit von Abtreibungen im Ausland wie im streitgegenständlichen Fall müsse untersagt werden.

Gleichzeitig ordnet Art. 29 Abs. 4 der irischen Verfassung[204] an, dass dem Unionsrecht Vorrang vor allen innerstaatlichen Normen, auch der Verfassung, zukommt.

2.   Sachverhalt

Einige Studentenvereinigungen in Irland, im einzelnen die Union of Students in Ireland, die University College Dublin Students Union und die Trinity College Dublin Students Union, veröffentlichten im Laufe des Jahres 1989 in Jahrbüchern und monatlich erscheinenden Studentenzeitschriften Informationen über die Möglichkeit von Abtreibungen bei unerwünschten Schwangerschaften. In diesem Zusammenhang wurden Namen, Anschriften und Telefonnummern einiger Kliniken in Großbritannien angegeben, in denen unter medizinischer Aufsicht Schwangerschaften abgebrochen werden können.

Im September 1989 machte die Society for the Protection of Unborn Children Ireland Ltd (im folgenden SPUC) diese Studentenvereinigungen auf das Urteil des Supreme Court vom 16. März 1988 aufmerksam und forderten sie dementsprechend auf, in den folgenden Veröffentlichungen keine Informationen über die Möglichkeit eines Schwangerschaftsabbruches in Großbritannien zu verbreiten. Dem kamen die Studentenvereinigungen nicht nach.

Die SPUC erhob daraufhin Klage gegen die Vertreter der drei Studentenvereinigungen, u.a. Stephen Grogan, mit dem Antrag festzustellen, dass jegliche Veröffentlichung der genannten Informationen gegen Artikel 40.3.3° der Irischen Verfassung verstößt, verbunden mit dem Antrag auf Erlass einer einstweiligen Verfügung mit dem Inhalt, den Beklagten die Veröffentlichung der besagten Informationen bis zum Erlass des Urteils in der Hauptsache zu untersagen.

Die Beklagten machten geltend, dass sich in Irland lebende Frauen aufgrund Gemeinschaftsrechts in ein anderes Mitgliedsland bewegen dürfen, um dort eine Abtreibung vornehmen zu lassen. Aus dieser aus dem Gemeinschaftsrecht abgeleiteten Freiheit für die betroffenen Frauen ergebe sich auch

---

[204] *Kimmel,* Verfassungen der EU-Mitgliedstaaten, Nr. 8, S. 273.

ein Recht darauf, die streitgegenständlichen Informationen zu erhalten. Weiter führten die Beklagten aus, dass sie aus dem Gemeinschaftsrecht in Verbindung mit der Informationsfreiheit berechtigt seien, derartige Informationen in Irland zu verbreiten.

Schon der irische High Court erließ daraufhin am 11. Oktober 1989 eine einstweilige Verfügung mit dem Inhalt, dem EuGH eine Reihe von zu diesem Zeitpunkt noch nicht näher bezeichneten Fragen zur Vorabentscheidung vorzulegen. Erst auf das Rechtsmittel der Klägerin hin erließ der irische Supreme Court ein Publikationsverbot bezüglich der streitgegenständlichen Informationen für die Zeit bis zur Entscheidung in der Hauptsache. Den Beschluss des High Court, dem EuGH eine Reihe von Fragen vorzulegen, ließ der Supreme Court aber unverändert. Da der High Court, wie er bereits im Beschluss vom 11. Oktober 1989 ausgeführt hatte, nach wie vor der Auffassung war, dass der Rechtsstreit Probleme der Auslegung des Gemeinschaftsrechts aufwerfe, beschloss er, das Verfahren auszusetzen und dem EuGH folgende Fragen zur Vorabentscheidung vorzulegen:

1) Fällt die organisierte Abtreibungstätigkeit oder Vornahme einer Abtreibung oder ein ärztlicher Schwangerschaftsabbruch unter den Begriff der 'Dienstleistungen' im Sinne von Artikel 60 EWG-Vertrag [heute Art. 57 AEUV]?

2) Kann ein Mitgliedstaat, solange es an Maßnahmen zur Angleichung der Rechtsvorschriften der Mitgliedstaaten über die organisierte Abtreibungstätigkeit oder Vornahme einer Abtreibung oder über den ärztlichen Schwangerschaftsabbruch fehlt, die Verbreitung genauer Informationen über den Namen und die Adresse einer oder mehrerer Kliniken in einem anderen Mitgliedstaat, in denen Abtreibungen vorgenommen werden, sowie über Möglichkeiten der Kontaktaufnahme mit einer solchen Klinik verbieten?

3) Ist ein Einzelner im Mitgliedstaat A nach dem Gemeinschaftsrecht befugt, genaue Informationen über den Namen und die Adresse einer oder mehrerer Kliniken im Mitgliedstaat B, in denen Abtreibungen vorgenommen werden, sowie über Möglichkeiten der Kontaktaufnahme mit einer solchen Klinik zu verbreiten, wenn die Abtreibung sowohl nach der Verfassung als auch nach dem Strafrecht des Mitgliedstaats A verboten, im Mitgliedstaat B aber unter bestimmten Voraussetzungen rechtmäßig ist?[205]

---

[205] Europäischer Gerichtshof, Urt. v. 04.10.1991, Rs. C-159/90 - GROGAN, Slg. 1991, S. I-4685, Rn. 9.

3. Schlussanträge des Generalanwalts van Gerven[206]

Die Schlussanträge des Generalanwalts sind hier von besonderem Interesse, weil er mittels anderer Wege als später der EuGH im Urteil versucht, die ethisch-religiöse Wertentscheidung des Irischen Volkes hinsichtlich des Abtreibungsverbots durch das Gemeinschaftsrecht weitgehend unangetastet zu belassen.

a)　Erste Frage

Hinsichtlich der ersten Frage kommt der Generalanwalt sehr schnell zu dem Schluss, dass „der in der Regel gegen Entgelt vorgenommene medizinische Eingriff, durch den die Schwangerschaft einer aus einem anderen Mitgliedstaat angereisten Frau unter Beachtung der Rechtsvorschriften des Mitgliedstaats, in dem der Eingriff vorgenommen wird, abgebrochen wird, eine (grenzüberschreitende) Dienstleistung im Sinne von Artikel 60 EWG-Vertrag [heute Art. 57 AEUV] ist"[207].

b)　Zweite und dritte Frage

Die zweite und dritte Frage behandelt der Generalanwalt zusammen, da diese seiner Ansicht nach eng miteinander verknüpft sind und zusammen beantwortet werden können.

aa) Er prüft zunächst, ob das betroffene Informationsverbot in den Anwendungsbereich der Dienstleistungsfreiheit fällt.
Mit Verweis auf das Urteil in der Rechtssache GB-INNO-BM[208] führt er an, dass das den Gemeinschaftsbürgern zustehende Recht, in einem anderen Mitgliedstaat Dienstleistungen in Anspruch zu nehmen, das Recht einschließe, im eigenen Mitgliedstaat ungehindert Informationen über die in diesem anderen Mitgliedstaat niedergelassenen Erbringer von Dienstleistungen und über die Möglichkeiten der Kontaktaufnahme mit ihnen zu erhalten. In der Rechtssache GB-INNO-BM habe der EuGH hinsichtlich der Warenverkehrsfreiheit entschieden, dass die Freiheit des Verbrauchers, sich in einem anderen Mitgliedstaat Waren zu beschaffen, beeinträchtigt würde, wenn ihm im eigenen Land der Zugang zu der im Einkaufsland verfügbaren Werbung verwehrt wür-

---

[206] Europäischer Gerichtshof, Urt. v. 11.06.1991, Rs. C-159/90, Schlussanträge vom 11.06.1991 - GROGAN, Slg. 1991, S. I-4685.
[207] Europäischer Gerichtshof, Urt. v. 11.06.1991, Rs. C-159/90, Schlussanträge vom 11.06.1991 - GROGAN, Slg. 1991, S. I-4685, Rn. 10.
[208] Europäischer Gerichtshof, Urt. v. 07.03.1990, Rs. C-362/88 - GB-INNO-BM, Slg. 1990, S. I-667, Rn. 8.

de.[209] Gleiches müsse auch für die Verbreitung von Informationen über eine Dienstleistung gelten.

Dies sei auch dann geboten, wenn die Informationen von jemandem herrührten, der nicht selbst Erbringer der Dienstleistung ist und auch nicht für dessen Rechnung tätig wird.

Die Dienstleistungsfreiheit als fundamentaler Vertragsgrundsatz umfasse das Recht, von jedem in Anspruch genommen werden zu können, u. a.

---

[209] In der Rechtssache GB-INNO-BM wurde dem EuGH vom Luxemburgischen Cour de cassation folgende Frage zur Vorabentscheidung vorgelegt: „Sind die Artikel 30, 31 Absatz 1 und 36 EWG-Vertrag [heute Art. 36, 37 und 42 AEUV] dahin auszulegen, dass sie Rechtsvorschriften eines Mitgliedstaats entgegenstehen, wonach Verkaufsangebote oder Einzelhandelsverkäufe, die vorübergehend mit einem Preisnachlass verbunden sind und außerhalb von Sonder - oder Schlussverkäufen stattfinden, nur unter der Bedingung erlaubt sind, dass in den Angeboten nicht deren Dauer angegeben wird und kein Hinweis auf die früheren Preise erfolgt?"

Hintergrund ist, dass die belgischen Aktiengesellschaft GB-INNO-BM, die im belgischen Hoheitsgebiet, unter anderem bei Arlon, nahe der belgisch-luxemburgischen Grenze, Supermärkte betreibt, sowohl in Belgien als auch im Großherzogtum Werbeschriften verteilen ließ, welche die Dauer des Sonderpreises und den vorherigen Preis enthielten. Die Klägerin des Ausgangsverfahrens, die Confédération du commerce luxembourgeois, ein Verein ohne Gewinnzweck, machte geltend, die in den Prospekten enthaltene Werbung verstoße gegen die großherzogliche Verordnung vom 23 . Dezember 1974 über den unlauteren Wettbewerb (Mémorial A 1974, S. 2392), wonach bei Angeboten, die mit einem Preisnachlass verbunden sind, weder die Dauer des Angebots angegeben noch auf die früheren Preise hingewiesen werden darf. Werbung mit Verkaufsangeboten zu herabgesetzten Preisen und unter Hinweis auf die Dauer des Angebots sowie auf die früheren Preise sind also nach luxemburgischem, nicht aber nach belgischem Recht verboten.

Der EuGH verwies zunächst auf seine ständige Rechtsprechung, wonach in Ermangelung einer gemeinschaftlichen Vermarktungsregelung Hemmnisse für den freien Binnenhandel der Gemeinschaft, die sich aus den Unterschieden zwischen den nationalen Regelungen ergeben, hingenommen werden müssen, soweit die betreffende Regelung unterschiedslos für einheimische wie für eingeführte Erzeugnisse gilt und dadurch gerechtfertigt werden kann, dass sie notwendig ist, um zwingenden Erfordernissen, unter anderem des Verbraucherschutzes oder der Lauterkeit des Handelsverkehrs, gerecht zu werden. Es stellte sich somit die Frage, ob nationale Rechtsvorschriften, die dem Verbraucher den Zugang zu bestimmten Informationen verwehren, im Interesse des Verbraucherschutzes gerechtfertigt sein können.

Der EuGH stellt in seinem Urteil fest, dass das Gemeinschaftsrecht eines der grundlegenden Erfordernisse des Verbraucherschutzes in der Unterrichtung der Verbraucher sieht. Artikel 30 EWG-Vertrag [heute Art. 36 AEUV] kann daher nicht in dem Sinne ausgelegt werden, dass nationale Rechtsvorschriften, die den Verbrauchern den Zugang zu bestimmten Informationen verwehren, durch zwingende Erfordernisse des Verbraucherschutzes gerechtfertigt werden könnten. Hemmnisse für den Binnenhandel der Gemeinschaft, die sich aus einer nationalen Regelung der im Ausgangsverfahren streitigen Art ergeben, können folglich nicht aus Gründen des Verbraucherschutzes gerechtfertigt werden. Sie fallen daher unter das Verbot des Artikels 30 EWG-Vertrag [heute Art. 36 AEUV].

Die Werbemittel dürfen also auch in Luxemburg mit Verkaufsangeboten zu herabgesetzten Preisen und unter Hinweis auf die Dauer des Angebots sowie auf die früheren Preise publiziert werden.

dadurch, dass entgeltlich oder unentgeltlich Informationen über die eigenen oder über Dienstleistungen einer anderen Person verbreitet werden.[210]

bb) Im nächsten Schritt wird geprüft, ob zwingende Gründe des Allgemeininteresses eine Beschränkung des freien Dienstleistungsverkehrs rechtfertigen können[211]. Aus der Rechtsprechung des EuGH ergebe sich, dass zu den Gründen des Allgemeininteresses auch Gründe zu rechnen seien, die „Ausdruck bestimmter politischer und wirtschaftlicher Entscheidungen" sind und den "landesweiten oder regionalen sozialen und kulturellen Besonderheiten angepasst ... [sind], deren Beurteilung beim gegenwärtigen Stand des Gemeinschaftsrechts Sache der Mitgliedstaaten ist"[212].

Dem Informationsverbot liege ein Ziel zugrunde, das in Irland als ein zwingender Grund des Allgemeininteresses angesehen werde: Denn der in die Verfassung aufgenommene Schutz des ungeborenen Lebens (und das diesem inhärente Abtreibungsverbot) sowie die sich daraus ergebende Notwendigkeit, Abtreibungen dadurch zu verhindern, dass die Verbreitung von Informationen darüber im Hoheitsgebiet dieses Staats verboten wird, würden in diesem Mitgliedstaat als eine der Grundlagen der Gesellschaft angesehen.

Ein solches Ziel sei nach Gemeinschaftsrecht gerechtfertigt. Es betreffe nämlich eine ethisch-weltanschauliche politische Entscheidung, deren Beurteilung Sache der Mitgliedstaaten ist und bei der sich die Mitgliedstaaten auf den in Artikel 56 [heute 52 AEUV] in Verbindung mit Artikel 66 [heute Art. 62 AEUV] (und auch in Artikel 36 [heute Art. 36 AEUV] EWG-Vertrag genannten Grund der öffentlichen Ordnung berufen können, d. h. nach der Rechtsprechung des Gerichtshofes auf ein Interesse, dessen Störung "eine tatsächliche und hinreichend schwere Gefährdung [darstellt], die ein Grundinteresse der Gesellschaft berührt[213]". Wenn auch der Inhalt des Begriffs öffentliche Ordnung "nicht von jedem Mitgliedstaat einseitig ohne Nachprüfung durch die Organe der Gemeinschaft bestimmt werden" darf, ist dennoch, da es um Umstände geht, die "von Land zu Land ... verschieden sein können", "den zuständigen innerstaatlichen Behörden ein Beurteilungsspielraum innerhalb der

---

[210] Europäischer Gerichtshof, Urt. v. 11.06.1991, Rs. C-159/90, Schlussanträge vom 11.06.1991 - GROGAN, Slg. 1991, S. I-4685, Rn. 18ff.

[211] Europäischer Gerichtshof, Urt. v. 11.06.1991, Rs. C-159/90, Schlussanträge vom 11.06.1991 - GROGAN, Slg. 1991, S. I-4685, Rn. 22ff.

[212] Europäischer Gerichtshof, Urt. v. 11.06.1991, Rs. C-159/90, Schlussanträge vom 11.06.1991 - GROGAN, Slg. 1991, S. I-4685, Rn. 23; mit Verweis auf: Europäischer Gerichtshof, Urt. v. 23.11.1989, Rs. C-145/88 - TORFAEN, Slg. 1989, S. 3851, Rn. 14.

[213] Europäischer Gerichtshof, Urt. v. 11.06.1991, Rs. C-159/90, Schlussanträge vom 11.06.1991 - GROGAN, Slg. 1991, S. I-4685, Rn. 26; mit Verweis auf: Europäischer Gerichtshof, Urt. v. 27.10.1977, Rs. 30/77 - BOUCHEREAU, Slg. 1977, S. 1999, Rn.33/35.

durch den Vertrag und die zu seiner Anwendung erlassenen Vorschriften gesetzten Grenzen zuzubilligen"[214]. Es könne kein Zweifel daran bestehen, dass Werte, die in einem Mitgliedstaat aufgrund ihrer Stellung in der Verfassung zur „Gesamtheit der obersten Werte, zu denen sich eine Nation feierlich bekennt"[215] gehörten, in einen Bereich fallen, in dem jedem Mitgliedstaat "im Einklang mit seiner eigenen Wertordnung und in der von ihm gewählten Form"[216] ein Beurteilungsspielraum eingeräumt sei.

Weiter halte eine nationale Regelung, die es verbietet, schwangeren Frauen Informationen zu geben, der Prüfung nach den Kriterien des Verhältnismäßigkeitsgrundsatzes stand.

cc) Sodann untersucht der Generalanwalt, ob diese nationale Regelung des Informationsverbots mit den allgemeinen Grundsätzen des Gemeinschaftsrechts in Bezug auf Grundrechte und Grundfreiheiten insbesondere der Freiheit der Meinungsäußerung vereinbar ist.[217] Es gehe hier um eine Abwägung zwischen zwei Grundrechten, zum einen dem Recht auf Leben, so wie es in dem betreffenden Mitgliedstaat aufgrund eines in der Verfassung niedergelegten fundamentalen ethischen Werturteils auf ungeborenes Leben angewandt wird, zum anderen der Meinungsfreiheit, die in Anbetracht der Verfassungsüberlieferungen der Mitgliedstaaten und der europäischen und internationalen Menschenrechtskonventionen und -erklärungen zu den allgemeinen Grundsätzen des Gemeinschaftsrechts gehört. Der Umfang des Ermessens der Mitgliedstaaten bei der Abwägung sei schwerlich zu umreißen, wenn es wie im vorliegenden Fall um die Abwägung zwischen zwei so sensiblen Grundrechten geht.

Was ethische Werturteile angehe, gebe es eine feststehende Rechtsprechung des Europäischen Gerichtshofs für Menschenrechte, die hier Beachtung finden solle, wonach dann, wenn es an einer einheitlichen europäischen Auffassung in einer Frage der Moral fehlt, folgendes gilt: "By reason of their direct and continuous contact with the vital forces of their countries, State authorities are in principle in a better position than the international

---

[214] Europäischer Gerichtshof, Urt. v. 11.06.1991, Rs. C-159/90, Schlussanträge vom 11.06.1991 - GROGAN, Slg. 1991, S. I-4685, Rn. 26; mit Verweis auf: Europäischer Gerichtshof, Urt. v. 04.12.1974, Rs. 41/74 - VAN DUYN, Slg. 1974, S. 1337, Rn.18/19.
[215] Europäischer Gerichtshof, Urt. v. 11.06.1991, Rs. C-159/90, Schlussanträge vom 11.06.1991 - GROGAN, Slg. 1991, S. I-4685, Rn. 26; mit Verweis auf: Europäischer Gerichtshof, Urt. v. 16.05.1989, Rs. C-379/87, Schlussanträge vom 16.05.1989 - GROENER, Slg. 1989, S. I-3967, Rn.21.
[216] Europäischer Gerichtshof, Urt. v. 11.06.1991, Rs. C-159/90, Schlussanträge vom 11.06.1991 - GROGAN, Slg. 1991, S. I-4685, Rn. 26; mit Verweis auf Europäischer Gerichtshof, Urt. v. 11. 03.1986, Rs. 121/85 - CONEGATE LTD, Slg. 1986, S. 1007, Rn.14.
[217] Europäischer Gerichtshof, Urt. v. 11.06.1991, Rs. C-159/90, Schlussanträge vom 11.06.1991 - GROGAN, Slg. 1991, S. I-4685, Rn. 30ff.

judge to give an opinion on the exact content of these requirements [of the protection of morals] as well as on the 'necessity' of a 'restriction' or 'penalty' intended to meet them."[218]

Was den Schutz des ungeborenen Lebens angeht, fehle es an einer solchen einheitlichen moralischen Auffassung in den Mitgliedstaaten und es fehle ebenso an einer richtungweisenden Rechtsprechung des Europäischen Gerichtshofs für Menschenrechte und der Europäischen Kommission für Menschenrechte.

Somit kommt er zu dem Schluss, dass bei der Abwägung dieser beiden im Raume stehenden Grundrechte den Mitgliedstaaten ein nicht unerheblicher Beurteilungsspielraum belassen werden müsse. Es sei Sache der Mitgliedstaaten, innerhalb der vom Gemeinschaftsrecht gezogenen Grenzen die Begriffe öffentliche Ordnung und öffentliche Sittlichkeit im Einklang mit der eigenen Wertordnung des betreffenden Mitgliedstaates zu definieren. Da sich die Wertvorstellung zum Schutz des ungeborenen Lebens und dessen Umsetzung in Irland innerhalb der vom Gemeinschaftsrecht gezogenen Grenzen befänden, seien sie zu respektieren.

dd) Der Generalanwalt schlägt also hinsichtlich der zweiten und dritten Frage vor zu antworten, dass ein Verbot der Informationsverbreitung über die Möglichkeit von Schwangerschaftsabbrüchen als Eingriff in die Dienstleistungsfreiheit gem. Artikel 56 [heute 52 AEUV] in Verbindung mit Artikel 66 [heute Art. 62 AEUV] EWG-Vertrag aufgrund der sich aus der irischen Verfassung ergebenden Wertordnung gerechtfertigt sei.[219]

4.   Urteil des EuGH

a) Hinsichtlich der ersten Frage stellt der Gerichtshof fest, dass der Schwangerschaftsabbruch als ärztliche Tätigkeit in den Geltungsbereich der Dienstleistungsfreiheit fällt. Moralische Gesichtspunkte könnten diese Frage nicht beeinflussen, da es nicht Sache des Gerichtshofes sei, die Beurteilung, die vom Gesetzgeber in den Mitgliedstaaten vorgenommen worden ist, in denen die betreffenden Tätigkeiten legal ausgeübt werden, durch seine eigene Beurteilung zu ersetzen.[220]

---

[218] Europäischer Gerichtshof für Menschenrechte, 07.12.1979, Handyside, Publ. Court, Series A, vol. 24, S.22.

[219] Europäischer Gerichtshof, Urt. v. 11.06.1991, Rs. C-159/90, Schlussanträge vom 11.06.1991 - GROGAN, Slg. 1991, S. I-4685, Rn. 41.

[220] Europäischer Gerichtshof, Urt. v. 04.10.1991, Rs. C-159/90 - GROGAN, Slg. 1991, S. I-4685, Rn. 16ff.

b) Bezüglich der zweiten und dritten Frage erklärt der Gerichtshof, dass der Zusammenhang zwischen der Tätigkeit der Studentenvereinigungen, deren Vorstandsmitglieder Herr Grogan und die übrigen Beklagten des Ausgangsverfahrens sind, und den ärztlichen Schwangerschaftsabbrüchen, die in Kliniken in einem anderen Mitgliedstaat vorgenommen werden, zu lose sei, als dass das Verbot der Verbreitung von Informationen als eine Beschränkung im Sinne von Artikel 59 EWG-Vertrag [heute Art. 56 AEUV] angesehen werden könne.[221]

Da die Studentenvereinigungen des streitgegenständlichen Verfahrens nicht mit den Kliniken zusammenarbeite, deren Adressen sie veröffentlichten, unterscheide sich diese Situation von derjenigen, aufgrund derer der Gerichtshof in der Rechtssache GB-INNO-BM die Ansicht vertreten hat, dass ein Verbot der Verbreitung von geschäftlicher Werbung den freien Warenverkehr beeinträchtigen kann und deshalb in den Anwendungsbereich der Warenverkehrsfreiheit fällt.[222]

Die Informationen über die Schwangerschaftsunterbrechung würden nicht im Auftrag eines in einem anderen Mitgliedstaat niedergelassenen Wirtschaftsteilnehmers verbreitet. Sie stellten vielmehr eine Inanspruchnahme der Meinungs- und Informationsfreiheit dar, die von der wirtschaftlichen Tätigkeit, die die in einem anderen Mitgliedstaat niedergelassenen Kliniken ausüben, unabhängig sei. Ein Verbot der Verbreitung von Informationen unter diesen Umständen könne daher nicht als Beschränkung der Dienstleistungsfreiheit angesehen werden.[223]

Da nach Ansicht des EuGH diese Informationsverbreitung nicht in den Anwendungsbereich der Dienstleistungsfreiheit falle, musste der EuGH auch nicht über die spezielle ethisch-moralische Wertvorstellung der irischen Gesellschaft und deren „Gemeinschaftsrechtskonformität" entscheiden.

5. Literaturbemerkungen

Das Urteil sorgte für ein breites Echo in der Literatur, da hier mit dem Abtreibungsrecht ein besonders sensibler Bereich einer moralisch-ethischen

---

[221] Europäischer Gerichtshof, Urt. v. 04.10.1991, Rs. C-159/90 - GROGAN, Slg. 1991, S. I-4685, Rn. 24.
[222] Europäischer Gerichtshof, Urt. v. 04.10.1991, Rs. C-159/90 - GROGAN, Slg. 1991, S. I-4685, Rn. 25.
[223] Europäischer Gerichtshof, Urt. v. 04.10.1991, Rs. C-159/90 - GROGAN, Slg. 1991, S. I-4685, Rn. 26f.

Wertvorstellung in einem Mitgliedstaat mit dem Gemeinschaftsrecht in Berührung kam. Auch das deutliche Abweichen der Begründung des Urteils von den Ausführungen des Generalanwalts provozierte zahlreiche Wortmeldungen.

a) In der Literatur wurde angemerkt, das Urteil sei deshalb von Bedeutung, weil eine Informationsverbreitung aus dem Schutzbereich des Art. 49 EGV [heute Art. 56 AEUV] genommen werde. Dies sei im Hinblick auf den „effet utile" der Dienstleistungsfreiheit problematisch, zumal es sich um eine fundamentale Grundfreiheit handele.[224] Es liege eine Inkonsistenz mit der bisherigen Rechtsprechung vor, die darin bestand, den Schutzbereich der Dienstleistungsfreiheit möglichst weit auszulegen.[225] Die Inkonsistenz zeige sich auch anhand des Schlussantrages von Generalanwalt van Greven, der das Verbot im Sinne von „effet utile" als Beschränkung der Dienstleistungsfreiheit ansah, die Beschränkung jedoch durch das öffentliche Interesse im Zusammenhang mit ethisch-weltanschaulichen Entscheidungen rechtfertigte.[226]

Durch das Urteil des EuGH würden den potentiellen Dienstleistungsempfängern die entsprechenden Informationen vorenthalten, um den Zugang zu den Dienstleistungen selber zu erhalten. Auch würde durch das Informationsverbot die Möglichkeit des Dienstleistungserbringers, also der britischen Kliniken, die von ihnen angebotenen Leistungen entsprechend zu erbringen, eingeschränkt.[227]

Angesichts des fundamentalen Charakters der Dienstleistungsfreiheit im Gemeinschaftsrecht und im Sinne einer möglichst umfassenden Sicherung des Gemeinschaftsrechts [228] wäre es wohl angemessen gewesen, auch die bloße Verbreitung von Informationen über Dienstleistungen unabhängig von einer wirtschaftlichen Verknüpfung mit dem Erbringer der Dienstleistung als noch vom Schutzbereich der Dienstleistungsfreiheit erfasst anzusehen.[229] Den Vergleich des Generalanwalts hinsichtlich der Reichweite der Grundfreiheiten anhand der Rechtssache GB-INNO-BM lässt der Gerichtshofs nicht gelten, indem er die Rechtssache GB-INNO-BM und die Rechtssache Grogan dadurch unterscheidet, dass die Beziehung vom Informationserbringer und beworbenen

---

[224] *Zimmermann*, NJW 1993, S. 2967.
[225] *Barnard*, New Law Journal 1992, S. 533.
[226] *Schultz*, Die relative Autonomie des Gerichtshofes der Europäischen Gemeinschaft: Rechtsprechung vor und nach Maastricht, S.176.
[227] *Zimmermann*, NJW 1993, S. 2967.
[228] Vgl. etwa Europäischer Gerichtshof, Urt. v. 31.01.1984, Verbundene Rs. 286/82 und 26/83 - LUISI UND CARBONE, Slg. 1984, S. 377; Europäischer Gerichtshof, Urt. v. 02.02.1989, Rs. 186/87 - COWAN, Slg. 1989, S. 195.
[229] *Langenfeld/Zimmermann Andreas*, ZaöRV 1992, S.286ff.

Unternehmen verschieden sei.[230] Wenn der EuGH die Dienstleistungsempfänger wirklich als potentielle Kläger berücksichtigt hätte, hätte der EuGH auf die Auswirkungen der Informationsbeschränkungen aus ihrer Sicht betrachtet und bemerkt, dass, solange die Information auf eine Weise eingeschränkt wird, die die Möglichkeit die Dienstleistung zu empfangen einschränkt, die Quelle einer solchen Information irrelevant wäre. Die Interpretation des EuGH von Artikel 49 EGV [heute Art. 56 AEUV] bedeute, dass dieser Artikel nur die Dienstleistungserbringer schütze, jedoch berücksichtige diese Interpretation des Gerichtshofs die Wechselwirkung von Dienstleistungserbringer und Dienstleistungsempfänger und die Bedeutung dieser Wechselwirkung für das ganze Wirtschaftssystem der Europäischen Union in keiner Weise.[231] Dieser Versuch des EuGH, den streitgegenständlichen Fall von der Rechtssache GB-INNO-BM zu unterscheiden, sei insoweit ausgesprochen unglücklich,[232] opportunistisch und wenig überzeugend, ferner sei auch der geringe Umfang der Urteilsbegründung enttäuschend.[233]

Interessant ist diese Kritik hinsichtlich der Reichweite des Schutzbereiches der Dienstleistungsfreiheit, weil dadurch deutlich wird, dass der EuGH sogar eine Inkonsistenz seiner Rechtsprechung in Kauf genommen haben könnte, um das sensible Thema des irischen Abtreibungsverbots nicht berühren zu müssen.

b) So wird in Erwägung gezogen, dass der EuGH hier einen Konflikt mit dem Abtreibungsverbot der Irischen Verfassung bewusst umgangen habe.[234]

Die Entscheidung könne so ausgelegt werden, dass dies Ausdruck des Bestrebens seitens des EuGH sei, Verfassungskonflikte in und mit den Mitgliedstaaten möglichst zu vermeiden und eine Vereinheitlichung des Verfassungsrechts insbesondere dort nicht voranzutreiben, wo einerseits keine eindeutige Zuständigkeit der Gemeinschaft bestehe und andererseits ein besonderes, stark geprägtes Verfassungsverständnis existiere. Weiter zeige die Entscheidung, dass die Gemeinschaft, je mehr sie sich von einer Wirtschaftsgemeinschaft in politische Dimensionen hineinentwickelt, darauf angewiesen sei, einen verfassungsrechtlichen Konsens darüber zu erhalten, was als akzeptabler Bestand europäischen Grundrechtsschutzes allseitige Geltung beanspruchen kann und welche Gewährleistungen auch zur Wahrung nationaler Identität auf staatlicher

---

[230] *Sacco/Brown*, Harvard International Law Journal 33, S. 299.
[231] *Sacco/Brown*, Harvard International Law Journal 33, S.300.
[232] *Curtin*, CMLRev. 1992, S.595.
[233] *O'Leary*, European Law Review 1992, S.146.
[234] *Huber*, Recht der europäischen Integration, § 21, Rn. 69.

Ebene nach wie vor verbleiben müssen. Insoweit sei die Entscheidung im Ergebnis durchaus zu billigen.[235]

"Relegating non-commercial information to the status of inferior (unprotected) information is, to say at least, curious and out of kilter with the recent trends in the case law. ... One is left with the suspicion that the courts approach in Grogan is a clever judicial strategem, enabling it, with a great sigh of relief, to avoid dipping as much as its little finger in the murky waters of morality or to engage in a balancing exercise as to relative strength of competing (highly sensitive) fundamental rights."[236]

Es wird im Nachklang zu diesem Urteil durchaus die Vermutung geäußert, dass der EuGH so entschieden habe, weil er es für unangemessen hält, die Unerbittlichkeiten des hauptsächlich auf die Marktfreiheiten abzielenden Gemeinschaftsrechts auf solch sensible Bereiche anzuwenden.[237] Auch aufgrund des Gewichts der konkurrierenden Grundrechte sei es nicht überraschend, dass er ein klarstellendes Urteil vermieden habe.[238]

Die Entscheidung stelle eine klare Abweichung von der bisherigen weiten Auslegung der Dienstleistungsfreiheit dar und könne wohl auf politische Hintergründe zurückgeführt werden, da hier zentrale nationale Eigenheiten betroffen würden.[239]

Eine Stimme in der Literatur spricht gar davon, dass sich die Bedeutung des Vorrangs des Gemeinschaftsrechts vor nationalem Verfassungsrecht durch ihre erste bedingte Akzeptanz nationalen Verfassungsrechts verändert habe, was der Fall Grogan zeige.[240] In die gleiche Richtung zielt die Vermutung, dass der EuGH das „sword of subsidiarity" ergriffen habe „to sever the Community's gordian knot"[241].

Das Urteil sei weiter ein Beleg dafür, dass der Forderung nach vollständiger Entfaltung und Anerkennung der jetzt im Ansatz vorhandenen Pflicht des Europäischen Gerichtshofs zur national-verfassungskonformen Auslegung des Gemeinschaftsrechts nachgekommen und bereits manchmal vom Gerichtshof praktiziert werde, indem der Gerichtshof in der Rechtssache Grogan einem Verfassungskonflikt bewusst ausgewichen sei.[242]

---

[235] *Schwarze*, in: Due/Lutter/Schwarze (Hrsg.), Festschrift für Ulrich Everling, S.1374f.
[236] *Curtin*, CMLRev. 1992, S. 596.
[237] *Barnard*, New Law Journal 1992, S.533; *Schultz*, Die relative Autonomie des Gerichtshofes der Europäischen Gemeinschaft: Rechtsprechung vor und nach Maastricht, S.167.
[238] *Kumm*, European Law Journal 2005, S.292, Fn.74.
[239] *Schultz*, Die relative Autonomie des Gerichtshofes der Europäischen Gemeinschaft: Rechtsprechung vor und nach Maastricht, S.172.
[240] *Phelan*, The Modern Law Review 1992, S. 688.
[241] *Barnard*, New Law Journal 1992, S. 533.
[242] *Peters*, Elemente einer Theorie der Verfassung Europas, S. 288f.

Es wird auch angeführt, dass der EuGH ganz bewusst einen Konflikt mit dem Irischen Supreme Court vermeiden habe wollen. Denn es sei im Vorhinein klar gewesen, dass dieser eine anders lautende Entscheidung im Fall Grogan und damit eine Einmischung in das sensible Feld der Abtreibung in Irland nicht so ohne weiteres hingenommen hätte.[243] Zum Konflikt zwischen Art. 29 Abs. 4 der irischen Verfassung (Vorrang von Gemeinschaftsrecht) und Art. 40 Abs. 3 der irischen Verfassung (Schutz des ungeborenen Lebens) deuteten einige irische Richter im Vorfeld bereits an, dass für diese Auslegung der irischen Verfassung letztlich nur der Irische Supreme Court zuständig sein könne.[244] Eine solche Entscheidung hätte zu einer ernsthaften Verfassungskrise zwischen Irland und den Europäischen Union geführt.[245]

Andererseits sei es bemerkenswert, wie schmal der Standpunkt des EuGH sei. Denn die Studentenvereinigungen bräuchten nur eine Verbindung mit den Abtreibungskliniken in Großbritannien zu schaffen, um sodann Schutz von der Dienstleistungsfreiheit des Gemeinschaftsrechts zu erhalten.[246] Hier bleibt aber anzumerken, dass dem EuGH dann zwar tiefer in die sensiblen Bereiche der Irischen Verfassung hätte vordringen müssen, aber sodann immer noch die Möglichkeit gehabt hätte, ähnlich wie vom Generalanwalt gefordert zu entscheiden.

6. Beurteilung

a) Das Urteil selbst, insbesondere aber in Verbindung mit den Schlussanträgen des Generalanwalts, bietet zahlreiche Ansatzpunkte für eine kritische Bewertung. Natürlich springt dabei zunächst ins Auge, dass der EuGH zwar zu dem gleichen Ergebnis wie der Generalanwalt gelangt, in der Begründung jedoch signifikant von den Schlussanträgen des Generalanwalts abgewichen ist. Dies ist aufgrund der dialektischen Natur des Zusammenspiels zwischen dem EuGH und den Generalanwälten nicht sehr außergewöhnlich.[247]

---

[243] O'Leary, European Law Review 1992, S. 155f.; auch O'Leary, European Human Rights Law Review 1996, S. 365f.
[244] SC Society for the Protection of Unborn Children Ltd. V. Grogan, [1989], IR S. 753: S. 770, Richter McCarthy: „The sole authority for the construction of the Constitution lies in the Irish courts, the final authority being this court."; ähnlich Richter Walsh, S. 768f.
[245] Wilkinson, Public Law 1992, S. 29.
[246] Kokott, The American Journal of International Law 1992, S. 370.
[247] Vgl. Huber, in: Streinz, Vertrag über die Europäische Union und Vertrag zur Gründung der Europäischen Gemeinschaft 2003, Art. 222 EGV, Rn. 9. Der Einfluss der Schlussanträge auf die Rechtsprechung des Gerichtshofs ist jedenfalls „erheblich", Oppermann/Classen/Nettesheim, Europarecht, § 5, Rn. 143; den Schlussanträgen wird eine bedeutende Rückwirkung auf Recht-

Interessant ist dabei, dass der Generalanwalt das Recht auf Informationsverbreitung über die Schwangerschaftsunterbrechung in den Schutzbereich der Dienstleistungsfreiheit fallen lässt. Sodann lässt er aber eine Beschränkung auf Grund des Schutzes der öffentlichen Ordnung zu, indem er die Regelungen der Irischen Verfassung zum Schutz des ungeborenen Lebens als ethnisch-weltanschauliche politische Entscheidung des Irischen Volkes sieht, welches als eine der Grundlagen der Gesellschaft, untermauert durch den Verfassungsrang, anzusehen ist. Der Generalanwalt hat hier also den Rechtsfertigungstatbestand der „öffentlichen Ordnung" als Einfallstor für die Achtung von nationalen Verfassungsnormen gewählt.

Diese Ausführungen des Generalanwalts wischt der EuGH kurzerhand vom Tisch, indem er die Verbindung zwischen den Studentenvereinigungen und den Abtreibungskliniken als zu lose bezeichnet. Damit sei im konkreten Fall eine Beeinträchtigung der Dienstleistungsfreiheit nicht gegeben.

In rein rechtlicher Hinsicht ist das Urteil nicht voll nachvollziehbar. Die Reichweite der Dienstleistungsfreiheit wird in der Weise eingeschränkt, dass die Informationsverbreitung nur bei einer wirtschaftlichen Verbindung zwischen dem Informationserbringer und dem Dienstleister geschützt wird. Für den gleichermaßen geschützten Dienstleistungsempfänger macht es jedoch keinen Unterschied, ob die Information bezüglich der von ihm womöglich in Anspruch zu nehmenden Dienstleistung vom Dienstleister selbst bzw. von einem von diesem Beauftragten oder einem Dritten herrührt. Denn im Sinne des Schutzes eben dieser passiven Dienstleistungsfreiheit ist dies nicht von Relevanz.

Insoweit kann nur bezweifelt werden, dass dieses Urteil frei von jeglichen außerhalb der reinen rechtlichen Beurteilung des Falles liegenden Erwägungen ist. Vielmehr springt es bei einer derart inkonsequenten Entscheidung, gemessen an der ansonsten weiten Auslegung des Schutzbereiches der Dienstleistungsfreiheit in der Rechtsprechung des EuGH, ins Auge, dass der EuGH hier Rücksicht auf identitätsprägende, nationale Verfassungsvorschriften nehmen wollte.

Das Abtreibungsverbot und das Verbot zu jeglicher Hilfestellung haben in Irland Verfassungsrang. Eine anders lautende Entscheidung hätte damit offensichtlich zu einem erheblichen Eingriff in das innerstaatliche Rechtsgefüge der Republik Irland geführt. Die Anwendung des Vorrangs wäre auf eine harte Probe gestellt worden, ein Verfassungskonflikt war vorprogrammiert.

Indem der EuGH im vorliegenden Fall die Informationsverbreitung schon gar nicht in den Schutzbereich der Dienstleistungsfreiheit gestellt hat, freilich

---

sprechung und Lehre anerkannt, vgl. *Bleckmann*, Europarecht, § 6, Rn. 340; *Everling*, EuR 1994, S. 138.

mit einer sehr fragwürdigen Argumentation, ging er den Folgeproblemen geschickt aus dem Weg. Eine Auseinandersetzung mit dem Vorbehalt der öffentlichen Ordnung als Rechtfertigungsgrund und eine Abwägung von Gemeinschaftsgrundrechten blieb ihm damit erspart.

Insoweit ist dieses Urteil sicherlich bemerkenswert, da der EuGH hier wohl ergebnisorientiert geurteilt hat: die Hauptsache war dabei, die irische Verfassung in einem ihrer moralisch-religiösen Grundwertungen nicht anzutasten. Die Rechtssache zeige die Grenzen auf, an die „eine Europäisierung des nationalen Verfassungsrechts" stoßen könne.[248]

In den oben aufgeführten Literaturansichten legen einige der Autoren direkt oder indirekt dar, dass der Vorrang des Gemeinschaftsrechts hier nicht absolut angewandt wurde. Dem ist zuzustimmen. Um Rücksicht auf die besondere verfassungsrechtliche Situation in Irland nehmen zu können, wurde ein rechtlich überraschender Weg eingeschlagen, was zeigt, dass der EuGH den Vorrang des Gemeinschaftsrechts hier nicht zur Anwendung kommen lassen wollte. Eine bewusste Umgehung einer ansonsten anzuwendenden Kollisionsregel führt dazu, dass die Regel an einem Punkt, an dem sie anzuwenden gewesen wäre, ihre Wirkung nicht entfalten kann. Damit wird die Regel nur unter bestimmten Bedingungen, nämlich dass sie ihre Wirkung nicht gegenüber identitätsprägenden Verfassungsvorschriften entfaltet, angewandt, was für eine bedingte bzw. nicht absolute Anwendung der Regel und damit des Anwendungsvorrangs spricht.

7.   Weitere politische Entwicklung bezüglich des Irischen Abtreibungsverbots

Der Vollständigkeit halber sei erwähnt, dass nicht zuletzt die Rechtssache Grogan zur Verabschiedung eines Protokolls zu den Verträgen über die Europäische Union führte.[249]

In Irland wurde die Rechtssache Grogan als zweischneidiges Urteil aufgenommen[250]: zwar sei in konkreten Fall das nationale Verbot der Informationsverbreitung nicht aufgehoben worden, jedoch wäre es unter anderen Umständen durchaus denkbar, dass in Zukunft eine ähnliche Informationsverbreitung vom EuGH geschützt würde. Die Regierung der Republik Irland sah sich daher dazu veranlasst, schon etwa zwei Monate nach diesem Urteil im Zusammen-

---

[248] So *Schwarze*, in: Due/Lutter/Schwarze (Hrsg.), Festschrift für Ulrich Everling, S. 1373.
[249] *Kumm*, European Law Journal 2005, S. 270, Fn.31.
[250] „Confusion as EC gives a mixed ruling on abortion", in der Irish Independent vom 5. 10.1991; „Abortion advertising could be challenged", in der Irish Times vom 5.10.1991.

hang mit der Unterzeichnung des Vertrages von Maastricht zugleich die Verabschiedung folgenden Protokolls zu initiieren:

„Nothing in the Treaty of the European Union, or in the Treaties establishing the European Communities, or in the Treaty or Acts modifying or supplementing those Treaties, shall affect the application in Ireland of Article 40.3.3 of the Constitution of Ireland."[251]

In einer weiteren dieses Protokoll auslegenden Erklärung der Vertragsparteien des Vertrages über die Europäische Union einigten sich die Regierungschefs im Wege einer interpretativen Erklärung das eben erwähnte Protokoll dahingehend eng auszulegen, dass es nicht die Freiheit einschränke, zwischen den Mitgliedstaaten zu reisen oder in Irland Informationen über rechtmäßig in anderen Mitgliedstaaten angebotene Dienstleistungen zu erhalten oder verfügbar zu machen.[252] Anlass hierzu hatte eine lebhafte Diskussion in Irland über die Reisefreiheit in einem weiteren Schwangerschaftsabbrechungsfall gegeben[253].

Damit wurde letztlich klargestellt, dass das Protokoll lediglich rein nationale Vorgänge betrifft, alle Sachverhalte, die innereuropäischen Bezug haben also nicht erfasst sind.

Gleichzeitig wurde im Jahre 1992 Art. 40.3.3 der irischen Verfassung dahingehend ergänzt, dass der Schutz der Reisefreiheit und der Informationsfreiheit im Zusammenhang mit Schwangerschaftsunterbrechungen gewährleistet ist. Das dazu ergangene Ausführungsgesetz verbietet weiterhin die Werbung für Schwangerschaftsunterbrechungen durch Personen, die solche selbst ausführen oder ein wirtschaftliches Interesse an einer von ihnen beworbenen Schwangerschaftsunterbrechung haben. Damit bleiben Ungereimtheiten bestehen, da dies kaum mit der gemeinschaftsrechtlichen Dienstleistungsfreiheit vereinbar ist,[254] es sei denn, man argumentiert wie der Generalanwalt in seinen Schlussanträgen.

Die Überprüfung dieses Ausführungsgesetztes auf seine Vereinbarkeit mit der Verfassung hat der Supreme Court aber nicht zum Anlass genommen, dem EuGH die Frage nach der Auslegung von Protokoll Nr. 17 im Hinblick auf das

---

[251] Protokoll (Nr. 7; a.F. Protokoll Nr.17) zum Vertrag über die Europäische Union und zu den Verträgen zur Gründung der Europäischen Gemeinschaften, in: *Glaesner/Bieber*, Europarecht, S. 53.

[252] Erklärung der Hohen Vertragsparteien des Vertrages über die Europäische Union vom 01.05.1992, in: *Glaesner/Bieber*, Europarecht, S. 53.

[253] SC Attorney General v V, [1992], IR 1; vgl. *Mayer*, Kompetenzüberschreitung und Letztentscheidung, S. 207.

[254] Vgl. *Mayer*, Kompetenzüberschreitung und Letztentscheidung, S. 207; *Lucey*, in: Battis/Tsatsos/Stefanou (Hrsg.), Europäische Integration und nationales Verfassungsrecht, S. 222ff.

Werbeverbot und die Dienstleistungsfreiheit vorzulegen.[255] Letzte Ungereimtheiten bleiben also sehenden Auges bestehen.

Die Mitgliedstaaten, allen voran die Republik Irland haben mit der Verabschiedung des Protokolls für eine anders als im Fall Grogan lautende Entscheidung vorgebeugt. Dies hat den Vorteil, dass nicht womöglich das Unionsrecht mittels seiner Vorrangdogmatik die Axt an die entsprechenden Artikel einer nationalen Verfassung anlegt, sondern die Vertragspartner selbst das Ausmaß bestimmen.

Hier zeigt sich deutlich, dass zu diesem Zeitpunkt jedenfalls noch kein Vertrauen in eine „national-verfassungskonforme Auslegung"[256] des Gemeinschaftsrechts seitens des EuGH gleich welcher Ausprägung bestand. Jedoch wird auch deutlich, dass auf Unionsebene durchaus die Bereitschaft der Organe besteht, den Vorranganspruch zurückzunehmen, wenn dies das besondere Interesse eines Mitgliedstaates erfordert.[257]

---

[255] *Phelan/Whelan*, in: F.I.D.E. (Federation Internationale pour le Droit Europeen) (Hrsg.), Nationales Verfassungsrecht mit Blick auf die europäische Integration, S. 319.

[256] Zum Begriff vgl. *Peters*, Elemente einer Theorie der Verfassung Europas, S. 288 ff.

[257] Vgl. *Mayer*, in: von Bogdandy/Bast (Hrsg.), Europäisches Verfassungsrecht, S. 588.

III.   Rechtssache Hoechst

Das Urteil des EuGH in der Sache Hoechst[258] verdient Beachtung nicht nur wegen seiner Bedeutung für die Interpretation der EWG-VO Nr. 17/62[259], der (alten) so genannten Kartellverordnung vom 06.02.1962, sondern als grundlegender Beitrag zum Grundrechtsschutz in der Gemeinschaft.[260] Die Feststellungen zu den verfahrensrechtlichen Vorschriften zum Richtervorbehalt bei Durchsuchungen deuten dabei auf eine bemerkenswerte Achtung der nationalen, verfassungsrechtlich garantierten Rechte hin. Insoweit werden sich die Ausführungen ausschließlich mit diesem Aspekt der Entscheidung befassen.[261]

1.   Sachverhalt

Die Kommission hatte den Verdacht von Preis- und Lieferquotenabsprachen zwischen bestimmten Herstellern und Händlern von PVC und Polyäthylen und beschloss daher, bei mehreren Unternehmen, darunter Hoechst, der Klägerin des Verfahrens, eine Nachprüfung durchzuführen.

Im Verlaufe des Januar 1987 wurden Beamte der Kommission dreimal bei der Klägerin vorstellig, um die Nachprüfung durchzuführen. Diese weigerte sich, die Nachprüfung zu dulden, da es sich um eine Durchsuchung handele, die mangels vorheriger richterlicher Anordnung rechtswidrig sei. Ein richterlicher Durchsuchungsbefehl lag dabei jeweils nicht vor.

Daraufhin erließ die Kommission unter vorheriger Androhung am 03.02.1987 ein Zwangsgeld gegen die Klägerin. Am 31.3.1987 erwirkte das Bundeskartellamt beim AG Frankfurt einen Durchsuchungsbefehl unmittelbar zugunsten der Kommission. Die Durchsuchung wurde sodann am 02. und 03.04.1987 durchgeführt. Am 26.05.1987 setzte die Kommission ein endgültiges Zwangsgeld von 55.000 ECU fest, je 1000 ECU für jeden Tag vom 06.02.1987 bis zum 01.04.1987.

---

[258] Europäischer Gerichtshof, Urt. v. 21.09.1989, Verbundene Rs. 46/87 und 227/88 - HOECHST, Slg. 1989, S. 2859.
[259] ABlEG 1962, S. 204; geändert durch Beitrittsakte 1985 (ABlEG 1985 Nr.L 302, S.23), nunmehr VO 1/2003 (KartellVO).
[260] *Ress/Ukrow*, EuZW 1990, S.499.
[261] Zum Aspekt der Zwangsgeldentscheidung: z.B. *Rudisile*, EuZW 1990, ; zum Aspekt des Grundrechtsschutzes: *Scholz*, WuW 1990, ; *Ress/Ukrow*, EuZW 1990.

Gegen diese Maßnahmen setzte sich die Klägerin in der streitigen Klage mit dem Antrag auf Nichtigkeitserklärung zur Wehr.

2. Schlussanträge des Generalanwalts Mischo

Gegenstand der näheren Betrachtung sind zunächst die Ausführungen des Generalanwalts zu Artikel 14 Absatz 6 der EWG-VO Nr. 17/62.[262] In jener Vorschrift wird geregelt, dass der betreffende Mitgliedstaat der Kommission die erforderliche Unterstützung zu gewähren hat, damit die Nachprüfung auch bei Widerstand der zu überprüfenden Unternehmen stattfinden kann.

---

[262] Artikel 14:
Nachprüfungsbefugnisse der Kommission
1. Die Kommission kann zur Erfüllung der ihr in Artikel 89 und in Vorschriften nach Artikel 87 des Vertrages übertragenen Aufgaben bei Unternehmen und Unternehmensvereinigungen alle erforderlichen Nachprüfungen vornehmen.
Zu diesem Zweck verfügen die beauftragten Bediensteten der Kommission über folgende Befugnisse: a) die Bücher und sonstigen Geschäftsunterlagen zu prüfen;
b) Abschriften oder Auszüge aus Büchern und Geschäftsunterlagen anzufertigen;
c) mündliche Erklärungen an Ort und Stelle anzufordern;
d) alle Räumlichkeiten, Grundstücke und Transportmittel der Unternehmen zu betreten.
2. Die mit der Nachprüfung beauftragten Bediensteten der Kommission üben ihre Befugnisse unter Vorlage eines schriftlichen Prüfungsauftrags aus, in dem der Gegenstand und der Zweck der Nachprüfung bezeichnet sind und in dem auf die in Artikel 15 Absatz (1) Buchstabe c) vorgesehenen Zwangsmaßnahmen für den Fall hingewiesen wird, dass die angeforderten Bücher oder sonstigen Geschäftsunterlagen nicht vollständig vorgelegt werden. Die Kommission unterrichtet die zuständige Behörde des Mitgliedstaats, in dessen Hoheitsgebiet die Nachprüfung vorgenommen werden soll, rechtzeitig vor der Nachprüfung über den Prüfungsauftrag und die Person des beauftragten Bediensteten.
3. Unternehmen und Unternehmensvereinigungen sind verpflichtet, die Nachprüfungen zu dulden, welche die Kommission in einer Entscheidung angeordnet hat. Die Entscheidung bezeichnet den Gegenstand und den Zweck der Nachprüfung, bestimmt den Zeitpunkt des Beginns der Nachprüfung und weist auf die in Artikel 15 Absatz (1) Buchstabe c) und Artikel 16 Absatz (1) Buchstabe d) vorgesehenen Zwangsmaßnahmen sowie auf das Recht hin, vor dem Gerichtshof gegen die Entscheidung Klage zu erheben.
4. Die Kommission erlässt die in Absatz (3) bezeichneten Entscheidungen nach Anhörung der zuständigen Behörde des Mitgliedstaats, in dessen Hoheitsgebiet die Nachprüfung vorgenommen werden soll.
5. Bedienstete der zuständigen Behörde des Mitgliedstaats, in dessen Hoheitsgebiet die Nachprüfung vorgenommen werden soll, können auf Antrag dieser Behörde oder auf Antrag der Kommission die Bediensteten der Kommission bei der Erfüllung ihrer Aufgaben unterstützen.
6. Widersetzt sich ein Unternehmen einer auf Grund dieses Artikels angeordneten Nachprüfung, so gewährt der betreffende Mitgliedstaat den beauftragten Bediensteten der Kommission die erforderliche Unterstützung, damit diese ihre Nachprüfungen durchführen können. Zu diesem Zweck treffen die Mitgliedstaaten vor dem 1. Oktober 1962 nach Anhörung der Kommission die erforderlichen Maßnahmen.

Der Generalanwalt legt zunächst dar, dass aus der Entstehungsgeschichte der Vorschrift nicht zu entnehmen ist, ob das Erfordernis einer richterlichen Anordnung dem einzelnen Mitgliedstaat überlassen werden sollte oder ob die Mitgliedstaaten für Handlungen nach Artikel 14 Abs. 6 keinesfalls eine richterliche Anordnung im nationalen Recht vorsehen sollten. Jedoch werde kein Mitgliedstaat aufgrund von Artikel 14 Absatz 6 Maßnahmen ergriffen haben, die mit seiner eigenen Konzeption des verfassungsrechtlichen Schutzes des Grundrechts der Unverletzlichkeit der Wohnung für Unternehmen unvereinbar sei.[263] Immer dann, wenn ein nationales Recht ein Vorgehen nach Artikel 14 Absatz 6 von einer vorherigen richterlichen Anordnung oder Entscheidung abhängig macht, müsse diese Anhörung oder Entscheidung deshalb von der zuständigen nationalen Stelle eingeholt werden.[264]

Die Kommission hingegen lege ihre Befugnisse in dem Sinne weiter aus, dass ihre Bediensteten auch ohne richterliche Anordnung zu einer aktiven Durchsuchung berechtigt seien.[265]

Der Generalanwalt stellt zwar fest, dass es, wenn eine gegen den Widerspruch des Unternehmens durchgeführte Nachprüfung nach nationalem Recht eine Durchsuchung darstelle, für die es einer richterlichen Anordnung bedürfe, Sache der zuständigen nationalen Behörden sei, eine solche Anordnung zu erwirken.[266] Er hält es aber für notwendig, die Prüfungsbefugnis des nationalen Gerichts nicht auf die Rechtmäßigkeit der Nachprüfungsentscheidung der Kommission erstrecken zu lassen, da nur der Gerichtshof eine Handlung eines Gemeinschaftsorgans aufheben oder für ungültig erklären könne. Doch selbst diese lediglich formelle Prüfungsbefugnis der nationalen Gerichte hält der Generalanwalt für wenig dienlich. Denn wenn in Zukunft viele Unternehmen sich wie die Hoechst AG einer Nachprüfung widersetzten, drohten „die Nachprüfungen völlig ins Leere" zu gehen.[267]

Deshalb wäre es nach seiner Ansicht bei weitem vorzuziehen, wenn für die Bediensteten der Kommission vom EuGH selbst eine richterliche Anord-

---

[263] Europäischer Gerichtshof, Urt. v. 21.02.1989, Verbundene Rs. 46/87 und 227/88, Schlussanträge vom 21.02.1989 - HOECHST, Slg. 1989, S. 2859, Rn. 43-46.

[264] Europäischer Gerichtshof, Urt. v. 21.02.1989, Verbundene Rs. 46/87 und 227/88, Schlussanträge vom 21.02.1989 - HOECHST, Slg. 1989, S. 2859, Rn. 120.

[265] Europäischer Gerichtshof, Urt. v. 21.02.1989, Verbundene Rs. 46/87 und 227/88, Schlussanträge vom 21.02.1989 - HOECHST, Slg. 1989, S. 2859, Rn. 126.

[266] Europäischer Gerichtshof, Urt. v. 21.02.1989, Verbundene Rs. 46/87 und 227/88, Schlussanträge vom 21.02.1989 - HOECHST, Slg. 1989, S. 2859, Rn. 141.

[267] Europäischer Gerichtshof, Urt. v. 21.02.1989, Verbundene Rs. 46/87 und 227/88, Schlussanträge vom 21.02.1989 - HOECHST, Slg. 1989, S. 2859, Rn. 144.

nung erlassen werden könnte. Dies hält er unter Verweis auf ein Rechtsgutachten für rechtlich zulässig.[268]

3.   Urteil   des EuGH

Der EuGH stellt fest, dass sich im Falle des Widersetzens eines Unternehmens gegen eine Nachprüfung die für die Gewährleistung der Rechte der Unternehmen geeigneten Verfahrensmodalitäten nach nationalem Recht bestimmten. Daher habe die Kommission, wenn sie mit Unterstützung der nationalen Behörden Nachprüfungsmaßnahmen vornehmen will, die nicht auf der Mitwirkung der betroffenen Unternehmen beruhen, die insoweit im nationalen Recht vorgesehenen Verfahrensgarantien zu beachten.[269]

Zwar dürfe die nach nationalem Recht zuständige Stelle nicht die Beurteilung der Notwendigkeit der angeordneten Nachprüfung durch die Kommission durch ihre eigene Beurteilung ersetzen. Jedoch sei die nationale Stelle befugt, nach Feststellung der Echtheit der Nachprüfungsentscheidung zu prüfen, ob die beabsichtigten Zwangsmaßnahmen nicht willkürlich oder, gemessen am Gegenstand der Nachprüfung, unverhältnismäßig seien, sowie für die Wahrung der Vorschriften ihres nationalen Rechts bei der Durchführung dieser Maßnahmen zu sorgen.[270]

Die Rechtsauslegung des Artikels 14 der Verordnung Nr. 17 durch die Kommission, dass ihre Bediensteten im Rahmen von Nachprüfungen befugt seien, ohne Mitwirkung von nationalen Stellen und ohne Beachtung von Verfahrensgarantien des nationalen Rechts Durchsuchungen vorzunehmen, wurde vom Gerichtshof als irrig bezeichnet.[271]

Damit wird auch der Forderung des Generalanwalts nicht entsprochen, der es vorziehen würde, wenn der Gerichthof selbst anstelle der nationalen Gerichte eine richterliche Anordnung für die Bediensteten der Kommission erlassen könnte.

---

[268] Europäischer Gerichtshof, Urt. v. 21.02.1989, Verbundene Rs. 46/87 und 227/88, Schlussanträge vom 21.02.1989 - HOECHST, Slg. 1989, S. 2859, Rn. 146-149.
[269] Europäischer Gerichtshof, Urt. v. 21.09.1989, Verbundene Rs. 46/87 und 227/88 - HOECHST, Slg. 1989, S. 2859, Rn.33/34.
[270] Europäischer Gerichtshof, Urt. v. 21.09.1989, Verbundene Rs. 46/87 und 227/88 - HOECHST, Slg. 1989, S. 2859, Rn.35.
[271] Europäischer Gerichtshof, Urt. v. 21.09.1989, Verbundene Rs. 46/87 und 227/88 - HOECHST, Slg. 1989, S. 2859, Rn. 37.

4. Literaturbemerkungen

Nicht zuletzt die vom EuGH bestätigte Zusammenarbeit von Organen der Gemeinschaft und nationalen Gerichten hat für Nachhall in der Literatur gesorgt.

Shaw bemerkt: "The tone of the final judgement suggests that the European Court may have undergone a change of heart on the question on procedural safeguards, perhaps for fear of alienating the constitutional sensibilities of German judges in particular."[272]

Die Bekräftigung der Befugnisse der nationalen Gerichte "seems to come close to the argument that Community law is in some senses contingent upon national law, an argument which offends against the principles of autonomy and supremacy of the Community legal order and which the European Court has dismissed on numerous occasions..."[273]

Nach der Hoechst-Entscheidung stehe jedenfalls fest, dass die Kommission nur unter bestimmten Bedingungen und nicht etwa von vornherein anstelle einer herkömmlichen Nachprüfung durchsuchen könne.[274] Die Entscheidung lege - insbesondere was die weite Auslegung der Ermittlungsbefugnisse der Kommission angehe - einen deutlicheren Akzent auf die grundrechtlichen Positionen der Betroffenen.[275]

Von besonderem Gewicht ist die Entscheidung nach Ansicht von Anne Peters: Die Rechtssache Hoechst und insbesondere die Feststellung des EuGH, dass „die Kommission....die insoweit im nationalen Recht vorgesehenen Verfahrensgarantien zu beachten"[276] habe, sieht sie als Beleg dafür, dass der EuGH bereits manchmal eine national-verfassungskonforme Auslegung des Gemeinschaftsrechts praktiziert.[277] Everling führt an, dass die Entscheidung ein beeindruckendes Beispiel dafür darstellt, wie die Gemeinschaft den in einzelnen Mitgliedstaaten weitergehenden Grundrechtsschutz respektiere.[278]

---

[272] *Shaw*, European Law Review 1990, S. 329.

[273] *Shaw*, European Law Review 1990, S. 333.

[274] *Moosecker*, WuW 1989, S. 1013.

[275] *Lenz/Mölls*, WuW 1991, S. 792.

[276] Europäischer Gerichtshof, Urt. v. 21.09.1989, Verbundene Rs. 46/87 und 227/88 - HOECHST, Slg. 1989, S. 2859, Rn. 34.

[277] *Peters*, Elemente einer Theorie der Verfassung Europas, S. 288, Fn. 590.

[278] *Everling*, EuR 1990, S. 209; Huber spricht hinsichtlich dieser Anmerkung von Everling davon, dass dieser den Mitgliedstaaten das Recht zugestehe, die ungeschmälerten verfassungsrechtlichen Bindungen für die Amtshilfe gewährenden Staatsorgane anzuordnen; in: *Huber*, AöR 1991, S. 239f.

Die Klage sei zwar letztlich unbegründet und damit nicht erfolgreich gewesen, von grundlegender Bedeutung sei aber „die Bestätigung des Durchgreifens nationaler Richtervorbehalte".[279]

5. Eigene Beurteilung

Zunächst ist hinsichtlich des Schlussantrags des Generalanwalts bemerkenswert, wie er sich aus rein praktischen Überlegungen über das Erfordernis der Gewährleistung der Verfahrensmodalitäten nach nationalem Recht bei Durchsuchungen hinwegsetzen will.[280] So legt er nahe, zugunsten einer reibungslosen Durchsuchung eine richterliche Anordnung durch den EuGH zuzulassen und damit die nationalen Gewährleistungen des Schutzes der Unverletzlichkeit der Wohnung völlig zu übergehen.

Die Kommission hingegen machte geltend, dass ihre Befugnisse auch den Erlass von Maßnahmen umfasse, die in einigen Mitgliedstaaten unter den Begriff Durchsuchung fielen.[281] Das Recht der betroffenen Unternehmen, die Nachprüfungsentscheidungen bzw. die Durchsuchungen vor dem Gerichtshof anzufechten und auch deren Aussetzung im einstweiligen Rechtsschutz zu beantragen, sei einer vorherigen richterlichen Kontrolle gleichwertig.

Beide Ansichten laufen auf eine bedenkliche Erweiterung von Kompetenzen der Organe der Europäischen Gemeinschaften hin. Neben einer Aushöhlung der nationalen Verfahrensvorschriften bei einem gewichtigen Abwehrgrundrecht, dem der Unverletzlichkeit der Wohnung gem. Art. 13 GG, finden beide Ansichten im Wortlaut des Art. EWG-VO Nr. 17/62 bzw. der aktuellen VO 1/2003 EG (KartellVO) keine Stütze.

Der EuGH jedoch hat die beiden „Steilvorlagen" zur Erweiterung seiner Kompetenzen bzw. solcher der Kommmission nicht genutzt. Vielmehr hat er die nationalen Stellen, also die nationalen Gerichte, soweit die nationalen Verfahrensordnungen das Erfordernis einer richterlichen Anordnung vor Durchsuchungen postulieren, in das Rechtsschutzverfahren mit eingebunden. Dass die im nationalen Verfassungsrecht vorgesehenen Verfahrensgarantien zu beachten sind[282] ist insoweit eine eindeutige und wünschenswerte Klarstellung.

---

[279] *Streinz*, Europarecht, Rn. 776.
[280] So auch *Lauwaars*, CMLRev. 1990, S. 358.
[281] Europäischer Gerichtshof, Urt. v. 21.09.1989, Verbundene Rs. 46/87 und 227/88 - HOECHST, Slg. 1989, S. 2859, Rn. 11.
[282] Europäischer Gerichtshof, Urt. v. 21.09.1989, Verbundene Rs. 46/87 und 227/88 - HOECHST, Slg. 1989, S. 2859, Rn. 34.

Das ist auch deshalb beachtlich, da dies für die sonst so hoch geschützte einheitliche Anwendung des Gemeinschaftsrechts nicht gerade förderlich ist, aber notwendig, um Art. 14 Abs. 6 der Verordnung Nr. 17 zu respektieren.[283] Freilich wirft diese Mitwirkungsbefugnis der nationalen Stellen in diesem gemeinschaftsrechtlichen Kartellverfahren auch kritische Fragen auf: So beschränkt sich die Prüfungsbefugnis neben der Sicherstellung der Wahrung der Vorschriften des nationalen Rechts bei der Durchführung der Maßnahme auf die Echtheit der Nachprüfungsentscheidung sowie darauf, dass die Zwangsmaßnahme nicht willkürlich oder unverhältnismäßig ist. Die Notwendigkeit einer angeordneten Nachprüfung durch die Kommission sowie deren Sach- und Rechtserwägungen unterliegen weiter allein der Rechtmäßigkeitskontrolle des EuGH. Sie sind nach nationalen Rechtsgrundlagen nicht überprüfbar.

Dies ist zwar verständlich, jedoch ist für eine Verhältnismäßigkeitskontrolle und die Willkürkontrolle durch die nationalen Stellen eine gewisse Einführung in den Streitgegenstand unerlässlich. Eine genauere Abgrenzung der Befugnisse der nationalen Gerichte wäre daher wünschenswert gewesen. Die materiellrechtliche Prüfung auf grundlegende Rechtstaatlichkeitsprinzipien zu beschränken, zugleich aber die nationalen Verfahrensgarantien und Rechtsgrundlagen als maßgeblich hinzustellen wirkt theoretisch, inkonsequent und praktisch nicht leicht durchführbar.[284]

Dennoch erlaubt dieses Urteil ein erstaunliches Maß an Einwirkungsbefugnis der nationalen Rechtsordnungen auf das Gemeinschaftsrecht. Die Achtung nationaler Verfahrensgarantien im grundrechtssensiblen Bereich erschwert die einheitliche Anwendung des Gemeinschaftsrechts und durchbricht so sicherlich eine allzu strikte Auslegung der Vorrangdogmatik.[285]

Im Rahmen der Grundrechtsauslegung kann deshalb hier meines Erachtens von einem bewussten Zurückstellen des Auslegungs- und Überwachungsmonopols und damit von einer Begrenzung der Vorrangdogmatik durch den EuGH zugunsten der nationalen Stellen gesprochen werden.

6. Weitere Entwicklung

In der Rechtssache Roquette Freres[286] hat der EuGH die Rechtsprechung in der Rechtssache Hoechst bestätigt.

---

[283] Siehe auch ähnlich in: *Lenz/Mölls*, WuW 1991, S. 790; heute ist dies gem. Art. 20 Abs. 7 VO 1/2003 (KartellVO) geregelt, siehe unter C.III.6.
[284] Ähnlich *Moosecker*, WuW 1989, S. 1015.
[285] Vgl. *Huber*, AöR 1991, S. 240.
[286] Europäischer Gerichtshof, Urt. v. 22.10.2002, Rs. C-94/00 - ROQUETTE FRERES, Slg. 2002, S. I-9011.

Durch die Verabschiedung der VO 1/2003 (KartellVO) wurden die vom EuGH in der Rechtssache Hoechst aufgestellten und in der Rechtssache Roquette Freres bestätigten Bedingungen zur Beachtung der nationalen Verfahrensgarantien in Art. 20 (Nachprüfungsbefugnisse der Kommission) Abs. 7 und 8 VO 1/2003 (KartellVO) normiert.[287]

---

[287] Vgl. *Wettner,* Die Amtshilfe im Europäischen Verwaltungsrecht, S. 75; *Miersch,* in: Grabitz/Hilf/Nettesheim, Das Recht der Europäischen Union, 40. Ergänzungslieferung Oktober 2009, nach Art. 83 EGV, Rn. 63ff, 65.

IV. EMRK Gutachten

1. Sachverhalt

a) Vorgeschichte

Mehreren Jahrzehnte wurde über einen Beitritt der Europäischen Gemeinschaften bzw. der Europäischen Union (EU) zur EMRK debattiert[288]. Aufgrund der damals bestehenden Rechtsunsicherheit über die Möglichkeit des Beitritts der Europäischen Gemeinschaften zur EMRK hatte der Rat der Europäischen Union mit Antragsschrift vom 26.4.1994 beim EuGH ein Gutachten über die Vereinbarkeit eines geplanten Beitritts der Gemeinschaft zur EMRK gem. Art. 300 Abs. 6 EGV (heute Art. 218 Abs. 11 AEUV) beantragt[289].

b) Maastricht-Urteil

aa) Urteil des Bundesverfassungsgerichts

Da das EMRK-Gutachten des EuGH in Zusammenschau mit dem Maastricht-Urteil[290] des Bundesverfassungsgerichts zu interessanten Schlussfolgerungen führen könnte, wird zunächst auf die diesbezüglich relevante Passage in dem Maastricht-Urteil eingegangen.

Kurz vor Stellung des Gutachtenantrags durch den Rat, am 12.10.1993, hatte das Bundesverfassungsgericht das viel beachtete so genannte Maastricht-Urteil gefällt. In diesem mahnte das Gericht unter anderem an, dass einer ausufernden Kompetenzerweiterung seitens der Europäischen Gemeinschaften klare Grenzen zu setzen seien. Insbesondere der Art. 308 EGV (heute Art. 352 AEUV) rückte dabei in den Blickpunkt. Art. 308 EGV (heute Art. 352 AEUV) befähigt die Organe der Europäischen Gemeinschaften in Fällen, in denen Befugnisse zur Erreichung der vom Vertrag festgelegten Ziele erforderlich erscheinen, aber in den Verträgen solche Befugnisse fehlen, die geeigneten Vorschriften zu erlassen. Einer aus nationaler Sicht rechtswidrigen Kompetenzerweiterung wird hiermit der Boden bereitet. Das Bundesverfassungsgericht führt hierzu aus: „Der Unions-Vertrag und insbesondere der EG-Vertrag folgen dem Prinzip der begrenzten Einzelermächtigung. Nach diesem Grundsatz kann zwar eine einzelne Bestimmung, die Aufgaben oder Befugnisse

---

[288] *Busse,* NJW 2000, S. 1074, Fn. 2, m.w.N.; *Häde/Puttler,* EuZW 1997, S. 13, Fn. 2, m.w.N.; *O'Leary,* European Human Rights Law Review 1996, S: 367f, m.w.N.
[289] Europäischer Gerichtshof, Urt. v. 28.03.1996, Gutachten 2/94 - EMRK-GUTACHTEN, Slg, 1996, S. I-1759.
[290] Bundesverfassungsgericht, Urt. v. 12.10.1993, BVerfGE 89, 155.

zuweist, mit Blick auf die Vertragsziele ausgelegt werden; das Vertragsziel selbst genügt jedoch nicht, um Aufgaben und Befugnisse zu begründen oder zu erweitern. Darüber hinaus verdeutlicht der Unions-Vertrag durch ausdrückliche Hinweise auf das Erfordernis einer Vertragsänderung oder einer Vertragserweiterung die Trennlinie zwischen einer Rechtsfortbildung innerhalb der Verträge und einer deren Grenzen sprengenden, vom geltenden Vertragsrecht nicht gedeckten Rechtsetzung. Diesen Maßstab nimmt Art. 23 Abs. 1 GG auf, wenn er für Änderungen der vertraglichen Grundlagen der Europäischen Union und für vergleichbare Regelungen ein Zustimmungsgesetz fordert.

Indem die Gründungsverträge den Europäischen Gemeinschaften einerseits in umgrenzten Tatbeständen Hoheitsrechte einräumen, andererseits die Vertragsänderung - in einem regelmäßigen und auch in einem vereinfachten Verfahren - regeln, hat diese Unterscheidung auch Bedeutung für die zukünftige Handhabung der Einzelermächtigungen. Wenn eine dynamische Erweiterung der bestehenden Verträge sich bisher auf eine großzügige Handhabung des Art. 308 EGV [heute Art. 352 AEUV] im Sinne einer "Vertragsabrundungskompetenz", auf den Gedanken der inhärenten Zuständigkeiten der Europäischen Gemeinschaften ("implied powers") und auf eine Vertragsauslegung im Sinne einer größtmöglichen Ausschöpfung der Gemeinschaftsbefugnisse ("effet utile") gestützt hat, so wird in Zukunft bei der Auslegung von Befugnisnormen durch Einrichtungen und Organe der Gemeinschaften zu beachten sein, dass der Unionsvertrag grundsätzlich zwischen der Wahrnehmung einer begrenzt eingeräumten Hoheitsbefugnis und der Vertragsänderung unterscheidet, seine Auslegung deshalb in ihrem Ergebnis nicht einer Vertragserweiterung gleichkommen darf; eine solche Auslegung von Befugnisnormen würde für Deutschland keine Bindungswirkung entfalten."[291]

bb)   Anmerkungen

Es wird bekundet, dass der seit 1957 geltende Art. 308 EGV (heute Art. 352 AEUV; wenn auch teilweise an anderer Stelle) im Hinblick auf Art. 20 und 79 Abs. 3 GG als nicht ganz unproblematisch zu beurteilen sei, da er in der Gemeinschaftspraxis bisher in fast uferloser Weise angewandt worden sei[292]. Aufgrund der begrenzten Zielsetzung der Gemeinschaft konnte sein Gebrauch bisher als Ausnahme hingenommen werden, die die Regel der Zuständigkeit des Parlaments bei der Festlegung von Behördenzuständigkeiten

---

[291] Bundesverfassungsgericht, Urt. v. 12.10.1993, BVerfGE 89, 155, Rn. 156f.
[292] Vgl. Europäischer Gerichtshof, Urt. v. 07.02.1985, Rs. 240/83 - ADBHU, Slg. 1985, S. 531, Rn. 11ff; Europäischer Gerichtshof, Urt. v. 03.07.1990, Rs. C-288/88 - KOMMISSION/DEUTSCHLAND, Slg. 1990, S. I-2721, zum Sachverhalt: NVwZ 1990, 955.

und die Beachtung des Bestimmtheitsgebotes hierbei[293] nicht in Frage stellte, müsse die Vorschrift eingedenk der wachsenden gemeinschaftlichen Zuständigkeiten nach dem Maastrichter Vertrag restriktiver ausgelegt werden, um nicht in Konflikt mit dem deutschen Verfassungsrecht zu geraten.[294]

Das Bundesverfassungsgericht wolle den nach seiner Ansicht bestehenden Legitimationsmangel der Gemeinschaftsinstitutionen vor allem mit Hilfe eines eng verstandenen Prinzips der begrenzten Einzelermächtigung beheben, durch das die Gemeinschaftsentwicklung begrenzt und an die nationalen Parlamente rückgebunden werden soll. Es wende sich mit Recht gegen eine Kompetenz-Kompetenz der Gemeinschaft, und dazu will es den insoweit problematischen Art. 308 EGV (heute Art. 352 AEUV) eng auslegen.[295] Die Stoßrichtung des Urteils ziele eindeutig, wenn auch nicht ausschließlich, auf den EuGH.[296]

c)   EMRK-Gutachten

Der EuGH wiederum führt in seinem am 28.03.1996 verkündetem Gutachten wie folgt aus: „Nach Artikel 3b [heute Art. 5 Abs. 2 EUV] des Vertrages wird die Gemeinschaft innerhalb der Grenzen der ihr in diesem Vertrag zugewiesenen Befugnisse und gesetzten Ziele tätig; sie verfügt demnach nur über begrenzte Ermächtigungen..... Die Gemeinschaft handelt im Regelfall aufgrund spezifischer Befugnisse, die, wie der Gerichtshof entschieden hat, sich nicht notwendig aus spezifischen Bestimmungen des Vertrages ergeben müssen, sondern auch implizit aus ihnen abgeleitet werden können.....“[297] Zunächst also scheint der Gerichtshof an seiner weiten Auslegung der Vertragserweiterungskompetenz des Art. 308 EGV festhalten zu wollen.

Weiter führt er aus, dass die Verträge keine Bestimmungen zu der Befugnis enthalten, Vorschriften auf dem Gebiet der Menschenrechte zu erlassen oder völkerrechtliche Verträge in diesem Bereich zu schließen. Deshalb bleibe zu prüfen, ob der Art. 308 EGV (heute Art. 352 AEUV) Rechtsgrundlage für Organe der Gemeinschaft sein könne, über den Beitritt zur EMRK zu entscheiden.

In Rn. 30 legt er dar: „Als integrierender Bestandteil einer auf dem Grundsatz der begrenzten Ermächtigung beruhenden institutionellen Ordnung kann diese Bestimmung keine Grundlage dafür bieten, den Bereich der Ge-

---

[293] Vgl. Bundesverfassungsgericht, Urt. v. 28.10.1975, BVerfGE 40, 237; 47,55.

[294] *Huber,* Maastricht - ein Staatsstreich?, S. 31.

[295] *Everling,* Integration 1994, S. 168; vgl. *Ipsen,* EuR 1994, S. 10.

[296] *Everling,* Integration 1994, S. 170; *Tomuschat,* EuGRZ 1993, S. 495.

[297] Europäischer Gerichtshof, Urt. v. 28.03.1996, Gutachten 2/94 - EMRK-GUTACHTEN, Slg. 1996, S. I-1759, Rn. 23ff.

meinschaftsbefugnisse über den allgemeinen Rahmen hinaus auszudehnen, der sich aus der Gesamtheit der Vertragsbestimmungen und insbesondere derjenigen ergibt, die die Aufgaben und Tätigkeiten der Gemeinschaft festlegen. Sie kann jedenfalls nicht als Rechtsgrundlage für den Erlass von Bestimmungen dienen, die der Sache nach, gemessen an ihren Folgen, auf eine Vertragsänderung ohne Einhaltung des hierfür vom Vertrag vorgesehenen Verfahrens hinausliefen. Vor diesem Hintergrund ist zu prüfen, ob der Beitritt der Gemeinschaft zur Konvention auf Artikel 308 [heute Art. 352 AEUV] gestützt werden kann."

Der EuGH stellt sodann fest, dass die Wahrung der Menschenrechte für die Mitgliedsatten und die Gemeinschaftsorgane von großer Bedeutung sei. Die Grundrechte gehörten nach ständiger Rechtsprechung zu den allgemeinen Rechtsgrundsätzen, die der Gerichtshof zu wahren habe.

Ein Beitritt zur Konvention hätte jedoch eine wesentliche Änderung des gegenwärtigen Gemeinschaftssystems des Schutzes der Menschenrechte zur Folge.

„Eine solche Änderung des Systems des Schutzes der Menschenrechte in der Gemeinschaft, die grundlegende institutionelle Auswirkungen sowohl auf die Gemeinschaft als auch auf die Mitgliedstaaten hätte, wäre von verfassungsrechtlicher Dimension und ginge daher ihrem Wesen nach über die Grenzen des Artikels 308 EGV [heute Art. 352 AEUV] hinaus. Sie kann nur im Wege einer Vertragsänderung vorgenommen werden."[298]

Im Ergebnis stellt der Gerichtshof fest, dass die Gemeinschaft nicht über die Zuständigkeit verfügt, der Konvention beizutreten.

2.   Literaturbemerkungen

Das EMRK-Gutachten hat zahlreiche Wortmeldungen hervorgerufen. Von besonderem Interesse ist dabei, wie die Kompetenzbegrenzung durch das Urteil des EuGH aufgenommen wurde.

Kritisch wird angemerkt, dass der EuGH gerade in diesem Gutachten von seinem sonst so weiten Verständnis der Gemeinschaftsbefugnisse abweicht. So gehe es hier im Kern nicht um die Erweiterung von Gemeinschaftskompetenzen zu Lasten der Mitgliedstaaten, sondern um Schranken der Gemeinschaftsmacht, die sich aus den Grundrechten der EMRK ergeben. Jetzt also solle es

---

[298] Europäischer Gerichtshof, Urt. v. 28.03.1996, Gutachten 2/94 - EMRK-GUTACHTEN, Slg. 1996, S. I-1759, Rn. 35.

zurückhaltend auf das Fehlen einer Einzelermächtigung ankommen, obwohl es für das Gemeinschaftsziel Grundrechtsschutz und damit für eine Kompetenz aus Art. 308 EGV (heute Art. 352 AEUV) zahlreiche Anhaltspunkte gegeben hätte.[299]

Der EuGH versuche mit dem Urteil, seinen Einfluss hinsichtlich des Schutzes der Menschenrechte unangefochten zu belassen. Die Verteidigung des EuGH von seiner autonomen Rolle hinsichtlich des Schutzes der Menschenrechte habe traditionell darauf abgezielt, die nationalen Gerichte davon zu überzeugen, nicht einzugreifen. Indem er diese Position bei der Diskussion über den Beitritt wiederholt, habe der EuGH jede äußere Nachprüfung darüber, wie die Menschenrechte in der Gemeinschaft geschützt werden, zurückgewiesen.

Er habe es mit dem „Schließen der Türe" zum Beitritt bedauerlicherweise versäumt, zur Entwicklung des Schutzes der Menschenrechte beizutragen.[300]

Weiter wird angeführt, dass dieses Ergebnis weniger überraschend hinsichtlich des Neins sei, das der EuGH derzeit einem solchen Vorhaben entgegenstelle, als hinsichtlich der grundsätzlichen Natur des Neins, das einen Beitritt erst nach einer Änderung der vertraglichen Grundlagen möglich macht. Dabei überrasche die äußerste Knappheit, die angesichts der Bedeutung des Gegenstandes als, vielleicht bewusste, Kargheit anmute.[301]

Die Bedeutung des Gutachtens liege in der Formulierung der „verfassungsrechtlichen Dimension" als negatives Tatbestandsmerkmal des Art. 308 EGV (heute Art. 352 AEUV). Eine solche Begrenzung der Kompetenzwahrnehmung durch die EG sei überzeugend.[302]

Zunächst habe die Vorschrift des Art. 308 EGV (heute Art. 352 AEUV) in der EG wenig Beachtung gefunden.[303] Erst Anfang der siebziger Jahre hätten die Staats- und Regierungschefs diese Haltung zugunsten einer deutlich großzügigeren Haltung aufgegeben.[304] Mittels einer weitestgehenden Ausschöpfung der Bestimmungen der Verträge, auch des Art. 308 EGV (heute Art. 352

---

[299] *Ruffert*, JZ 1996, S. 625.
[300] *Gaja*, CMLRev. 1996, S. 989; vgl. auch *Burrows*, European Law Review 1997, S. 62f.
[301] *Vedder*, EuR 1996, S. 310.
[302] *Vedder*, EuR 1996, S. 318; ähnlich *Rossi*, in: Calliess/Ruffert, EUV AEUV, Art. 352 AEUV, Rn. 72ff.
[303] *Häde/Puttler*, EuZW 1997, S.13, m.w.N.
[304] *Zuleeg*, Der Staat 1978, S.28; *Bitterlich*, in: Lenz/Borchart, EU- und EG-Vertrag, Art. 308 EGV, Rn 4.

AEUV), erging eine Vielzahl von Rechtsakten auf dieser Grundlage.[305] Später sei Art. 308 EGV (heute Art. 352 AEUV) immer mehr zum Instrument geworden, neue Politiken einzubeziehen.[306] Die Frage nach den Grenzen der Kompetenzerweiterung durch Art. 308 EGV (heute Art. 352 AEUV) und insbesondere ihre Abgrenzung zur Vertragsänderung habe deshalb eine besondere Bedeutung, die dringend einer Klärung, gegebenenfalls auch durch Aufhebung der Norm, bedürfe.[307] Es könne festgestellt werden, dass die vorherrschende Auslegung des Art. 308 EGV (heute Art. 352 AEUV) kaum klare Grenzen für die Inanspruchnahme zusätzlicher und neuer Befugnisse durch die Gemeinschaftsorgane ziehe.[308] Bis zum EMRK-Gutachten habe der EuGH so auch in keinem Fall einen auf der Grundlage des Art. 308 EGV (heute Art. 352 AEUV) ergangenen einstimmigen Ratsbeschluss mit der Begründung beanstandet, die Gemeinschaft habe damit die ihr zugewiesenen Kompetenzen überschritten.[309]

Die Äußerungen des Gerichtshofs im EMRK-Gutachten ließen die Absicht erkennen, den Tatbestandmerkmalen des Art. 308 EGV (heute Art. 352 AEUV) schärfere Konturen zu verleihen.[310] Es werde das Bemühen deutlich, die Tennlinie zur Vertragsänderung zu stärken. Insoweit dürfte das Gutachten auch - wenigstens ansatzweise - den Forderungen des Bundesverfassungsgerichts in seinem Maastricht-Urteil Rechnung tragen. Das Bundesverfassungsgericht habe in seiner Entscheidung die Beachtung des Prinzips der begrenzten Ermächtigung und eine striktere Handhabung des Art. 308 EGV (heute Art. 352 AEUV) angemahnt. Selbst Insider wie der frühere luxemburgische Richter am EuGH, Schockweiler, hätten darauf hingewiesen, dass die Rechtsprechung

---

[305] Mit einer tabellarischen Auflistung der aufgrund Art. 308 EGV (heute Art. 352 AEUV) ergangenen Rechtssachen bis in die Mitte der 80er Jahre hinein: *Dorn,* Art. 235 EWGV - Prinzipien der Auslegung, S. 8f.

[306] *Häde/Puttler,* EuZW 1997, S. 14, m.w.N.

[307] *Weber,* JZ 1993, S. 328.

[308] *Häde/Puttler,* EuZW 1997, S. 15.

[309] *Weber,* JZ 1993, S. 328, Fn. 21 m.w.N.; *Häde/Puttler,* EuZW 1997, S.16; bei bisherigen Entscheidungen ging es um die Kompetenzordnung zwischen den Gemeinschaftsorganen, vgl. *Streinz,* in: Streinz, Vertrag über die Europäische Union und Vertrag zur Gründung der Europäischen Gemeinschaft 2003, Art. 308 EGV, Rn.11; *Rossi,* in: Calliess/Ruffert, EUV/EGV 2007, Art. 308 EGV, Rn. 4f. m.w.N. Die bisherige gerichtliche Zurückhaltung hinsichtlich auf Art. 308 EGV (heute Art. 352 AEUV) beruhender und damit einstimmig im Rat ergangener Rechtsakte ist darauf zurückzuführen, dass der Gemeinschaftsgesetzgeber einvernehmlich die Verantwortung für den Rechtsakt übernommen habe. Aufgrund des Einstimmigkeitserfordernisses sei eine mitgliedstaatliche Initiative zur Verfahrenseinleitung unwahrscheinlich, vgl. *Winkler,* in: Grabitz/Hilf/Nettesheim, Das Recht der Europäischen Union, 40. Ergänzungslieferung Oktober 2009, Art. 308 EGV, Rn. 167.

[310] Dies wurde schon lange gefordert, vgl. etwa *Zuleeg,* Der Staat 1978, S. 41f, m.w.N.

des Bundesverfassungsgerichts, gerade die „Solange-Rechtsprechung", nicht ohne Wirkungen geblieben sei.[311]

In seiner Rechtsprechung lasse der EuGH jedenfalls mit dem EMRK-Gutachten eine Tendenz erkennen, die recht nahe an der Auffassung des Bundesverfassungsgerichts zu liegen scheine und der in der Vergangenheit ausufernden, scheinbar schrankenlosen Anwendung des Art. 308 EGV (heute Art. 352 AEUV) Grenzen einziehen könne.[312] Es gebe eine Passage in dem Maastrichturteil des Bundesverfassungsgerichts, in welcher dem EuGH offenbar vorgeworfen werde, die Befugnisse der Gemeinschaft in der Vergangenheit zu sehr ausgeweitet zu haben, insbesondere durch eine weite Auslegung des Art. 308 EGV (heute Art. 352 AEUV) und durch die Berufung auf den „implied powers" und den „effet utile"-Grundsatz.

Interessanterweise habe sich der EuGH in dem nächsten Fall nach der Maastricht Entscheidung des Bundesverfassungsgerichts, in dem er über Art. 308 EGV (heute Art. 352 AEUV) zu entscheiden hatte, dem EMRK-Gutachten, von einer weiten Auslegung des Art. 308 EGV (heute Art. 352 AEUV) distanziert.[313]

Es wird gefragt, ob dies als die Antwort des EuGH an das Bundesverfassungsgericht betrachtet werden könne?[314] Falls ja, sei es interessant zu erkennen, dass es den Punkt hinsichtlich der Vertragsänderung eingestand, jedoch nicht gewillt war, die Lehre von den „implied powers" aufzugeben.[315]

Huber merkt an, dass der EuGH in seinem EMRK-Gutachten die restriktiven Vorgaben des deutschen Maastricht Urteils zur Auslegung von Art. 308 EGV (heute Art. 352 AEUV) praktisch übernommen habe und so seiner Kooperationsverantwortung der Sache nach gerecht zu werden versuche.[316]

In dem Gutachten könne der Beginn einer Selbstbeschränkung gemeinschaftsrechtlichen Handelns gesehen werden.[317]

---

[311] *Schockweiler*, EuR 1995, S.199: „Dies gilt besonders für die Grundrechte,....welche der Gerichtshof erst nach einer eindeutigen Aufforderung des deutschen Bundesverfassungsgerichts in die allgemein anerkannten Rechtsprinzipien aufnahm."; ähnlich *Randelzhofer*, in: Hommelhoff/Kirchhof (Hrsg.), Der Staatenverbund der Europäischen Union, S. 42.

[312] *Häde/Puttler*, EuZW 1997, S. 17.

[313] *Hartley*, Constitutional problems of the European Union, S. 157.

[314] Vgl. auch *O'Leary*, European Human Rights Law Review 1996, S. 363.

[315] *Hartley*, Constitutional problems of the European Union, S. 156f.

[316] *Huber*, in: Veröffentlichungen der Vereinigung der deutschen Staatsrechtslehrer Band 60, S. 232; ein weiteres Bekenntnis zur Kooperation ist seitens des Dänischen Obersten Gerichtshofs festzustellen, vgl. Urteil vom 06.04.1998, Gründe 9.4, in: *Hofmann*, EuGRZ 1999, S. 51.

[317] *Vedder*, EuR 1996, S. 319; an anderer Stelle wird angemerkt, dass der EuGH im Zuge der Maastricht-Debatte für die Aufrechterhaltung nationaler Besonderheiten sensibilisiert worden sei, vgl. *Ress*, EuZW 1993, S. 745f. Dies ist freilich nicht direkt bezüglich Art. 308 EGV (heute Art. 352 AEUV) von Relevanz, legt aber den Schluss nahe, dass die Maastricht-Entscheidung des Bundesverfassungsgerichts insgesamt Einfluss auf die Rechtsprechung des EuGH hatte.

Everling gibt zu bedenken, dass Widerstände oder gar die Ankündigung von Rechtsverweigerung durch nationale Gerichte den Gerichtshof nicht beeindrucken würden, wenn er seine Auffassung als richtig erkannt habe. Sachliche und fachliche Kritik nehme er dagegen ernst, sie veranlasse ihn gegebenenfalls auch zur Überprüfung seiner Haltung.[318]

3.   Beurteilung

Über die wahren Hintergründe eines Gutachtens, das nur in den Köpfen der Richter entwickelt und begründet wurde, zu spekulieren, ist ausgesprochen schwierig.

Zunächst kann versucht werden, über die Betrachtung der Historie zu ähnlich gelagerten Fällen einen Rückschluss auf ein der bisherigen Rechtsprechung entsprechendes Ergebnis zu schließen, um sodann eine etwaige ungewöhnliche Entscheidung auf äußere Ursachen hin zu untersuchen.

Dazu kann zunächst gesagt werden, dass der EuGH bis dato noch in keiner Entscheidung einen auf Art. 308 EGV (heute Art. 352 AEUV) gestützten Rechtsakt deshalb für rechtswidrig erklärt hat, weil die Gemeinschaft ihre Kompetenzen überschritten habe. Allerdings ist dies wenig aussagekräftig, da aufgrund des Einstimmigkeitserfordernisses im Rat einerseits und der meist nur „kompetenzordnenden" Streitigkeiten zu Art. 308 EGV (heute Art. 352 AEUV) kaum relevante Vergleichsfälle vorliegen.

Auch ist der Einwand berechtigt, dass in dem Gutachten eine Verkehrung der Wirkung einer Ablehnung der rechtmäßigen Anwendung des Art. 308 EGV (heute Art. 352 AEUV) liegt: würde sonst eine Ablehnung zu einer Schwächung des Gemeinschaftsrechts führen, da ein Rechtsakt der Gemeinschaft als rechtswidrig erklärt würde, führt die restriktive Anwendung des Art. 308 EGV (heute Art. 352 AEUV) in dem Gutachten zu einer weiter ungeschmälerten Rechtssetzungsbefugnis des EuGH auch in Grundrechtsfragen. Da der EuGH die Kontrolle durch den EGMR scheut, kommt dem EuGH hier die restriktive Auslegung des Art. 308 EGV (heute Art. 352 AEUV) gelegen, um eine Kontrolle der eigenen Rechtsprechung durch den EGMR zu vermeiden.

Nichtsdestotrotz muss herausgestellt werden, dass die Äußerungen des EuGH zur Abgrenzung des Art. 308 EGV (heute Art. 352 AEUV) zur Vertragsänderung auch allgemein über das Gutachten hinaus Beachtung finden müssen.[319] Zwar liegt hier ein Sonderfall insoweit vor, als eine restriktive An-

---

[318] *Everling,* Integration 1994, S. 171; *Everling,* in: Hommelhoff/Kirchhof (Hrsg.), Der Staatenverbund der Europäischen Union, S. 65; ähnlich *Everling,* EuR 1994, S. 142.
[319] Vgl. *Streinz,* in: Streinz, EUV/AEUV, Art. 352 AEUV, Rn. 7.

wendung des Art. 308 EGV (heute Art. 352 AEUV) nicht unmittelbar zu einer Rechtswidrigkeit eines Gemeinschaftsrechtsakts führt. Dennoch lassen die in dieser Weise so deutlich noch nie vernommenen Worte des EuGH zur Abgrenzung des Art. 308 EGV (heute Art. 352 AEUV) ein Umdenken hinsichtlich dessen Auslegung erkennen.

Die Argumentation selbst, warum Art. 308 EGV (heute Art. 352 AEUV) hier nicht als Rechtsgrundlage taugt, fällt erstaunlich kurz aus. Deshalb lässt sich schlecht beurteilen, ob der EuGH die „verfassungsrechtliche Dimension" hier zum negativen Tatbestandmerkmal erhoben hat[320], ob damit auf das Tatbestandsmerkmal „Zielverwirklichung" oder auf ein zusätzliches Kriterium abgestellt wird[321]. Letztlich zwar spricht vieles für eine äußere Grenze bei Art. 308 EGV (heute Art. 352 AEUV), welche in einer Funktionsüberschreitung, die an den Folgen der auf Art. 308 EGV (heute Art. 352 AEUV) gestützten Rechtsnorm zu messen ist, zu ziehen ist, also für ein negatives Tatbestandsmerkmal, denn die Voraussetzungen des Art. 308 EGV (heute Art. 352 AEUV) scheinen vorzuliegen.[322] Die Grenze bildet dabei der Grundsatz der begrenzten Einzelermächtigung und die Stellung des Art. 308 EGV (heute Art. 352 AEUV) im System der Verträge, insbesondere in Bezug zur Vertragsänderung gem. Art. 48 EUV.[323]

Entscheidend bleibt aber die Tatsache, dass Art. 308 EGV (heute Art. 352 AEUV) hier kompetenzbegrenzend ausgelegt wird, auch wenn die Abgrenzung zur Vertragsänderung noch wenig prägnant erfolgt und die Antwort auf die Frage, worin die verfassungsrechtliche Dimension der Gutachtenfrage liegt, nicht in überzeugender Weise gegeben wird. Denn die institutionellen Auswirkungen, auf die verwiesen wird, sind schwerlich auszumachen bzw. prüfbar, da sie zum Teil hypothetischer Natur sind.

Könnte dieses Umdenken nun durch Äußerungen und Bedenken des Bundesverfassungsgerichts im Maastricht-Urteil, das natürlich für die weitere Entwicklung der EU eine enorme Bedeutung hatte und im gesamten EU-Raum Beachtung fand, angestoßen worden sein?

Hierzu sollte nochmals kurz der Wortlaut der Entscheidungen gegenüber gestellt werden. Das Bundesverfassungsgericht spricht von „bisher ... großzügiger Handhabung des Art. 308 EGV (heute Art. 352 AEUV) im Sinne einer

---

[320] *Vedder,* EuR 1996, S. 318; *Rossi,* in: Calliess/Ruffert, EUV AEUV, Art. 352 AEUV, Rn. 72-75; *Streinz,* in: Streinz, EUV/AEUV, Art. 352 AEUV, Rn.13.

[321] *Häde/Puttler,* EuZW 1997, S. 17.

[322] Europäischer Gerichtshof, Urt. v. 28.03.1996, Gutachten 2/94 - EMRK-GUTACHTEN, Slg. 1996, S. I-1759, Rn. 32f.

[323] Noch deutlicher unter der Geltung des früheren Art. 236 EWGV; vgl. auch *Schwartz,* in: von Groeben, Kommentar zum EU-/EG-Vertrag 1997, 308 EGV, Rn. 28.

"Vertragsabrundungskompetenz", ... so wird in Zukunft bei der Auslegung von Befugnisnormen durch Einrichtungen und Organe der Gemeinschaften zu beachten sein, dass der Unions-Vertrag grundsätzlich zwischen der Wahrnehmung einer begrenzt eingeräumten Hoheitsbefugnis und der Vertragsänderung unterscheidet, seine Auslegung deshalb in ihrem Ergebnis nicht einer Vertragserweiterung gleichkommen darf...[324]".

Der EuGH meint: „Als integrierender Bestandteil einer auf dem Grundsatz der begrenzten Ermächtigung beruhenden institutionellen Ordnung kann diese Bestimmung keine Grundlage dafür bieten, den Bereich der Gemeinschaftsbefugnisse über den allgemeinen Rahmen hinaus auszudehnen, der sich aus der Gesamtheit der Vertragsbestimmungen und insbesondere derjenigen ergibt, die die Aufgaben und Tätigkeiten der Gemeinschaft festlegen. Sie kann jedenfalls nicht als Rechtsgrundlage für den Erlass von Bestimmungen dienen, die der Sache nach, gemessen an ihren Folgen, auf eine Vertragsänderung ohne Einhaltung des hierfür vom Vertrag vorgesehenen Verfahrens hinausliefen."[325]

Hier erscheint in der Tat eine Bezugnahme auf das Urteil des Bundesverfassungsgerichts nicht von der Hand zu weisen zu sein. Den Bedenken des Bundesverfassungsgerichts wurde hinsichtlich der Anwendung des Art. 308 EGV (heute Art. 352 AEUV) vom EuGH mit Worten entgegengetreten, die genau den Forderungen des Bundesverfassungsgerichts entsprechen. Dass dabei die Ausführungen des EuGH aus gemeinschaftsrechtlicher Sicht auch im Hinblick auf Art. 48 EUV notwendig sind, muss den Einfluss des Bundesverfassungsgerichts nicht denknotwendig schmälern.

Es überrascht wenig, dass gleichzeitig die Lehre von den „implied powers" und der „effet utile"-Grundsatz, wie vom Bundesverfassungsgericht ebenfalls gefordert, nicht auch eingegrenzt wurden. So stellen diese beiden Grundsätze einen für die Funktionsfähigkeit der Gemeinschaft unerlässlichen Baustein dar, der in diesem Gutachten gar nicht zur Disposition stand.

Bei Betrachtung der bisherigen Rechtsprechung des EuGH und des zeitlichen Zusammenhangs zum Maastricht-Urteil drängt sich der Eindruck auf, dass sich der EuGH im EMRK-Gutachten stark vom Bundesverfassungsgericht hat beeinflussen lassen. Dieser Eindruck wird dabei von einer ganzen Reihe namhafter Rechtsgelehrter mitgetragen.[326] Nicht zuletzt Everling bestä-

---

[324] Bundesverfassungsgericht, Urt. v. 12.10.1993, BVerfGE 89, 155, Rn. 157.
[325] Europäischer Gerichtshof, Urt. v. 28.03.1996, Gutachten 2/94 - EMRK-GUTACHTEN, Slg. 1996, S. I-1759, Rn. 30.
[326] *Huber*, Veröffentlichungen der Vereinigung der deutschen Staatsrechtslehrer Band 60, S. 232; *Häde/Puttler*, EuZW 1997, S.17; *Hartley*, Constitutional problems of the European Union, S. 157; *O'Leary*, European Human Rights Law Review 1996, S. 363.

tigt, dass sich der EuGH einer sachlichen und fachlichen Kritik nicht ver-
schließe.[327]

Es liegt also auf der Hand, dass der EuGH sich hier seiner Rolle im „Kooperationsverhältnis" mit den nationalen Verfassungsgerichten bewusst war
und die Argumente und Bedenken des Bundesverfassungsgerichts hinsichtlich
einer Überschreitung des kompetenzrechtlichen Rahmens des deutschen Zu-
stimmungsgesetztes und der daraus folgenden fehlenden Verbindlichkeit der
Rechtsakte im deutschen Rechtsraum mit in das Urteil eingeflossen sind.

Die verfassungsrechtlichen Bedenken des Bundesverfassungsgerichts stellen damit eine gewichtige Ursache für die Entscheidung des EuGH im EMRK-
Gutachten dar.

Darin hat der EuGH klargemacht, dass er gewillt ist, einer kompetenzerweiternden Auslegung der Gemeinschaftsverträge entgegen zu treten. Einer
schonungslosen Aushöhlung der Kompetenzen der Mitgliedstaaten und damit
einer Aushöhlung der zum Teil verfassungsrechtlich geregelten nationalen
Kompetenzbereiche erteilt der EuGH damit eine klare Absage. Vielmehr zeigt
er in Sachen Kompetenzabgrenzung die Bereitschaft, sich auf einen Dialog mit
den mitgliedstaatlichen Höchstgerichten einzulassen.

Heute ist die Europäische Union der Europäischen Menschenrechtskon-
vention noch nicht beigetreten. Die Mitgliedstaaten haben sie aber bereits
ratifiziert. Denn die Europäische Union wurde gem. Art. 6 Abs 2 EUV zum
Abschluss eines solchen Vertrags ermächtigt. Überdies sind die Grund- und
Menschenrechte wie sie in der Europäischen Konvention zum Schutz der
Menschenrechte und Grundfreiheiten gewährleistet sind gem. Art. 6 Abs. 3
EUV Teil des Unionsrechts.

---

[327] *Everling*, Integration 1994, S. 171.

V. Rechtssache Port I

1. Sachverhalt

a) Vorgeschichte

Gegenstand des Rechtsstreits sind Maßnahmen, die aufgrund der Bananenmarkt-Verordnung (EWG) Nr. 404/93 des Rates vom 13.02.1993[328] erlassen wurden. In dieser Verordnung wird der Import von „billigen" lateinamerikanischen Bananen in die EU stark reguliert und beschränkt, um die Bananenproduktion von einigen Mitgliedstaaten selbst (Frankreich, Griechenland, Spanien und Portugal) bzw. von ehemaligen Kolonien von Mitgliedstaaten nicht zu gefährden.

Diese Verordnung führte bereits zu einer Nichtigkeitsklage der Bundesrepublik Deutschland gegen den Rat, in der die Unvereinbarkeit der Verordnung mit dem Gemeinschaftsrecht und dem GATT gerügt wurde. Der EuGH wies den Antrag auf einstweiligen Rechtsschutz zurück und wies später die Klage in der Hauptsache mit Urteil vom 05.10.1994[329] ab. Es läge kein Verstoß gegen Formvorschriften, keine Überschreitung der Grenzen der Art. 33, 36, 37 EGV (heute Art. 39, 42, 43 AEUV) und kein Verstoß gegen den Grundsatz des unverfälschten Wettbewerbs oder gegen Grundrechte sowie gegen allgemeine Rechtsgrundsätze, z.B. den Vertrauensschutz, vor.

b) Sachverhalt

Einem in Hamburg ansässigen Obstimport-Unternehmen, der T. Port GmbH & Co. KG, wurde aufgrund dieser Verordnung für das Jahr 1994 nur ein Bruchteil der Einfuhrmenge von Bananen für den Import nach Deutschland zugeteilt, die es durchschnittlich in den letzten sechs Jahren importiert hatte. Wegen des Vertragsbruchs eines kolumbianischen Lieferanten habe das Unternehmen in den maßgeblichen Referenzjahren 1989, 1990 und 1991 nur ungewöhnlich geringe Bananenimporte durchführen können. Langfristige Abnahmeverträge verpflichten sie zudem zur Abnahme gewisser Mengen an Bananen von ekuadorianischen Erzeugern, die sie wegen der Kontingentierung

---

[328] Verordnung (EWG) Nr. 404/93 des Rates vom 13. Februar 1993 über die gemeinsame Marktorganisation für Bananen, Amtsblatt Nr. L 047 vom 25/02/1993 S. 1 ff.
[329] Europäischer Gerichtshof, Urt. v. 05.10.1994, Rs. C-280/93 - BANANENMARKT, Slg. 1994, S. I-4973; s. hierzu: *Huber*, EuZW 1997, S. 517f; *Everling*, CMLRev. 1996, 301; *Berrisch*, EuR 1994, 461; *Nettesheim*, EuZW 1995, 106.

durch die Bananenmarktverordnung nun nicht mehr importieren könne. Wegen bereits getätigten Vorleistungen könne sie nun immense Forderungen nicht mehr realisieren. Aufgrund hieraus resultierender erheblicher Gewinneinbrüche drohte der T.Port GmbH & Co. KG der Konkurs.

Die T. Port GmbH & Co. KG beantragte bei der Bundesanstalt für Landwirtschaft und Ernährung zusätzliche Einfuhrbescheinigungen unter Berufung auf einen Härtefall. Nach Ablehnung des Antrags und Einlegung eines Widerspruchs beantragte die T. Port GmbH & Co. KG Gewährung einstweiligen Rechtsschutzes, blieb dabei aber auch im Rechtsmittelverfahren erfolglos. Gegen den Beschluss des Verwaltungsgerichtshofs (VGH) Kassel vom 23.12.1994 erhob die T. Port GmbH & Co. KG Verfassungsbeschwerde.

c) Entscheidung des Bundesverfassungsgerichts

aa) Beschluss des Bundesverfassungsgerichts vom 25.01.1995[330]

Das Bundesverfassungsgericht sah in der Verweigerung einer einstweiligen Anordnung durch den VGH Kassel eine Verletzung der Beschwerdeführerin in ihren Rechten aus Art. 19 Abs. 4 i.V.m. Art. 14 Abs. 1 GG. Falls schwere und unzumutbare, anders nicht abwendbare Nachteile für die beantragende Partei entstünden, die durch die Entscheidung in der Hauptsache nicht mehr beseitigt werden könnten, verlange Art. 19 Abs. 4 GG auch in Vornahmesachen vorläufigen Rechtsschutz. Nicht nur müsse der Gesetzgeber deshalb Regelungen vorsehen – wie für die Verwaltungsgerichtsbarkeit mit §123 VwGO geschehen, auch die Gerichte seien angehalten, bei der Anwendung der Regelungen die besondere Bedeutung der Grundrechte zu berücksichtigen und den Erfordernissen eines effektiven Rechtsschutzes Rechnung zu tragen. Drohte bei Versagung des einstweiligen Rechtsschutzes eine erhebliche Verletzung in Grundrechten, die durch die Hauptsache nicht mehr beseitigt werden könne, sei einstweiliger Rechtsschutz zu gewähren, es sei denn, dass ausnahmsweise überwiegende, gewichtige Gründe entgegenstehen. Die angegriffene Entscheidung des VGH Kassel entspreche den dargelegten verfassungsrechtlichen Anforderungen nicht.[331]

Zwar wolle der VHG Kassel im Ansatz vorläufigen Rechtsschutz auch gegen die Durchsetzung einer Verordnung der EG gewähren, was grundsätzlich den Erfordernissen des Art. 19 Abs. 4 GG genüge. Jedoch stütze er seine ablehnende Entscheidung unter Hinweis auf die Entscheidung des EuGH vom

---

[330] Beschluss des Bundesverfassungsgerichts vom 25.01.1995, EuZW 1995, 126 f.
[331] Beschluss des Bundesverfassungsgerichts vom 25.01.1995, EuZW 1995, 126 f., 127.

05.10.1994[332] darauf, dass angesichts ungewisser Erfolgsaussichten des anhängigen Vorlageverfahrens vor dem EuGH in unzulässiger Weise die Hauptsache vorweggenommen werde. Hierbei sei nicht genügend berücksichtigt worden, dass dadurch die Rechte der Beschwerdeführerin endgültig vereitelt würden, die Bananenmarktorganisation aber für eine Härteregelung offen sei. In der Entscheidung des EuGH vom 05.10.1994 sei lediglich die Bananenmarktorganisation als solche geprüft worden, vielmehr zeige der Beschluss des EuGH vom 29.06.1993[333], dass die Verordnung (EWG) Nr. 404/93 inhaltlich so offen sei, dass besondere Härten in der Anwendung aufgefangen werden könnten.

Der VGH Kassel hätte weiter prüfen müssen, ob durch den drohenden Konkurs bei Anwendung eines nicht angepassten Zollkontingents das Grundrecht aus Art. 14 Abs. I GG irreparabel verletzt würde und deshalb für die Dauer des Hauptsacheverfahrens eine vorläufige Härteregelung getroffen hätte werden müsse. Das Unterlassen der Bundesregierung, einen Antrag auf Härtefallregelung zu stellen, hätte dahingehend untersucht werden müssen, ob dies dem – auch gemeinschaftsrechtlich – gewährten Grundrechtsschutz zuwiderlaufe.

Das Bundesverfassungsgericht hob den Beschluss des VGH Kassel vom 23.12.1994 auf und wies die Sache zur Entscheidung an den VGH Kassel zurück.

bb)   Literaturbemerkungen

Es wird angeführt, dass das Bundesverfassungsgericht als Problem einer solchen Gewährung einstweiligen Rechtsschutzes die Gefährdung der Rechtseinheitlichkeit des Gemeinschaftsrechtes in den Mitgliedstaaten anerkenne. Es sei den Betroffenen nicht in jedem Fall möglich, die Rechtsverletzung in einem Verfahren vor dem EuGH zu behaupten,[334] weshalb im Sinne der Rechtsweggarantie die Gewährung von einstweiligem Rechtsschutz durch die nationalen Gerichte notwendig sei.

Im Bananenmarkt-Urteil des EuGH vom 05.10.1994 habe der EuGH selbst die Möglichkeit gesehen, trotz der Vereinbarkeit der Bananenmarktver-

---

[332] Europäischer Gerichtshof, Urt. v. 05.10.1994, Rs. C-280/93 - BANANENMARKT, Slg. 1994, S. I-4973.

[333] Europäischer Gerichtshof, Urt. v. 29.06.1993, Rs. C-280/93 R - BANANENMARKT R, Slg. 1993, S. I-3667.

[334] Die direkte Klage sieben deutscher Bananenimporteuren gegen die Bananenmarkt-Verordnung wurde vom EuGH beispielsweise als unzulässig abgewiesen, siehe EuZW 1993, 486 ff.; vgl. *Hilbig*, Der Streit um den ausreichenden Grundrechtsschutz gegen die Bananenmarktordnung, WHI-Paper, abrufbar im Internet unter: http://www.whi-berlin.de/documents/whi-paper0600.pdf (Stand: April 2013), Fn. 53.

ordnung mit dem Gemeinschaftsrecht für Härtefälle eine Sonderregelung zu schaffen. Deshalb liege keine Missachtung der Rechtsprechung des EuGH und mithin von Gemeinschaftsrecht vor. Vielmehr sei das Gebot des effektiven Rechtsschutzes im Gemeinschaftsrecht anerkannt.[335]

Weiter wird angeführt, dass die Kammer es geschickt verstanden habe, einen nach der Maastricht-Entscheidung des BVerfG zu erwartenden Konflikt zu umgehen. So wurde die Entscheidung des EuGH vom 05.10.1994 zur Bananenmarktverordnung formal nicht angegriffen, jedoch mittels einer gewagten Auslegung eine Härteklausel in sie hineingelesen, wofür der Grund offenbar in einer grundrechtskonformen Interpretation liege.[336]

Hier trete der Bruch in der Rechtsprechung des Bundesverfassungsgerichts und des EuGH zutage, nämlich bei der Grundrechtsjudikatur: Das Bundesverfassungsgericht erwähne billigend, dass der VGH Kassel, da unmittelbar Gemeinschaftsrecht anzuwenden gewesen sei, eine analoge Anwendung des Art. 186 EGV (heute Art. 279 AEUV) andachte, also eine Bestimmung, die im Vorlageverfahren nach Art. 177 EGV (heute Art. 267 AEUV) nicht direkt anwendbar sei. Nur hätten die Vorraussetzungen für solch eine analoge Anwendung nach Ansicht des VGH Kassel nicht vorgelegen. In dieser Auslegung seitens des VGH Kassel zeige sich die grundsätzliche Dissonanz zwischen der Rechtsprechung des EuGH und der des Bundesverfassungsgerichts: Nach dem Grundsatz des „effet utile" habe der EuGH stets einseitig das Interesse am Vollzug des Gemeinschaftsrechts im Auge und der einstweilige Individualrechtsschutz werde so manchmal minimiert, das Bundesverfassungsgericht sehe im einstweiligen Rechtsschutz aber eine tragende Säule des effektiven Rechtsschutzes.[337]

Der VGH Kassel gewährte der T. Port GmbH & Co. KG daraufhin vorläufig die beantragten Kontingente und legte dem Gerichtshof nach Art. 234 EGV ein Vorabentscheidungsersuchen zu der Frage vor, unter welchen Voraussetzungen ein nationales Gericht befugt sei, bis zum Erlass der Härtefallregelung gem. Art. 16 Abs. 3 bzw. Art. 30 der Verordnung (EWG) Nr. 404/93 im Rahmen eines Verfahrens auf Gewährung einstweiligen Rechtsschutzes vorläufige Maßnahmen zu treffen.

[335] *Hilbig,* Der Streit um den ausreichenden Grundrechtsschutz gegen die Bananenmarktordnung, WHI-Paper, abrufbar im Internet unter: http://www.whi-berlin.de/documents/whi-paper0600.pdf (Stand: April 2013), Rn. 36.
[336] *Rupp,* JZ 1995, S. 353; *Zuleeg,* European Law Review 1997, S. 34.
[337] *Rupp,* JZ 1995, S. 354.

d)   Urteil des EuGH vom 26.11.1996[338]

Der EuGH spricht in seiner Entscheidung den nationalen Verwaltungsgerichten die Zuständigkeit ab, über streitbefangene Rechte von Marktteilnehmern in Bezug auf eine EG-Verordnung einstweilige Regelungsanordnungen im vorläufigen Rechtsschutz zu treffen, solange nicht die Kommission Härtefallregelungen erlässt.

Der EuGH verweist unter Hinweis auf seine Urteile Zuckerfabrik[339] und Atlanta[340] darauf, dass die nationalen Gerichte im Rahmen des Vollzugs eines auf eine Gemeinschaftsverordnung gestützten nationalen Verwaltungsakts einstweilige Anordnungen treffen dürften. Hinsichtlich der Voraussetzungen zur Anwendung verweist er wieder auf das Urteil Atlanta und listet die Voraussetzungen kurz auf.[341]

Sodann stellt er aber fest, dass der Sachverhalt des Ausgangsverfahrens sich von dem in den erwähnten Rechtssachen unterscheide. Hier gehe es nicht um den Erlass vorläufiger Maßnahmen im Rahmen des Vollzugs einer als rechtswidrig angefochtenen Gemeinschaftsverordnung, um vorläufigen Rechtsschutz im Hinblick auf Rechte zu gewähren, die dem einzelnen nach der Gemeinschaftsrechtsordnung zustünden, sondern darum, den Marktbeteiligten vorläufigen Rechtsschutz zu gewähren, wenn das Bestehen und der Umfang ihrer Rechte aufgrund einer Gemeinschaftsverordnung erst durch einen von der Kommission noch nicht erlassenen Rechtsakt festgestellt werden müsse.[342]

Weiter führt er dann aus: „Der Vertrag sieht keine Möglichkeit für ein nationales Gericht vor, den Gerichtshof im Wege der Vorlage zu ersuchen, durch Vorabentscheidung die Untätigkeit eines Organs festzustellen; daher sind die nationalen Gerichte nicht befugt, vorläufige Maßnahmen zu erlassen, bis das Organ tätig geworden ist. Die Kontrolle der Untätigkeit fällt in die ausschließliche Zuständigkeit der Gemeinschaftsgerichtsbarkeit. In einer Lage wie im Ausgangsverfahren können daher nur der Gerichtshof bzw. das Gericht erster Instanz den Betroffenen Rechtsschutz gewähren. Insoweit ist darauf hinzuweisen, dass nach dem Verfahren des Artikels 27 der Verordnung die Kommission die Übergangsmaßnahmen nach Stellungnahme des von einem Vertreter der

---

[338] Europäischer Gerichtshof, Urt. v. 26.11.1996, Rs. C-68/95 - PORT I, Slg. 1996, S. I-6065.
[339] Europäischer Gerichtshof, Urt. v. 21.02.1991, Verbundene Rs. C-143/88 und C-92/89 - ZUCKERFABRIK, Slg. 1991, S. I-415.
[340] Europäischer Gerichtshof, Urt. v. 09.11.1995, Rs. C-465/93 - ATLANTA, Slg. 1995, S. I-3761.
[341] Europäischer Gerichtshof, Urt. v. 26.11.1996, Rs. C-68/95 - PORT I, Slg. 1996, S. I-6065, Rn. 47ff.
[342] Europäischer Gerichtshof, Urt. v. 26.11.1996, Rs. C-68/95 - PORT I, Slg. 1996, S. I-6065, Rn. 52.

Kommission oder eines Mitgliedstaats befassten Verwaltungsausschusses erlässt.

Unter Umständen wie im Ausgangsverfahren ist es Sache des jeweiligen - nötigenfalls von dem betroffenen Marktbeteiligten befassten - Mitgliedstaates, gegebenenfalls die Durchführung des Verwaltungsausschussverfahrens zu beantragen.

Angesichts des Härtefalls, in dem sich die Klägerin des Ausgangsverfahrens nach eigener Angabe befindet, kann diese sich auch unmittelbar an die Kommission wenden und sie ersuchen, in dem in Artikel 27 der Verordnung vorgesehenen Verfahren die in ihrer Lage gebotenen besonderen Maßnahmen zu erlassen.

Sollte das Gemeinschaftsorgan untätig bleiben, könnte der Mitgliedstaat Untätigkeitsklage beim Gerichtshof erheben; ebenso könnte der Marktbeteiligte, wenn der Rechtsakt im Falle seines Erlasses an ihn gerichtet wäre oder ihn zumindest unmittelbar und individuell betreffen würde, eine solche Klage beim Gericht erheben.

Artikel 175 Absatz 3 des Vertrages [heute Art. 265 Abs. 3 AEUV] eröffnet natürlichen und juristischen Personen zwar die Möglichkeit der Untätigkeitsklage, wenn ein Organ es unterlassen hat, einen anderen Akt als eine Empfehlung oder eine Stellungnahme an sie zu richten; der Gerichtshof hat jedoch entschieden, dass die Artikel 173 und 175 des Vertrages [heute Art. 263 und 265 AEUV] ein und denselben Rechtsbehelf regeln. Daraus folgt, dass - ebenso wie Artikel 173 Absatz 4 [heute Art. 263 Abs. 4 EAUV] es dem einzelnen erlaubt, Nichtigkeitsklage gegen einen Rechtsakt zu erheben, der zwar nicht an ihn gerichtet ist, ihn aber unmittelbar und individuell betrifft - auch Artikel 175 Absatz 3 [heute Art. 265 Abs. 3 AEUV] dahin auszulegen ist, dass der Einzelne Untätigkeitsklage gegen ein Organ erheben kann, das es unterlassen hat, einen Rechtsakt zu erlassen, der ihn in gleicher Weise betroffen hätte. Denn die Möglichkeit für den Einzelnen, seine Rechte geltend zu machen, darf nicht davon abhängen, ob das betreffende Gemeinschaftsorgan tätig geworden oder untätig geblieben ist.

Im Rahmen dieser Untätigkeitsklagen könnte das Gemeinschaftsgericht auf Antrag der Kläger einstweilige Anordnungen nach Artikel 186 des Vertrages [heute Art. 279 AEUV] treffen. Diese Bestimmung ist allgemein formuliert und sieht keine Ausnahme für bestimmte Verfahren vor. Zudem kann der Gerichtshof nach ständiger Rechtsprechung seit dem Beschluss vom 21. Mai 1977 in den Rechtssachen 31/77 R und 53/77 R (Kommission/Vereinigtes Königreich, Slg. 1977, 921) im Rahmen von Feststellungsklagen einstweilige Anordnungen erlassen.

Im übrigen könnte der Mitgliedstaat oder die Klägerin beim Gerichtshof oder beim Gericht Nichtigkeitsklage erheben, falls die Kommission es ausdrücklich ablehnen oder einen anderen Rechtsakt erlassen sollte als den von den Betroffenen begehrten oder für erforderlich gehaltenen."[343]

2. Literaturbemerkungen

Zu dem Urteil wird angemerkt, dass der EuGH Andeutungen und Hinweise, die er schon 1993 gegeben habe[344], präzisiert und Art. 30 Verordnung (EWG) Nr. 404/93 zusammen mit Art. 232 EGV (heute 265 AEUV) und der Möglichkeit einstweiligen Rechtsschutzes nach Art. 243 EGV (heute Art. 279 AEUV) so ausgelegt habe, dass der gesuchte Königspfad effektiven Grundrechtsschutzes für die Betroffenen geebnet ist.[345]

Wenn der EuGH bei Untätigkeit oder Ablehnung einer Maßnahme seitens der Kommission den Rechtsweg nach Art. 232 bzw. 230 EGV (heute Art. 265 bzw. 263 AEUV) zusammen mit der Möglichkeit der Beantragung einstweiliger Anordnungen aufzeige und dabei ausdrücklich auf seine Rechtsprechung verweise, nach der einstweilige Anordnungen auch im Rahmen von Feststellungsklagen erlassen werden können, dann sei die Zielrichtung eindeutig: Er selbst lege die einschlägigen Bestimmungen so aus, dass nicht nur durch die Härte- bzw. Ausnahmeklausel des Art. 30 Verordnung (EWG) Nr. 404/93 dem Grundrechtsschutz Rechnung getragen werde, sondern auch die Möglichkeit von einstweiligem Rechtsschutz gegeben sei, die diesen Grundrechtsschutz im Einzelfall effektiviert.[346]

Die Aussage des EuGH im speziellen, der EuGH müsse handeln, um die Grundrechte zu schützen, wenn vorläufiger Rechtsschutz im Raume stehe, beziehe sich auf keine der gestellten Fragen des nationalen Gerichts. Dies sei ganz klar der Versuch, den Bedenken des Bundesverfassungsgerichts entgegenzutreten– den wahren Gesprächspartner des EuGH in diesem Fall. Der Grund für den EuGH, die Informationen über die Möglichkeit von einstweiligen Anordnungen so detailliert zu schildern, sei wahrscheinlich nicht nur, um die Kläger mit zusätzlichen Informationen zu versorgen, sondern um dem

---

[343] Europäischer Gerichtshof, Urt. v. 26.11.1996, Rs. C-68/95 - PORT I, Slg. 1996, S. I-6065, Rn. 53-61.
[344] Europäischer Gerichtshof, Urt. v. 29.06.1993, Rs. C-280/93 R - BANANENMARKT R, Slg. 1993, S. I-3667, Rn. 41ff.
[345] *Pernice*, EuZW 1997, S. 545.
[346] *Pernice*, EuZW 1997, S. 545.

Bundesverfassungsgericht zu antworten, das zuvor schon die Rechtssache an die vorherige Instanz zur erneuten Entscheidung zurückverwiesen hatte.[347]

Der EuGH habe sich einige Mühe gemacht zu erläutern, dass es ihm unbenommen sei, im Hinblick auf die Dringlichkeit der Sache im Rahmen einer einstweiligen Anordnung nach Art. 243 EGV (heute Art. 279 AEUV) die Kommission zur Vornahme konkreter Maßnahmen zu verpflichten – auch über die Fragestellung des VHG Kassel hinaus. Das Motiv sei leicht erklärbar: Im Kooperationsverhältnis mit dem Bundesverfassungsgericht liege es nahe, sowohl den Marktteilnehmern und Klägern als auch dem Bundesverfassungsgericht angesichts des in Karlsruhe anhängigen Normenkontrollantrags [zur Bananenmarkt Verordnung] deutlich zu machen, dass und wie die von der Verordnung (EWG) Nr. 404/93 betroffenen Unternehmen gegebenenfalls effektiven Grundrechtsschutz erlangen können, ohne dass die Gültigkeit oder Anwendbarkeit der Verordnung selbst in Frage gestellt werde.[348]

So wird auch formuliert, dass der EuGH mit dem Urteil vom 26.11.1996 jedenfalls den deutschen Grundrechtsberechtigten und deutschen Gerichten ein gutes Stück entgegen komme.[349]

Huber betont, dass der EuGH im Fall Port durch eine fast lehrbuchhafte Schilderung des einstweiligen Rechtsschutzes auf Unionsebene im Raume stehende Zweifel an der Gewährleistung des vom Grundgesetz gebotenen Rechtsschutzminimums zu begegnen suche. So versuche der EuGH, seiner Kooperationsverantwortung jedenfalls der Sache nach gerecht zu werden.[350]

Weiter entschärfe die Entscheidung den Bananenstreit. Es sei zwar bedauerlich, dass der Ermessensspielraum der Kommission nicht genauer abgegrenzt werde. Immerhin sei herausgestellt, dass bei drohenden Beeinträchtigungen von Grundrechten Anlass zum Eingreifen bestehe.[351]

Es wird andererseits angeführt, mit dem Urteil werde ein nachhaltiges Konfliktpotential für eine Konfrontation mit dem Bundesverfassungsgericht geschaffen. Solange nämlich das Prozessrecht für den Rechtsschutz suchenden Marktteilnehmer nur die auf Feststellung beschränkte Untätigkeitsklage nach Art. 232 Abs. 3 EGV (heute 265 Abs. 3 AEUV) und im einstweiligen, zur Hauptsache streng akzessorischen Rechtsschutz nach Art. 243 EGV (heute Art. 279 AEUV) keine Regelungsanordnung mit vorläufiger Verpflichtungswir-

---

[347] *Peers*, European Law Review 1998, S. 154.
[348] *Pernice*, EuZW 1997, S. 545.
[349] *Hilbig*, Der Streit um den ausreichenden Grundrechtsschutz gegen die Bananenmarktordnung, WHI-Paper, abrufbar im Internet unter: http://www.whi-berlin.de/documents/whi-paper0600.pdf (Stand: April 2013), Rn. 48.
[350] *Huber*, Veröffentlichungen der Vereinigung der deutschen Staatsrechtslehrer Band 60, S. 232.
[351] *Zuleeg*, NJW 1997, S. 1206.

kung bereithalte - denn der vorläufige Rechtsschutz nach Art. 243 EGV (heute Art. 279 AEUV) dürfe über den Feststellungsgegenstand der Hauptsache nach Art. 232 EGV (heute Art. 265 AEUV) weder regelnd noch verpflichtend hinausgehen - verkürze dieses Unzuständigkeitsdiktum des EuGH den effektiven Rechtsschutz zumindest auf dem Gewährleistungsniveau, von dem das Bundesverfassungsgericht nach Art. 19 Abs. 4 GG ausgehe.[352]

Hätte es nicht gereicht, zur Sicherung der einheitlichen Anwendung und praktischen Wirksamkeit der Gemeinschaftsrechte entsprechend der Zuckerfabrik- und Atlanta-Rechtsprechung die einstweilige Anordnung durch mitgliedstaatliche Gerichte bestimmten gemeinschaftsrechtlichen Kautelen zu unterwerfen?[353]

Weiter wird nur gemutmaßt, der EuGH nehme sich des Problems des gemeinschaftsgerichtlichen einstweiligen Rechtsschutzes vielleicht im Wege seiner in anderen Bereichen recht großzügig praktizierten richterlichen Rechtsfortbildung an, um eine weitere Konfrontation mit dem Bundesverfassungsgericht zu vermeiden.[354] Dazu müsste er Art. 243 EGV (heute Art. 279 AEUV) von seiner Akzessorietät zur – auf Feststellung beschränkten – Hauptsacheklage nach Art. 232 EGV (heute Art. 265 AEUV) entkoppeln und vorläufige Regelungsmaßnahmen solange anordnen, bis das zuständige Gemeinschaftsorgan die zum Schutz der Gemeinschaftsgrundrechte erforderlichen Regelungen erlässt. Eine solche Rechtsfortbildung stieße freilich an die Grenzen des Wortlauts des Art. 243 EGV (heute Art. 279 AEUV).[355]

Ferner überrasche die Entscheidung, da sie mit der Entscheidung Atlanta nicht zu vereinbaren sei. Der Sachverhalt in dieser Rechtssache unterscheide sich zwar von dem der Rechtssache Atlanta. Die Entscheidung enthalte aber so viele Brüche und Ungereimtheiten, dass man nur hoffen könne, dass es sich um einen Ausrutscher handle.[356]

3. Eigene Beurteilung

Das Urteil zur Bananenmarktverordnung des EuGH vom 26.11.1996 hat gezeigt, dass das Kooperationsverhältnis zwischen dem EuGH und den nationalen Verfassungsgerichten nicht nur eine leere Wunschformel ist, sondern auch in der Rechtssprechung des EuGH seinen Widerklang findet.

---

[352] *Koenig/Zeiss*, JZ 1997, S. 463.
[353] *Koenig*, EuZW 1997, S. 207.
[354] *Koenig/Zeiss*, JZ 1997, S. 463.
[355] *Koenig*, EuZW 1997, S. 208.
[356] *Ohler/Weiß*, NJW 1997, S. 2221ff.

Das Bundesverfassungsgericht hat in seinem Beschluss vom 15.01.1995 deutlich gemacht, dass der pauschale Verweis des VGH Kassel auf ungewisse Erfolgsaussichten in der Hauptsache - nach Hinweis auf die die Bananenmarktverordnung bestätigende Entscheidung vom 05.10.1994 – und damit einer möglichen Vorwegnahme der Hauptsache nicht in gebührender Weise mit dem Grundrechtsschutz und insbesondere mit Grundrecht auf effektiven Rechtsschutz zu vereinbaren ist.

Es nimmt damit einen möglichen Konflikt mit dem EuGH in Kauf, da dem Bundesverfassungsgericht insoweit bewusst gewesen sein muss, dass die Bananenmarktverordnung einer Nichtigkeitsklage bereits standgehalten hatte und dass ein einstweiliger Rechtsschutz wegen nicht getätigter Entscheidungen der Kommission hinsichtlich einer vorläufigen Zuteilung von Einfuhrkontingenten an die Klägerin weder nach der Bananenmarkt-Verordnung, noch nach sonstigem gemeinschaftsrechtlichem Prozessrecht vorgesehen oder möglich ist.

Dass sich der EuGH in der durch den VGH Kassel angestrengten Vorabentscheidung mit der Meinung des Bundesverfassungsgerichts, dass die Bananenmarkt Verordnung für eine Härtefallregelung grundsätzlich offen sei, auseinander zu setzen habe, muss dem deutschen Verfassungshütern ebenfalls klar gewesen sein.

Als Antwort auf das Vorabentscheidungsersuchen ist der EuGH in konsequenter Fortführung seiner Rechtsprechung[357], insbesondere zum einstweiligen Rechtsschutz in den Rechtssachen Zuckerfabrik[358] und Atlanta[359], seiner bisherigen Linie trotz der oben geschilderten „Vorgaben" seitens des Bundesverfassungsgerichts treu geblieben.

Die geäußerte Kritik, die Entscheidung sei mit der Entscheidung Atlanta nicht zu vereinbaren, da die Befugnis nationaler Gerichte zu einstweiligen Maßnahmen nicht bejaht werde[360], geht ins Leere. Denn der Unterschied liegt wie vom EuGH vorgetragen[361] darin, dass es nicht um den Erlass vorläufiger Maßnahmen im Rahmen des Vollzugs einer als rechtswidrig angefochtenen

---

[357] Vgl. *Hilbig,* Der Streit um den ausreichenden Grundrechtsschutz gegen die Bananenmarktordnung, WHI-Paper, abrufbar im Internet unter: http://www.whi-berlin.de/documents/whi-paper0600.pdf (Stand: April 2013), Rn. 47.

[358] Europäischer Gerichtshof, Urt. v. 21.02.1991, Verbundene Rs. C-143/88 und C-92/89 - ZUCKERFABRIK, Slg. 1991, S. I-415.

[359] Europäischer Gerichtshof, Urt. v. 09.11.1995, Rs. C-465/93 - ATLANTA, Slg. 1995, S. I-3761.

[360] *Ohler/Weiß,* NJW 1997, S. 2221.

[361] Europäischer Gerichtshof, Urt. v. 26.11.1996, Rs. C-68/95 - PORT I, Slg. 1996, S. I-6065, Rn. 52.

Gemeinschaftsverordnung, um vorläufigen Rechtsschutz im Hinblick auf die Gewährung von Rechten, die dem Einzelnen nach der Gemeinschaftsrechtsordnung zustehen, geht, sondern darum, den Marktbeteiligten vorläufigen Rechtsschutz zu gewähren, wenn das Bestehen und der Umfang ihrer Rechte aufgrund einer Gemeinschaftsverordnung erst durch einen von der Kommission noch nicht erlassenen Rechtsakt festgestellt werden muss.

Die nationalen Gerichte sind hier also gar nicht der richtige Adressat des Rechtsschutzbegehrens, da gemäß der Verordnung nur die Kommission Härtefallregelungen erlassen kann. Dass die Entscheidung der Kommission dann im zweiten Schritt nur der Gerichtsbarkeit des EuGH unterworfen ist, ist unzweifelhaft.

Die Forderung, die Effektivität des Rechtsschutzes durch die Aufstellung bestimmter gemeinschaftsrechtlicher Kautelen zur Ermöglichung von einstweiligem Rechtsschutz durch die nationalen Gerichte zu gewährleisten[362], verkennt dies in gleicher Weise. Denn ein Eingriff in die exekutiven Pflichten eines Gemeinschaftsorgans kann im Wege einer einstweiligen Anordnung hinsichtlich der Verpflichtung zur Vornahme bestimmter Handlungen nur der EuGH vornehmen.

Auch der Einwurf, das Gemeinschaftsrecht halte eine Verpflichtungsanordnung im einstweiligen Rechtsschutz bei einer Feststellungsklage in der Hauptsache wegen des Dogmas der Akzessorietät nicht bereit, erweist sich als verfehlt.

Der EuGH kann gerade in Hinblick auf die Dringlichkeit der Sache im Rahmen einer einstweiligen Anordnung nach Art. 243 EGV (heute Art. 279 AEUV) die Kommission zur Vornahme bestimmter Handlungen verpflichten. Denn da Art. 233 EGV (heute Art. 266 AEUV) das untätige Organ verpflichtet, die sich „aus dem Urteil des Gerichtshofs ergebenden Maßnahmen zu ergreifen", gleichzeitig der EuGH nach Art. 232 EGV (heute Art. 265 AEUV) das Unterlassen von Maßnahmen, „deren Tragweite sich hinreichend bestimmen lässt, so dass sie konkretisiert werden und Gegenstand des Vollzugs im Sinne das Art. 233 EGV (heute Art. 266 AEUV) sein können", als vertragswidrig verurteilen kann, ist hier ein derartiger Rechtsschutz möglich.[363]

Der EuGH hat erheblichen Aufwand darauf verwandt, die Sorgen des Bundesverfassungsgerichts um den effektiven Rechtsschutz zu besänftigen. Anstatt mit einem kurzen „Gar nicht!" auf die dritte Frage hinsichtlich der Voraussetzungen zur Befugnis eines nationalen Gerichts, bis zum Erlass von Härtefallregelungen vorläufige Maßnahmen im Rahmen eines Verfahrens auf

---

[362] *Koenig/Zeiss*, JZ 1997, S. 462.
[363] Vgl. *Pernice*, EuZW 1997, S. 545.

Gewährung einstweiligen Rechtsschutzes zu treffen, hat der VGH Kassel eine ausführliche Untersuchung darüber erhalten, wie die Gemeinschaftsgerichte einstweiligen Rechtsschutz im Falle der Untätigkeit eines Gemeinschaftsorgans gewähren können.

Die Absicht dahinter liegt auf der Hand: Nach dem kritischen Einwurf des Bundesverfassungsgerichts hinsichtlich einer möglichen grundrechtswidrigen Verkürzung des effektiven Rechtsschutzes und vor der Entscheidung desselben deutschen Höchstgerichtes zum Normenkontrollantrag des VG Frankfurt a.M.[364] über die Vereinbarkeit von Teilen der Bananenmarktverordnung mit dem Grundgesetz, sollte dem Bundesverfassungsgericht klar gemacht werden, wie effektiver Grundrechtsschutz für die von der Bananenmarktverordnung betroffenen Unternehmen zu erlangen ist, ohne dass die Gültigkeit oder Anwendbarkeit der Verordnung selbst in Frage gestellt wird.[365]

Die Deutlichkeit und die Ausführlichkeit sind für eine EuGH-Entscheidung so ungewöhnlich, dass in Verbindung mit den eben erwähnten bereits entschiedenen oder anhängigen Rechtssachen zur Bananenmarktverordnung beim Bundesverfassungsgericht nicht von einer zufälligen Bemerkung des EuGH gesprochen werden kann.

Wie häufig auch von nationalen Höchstgerichten praktiziert[366], legt der EuGH seine Ausführungen gleich einem „obiter dictum" dar, also nicht weil die konkrete Rechtsfrage dies in dieser Form erfordert hätte. Offenbar wollte der EuGH an die nationalen Gerichte damit Signale aussenden.[367]

Es handelt sich demnach um ein „Kooperationsangebot"[368] des EuGH, der damit einmal mehr gezeigt hat, dass er gewillt ist, konstruktiven und berechtigten Einwürfen seitens der nationalen Gerichtsbarkeit Beachtung zu schenken.

---

[364] VG Frankfurt am Main, Beschl. v. 24.10.1996 – 1 E 798/95 (V) u. 1 E 2949/93 (V), in: EuZW 1997, 182 ff.

[365] *Pernice*, EuZW 1997, S. 545.

[366] So *Mayer*, in: von Bogdandy/Bast (Hrsg.), Europäisches Verfassungsrecht, S. 584, Fn. 174 m.w.N.

[367] Von Signalen der nationalen Gerichte an den EuGH spricht Mayer in *Mayer, in: von Bogdandy/Bast (Hrsg.), Europäisches Verfassungsrecht*, S. 584, Fn. 174.

[368] *Pernice*, EuZW 1997, S. 545.

VI. Rechtssache Kreil

Die Rechtssache Tanja Kreil[369] sorgte in zweifacher Hinsicht für besonderes Aufsehen: Zum einen gab sie Anlass, einmal mehr über den Kompetenzrahmen der Europäischen Union zu befinden. Im Rahmen dieser Arbeit aber viel interessanter ist das Spannungsfeld zwischen Gemeinschaftsrecht und der deutschen Verfassung, welches diese Rechtssache aufwirft.

1. Sachverhalt

Frau Tanja Kreil bewarb sich 1996 für den freiwilligen Dienst in der Bundeswehr mit dem Verwendungswunsch „Instandsetzung". Ihre Bewerbung wurde mit der Begründung abgelehnt, dass nach dem Gesetz Frauen keinen Dienst mit der Waffe leisten dürften. Verwiesen wurde dabei auf Art. 12 a Abs. 4 Satz 2 GG a.F. i.V.m. § 1 Abs. 2 Satz 3 SG, §§ 3a, 5 Abs. 3, 30 Abs. 1 Satz 2 SLV.

Hiergegen reichte Frau Kreil Klage vor dem VG Hannover ein und trug vor, die Ablehnung ihrer Bewerbung allein aus geschlechtsspezifischen Gründen sei gemeinschaftsrechtswidrig. Das VG Hannover war der Ansicht, dass zur Entscheidung des Rechtsstreits eine Auslegung der Gleichbehandlungsrichtlinie 76/207/EWG[370] erforderlich sei. Deshalb legte es dem EuGH im Wege eines Vorabentscheidungsverfahrens die Frage vor, ob der generelle Ausschluss der Frauen vom Dienst mit der Waffe gegen diese Richtlinie verstoße.

2. Schlussanträge des Generalanwalts La Pergola[371]

Der Generalanwalt setzt sich intensiv mit der Frage auseinander, ob der generelle Ausschluss von Frauen im Dienst der Bundeswehr mit Artikel 2 Abs. 2 und 3 der Gleichbehandlungsrichtlinie 76/207/EWG vereinbar ist. Dabei

---

[369] Europäischer Gerichtshof, Urt. v. 11.01.2000, Rs. C-285/98 - KREIL, Slg. 2000, S. I-69.

[370] Richtlinie des Rates zur Verwirklichung des Grundsatzes der Gleichbehandlung von Männern und Frauen hinsichtlich des Zugangs zur Beschäftigung, zur Berufsbildung und zum beruflichen Aufstieg sowie im Bezug auf die Arbeitsbedingungen.

[371] Europäischer Gerichtshof, Urt. v. 26.10.1999, Rs. C-285/98, Schlussanträge vom 26.10.1999 - KREIL, Slg. 2000, S. I-69.

geht er auf die moralisch- historische Intention des deutschen Gesetzgebers ein. Er prüft, ob eine Rechtfertigung für diese geschlechtsspezifische Ungleichbehandlung in dergestalt allgemeiner Weise vorliegt. Letztlich kommt er zu dem Ergebnis, dass die Richtlinie der streitgegenständlichen Ungleichbehandlung entgegensteht, da eine sachliche Rechtfertigung fehle.[372]

Von besonderem Interesse ist aber eine Anmerkung des Generalanwalts in einer Fußnote. Im Rahmen der einleitenden Aufzählung der Bestimmungen des nationalen Rechts erläutert der Generalanwalt in Rn. 5 die Meinungen der deutschen Regierung und der Kommission, welche anführten, dass im Verhältnis zum allgemeinen Grundsatz der Gleichbehandlung von Männern und Frauen, den sowohl die Verfassung als auch das Wehrrecht gewährleisteten, der Artikel 12a GG eine Sonderregel enthalte. Zur Verfassung bemerkt er in Fußnote 6: „…Eine restriktive Auslegung sei auch deshalb gerechtfertigt, weil Art. 12a GG anders als die durch ihn beschränkten Rechte (Artikel 3 Absätze 2 und 3, 12 Absatz 1 und 33 Absatz 2 GG) seinerseits keine Grundrechte gewährleiste. Scholz weist schließlich darauf hin, dass Artikel 12a GG nicht zu jenen Verfassungsbestimmungen gehöre, die unter die Unabänderlichkeitsgarantie des Artikels 79 Absatz 3 GG fielen. …"[373]

3.   Urteil

a) Der EuGH widerspricht zunächst der Auffassung der Bundesregierung, wonach das Gemeinschaftsrecht grundsätzlich nicht für Fragen mit Bezug zur Verteidigung gelte und damit die Anwendbarkeit der streitgegenständlichen Richtlinie auf die nationalen Streitkräfte erchtswidrig sei. Die Gleichbehandlungsrichtlinie hier anwendbar. Ausnahmen aus Gründen der öffentlichen Sicherheit, der inneren als auch der äußeren, sehe der Vertag der Europäischen Gemeinschaften nur in bestimmten Artikeln vor, welche ganz bestimmte außergewöhnliche Fälle beträfen. Aus ihnen lasse sich kein allgemeiner, dem Vertrag immanenter Vorbehalt ableiten, dass jede Maßnahme, die im Interesse der öffentlichen Sicherheit getroffen werde, vom Anwendungsbereich des

---

[372] Europäischer Gerichtshof, Urt. v. 26.10.1999, Rs. C-285/98, Schlussanträge vom 26.10.1999 - KREIL, Slg. 2000, S. I-69, Rn. 19, 23, 29.
[373] Europäischer Gerichtshof, Urt. v. 26.10.1999, Rs. C-285/98, Schlussanträge vom 26.10.1999 - KREIL, Slg. 2000, S. I-69, Fn. 6.

Gemeinschaftsrechts ausgenommen sei. Anderenfalls könnte das die Verbindlichkeit und die Einheitlichkeit des Gemeinschaftsrechts beeinträchtigen.[374] Überdies beträfen die Ausnahmen des Vertrages nicht die Sozialvorschriften, weiter habe der Grundsatz der Gleichbehandlung von Frauen und Männern allgemeine Geltung und somit sei die Richtlinie auf öffentlich-rechtliche Dienstverhältnisse anwendbar.[375]

b) Hinsichtlich des Ausschlusses von Frauen von nahezu allen Verwendungen in der Bundeswehr stellt der EuGH fest, dass dies nicht als eine Ausnahmemaßnahme im Sinne von Artikel 2 Absatz 2 der Richtlinie angesehen werden könne, die durch die spezifische Art der betreffenden Beschäftigungen oder die besonderen Bedingungen ihrer Ausübung gerechtfertigt wäre. Die Ausnahmen im Sinne von Artikel 2 Absatz 2 könnten aber nur spezifische Tätigkeiten betreffen.[376]

Auf Art. 12 a Abs. 4 GG a.F. als deutsche Verfassungsnorm geht der EuGH dabei nicht ein.[377]

4.   Literaturbemerkungen

a)   Kompetenzüberschreitung

Zunächst wird scharf kritisiert, dass der Zuständigkeitsvorbehalt des nationalen Rechts zugunsten einer verfassungswidrigen Kompetenz-Kompetenz vom EuGH verletzt werde, indem in den den Mitgliedstaaten vorbehaltenen Bereich der Militärpolitik eingegriffen werde.[378]

Über die Anwendung und Durchsetzung der streitgegenständlichen Richtlinie könne kein Gleichbehandlungsstandard durchgesetzt werden, der der deutschen Verfassungsrechtslage und ihrer gleichheitsrechtlich spezifischen Struktur widerspreche. Die Tatsache, dass Artikel 12a Abs. 4 S. 2 GG a.F. nicht unter die Ewigkeitsgarantie des Art. 79 Abs. 3 GG falle, ändere hieran

---

[374] Europäischer Gerichtshof, Urt. v. 11.01.2000, Rs. C-285/98 - KREIL, Slg. 2000, S. I-69, Rn. 15ff.

[375] Europäischer Gerichtshof, Urt. v. 11.01.2000, Rs. C-285/98 - KREIL, Slg. 2000, S. I-69, Rn. 18; mit Verweis auf die Rechtssachen Europäischer Gerichtshof, Urt. v. 21.05.1985, Rs. 248/83 - KOMMISSION/DEUTSCHLAND, Slg. 1985, S. 1459, Rn. 16; Europäischer Gerichtshof, Urt. v. 02.10.1997, Rs. C-1/95 - GERSTER, Slg. 1997, S. I-5253, Rn. 18.

[376] Europäischer Gerichtshof, Urt. v. 11.01.2000, Rs. C-285/98 - KREIL, Slg. 2000, S. I-69, Rn. 27.

[377] Vgl. *Scholz*, DÖV 2000, S. 418.

[378] *Scholz*, DÖV 2000, S.417f; Scholz, Das Gericht hat seine Grenzen überschritten, Interview in: Der Tagesspiegel Nr. 16931 v. 12.01.2000, S. 4; *Köster/Schröder*, NJW 2001, S.273f.

nichts. Denn dem EuGH sei eben keine Zuständigkeit eröffnet, Art. 12a Abs. 4 S. 2 GG a.f. aufzuheben oder zu ändern. Die auf Art. 79 Abs. 3 GG abzielende Bemerkung des Generalanwalts sei daher überflüssig.[379]

b)   Kritik am Anwendungsvorrang

Kontroversen löst auch die Tatsache aus, dass die Richtlinie hier Vorrang vor nationalem Verfassungsrecht beansprucht.

Arndt behauptet, dass deutsches Verfassungsrecht immer dem Recht der Europäischen Union vorgehe.[380] Denn die Ratifikationsgesetze zu den europäischen Verträgen seien nur als einfache Bundesgesetze verabschiedet worden. Somit könnten auch nur solche Befugnisse auf die Behörden der Europäischen Union übertragen werden, die durch einfaches Bundesgesetz geregelt werden können – nicht aber Verfassungsänderungen.

Die Kreil-Entscheidung begründe einen eklatanten Konflikt zwischen europäischem Gemeinschaftsrecht und nationalem Verfassungsrecht. Denn der EuGH sei für die Anwendung und Durchsetzung der hiesigen Richtlinie nur insoweit zuständig, als hierbei nicht gegen nationales Verfassungsrecht bzw. namentlich gegen dessen Grundrechtsstandard verstoßen werde.[381]

c)   Zustimmung hinsichtlich möglicher verfassungsändernder Wirkung und Wirkung des Vorrangs des Gemeinschaftsrechts

Andererseits wird angeführt, dass das Grundgesetz im Rahmen von Art. 23 GG akzeptiere, dass das EG-Recht materiell die deutsche Verfassung ändern könne. Zwar sei durch die Einwirkung der Gleichbehandlungsrichtlinie 76/207/EWG auf die nationalen Streitkräfte ein neuralgischer Punkt nationaler Souveränität betroffen, sie überschreite aber nicht die vom Bundesverfassungsgericht angesprochene „Grenze des Integrationsprozesses"[382]. Die Grenzen des Art. 23 GG seien eingehalten, denn weder die Wehrpflicht noch die Bundeswehr als solche seien gem. Art. 79 Abs. 3 GG über die so genannte Ewigkeitsgarantie gesichert.[383] Die Ansicht, dass die Richtlinie niemals Vorrang vor deutschem Verfassungsrecht beanspruchen könne, berücksichtige nicht in ausreichendem Maße die Integrationsoffenheit des Grundgesetzes. Art. 23 und 24 GG ermöglichten die Übertragung von Hoheitsbefugnissen auf

---

[379] *Scholz*, DÖV 2000, S. 420.
[380] *Arndt*, NJW 2000, S.1461.
[381] *Scholz*, DÖV 2000, S. 420.
[382] Bundesverfassungsgericht, Urt. v. 12.10.1993, BVerfGE 89, 155, (172ff).
[383] *Heselhaus/Schmidt-De Caluwe*, NJW 2001, S. 268; *Köster/Schröder*, NJW 2001, S. 274.

internationale und supranationale Organisationen. Dies bedeute zwangsläufig, dass Einwirkungen auf das deutsche Verfassungsrecht in Kauf genommen werden müssten. Selbstredend könne aber lediglich mit dem Hinweis auf die Integrationsoffenheit und auf das Funktionieren der Gemeinschaft nicht verlangt werden, den Schutz aller Verfassungswerte gänzlich aufzugeben.[384] Das Maastricht-Urteil habe insoweit klargestellt, dass Art. 23 Abs. 1 GG den Bundesgesetzgeber ermächtige, der Europäischen Union die eigenständige Wahrnehmung von Hoheitsbefugnissen bis zur Grenze des Art. 79 Abs. 3 GG einzuräumen. Mit anderen Worten seinen außerhalb des Kernbereiches des Art. 79 Abs. 3 GG inhaltlich verfassungsändernde europäische Rechtsnormen hinzunehmen, da sie durch ein Bundesgesetz nach Art. 23 GG gedeckt seien.[385]

Letztlich habe der EuGH in einer für ihn rechtspolitisch besonders günstigen Fallkonstellation einen Präzedenzfall für den Vorrang gemeinschaftlichen Sekundärrechts vor nationalem Verfassungsrecht geschaffen.[386] Für Peters handelt es sich zwar „schon eher" um einen zweiseitigen Verfassungskonflikt zwischen dem europäischen Grundrecht auf Geschlechtergleichstellung und dem grundgesetzlichen Verbot des Waffendienstes von Frauen in der Bundeswehr, jedoch liege ein qualifizierter Verfassungskonflikt nicht vor, da der dem Vorrang entzogene Kernbereich des Grundgesetzes (Art. 23 Abs. 1 S. 3 i.V.m. Art. 79 Abs. 3 GG) nicht tangiert sei.[387]

d)   Zur Bemerkung des Generalanwalts zu Art. 79 Abs. 3 GG

Huber sieht in der Versicherung des Generalanwalts, wonach die Anwendung der Richtlinie auf Art. 12a Abs. 4 GG a.F. nicht zu einem Konflikt mit Art. 23 Abs. 1 S. 3, Art. 79 Abs. 3 GG führen würde, die Kooperationsbereitschaft des EuGH und dessen Empfänglichkeit für sachlich und dogmatisch fundierte Kritik nationaler Gerichte bzw. mitgliedschaftlicher Rechtsordnungen bestätigt.[388]

Die Rechtssache Kreil lasse sich nur vollständig erfassen, wenn man berücksichtige, dass der Generalanwalt in seinem Schlussantrag einen Einbruch in die durch Art. 79 Abs. 3 GG geschützte Identität des Grundgesetzes verneint und erst so den Weg für den EuGH und dessen Entscheidung frei mache.[389] Dies sei ein gutes Beispiel dafür, dass sich die Rücksichtnahme auf das Recht der Mitgliedstaaten im Rahmen des Kooperationsverhältnisses zwischen dem

---

[384] Vgl. *Köster/Schröder*, NJW 2001, S. 274.
[385] *Sieberichs*, NJW 2000, S. 2565, vgl. dazu *Streinz*, Europarecht, Rn. 240 m.w.N.
[386] So *Heselhaus/Schmidt-De Caluwe*, NJW 2000, S. 268.
[387] *Peters*, Elemente einer Theorie der Verfassung Europas, S. 285.
[388] *Huber*, in: Streinz, EUV/AEUV, Art. 19 EUV, Rn. 65 m.w.N.
[389] *Huber*, Veröffentlichungen der Vereinigung der deutschen Staatsrechtslehrer Band 60, S. 232.

EuGH und den nationalen Gerichten in machen Entscheidungen mitunter nur vor dem Hintergrund der Schlussanträge erschließe.[390]

5. Eigene Beurteilung

Das Urteil in der Rechtssache Kreil ist ein Beleg für die extensive Auslegung des EuGH in Kompetenzfragen der Europäischen Gemeinschaften. Die kritischen Stimmen hierzu, insbesondere da es sich hier um den besonders sensiblen Bereich der Verteidigung handelt, sind durchaus verständlich. Auch wenn hinter der Gemeinschaftskompetenz hinsichtlich der Geltung der Gleichbehandlungsrichtlinie 76/207/EWG auf Beschäftigungsverhältnisse bei den Streitkräften große Fragezeichen stehen mögen, so verwundern doch die Zweifel an der uneingeschränkten Bindungswirkung des Urteils und damit am generellen Vorrang des Gemeinschaftsrechts.

Die gefestigte Rechtsprechung des EuGH zum Vorrang (siehe B.) und die Akzeptanz derselben durch die Literatur und nicht zuletzt durch das Bundesverfassungsgericht (unter den bekannten Rahmenbedingungen) lassen für die geäußerten Zweifel keinen Raum. Die Verfassung der Bundesrepublik Deutschland ermöglicht gem. Art. 23 GG Einwirkungen auf das deutsche Verfassungsrecht durch das Gemeinschaftsrecht, begrenzt durch Art. 23 Abs. 1 i.V.m. 79 Abs. 3 GG[391]. Einer der Kritiker, Rupert Scholz, stellt selbst fest, dass Art. 12 a GG a.F. nicht unter die Unabänderlichkeitsgarantie des Art. 79 Abs. 3 GG falle.[392] Die Ausführungen, dass es sich aufgrund der Kompetenzerweiterung um eine Veränderung der vertraglichen Grundlagen der Europäischen Union handele, zur deren Billigung wegen ansonsten bestehenden Verstoßes gegen die deutsche Verfassung gem. Art. 38, 23 Abs. 1 GG eine verfassungsändernde Mehrheit nach Art. 79 Abs. 2 GG erforderlich gewesen wäre, gehen damit ins Leere. Kritik hinsichtlich einer Überschreitung der vom Zustimmungsgesetz übertragenen Kompetenzen wäre dabei grundsätzlich bei entsprechender Argumentation gerechtfertigt.

Besonders bemerkenswert an der Rechtssache Kreil ist im Rahmen dieser Arbeit aber die Frage, ob der Generalanwalt nicht selbst das Bestehen einer Grenze des Anwendungsvorrangs aus Sicht des EuGH bestätigt, welche in der Identität der jeweiligen nationalen Verfassung liegen könnte.

So hält er es für nötig, in Fußnote 6 zu seinem Schlussantrag anzuführen, dass nach dem deutschen Staatsrechtler Scholz Artikel 12a GG a.F. nicht zu

---

[390] *Huber*, in: Streinz, EUV/AEUV, Art. 252 AEUV, Rn. 9 m.w.N.
[391] *Rengeling/Szczekalla*, Grundrechte in der Europäischen Union, Rn. 312, m.w.N.; noch zu Art. 24 GG, allerdings sinngemäß auch hinsichtlich Art. 23 GG: *Huber*, AöR 1991, S. 226.
[392] *Scholz*, in: Maunz/Dürig, Grundgesetz, Art. 12 GG, Rn. 208.

jenen Verfassungsbestimmungen gehöre, die unter die Unabänderlichkeitsgarantie des Artikel 79 Abs. 3 GG fielen.

Mit dem Hinweis des Generalanwalts, dass Art. 79 Abs. 3 GG nicht betroffen sei, setzt dieser sich letztlich mit deutschem Verfassungsrecht auseinander. Denn Art. 23 Abs. 1 Satz 3 GG postuliert für die Übertragung von Hoheitsbefugnissen an die EG bzw. EU die absolute Grenze des Art. 79 Abs. 3 GG. Falls der EuGH als Institution, mithin die Generalanwälte und die Richter, von einem uneingeschränkten Vorrang des Gemeinschaftsrechts vor jeglichem nationalem Recht, also auch Verfassungsrecht, ausgehen, warum setzt sich der Generalanwalt Antonio La Pergola in seinem Schlussantrag in der Rechtssache Kreil dann mit der Frage auseinander, ob hier die Ewigkeitsgarantie des Art. 79 Abs. 3 GG betroffen ist? Mit anderen Worten: Will der Generalanwalt klarstellen, dass er hier „nur" an einer „normalen" Verfassungsnorm rüttelt, und nicht an einer Vorschrift, die zum integrationsfesten Identitätskern einer nationalen Verfassung gehört? Wenn dem so wäre, wäre bewiesen, dass jedenfalls der Generalanwalt La Pergola einer Vorrangdogmatik folgt, die eben nicht uneingeschränkt gilt.

Doch welche andere Bewandtnis als der Gedanke an eine Grenze des Vorrangs könnte diese Bemerkung sonst haben? Der Hinweis, dass Art. 12a GG nicht unter die Unabänderlichkeitgarantie des Grundgesetzes fällt, wird am Ende einer Betrachtung über die Auslegung des Art. 12 a Abs. 4 Satz 2 GG gemacht. Dass Art. 12a Abs. 4 Satz 2 GG nicht unter die Unabänderlichkeitsgarantie des Art. 79 Abs. 3 GG fällt, spricht aber nicht für eine restriktivere Auslegung dieser Norm dahingehend, dass sich die Vorschrift nicht auf den freiwilligen Dienst beziehe. Vielmehr ist diese Bemerkung unabhängig von der zunächst angeschnittenen Auslegung, sondern bezieht sich im Allgemeinen auf das Wort zur Fußnote: die Verfassung.

So ist diese Bemerkung dann auch zu verstehen, der Generalanwalt La Pergola will klarstellen, dass hier nicht das unumstößliche Gerüst der deutschen Verfassung betroffen ist. Denn er ist sich sehr wohl darüber bewusst, dass bei Anwendbarkeit der Richtlinie diese Verfassungsnorm fortan unangewendet bleiben muss.

Der Generalanwalt deckt also hier auf, dass die Vorrangdogmatik des EuGH offensichtlich nicht absolut anzuwenden ist, sondern unter dem Vorbehalt der Unantastbarkeit eines integrationsfesten Identitätskernes der nationalen Verfassungen steht. In Deutschland umfasst dieser, wie die Bemerkung des Generalanwalts zeigt, die von der „Ewigkeitsgarantie" des Art. 79 Abs. 3 GG erfassten Bereiche.

VII.   Rechtssache Omega

In der Rechtssache Omega[393] hatte der EuGH zu entscheiden, ob bestimmte Wertentscheidungen einer nationalen Verfassung, hier des deutschen Grundgesetzes, einen Eingriff in die im EG-Vertrag verbürgten Grundfreiheiten rechtfertigen können. Fraglich war hierbei, wie der EuGH mit der Wertung des deutschen Grundgesetzes umgeht, welches der Menschenwürde das höchste Schutzniveau zuweist.

1.   Sachverhalt

Die Omega Spielhallen- und Automatenaufstellungs-GmbH, fortan die Klägerin, eine Gesellschaft deutschen Rechts, nahm in Bonn am 1. August 1994 eine Anlage mit dem Namen „Laserdrome" in Betrieb, die üblicherweise der Ausübung des „Lasersports" dient. Bei diesem „Kriegsspiel" geht es darum, sich mit einer Laserwaffe in der Hand und Empfangsgeräten auf Brust und Rücken so durch die Halle zu bewegen, dass man selbst möglichst nicht von gleichermaßen ausgerüsteten Mitspielern getroffen wird und gleichzeitig aber versucht, andere Mitspieler mittels der von der Laserwaffe ausgesandten Laserstrahlen zu treffen.[394] Die von der Klägerin in ihrer Anlage verwendete Ausrüstung bezog sie von der Firma Pulsar International Ltd aus Großbritannien.

Nachdem die Stadt Bonn als Ordnungsbehörde, fortan die Beklagte, festgestellt hatte, dass es auch Ziel des Spieles im „Laserdrome" war, Sensorempfänger auf den von den Spielern getragenen Westen zu treffen, richtete sie am 14.07.1994 eine Ordnungsverfügung an die Klägerin. Darin wurde ihr unter Androhung eines Zwangsgelds in Höhe von 10 000 DM pro gespieltes Spiel für den Fall der Zuwiderhandlung untersagt, „in ihrer ... Betriebsstätte Spielabläufe zu ermöglichen bzw. zu dulden, die ein gezieltes Beschießen von Menschen mittels Laserstrahl oder sonstiger technischer Einrichtungen (wie z. B. Infrarot), also aufgrund einer Trefferregistrierung ein so genanntes ‚spielerisches Töten' von Menschen, zum Gegenstand haben".[395]

---

[393] Europäischer Gerichtshof, Urt. v. 14.10.2004, Rs. C-36/02 - OMEGA SPIELHALLEN, Slg. 2004, S. I-9609.

[394] Zur Beschreibung des Laserspiels siehe auch *Beaucamp* DVBl 2005, S. 1174

[395] Europäischer Gerichtshof, Urt. v. 14.10.2004, Rs. C-36/02 - OMEGA SPIELHALLEN, Slg. 2004, S. I-9609, Rn. 5.

Diese Verfügung erging gem. § 14 Absatz 1 des Ordnungsbehördengesetzes Nordrhein-Westfalen (OBG NW), der wie folgt lautet: „Die Ordnungsbehörden können die notwendigen Maßnahmen treffen, um eine im einzelnen Falle bestehende Gefahr für die öffentliche Sicherheit oder Ordnung abzuwehren."[396] Laut Untersagungsverfügung stellen die in der Anlage der Klägerin betriebenen Spiele eine Gefahr für die öffentliche Ordnung dar. Die simulierten Tötungshandlungen und die damit einhergehende Verharmlosung von Gewalt verstoße gegen die grundlegenden Wertvorstellungen der Allgemeinheit.

Widerspruch, Klage und Berufung der Klägerin wurden zurückgewiesen. Sodann legte die Klägerin Revision beim Bundesverwaltungsgericht ein. Zur Begründung ihrer Revision macht sie neben zahlreichen anderen Revisionsgründen geltend, die streitige Verfügung verstoße gegen das Gemeinschaftsrecht, insbesondere gegen den in Artikel 49 EGV (heute Art. 56 AEUV) verankerten freien Dienstleistungsverkehr, da in ihrem „Laserdrome" die von der britischen Firma Pulsar gelieferte Ausstattung und Technik benutzt werden sollte.

Das Bundesverwaltungsgericht war der Auffassung, das Oberverwaltungsgericht habe zu Recht in der gewerblichen Veranstaltung eines „gespielten Tötens" im „Laserdrome" der Klägerin eine Verletzung der in Artikel 1 Absatz 1 Satz 1 des Grundgesetzes verankerten Menschenwürde gesehen.

Es fragte sich aber, ob dieses Ergebnis mit dem Gemeinschaftsrecht, und zwar mit den Artikeln 49 EGV bis 55 EGV (heute Art. 56 bis 62 AEUV) über den freien Dienstleistungsverkehr und den Artikeln 28 EGV bis 30 EGV (heute Art. 34 bis 36 AEUV) über den freien Warenverkehr, in Einklang stehe.

Kern der Frage war dabei, ob die Befugnis der Mitgliedstaaten, die vertraglich verankerten Grundfreiheiten – hier die Dienstleistungs- und Warenverkehrsfreiheit – im Rahmen zwingender Gründe des Allgemeininteresses einzuschränken, zur Voraussetzung hat, dass dieser Einschränkung eine gemeinsame Rechtsüberzeugung aller Mitgliedstaaten zugrunde liegt. Die Möglichkeit einer derartigen Voraussetzung meinte das Bundesverwaltungsgericht den Ausführungen des Gerichtshofes in der Rechtssache Schindler[397], sowie gewissen Äußerungen im deutschen Schrifttum entnehmen zu können. Träfe diese Sichtweise zu, so müsste der vorliegenden Klage stattgegeben werden, da das Laserdrome-Konzept zumindest in Großbritannien rechtmäßig vertrie-

---

[396] Vgl. Europäischer Gerichtshof, Urt. v. 14.10.2004, Rs. C-36/02 - OMEGA SPIELHALLEN, Slg. 2004, S. I-9609, Rn. 6.

[397] Europäischer Gerichtshof, Urt. v. 24.03.1994, Rs. C-275/92 - SCHINDLER, Slg. 1994, S. I-1039, Rn. 60.

ben werde. Träfe sie nicht zu, sei die Klage mit den Vorinstanzen abzuweisen, und nähere Überlegungen zur Verhältnismäßigkeit, insbesondere zur Angemessenheit der Maßnahme, würden sich aufgrund der fundamentalen Bedeutung des verletzten Rechtsguts der Menschenwürde erübrigen.[398]

2. Schlussanträge der Generalanwältin Sixt-Hackl[399]

Bereits in der Einleitung spricht die Generalanwältin den Kern der Fragestellung an: nämlich inwieweit nationale Gerichte sich auf Wertungen ihres nationalen Verfassungsrechts stützen könnten, um Maßnahmen zu treffen, die zwar zum Schutze der öffentlichen Ordnung im jeweiligen Mitgliedstaat beitragen, aber zugleich auch Grundfreiheiten beeinträchtigen.[400]

Ausgehend von unterschiedlichen Schwellen für den Grundrechtsschutz in den Mitgliedstaaten stelle sich die Frage, ob und wie sich solche Unterschiede auf die gemeinschaftsrechtliche Zulässigkeit einer derartigen nationalen Maßnahme unter gebührender Berücksichtigung der Grundrechtsbindung der Gemeinschaft auswirken sollen.[401]

Entscheidend sei bei der Prüfung, wie die Erfordernisse des Grundrechtsschutzes in der Gemeinschaft mit den aus einer im Vertrag verankerten Grundfreiheit fließenden Erfordernissen in Einklang gebracht werden könnten.[402]

Hinsichtlich des Stellenwerts der Grundrechte sei von Bedeutung, dass der Gerichtshof die Grundrechte als allgemeine Rechtsgrundsätze der Gemeinschaft auf der Grundlage von Artikel 220 EGV sowie Artikel 6 Absatz 2 EUV wahre. Sie seien als Teil des Primärrechts anzusehen und befänden sich damit normhierarchisch auf derselben Stufe mit dem übrigen Primärrecht, insbesondere den Grundfreiheiten[403].

Die Generalanwältin merkt an, dass die Funktionen von Grundrechten als Auslegungskriterium und als unmittelbarer Maßstab bei der Rechtmäßigkeits-

[398] Europäischer Gerichtshof, Urt. v. 14.10.2004, Rs. C-36/02 - OMEGA SPIELHALLEN, Slg. 2004, S. I-9609, Rn. 15f.
[399] Europäischer Gerichtshof, Urt. v. 18.03.2004, Rs. C-36/02, Schlussanträge vom 18.03.2004 - OMEGA SPIELHALLEN, Slg. 2004, S. I-9609.
[400] Europäischer Gerichtshof, Urt. v. 18.03.2004, Rs. C-36/02, Schlussanträge vom 18.03.2004 - OMEGA SPIELHALLEN, Slg. 2004, S. I-9609, Rn. 1.
[401] Europäischer Gerichtshof, Urt. v. 18.03.2004, Rs. C-36/02, Schlussanträge vom 18.03.2004 - OMEGA SPIELHALLEN, Slg. 2004, S. I-9609, Rn. 3.
[402] Europäischer Gerichtshof, Urt. v. 18.03.2004, Rs. C-36/02, Schlussanträge vom 18.03.2004 - OMEGA SPIELHALLEN, Slg. 2004, S. I-9609, Rn. 44
[403] Europäischer Gerichtshof, Urt. v. 18.03.2004, Rs. C-36/02, Schlussanträge vom 18.03.2004 - OMEGA SPIELHALLEN, Slg. 2004, S. I-9609, Rn. 49.

prüfung einer Gemeinschaftsregelung oder einer innerstaatlichen Durchführungsmaßnahme eng miteinander verschränkt seien.[404]

Grundsätzlich könnten auf mitgliedsstaatlichen Grundrechtsordnungen basierende Einwendungen gegen die Gültigkeit von Gemeinschaftsrecht nicht gelten.[405] Die Gründe hierfür habe der Gerichtshof in dem Urteil Internationale Handelsgesellschaft dargelegt.[406]

Dies sei jedoch insoweit zu relativieren, als zum einen die als allgemeine Rechtsgrundsätze des Gemeinschaftsrechts anerkannten Grund- und Menschenrechte bezüglich ihres Gewährungsinhalts wiederum aus der Quelle der gemeinsamen Verfassungstraditionen der Mitgliedstaaten sowie der EMRK schöpfen, zum anderen sehe der Vertrag Rechtfertigungen für Beschränkungen der von ihm gewährleisteten Grundfreiheiten vor, sodass letztlich aus der nationalen Grundrechtsordnung herrührende Erwägungen einfließen mögen.[407]

Beruhe die in Rede stehende einschränkende nationale Maßnahme auf einer Wertung des nationalen Grundrechtsschutzes, die der gemeinsamen Rechtsauffassung der Mitgliedstaaten entspreche, könne sich ein entsprechendes Schutzgebot aus dem gemeinschaftlichen Grundrechtsschutz ergeben. Dies habe methodologisch zur Folge, dass nicht mehr zu prüfen wäre, ob die nationale Maßnahme als zulässige – weil gerechtfertigte – Ausnahme zu den vertraglich verankerten Grundfreiheiten anzusehen ist, sondern – entsprechend der Formel aus dem Urteil Schmidberger – „wie die Erfordernisse des Grundrechtsschutzes in der Gemeinschaft mit den aus einer im Vertrag verankerten Grundfreiheit fließenden Erfordernissen in Einklang gebracht werden können".[408]

Überwiegend trete die Menschenwürde in den Verfassungsordnungen der Mitgliedstaaten aber als Grund-, Wertungs- oder Verfassungsprinzip auf, nicht

[404] Europäischer Gerichtshof, Urt. v. 18.03.2004, Rs. C-36/02, Schlussanträge vom 18.03.2004 - OMEGA SPIELHALLEN, Slg. 2004, S. I-9609, Rn. 66.
[405] Europäischer Gerichtshof, Urt. v. 18.03.2004, Rs. C-36/02, Schlussanträge vom 18.03.2004 - OMEGA SPIELHALLEN, Slg. 2004, S. I-9609, Rn. 68, vgl. auch die Urteile vom 4. Februar 1959 in der Rechtssache 1/58 (Stork/Hohe Behörde, Slg. 1959, 45) und vom 1. April 1965 in der Rechtssache 40/64 (Sgarlata u. a./Kommission, Slg. 1965, 296).
[406] Europäischer Gerichtshof, Urt. v. 17.12.1970, Rs. 11/70 - INTERNATIONALE HANDELS-GESELLSCHAFT, Slg. 1970, S. 1125.
[407] Europäischer Gerichtshof, Urt. v. 18.03.2004, Rs. C-36/02, Schlussanträge vom 18.03.2004 - OMEGA SPIELHALLEN, Slg. 2004, S. I-9609, Rn. 70.
[408] Europäischer Gerichtshof, Urt. v. 12.06.2003, Rs. C-112/00 - SCHMIDBERGER, Slg. 2003, S. I-5659, Rn. 77.

als selbstständig justiziable Rechtsnorm. Eine Regelung wie sie etwa nach deutscher Verfassung besteht, müsse daher als Ausnahmefall gelten.[409]

Die Achtung der Menschenwürde sei auch vom Gerichtshof zwar als Bestandteil der allgemeinen Rechtsgrundsätze des Gemeinschaftsrechts anerkannt, der Begriff unterliege aber einem vergleichbar weiten Verständnis, sei ausfüllungsbedürftig und könne nicht als selbstständiges Grundrecht, sondern mehr als Wertungsprinzip verstanden werden.[410] Daher müsse die Beurteilung der in Rede stehenden nationalen Maßnahme anhand des Gemeinschaftsrechts erfolgen, wobei die Auslegung des Begriffes der öffentlichen Ordnung unter Berücksichtigung der Bedeutung und Tragweite der Menschenwürde zu überprüfen sei.

Der Gerichtshof stelle klar, dass die Mitgliedstaaten zwar im Wesentlichen weiterhin frei nach ihren nationalen Bedürfnissen bestimmen könnten, was die öffentliche Ordnung und Sicherheit erforderten. Darüber hinaus habe der Gerichtshof anerkannt, dass die besonderen Umstände, die eine Berufung auf die Begriffe der öffentlichen Sicherheit und Ordnung gegebenenfalls rechtfertigen können, „von Land zu Land und im zeitlichen Wechsel verschieden sein können, so dass insoweit den zuständigen innerstaatlichen Behörden ein Beurteilungsspielraum innerhalb der durch den Vertrag gesetzten Grenzen zuzubilligen ist"[411].

Eine Rechtfertigung der Beschränkung der Dienstleistungsfreiheit aus Gründen der öffentlichen Ordnung könne nur in Betracht kommen, wenn eine tatsächliche und hinreichend schwere Gefährdung, die ein Grundinteresse der Gesellschaft berühre, vorliege. Der Gerichtshof erkenne den Mitgliedstaaten einen Ermessensspielraum insbesondere in weltanschaulich sensibleren oder mit besonderen gesellschaftlichen Gefahren verbundenen Bereichen zu. Die Annahme der Berührung eines Grundinteresses einer Gesellschaft orientiere sich an den nationalen Wertentscheidungen, auf eine gemeinsame Auffassung der Mitgliedstaaten komme es nicht an.[412]

Unter Berücksichtigung der grundlegenden Bedeutung der Menschenwürde sprächen die übermittelten Umstände für die Anerkennung der hier geltend gemachten schweren Gefährdung von Grundinteressen der Gesellschaft. Da die Maßnahme unterschiedslos anwendbar, zudem geeignet, erforderlich und

---

[409] Europäischer Gerichtshof, Urt. v. 18.03.2004, Rs. C-36/02, Schlussanträge vom 18.03.2004 - OMEGA SPIELHALLEN, Slg. 2004, S. I-9609, Rn. 84.

[410] Europäischer Gerichtshof, Urt. v. 18.03.2004, Rs. C-36/02, Schlussanträge vom 18.03.2004 - OMEGA SPIELHALLEN, Slg. 2004, S. I-9609, Rn. 90-92.

[411] Europäischer Gerichtshof, Urt. v. 04.12.1974, Rs. 41/74 - VAN DUYN, Slg. 1974, S. 1337, Rn. 18/19,

[412] Europäischer Gerichtshof, Urt. v. 18.03.2004, Rs. C-36/02, Schlussanträge vom 18.03.2004 - OMEGA SPIELHALLEN, Slg. 2004, S. I-9609, Rn. 99ff.

verhältnismäßig sei, sei diese Beschränkung der Dienstleistungsfreiheit aus Gründen der öffentlichen Ordnung gerechtfertigt.[413]

3.   Urteil des EuGH

Zunächst stellt der EuGH fest, dass durch das Verbot den Laserdrome zu betreiben, ein Eingriff in die Dienstleistungsfreiheit vorliege.[414] Dieser Eingriff könne jedoch aus Gründen der öffentlichen Ordnung gem. Artikel 55 EGV i.v.m. Artikel 46 EGV (heute Art. 62 i.v.m. Art. 52 AEUV) gerechtfertigt sein, falls eine tatsächliche und hinreichend schwere Gefährdung vorliege, die das Grundinteresse der Gesellschaft berühre.[415] Die konkreten Umstände, die möglicherweise die Berufung auf den Begriff der öffentlichen Ordnung recht-fertigen, könnten aber von Land zu Land und im zeitlichen Wechsel verschie-den sein, so dass den zuständigen innerstaatlichen Behörden insoweit ein Beurteilungsspielraum innerhalb der durch den EG-Vertrag gesetzten Grenzen zuzubilligen sei.[416]

Die Wertungen der zuständigen Behörden des Ausgangsverfahrens und der damit befassten nationalen Gerichte, dass das „Laserspiel" gegen eine in der nationalen Verfassung verankerte grundlegende Wertvorstellung verstoße, nämlich die Menschenwürde, führt den EuGH zu der Feststellung, dass diese Auffassung als im Einklang mit dem deutschen Grundgesetze gesehen werden müsse.[417]

Die Gemeinschaftsrechtsordnung ziele unbestreitbar auf die Gewährleis-tung der Achtung der Menschenwürde ab, das Ziel, die Menschwürde zu schützen, sei daher unzweifelhaft mit dem Gemeinschaftsrecht vereinbar, ohne

---

[413] Europäischer Gerichtshof, Urt. v. 18.03.2004, Rs. C-36/02, Schlussanträge vom 18.03.2004 - OMEGA SPIELHALLEN, Slg. 2004, S. I-9609, Rn. 108ff.

[414] Europäischer Gerichtshof, Urt. v. 14.10.2004, Rs. C-36/02 - OMEGA SPIELHALLEN, Slg. 2004, S. I-9609, Rn. 25.

[415] Europäischer Gerichtshof, Urt. v. 14.10.2004, Rs. C-36/02 - OMEGA SPIELHALLEN, Slg. 2004, S. I-9609, Rn. 30; Europäischer Gerichtshof, Urt. v. 28.10.1975, Rs. 36/75 - RUTILI, Slg. 1975, S. 1219, Rn. 26/28; Europäischer Gerichtshof, Urt. v. 27.10.1977, Rs. 30/77 - BOU-CHEREAU, Slg. 1977, S. 1999, Rn. 33/35; Europäischer Gerichtshof, Urt. v. 19.01.1999, Rs. C-348/96 - CALFA, Slg. 1999, S. I-11, Rn. 21; Europäischer Gerichtshof, Urt. v. 14.03.2000, Rs. C-54/99 - EGLISE DE SCIENTOLOGIE 2000, S. I-1335, Rn. 17.

[416] Europäischer Gerichtshof, Urt. v. 14.10.2004, Rs. C-36/02 - OMEGA SPIELHALLEN, Slg. 2004, S. I-9609, Rn. 31; Europäischer Gerichtshof, Urt. v. 04.12.1974, Rs. 41/74 - VAN DUYN, Slg. 1974, S. 1337, Rn. 18; Europäischer Gerichtshof, Urt. v. 27.10.1977, Rs. 30/77 - BOU-CHEREAU, Slg. 1977, S. 1999, Rn. 33/35.

[417] Europäischer Gerichtshof, Urt. v. 14.10.2004, Rs. C-36/02 - OMEGA SPIELHALLEN, Slg. 2004, S. I-9609, Rn. 32.

dass es insoweit eine Rolle spiele, dass in Deutschland dem Grundsatz der Achtung der Menschenwürde die besondere Stellung eines selbständigen Grundrechts zukomme.[418] Jedoch müssen die Maßnahmen, um einen Eingriff aus Gründen der öffentlichen Ordnung zu rechtfertigen, erforderlich und verhältnismäßig sein.

Zwar sei eine gemeinsame Auffassung aller Mitgliedstaaten darüber, wie das betreffende Grundrecht zu schützen sei, unerlässlich. Im Urteil Schindler[419] habe der Gerichtshof auf die sittlichen, religiösen oder kulturellen Erwägungen Bezug genommen, aufgrund deren alle Mitgliedstaaten die Veranstaltung von Lotterien oder anderen Glücksspielen Beschränkungen unterwerfen. Mit der Erwähnung dieser gemeinsamen Auffassung habe er aber kein allgemeines Kriterium für die Beurteilung der Verhältnismäßigkeit nationaler Maßnahmen formulieren wollen, mit denen die Ausübung einer wirtschaftlichen Tätigkeit beschränkt werde.[420] Vielmehr seien gerade im Rahmen der Notwendigkeit und Verhältnismäßigkeit der einschlägigen Bestimmungen unterschiedliche Schutzregeln in den einzelnen Mitgliedstaaten unschädlich.[421]

Der EuGH stellt nun kurz fest, dass die Untersagung der gewerblichen Veranstaltung von Unterhaltungsspielen, die simulierte Gewalthandlungen gegen Personen, insbesondere die Darstellung von Tötungshandlungen an Menschen, implizieren, dem vorlegenden Gericht zufolge dem Grad des Schutzes der Menschenwürde entspreche, der mit dem Grundgesetz im Hoheitsgebiet der Bundesrepublik Deutschland sichergestellt werden solle.

Das Verbot sei überdies verhältnismäßig, so dass die Verfügung vom 14. September 1994 nicht als eine Maßnahme angesehen werden könne, die den freien Dienstleistungsverkehr ungerechtfertigt beeinträchtigt.

Daher sei auf die Vorlagefrage zu antworten, dass das Gemeinschaftsrecht einem nationalen Verbot einer in der gewerblichen Veranstaltung von Spielen mit simulierten Tötungshandlungen an Menschen bestehenden wirtschaftlichen Tätigkeit, das zum Schutz der öffentlichen Ordnung wegen einer in dieser Tätigkeit gesehenen Verletzung der Menschenwürde ergeht, nicht entgegenstehe.[422]

---

[418] Europäischer Gerichtshof, Urt. v. 14.10.2004, Rs. C-36/02 - OMEGA SPIELHALLEN, Slg. 2004, S. I-9609, Rn. 34.
[419] Europäischer Gerichtshof, Urt. v. 24.03.1994, Rs. C-275/92 - SCHINDLER, Slg. 1994, S. I-1039, Rn. 60.
[420] Europäischer Gerichtshof, Urt. v. 14.10.2004, Rs. C-36/02 - OMEGA SPIELHALLEN, Slg. 2004, S. I-9609, Rn. 37.
[421] Europäischer Gerichtshof, Urt. v. 14.10.2004, Rs. C-36/02 - OMEGA SPIELHALLEN, Slg. 2004, S. I-9609, Rn. 30 m.w.N.
[422] Europäischer Gerichtshof, Urt. v. 14.10.2004, Rs. C-36/02 - OMEGA SPIELHALLEN, Slg. 2004, S. I-9609, Rn. 39-41.

4. Literaturbemerkungen

Es wird angemerkt, dass die Rechtssache Omega der erste Fall sei, bei dem ein Mitgliedstaat sich auf eine Wertvorstellung berufe, die in ihrer nationalen Verfassung besonders geschützt sei, um eine Beeinträchtigung der Grundfreiheiten des Gemeinschaftsrechts zu rechtfertigen.[423]

Zunächst wird angemerkt, dass die Beschränkung des Dienstleistungsverkehrs über Artikel 46 EGV (heute Art. 52 AEUV) dabei überraschend wirke. Denn nach der bisherigen Rechtsprechung[424] sei Artikel 46 EGV (heute Art. 52 AEUV) nicht einschlägig, wenn In- und Ausländer von der Beschränkung der Marktfreiheit gleichermaßen betroffen seien, was hier vorliege. Warum der EuGH, der die fehlende Bedeutung der Staatsangehörigkeit für die Untersagung des Betriebs von Laserdromen ausdrücklich feststelle[425], von der bisherigen Rechtsprechungslinie unter Zustimmung der Literatur[426] abweiche, erkläre er nicht[427].

Diese Rechtssache sei zwar ähnlich wie im Fall Schmidberger[428] zugunsten der grundrechtlichen Gewährleistung entschieden worden.[429] Es handele sich aber um eine andere Art von Entscheidung, da die unterschiedliche Bedeutung der Menschenwürde in den einzelnen Mitgliedstaaten Eingriffe des Staates nach sich ziehe, die schwerer zu kontrollieren sind als der Rückgriff auf „konventionelle" Grundrechte.[430] In der Rechtsache Schmidberger habe der EuGH den von Österreich ins Feld geführten Grundrechtsschutz systematisch als einen zusätzlichen Rechtfertigungsgrund für Eingriffe behandelt. In der Rechtssache Omega habe der EuGH die klassische Berufung auf die öffentliche Ordnung als Rechtfertigung angewandt. Ein Grund für diese ver-

---

[423] *Bulterman/Kranenborg*, European Law Review 2006, S. 96; ähnlich *Huber*, EuR 2008, S. 195.

[424] Europäischer Gerichtshof, Urt. v. 18.03.1980, Rs. 52/79 - DEBAUVE, Slg. 1980, S. 833, ; Europäischer Gerichtshof, Urt. v. 17.12.1981, Rs. 279/80 - WEBB, Slg. 1981, S. 3305, ; Europäischer Gerichtshof, Urt. v. 31.03.1993, Rs. C-19/92 - KRAUS, Slg. 1993, S. I-1663.

[425] Europäischer Gerichtshof, Urt. v. 14.10.2004, Rs. C-36/02 - OMEGA SPIELHALLEN, Slg. 2004, S. I-9609, Rn. 29.

[426] *Müller-Graff*, in: Streinz, EUV/AEUV, Art. 52 AEUV, Rn. 4; *Schlag*, in: Schwarze, EU-Kommentar, Art. 52 AEUV, Rn. 3; *Streinz*, Europarecht, Rn. 833.

[427] *Beaucamp*, DVBl 2005, S. 1175.

[428] Europäischer Gerichtshof, Urt. v. 12.06.2003, Rs. C-112/00 - SCHMIDBERGER, Slg. 2003, S. I-5659.

[429] *Bröhmer*, EuZW 2004, S. 755.

[430] *Ackermann*, CMLRev. 2005, S. 1114.

schiedene Herangehensweise sei im Urteil nicht genannt, es bleibe nur zu spekulieren.

Die Generalanwältin jedenfalls habe deshalb auf den Rechtfertigungstatbestand der öffentlichen Ordnung zurückgegriffen, weil nach ihrer Ansicht der verfassungsrechtliche Schutz der Menschenwürde kein gleichermaßen hohes Schutzniveau im Rahmen des Gemeinschaftsrechts genieße, eben weil aus den gemeinsamen Verfassungstraditionen und der EMRK keine Einheitlichkeit hinsichtlich des Schutzniveaus gefunden werden könne. Deshalb könne sich nicht aus dem gemeinschaftlichen Grundrechtsschutz ergeben, dass zu prüfen sei, „wie die Erfordernisse des Grundrechtsschutzes in der Gemeinschaft mit den aus einer im Vertrag verankerten Grundfreiheit fließenden Erfordernissen in Einklang gebracht werden können"[431]. Sondern es sei hier zu prüfen, ob die nationale Maßnahme als zulässige – weil gerechtfertigte – Ausnahme zu den vertraglich verankerten Grundfreiheiten anzusehen sei.

Es sei jedoch unwahrscheinlich, dass sich der EuGH stillschweigend dieser Linie angeschlossen habe. Zunächst halte es der EuGH für unerheblich, dass die Menschenwürde in Deutschland den Rang eines eigenständigen Grundrechts genieße.[432]

Überdies gibt der EuGH zwei Gründe an, weshalb er sich in der Entscheidung auf den Rechtsfertigungstatbestand der öffentlichen Ordnung berufe, die nichts mit dem unterschiedlichen Schutzniveau der Menschenwürde auf gemeinschaftsrechtlicher und deutscher Ebene zu tun hätten. Erstens habe sich die Ordnungsbehörde der Stadt Bonn selbst ausdrückliche drauf berufen, dass das „Laserspiel" eine Gefahr für die öffentliche Ordnung darstelle. Zudem habe die Ordnungsbehörde, als sie die streitige Maßnahme verfügte, im Rahmen ihrer Befugnis gehandelt, die öffentliche Ordnung aufrecht zu erhalten.

Eingedenk dieser speziellen Umstände könne nicht davon ausgegangen werden, dass der EuGH nunmehr immer auf den Rechtsfertigungstatbestand der öffentlichen Sicherheit zurückgreife, wenn sich ein Mitgliedstaat auf einen Verfassungswert berufe, der nicht gleichermaßen im Gemeinschaftsrecht geschützt sei.[433]

Kritisch wird angemerkt, dass der EuGH unklar bleibe zum Inhalt des gemeinschaftsrechtlichen Würdestandards.[434] Er habe die Frage der Notwendigkeit und der Verhältnismäßigkeit der Maßnahme nicht wirklich behandelt. Es

---

[431] Europäischer Gerichtshof, Urt. v. 12.06.2003, Rs. C-112/00 - SCHMIDBERGER, Slg. 2003, S. I-5659, Rn. 77.
[432] Europäischer Gerichtshof, Urt. v. 14.10.2004, Rs. C-36/02 - OMEGA SPIELHALLEN, Slg. 2004, S. I-9609, Rn. 34.
[433] *Bulterman/Kranenborg*, European Law Review 2006, S. 97.
[434] *Bröhmer*, EuZW 2004, S. 757.

sei nicht undenkbar, dass der EuGH im Detail genauer untersuche, ob die Maßnahmen der nationalen Behörden wirklich notwendig seien, um die Menschenwürde in dem Maße zu schützen, wie dies im deutschen Grundgesetz angelegt sei.[435] Das Schweigen zu dieser Frage, ob das Schießen in der Laserspielstätte als tatsächliche und hinreichend schwere Beeinträchtigung der Menschenwürde bewertet werden könne, sei sehr bedauerlich.[436]

Die fehlende klare Stellungnahme des Gerichtshofs zum Inhalt des gemeinschaftsrechtlichen Menschenwürdestandards wird in den Auswirkungen unterschiedlich bewertet:

Die Ausführungen von Gericht und Generalanwältin zur Verhältnismäßigkeit des Verbots legten nahe, dass zumindest in diesem Fall der gemeinschaftsrechtliche und grundgesetzliche Würdebegriff weitgehend inhaltsgleich seien. Wenn dem so sei und wenn, wie dargelegt, alles binnenmarktrelevante Handeln der Mitgliedstaaten an den Grundrechten der Gemeinschaft zu messen sei, dann müsse konsequenterweise die von der Generalanwältin betonte Schutzpflicht relevant werden und damit die Frage, ob nicht umgekehrt in der Zulassung solcher Spiele im Vereinigten Königreich eine Vertragsverletzung zu sehen sei. Die Flexibilität bei den Ordnungsstandards würde sich ins Gegenteil verkehren.[437]

Beaucamp meint hingegen, die Tatsache, dass andere Mitgliedstaaten den Betrieb von Laserdromen tolerierten, beeinflusse die Verhältnismäßigkeitsüberlegungen nicht. Diese stehe in Übereinstimmung mit einigen nach 1994 ergangenen Entscheidungen[438], wonach unterschiedliche Schutzregelungen in den Mitgliedstaaten möglich seien.[439]

Hinsichtlich des Begriffs der öffentlichen Ordnung im Sinne des Artikels 46 EGV (heute Art. 52 AEUV) verstehe der EuGH diesen als eigenständigen, eng zu interpretierenden Begriff des Gemeinschaftsrechts, öffne das Begriffsverständnis durch die Auslegung der mitgliedstaatlichen Behörden allerdings den innerstaatlichen und damit auch regionalen Verhältnissen. Dem Begriff der öffentlichen Ordnung komme mithin eine territoriale Bedeutung zu.[440]

Die Formel des EuGH, dass eine Rechtfertigung das Vorliegen einer tatsächlichen und hinreichend schweren Gefährdung eines Grundinteresses der Gesellschaft voraussetze, führe dazu, dass nur staatliche Interessen von fun-

---

[435] *Bulterman/Kranenborg,* European Law Review 2006, S. 98.
[436] *Beaucamp,* DVBl 2005, S. 1176.
[437] *Bröhmer,* EuZW 2004,
[438] Europäischer Gerichtshof, Urt. v. 21.09.1999, Rs. C-124/97 - LÄÄRÄ, Slg. 1999, S. I-6067; Europäischer Gerichtshof, Urt. v. 21.10.1999, Rs. C-67/98 - ZENATTI, Slg. 1999, S. I-7289; Europäischer Gerichtshof, Urt. v. 06.11.2003, Rs. C-243/01 - GAMBELLI, Slg. 2003, S. I-13031.
[439] *Beaucamp,* DVBl 2005, S. 1174.
[440] *Lindner,* BayVBl. 2005, S. 205.

damentaler Bedeutung eine Beschränkung durch geschriebene Rechtfertigungsgründe legitimieren könnten. Dazu sei in Deutschland zweifelsohne die an der Spitze des Grundgesetzes stehende Menschenwürde zu zählen.[441]

Im Ergebnis vermöge sich die Menschenwürde nach dem Maßstab des Grundgesetzes gegenüber der europäischen Dienstleistungsfreiheit durchzusetzen. Das gelinge ihr im Urteil Omega aber auf der Basis des gemeinschaftsrechtlichen Systems der Grundfreiheiten, das eine Ausfüllung des gemeinschaftlichen Begriffs der öffentlichen Ordnung und Sicherheit nach mitgliedstaatlichen Bedürfnissen ermögliche. Die Menschenwürde setzte sich also nicht als nationale Verfassungsnorm durch, sondern im Gewande des Gemeinschaftsrechts. Das belege die vorgenommene Abwägung im Rahmen der Verhältnismäßigkeitsprüfung, die dem Absolutheitsanspruch der Menschenwürde nach Art. 1 GG widerspreche. Die Souveränität der Mitgliedstaaten bestimme aber darüber, inwieweit die gemeinschaftsrechtlich eröffneten Spielräume für das jeweils eigene Gebiet genutzt würden.[442]

Der EuGH mache in dem Urteil klar, dass Grundrechte, wie sie in den nationalen Verfassungen gewährt werden, dazu dienen können, Eingriffe in Grundfreiheiten zu rechtfertigen.[443]

Damit habe der EuGH aber den Mitgliedstaaten eine „carte blanche" für Beschränkungen der Marktfreiheiten erteilt, wenn ein auch nur irgendwie gearteter Bezug zur Menschenwürde hergestellt werden könne, selbst wenn dieser Begriff in einem Mitgliedstaat extrem weit ausgelegt werde. Von der gebetsmühlenartig betonten engen Auslegung der Ausnahmeregelungen bleibe nicht mehr viel übrig. Dieser „Generalvorrang" des mitgliedstaatlichen Würdeverständnisses könne beträchtliche Auswirkungen haben, etwa bezüglich Tötungshandlungen in Computerspielen und im Fernsehen.[444]

Dem Gedanken einer „carte blanche" wird von anderen deutlich widersprochen: Die Tatsache, dass der EuGH die Wertentscheidungen des nationalen Rechts respektiere und die Mitgliedstaaten befähige, ihre nationalen Schutzstandards beizubehalten, bedeute offensichtlich nicht, dass den Mitgliedstaaten eine „carte blanche" ausgestellt werde, wann immer sie die Notwendigkeit des Schutzes der eigenen Rechtsordnung anführen, um einen Eingriff in eine Grundfreiheit zu rechtfertigen.[445] So solle es grundsätzlich im Ermessen der Mitgliedstaaten verbleiben, wann bestimmte Aktivitäten aufgrund des Verstoßes gegen die Menschenwürde verboten werden sollten, denn

---

[441] *Frenz*, NVwZ 2005, S. 49.
[442] *Frenz*, NVwZ 2005, S. 49.
[443] *Bulterman/Kranenborg*, European Law Review 2006, S. 99.
[444] *Bröhmer*, EuZW 2004, S. 756f.
[445] *Bulterman/Kranenborg*, European Law Review 2006, S. 98.

die Menschenwürde sei ein fundamentaler Wert der Gesellschaft, welcher stets mit Bezug zu den kulturellen Eigenheiten definierbar sein sollte. Es sei nicht die Aufgabe des EuGH, eine Harmonisierung dieser Werte zu betreiben.[446] Dies entbinde jedoch den EuGH nicht davon zu überwachen, ob die aufgrund eines Grundrechtes getroffene Wertentscheidung Schutz aus der gemeinschaftsrechtlichen Perspektive verdiene. Denn es sei vorstellbar, dass gewisse Menschenrechte, die nur auf nationaler Ebene bekannt seien, aus gemeinschaftsrechtlicher Sicht inakzeptabel seien.[447] Zum Beispiel könne dies der Fall sein, wie von Generalanwalt Jacobs angeführt, falls in einem Mitgliedstaat dem Schutz gegen ausländische Unternehmen der Status eines Grundrechts eingeräumt worden sei.[448] Oder speziell auf die Menschenwürde bezogen, falls ein Mitgliedstaat Maßnahmen, die einen Eingriff in eine Grundfreiheit darstellen, zu rechtfertigen versuche, indem er behauptet, dass dies den Zweck verfolge, ein gewisses Maß an Einkommen für seine Bürger zu gewährleisten, was als Ausfluss der Menschenwürde zu beurteilen sei. Sodann wäre der im Rahmen des Europarechts akzeptable Bereich überschritten.[449]

Es sei jedenfalls nicht erforderlich, dass das durch eine nationale Verfassung geschützte Grundrecht einen gleichen Status im Gemeinschaftsrecht besitze, um einen Eingriff in eine Grundfreiheit zu rechtfertigen. Falls der nationale Grundrechtsschutz über das gemeinschaftsrechtliche Schutzniveau hinausgehe, sollte der EuGH den Mitgliedstaaten einen gewissen Ermessensspielraum belassen und ihnen ermöglichen, ihre eigenen politischen Entscheidungen zu treffen. Mit der Rechtssache Omega komme der EuGH dieser Forderung nach.[450] Insgesamt komme durch die Berücksichtigung dieses deutschen Grundrechts die Toleranz des EuGH hinsichtlich einer nationalen Lösung des Konflikts zum Ausdruck.[451]

5. Eigene Beurteilung

Die Rechtssache Omega lenkt das Augenmerk auf den Rechtfertigungstatbestand der öffentlichen Ordnung. Das besonders hohe Schutzniveau der Menschenwürde im deutschen Grundgesetz kann exemplarisch für den Fall gewer-

---

[446] *Ackermann*, CMLRev. 2005, S. 1117.
[447] *Bulterman/Kranenborg*, European Law Review 2006, S. 99.
[448] Europäischer Gerichtshof, Urt. v. 11.07.2002, Rs. C-112/00, Schlussanträge vom 11.07.2002 - SCHMIDBERGER, Slg. 2003, S. I-5659, Rn. 97.
[449] *Ackermann*, CMLRev. 2005, S. 1117.
[450] *Bulterman/Kranenborg*, European Law Review 2006, S. 101.
[451] *Ackermann*, CMLRev. 2005, S. 1120.

tet werden, dass in einem Mitgliedstaat ein Grundrecht eine andere Ausgestaltung erfährt als in den anderen Mitgliedstaaten üblich. Wie aber kann dieser einzelne Mitgliedstaat auch im Geltungsbereich des Unionsrechts diese nationale Eigenheit bewahren? In der Rechtssache Omega zeigt der EuGH hierzu den Weg über den Rechtfertigungsgrund der öffentlichen Ordnung auf.

Zuerst ist darauf hinzuweisen, dass es nicht verwunderlich ist, dass der EuGH hier Artikel 55 i.V.m. Art. 46 EGV (heute Art. 62 i.V.m. Art. 52 AEUV) anwendet, obwohl In- und Ausländer von der Beschränkung der Marktfreiheit gleichermaßen betroffen sind. Denn hier ist die Dienstleistungsfreiheit als Produktfreiheit betroffen, deshalb „kann Art. 52 Abs. 1 AEUV auch andere als ausländerrechtliche Vorschriften rechtfertigen und ist in Anlehnung an Art. 29 AEUV auszulegen."[452]

Der EuGH ist insoweit also keinen neuen Weg gegangen, etwa um den national-verfassungsrechtlichen Besonderheiten Rechnung tragen zu können, ein weiteres Eingehen auf diesen Teilaspekt erübrigt sich deshalb.

Weiter muss man die in seiner ständigen Rechtsprechung „fast textbausteinartig wiederholten Ausführungen zur Auslegung des Begriffs der öffentlichen Ordnung"[453] genauer betrachten: Der Rechtfertigungsgrund ist eng auszulegen, die Berufung darauf ist gerichtlich nachprüfbar und vorausgesetzt wird eine tatsächliche und hinreichend schwere Gefährdung eines Grundinteresses der Gesellschaft. Dabei können die konkreten, die Berufung auf diesen Rechtfertigungsgrund tragenden Umstände von Mitgliedstaat zu Mitgliedstaat verschieden sein.

Hier kommt man schnell zu der Frage, was mit Grundinteressen der Gesellschaft genau gemeint ist. Der EuGH hat sich hierzu noch nicht im Detail geäußert. Letztlich können diese Begriffe als Einfallstor eines nationalen Identitätskernes verstanden werden. Aus der Gesamtheit eines solchen nationalen Identitätskerns können über die öffentliche Ordnung jedenfalls solche speziellen Wertungen einfließen, die Bestandteil der nationalen Verfassung und damit Ausdruck einer eigenen Grundrechtswertung sind. Dabei versteht sich, dass sich die Wertung im Rahmen des gemeinschaftsrechtlich vertretbaren halten muss. Die genauere Herausbildung eines nationalen Identitätskerns als gemeinschaftsrechtlicher Begriff zur Rechtfertigung von Grundfreiheiten wird die Aufgabe in späteren Kapiteln sein.

Wie in der Rechtssache Schmidberger war über die Kollision zwischen einer Grundfreiheit und einem Grundrecht zu entscheiden. Bei dem Grundrecht

---

[452] *Forsthoff*, in: Grabitz/Hilf/Nettesheim, Das Recht der Europäischen Union, Art. 52 AEUV, Rn 17, vgl. *Frenz*, Europäische Grundfreiheiten, Rn. 3301ff.
[453] *Bröhmer*, EuZW 2004, S. 756.

in der Rechtssache Schmidberger, das der Versammlungsfreiheit, handelte es sich um ein Grundrecht, dessen Verbürgung gemeinsame Verfassungstradition der Mitgliedstaaten ist[454]. Seit dem Inkrafttreten des Vertrages von Lissabon am 1.12.2009 hat die Charta der Grundrechte der Europäischen Union den Rang von Primärrecht. Davor hat der EuGH die Grundrechte nach ständiger Rechtsprechung zu den allgemeinen Rechtsgrundsätzen gezählt, deren Wahrung der Gerichtshof zu sichern hatte. Dabei hat sich der EuGH von den gemeinsamen Verfassungstraditionen der Mitgliedstaaten sowie von den Hinweisen leiten lassen, die die völkerrechtlichen Verträge über den Schutz der Menschenrechte gaben, an deren Abschluss die Mitgliedstaaten beteiligt waren oder denen sie beigetreten waren. Hierbei kam der Europäischen Konvention zum Schutze der Menschenrechte und Grundfreiheiten besondere Bedeutung zu.[455]

Entsprechend war es in der Rechtssache Schmidberger für den EuGH nicht schwierig, mittels dieser klassischen Herleitung der Gemeinschaftsgrundrechte, da eine originäre Herleitung von Grundrechten etwa aus der Charta der Grundrechte der Europäischen Union mangels ihrer damaligen Rechtsverbindlichkeit nicht möglich war, ein gemeinschaftsrechtliches Versammlungsgrundrecht als schützenswert herauszuarbeiten. Sodann war es ihm möglich, seiner Aufgabe zur Wahrung der Grundrechte im Rahmen seiner Rechtsprechung nachzukommen. Probleme des Vorrangs stellen sich dabei nicht. Das Gemeinschaftsrecht setzt sich hier mittels eines europäischen Grundrechts durch.[456] Da dieses europäische Grundrecht als Querschnitt aus den nationalen Verfassungen und der EMRK entwickelt wurde, gibt es keine nationale Regelung, die anders ausgestaltet ist und damit vom Europarecht „überrollt" werden könnte.

Ganz anders liegt der Fall in der Rechtssache Omega. Ein solches einheitliches Schutzniveau existiert bezüglich der Menschenwürde nicht. Nur in Deutschland hat die Menschenwürde den Status eines eigenständigen Grundrechts und genießt ein sehr hohes Schutzniveau. Somit besteht hier die Gefahr, dass die verfassungsrechtliche Wertung des Grundgesetzes hinsichtlich der Menschenwürde bei Kollision mit dem Unionsrecht aufgrund des Vorrangs des Unionsrechts verdrängt würde.

---

[454] *Pünder*, in: Ehlers (Hrsg.), Europäische Grundrechte und Grundfreiheiten, S. 553.

[455] Vgl. Europäischer Gerichtshof, Urt. v. 14.05.1974, Rs. 4-73 - NOLD, Slg. 1974, S. 491, Rn. 13; Europäischer Gerichtshof, Urt. v. 15.05.1986, Rs. 222/84 - JOHNSTON, Slg. 1986, S. 1651, Rn. 18; Europäischer Gerichtshof, Urt. v. 18.06.1991, Rs. C-260/89 - ERT, Slg. 1991, S. I-2925, Rn. 41; Europäischer Gerichtshof, Urt. v. 06.03.2001, Rs. C-274/99 - CONNOLLY, Slg. 2001, S. I-01611, Rn. 37; Europäischer Gerichtshof, Urt. v. 22.10.2002, Rs. C-94/00 - ROQUETTE FRERES, Slg. 2002, S. I-9011, Rn. 25; Europäischer Gerichtshof, Urt. v. 12.06.2003, Rs. C-112/00 - SCHMIDBERGER, Slg. 2003, S. I-5659, Rn. 71.

[456] Haltern hierzu kritisch, *Haltern,* Europarecht, Rn. 1114.

Daraus erklärt sich auch die unterschiedliche Herangehensweise des EuGH an die Rechtssachen Schmidberger und Omega. So hat sich der EuGH in der Rechtssache Omega auf die öffentliche Ordnung berufen. Die Tatsache, dass die öffentliche Ordnung neben der öffentlichen Sicherheit als Rechtsbegriff der deutschen Rechtsordnung auch von der Ordnungsbehörde von Anfang an als Rechtfertigung herangezogen wurde, dürfte dabei ohne Bedeutung sein. Dabei ist darauf hinzuweisen, dass die öffentliche Ordnung im Rahmen der Rechtfertigung von Eingriffen in die Grundfreiheiten von dem Begriff der öffentlichen Ordnung im Sinne der deutschen Rechtsordnung zu unterscheiden ist. In dieser Arbeit wird mit dem Begriff der „öffentlichen Ordnung" stets der unionsrechtliche Begriff bezeichnet, falls nicht gesondert bezeichnet.

Es wurde aber kein mitgliedschaftlicher Einschätzungsspielraum in die Grundrechtsdogmatik des EuGH eingeführt. Der Eingriffstatbestand des Art. 1 Abs. 1 GG ist so auch nur in der Verhältnismäßigkeitsprüfung relevant. Dies entspricht zwar nicht dem uneingeschränktem Anspruch der Menschenwürde in Deutschland, ermöglicht aber im Ergebnis dessen Achtung, ohne die Grundrechtsdogmatik des EuGH grundlegend zu verändern.[457] So wurde letztlich eine Vertretbarkeitskontrolle unter gemeinschaftsrechtlichem Blickwinkel durchgeführt und bewusst kein Letztentscheidungsrecht in der Sache in Anspruch genommen, um der unterschiedlichen Struktur und Gewichtung der Grundrechte in den einzelnen Mitgliedstaaten Rechnung zu tragen.[458]

Es ist deshalb sehr wohl denkbar, dass der EuGH, falls die Fallkonstellation dies ermöglicht, nunmehr öfter auf den Rechtfertigungstatbestand der öffentlichen Ordnung zurückgreifen wird, wenn sich ein Mitgliedstaat auf einen Verfassungswert beruft, der nicht gleichermaßen in den gemeinsamen Verfassungstexten und der EMRK geschützt ist.

Die Tatsache, dass der EuGH selbst nicht den Versuch unternommen hat, den Schutzbereich der Menschenwürde einzugrenzen, ist insoweit nur logisch. Denn ihm ist bewusst, dass sich hier ein einheitlich gewichtetes Grundrecht nicht finden lässt, die Menschenwürde aber grundsätzlich vom Unionsrecht zu achten ist. Eine Rechtfertigung mit den speziellen Wertungen des deutschen Grundgesetzes ist trotz des uneinheitlichen Grundrechtsstandards der Menschenwürde in den Mitgliedstaaten möglich, indem die öffentliche Ordnung eine Rechtfertigung zugunsten der Grundinteressen der Gesellschaft eröffnet.

---

[457] Vgl. *Haltern*, Europarecht, Rn. 1115.
[458] Vgl. *Schwarze*, NJW 2005, S. 3461.

VIII. Rechtssache Mangold und Palacios

Die beiden Rechtssachen Mangold[459] und Palacios[460] werden zusammen untersucht. Nur in der Zusammenschau der beiden Rechtssachen zeigen sich Aspekte, die zu interessanten Ergebnissen führen könnten.

1. Sachverhalte

a) Mangold

Ein Rechtsanwalt hatte in Deutschland mit einem 56-jährigen Arbeitnehmer, Herrn Mangold, einen befristeten Arbeitsvertrag auf Grundlage des damaligen § 14 Abs. 3 Teilzeitbefristungsgesetz (TzBfG) geschlossen. Dieser bestimmte in Satz 1: „Die Befristung eines Arbeitsvertrages bedarf keines sachlichen Grundes, wenn der Arbeitnehmer bei Beginn des befristeten Arbeitsverhältnisses das 58. Lebensjahr vollendet hat." Satz 4 lautete wie folgt: „Bis zum 31.12.2006 ist Satz 1 mit der Maßgabe anzuwenden, dass an die Stelle des 58. Lebensjahres das 52. Lebensjahr tritt."

Herr Mangold war der Ansicht, dass diese auf §14 Abs. 3 Satz 4 i.V.m. Satz 1 TzBfG a.F. beruhende Befristung des Arbeitsvertrages gegen Gemeinschaftsrecht verstoße und deshalb unwirksam sei. Er berief sich dabei auf die Rahmenvereinbarung über befristete Arbeitsverträge vom 18. März 1999, die mit der Richtlinie 1999/70/EG des Rates vom 28. Juni 1999 zu der EGB-UNICE-CEEP-Rahmenvereinbarung[461] über befristete Arbeitsverträge durchgeführt worden ist, sowie auf die Richtlinie 2000/78/EG[462] des Rates vom 27. November 2000 zur Festlegung eines allgemeinen Rahmens für die Verwirklichung der Gleichbehandlung in Beschäftigung und Beruf.

Da das mit der eingereichten Klage befasste Arbeitsgericht München erhebliche Zweifel an der Vereinbarkeit von § 14 Absatz 3 Satz 4 i.V.m. Satz 1 TzBfG mit dem Gemeinschaftsrecht hatte, setzte es daher das Verfahren aus und legte dem Gerichtshof Fragen über die Auslegung des Gemeinschaftsrechts vor.[463]

---

[459] Europäischer Gerichtshof, Urt. v. 22.11.2005, Rs. C-144/04 - MANGOLD, Slg. 2005, S. I-9981.
[460] Europäischer Gerichtshof, Urt. v. 16.10.2007, Rs. C-411/05 - PALACIOS, Slg. 2007, S. I-8531.
[461] ABl. Nr. L 175/43 vom 10.07.1999.
[462] ABl. Nr. L 303/16 vom 02.12.2000.
[463] Europäischer Gerichtshof, Urt. v. 22.11.2005, Rs. C-144/04 - MANGOLD, Slg. 2005, S. I-9981, Rn. 20-31.

b) Palacios

Einem damals 65-jährigen Spanier, Herrn Palacios de la Villa, wurde von seinem Arbeitgeber mit Schreiben vom 18. Juli 2005 mitgeteilt, dass sein Arbeitsverhältnis automatisch beendet sei, weil er das Alter für eine Zwangsversetzung in den Ruhestand nach Art. 19 Abs. 3 des Tarifvertrags erreicht habe und am 2. Juli 2005 das spanische Gesetz 14/2005 veröffentlicht worden sei, das in seiner einzigen Übergangsbestimmung eine solche Maßnahme erlaube. Herrn Palacios de la Villa stand von dem Tag der Auflösung des Arbeitsverhältnisses ein voller Altersrentenanspruch aus der Sozialversicherung zu.

Da Herr Palacios de la Villa der Auffassung war, dass diese Mitteilung einer Entlassung gleichkomme, erhob er gegen diese am 9. August 2005 beim Juzgado de lo Social n° 33 de Madrid Klage. Mit der Klage beantragt er, die Maßnahme, von der er betroffen sei, für nichtig zu erklären, weil sie seine Grundrechte und insbesondere sein Recht, nicht wegen des Alters diskriminiert zu werden, verletze, da diese Maßnahme allein auf dem Umstand beruhe, dass er das 65. Lebensjahr vollendet habe.

Das Gericht hatte erhebliche Zweifel, ob das Gemeinschaftsrecht, speziell der in Art. 13 EGV (heute Art. 19 AEUV) und in Art. 2 Abs. 1 der Richtlinie 2000/78/EG niedergelegte Gleichbehandlungsgrundsatz, der jede Diskriminierung aufgrund des Alters verbietet, einem nationalen Gesetz entgegen steht, das eine Beendigung eines Arbeitsverhältnisses vornehmlich an das Erreichen einer Altersgrenze anknüpft.

Es setzte deshalb das Verfahren aus und legte entsprechende Fragen an den EuGH im Rahmen eines Vorabentscheidungsersuchens vor.[464]

2. Verfahren vor dem EuGH

a) Urteil Mangold

Zunächst stellt der EuGH in seinem Urteil[465] fest, dass § 8 Nr. 3 der Rahmenvereinbarung über befristete Arbeitsverträge vom 18. März 1999, die mit der Richtlinie 1999/70/EG des Rates vom 28. Juni 1999 zu der EGB-UNICE-

---

[464] Europäischer Gerichtshof, Urt. v. 16.10.2007, Rs. C-411/05 - PALACIOS, Slg. 2007, S. I-8531, R. 28-40.

[465] Generalanwalt Tizzano kommt in seinen Schlussanträgen auch zu dem Ergebnis, dass eine Altersdiskriminierung vorliegt, zieht aber lieber den allgemeinen Gleichheitsgrundsatz anstelle des Altersdiskriminierungsverbots heran; Europäischer Gerichtshof, Urt. v. 30.06.2005, Rs. C-144/04, Schlussanträge vom 30.06.2005 - MANGOLD, Slg. 2005, S. I 9981, Rn. 98, allerdings haben die Ausführungen des Generalanwalts hier keinen weiteren Erkenntniswert. Vertiefend jedoch *Tobler*, in: Epiney/Haag/Heinemann (Hrsg.), Die Herausforderung von Grenzen, S. 251.

CEEP-Rahmenvereinbarung über befristete Arbeitsverträge durchgeführt worden ist, dahin auszulegen sei, dass er einer nationalen Regelung wie der im Ausgangsverfahren streitigen nicht entgegenstehe, mit der aus Gründen der Beschäftigungsförderung und unabhängig von der Umsetzung der Rahmenvereinbarung das Alter gesenkt wurde, ab dem uneingeschränkt befristete Arbeitsverträge geschlossen werden können.[466]

Hinsichtlich der Frage zur Auslegung des Artikel 6 Absatz 1 der Richtlinie 2000/78/EG legt der EuGH dar, dass insoweit daran zu erinnern sei, dass die Richtlinie 2000/78/EG nach ihrem Artikel 1 die Schaffung eines allgemeinen Rahmens zur Bekämpfung der Diskriminierung in Beschäftigung und Beruf aus den dort genannten Gründen, darunter wegen des Alters, bezwecke.

§ 14 Abs. 3 TzBfG a.F. begründe eine unmittelbar auf dem Alter beruhende Ungleichbehandlung. Das zugrunde liegende Ziel, die berufliche Eingliederung älterer arbeitsloser Arbeitnehmer zu fördern, sei grundsätzlich als eine objektive und angemessene Rechtfertigung anzusehen. Hinsichtlich der Frage, ob die eingesetzten Mittel angemessen und erforderlich seien, verfügten die Mitgliedstaaten über einen weiten Ermessensspielraum.

Die Anwendung der streitgegenständlichen Rechtsvorschriften laufe jedoch in der Praxis darauf hinaus, alle Arbeitnehmer, die das 52. Lebensjahr vollendet haben, bis zum Erreichen des Renteneintrittsalters von festen Beschäftigungsverhältnissen auszuschließen, weil ihnen befristete, unbegrenzt verlängerbare Arbeitsverhältnisse angeboten werden könnten. Das Alter des betroffenen Arbeitnehmers als einziges pauschales Kriterium heranzuziehen, ohne den Nachweis der objektives Erforderlichkeit dieser Maßnahme zu Erbringen, gehe über das hinaus, was zur Erreichung des verfolgten Zieles angemessen und erforderlich sei. § 14 Abs. 3 TzBfG könne daher nicht nach Artikel 6 Abs. 1 der Richtlinie 2000/78 gerechtfertigt werden.[467]

Die Tatsache, dass die Umsetzungsfrist der Richtlinie in Deutschland noch nicht abgelaufen ist, stehe dieser Feststellung nicht entgegen.[468] Einerseits weist der EuGH dabei auf die Vorwirkung von Richtlinien mit Bezug auf das Urteil Wallonie[469] hin.[470] Andererseits aber sei die Richtlinie ohnehin irrele-

---

[466] Europäischer Gerichtshof, Urt. v. 22.11.2005, Rs. C-144/04 - MANGOLD, Slg. 2005, S. I-9981, Rn.54; zur Vereinbarkeit von §14 Abs. 3 TzBfG mit dieser Vorschrift bereits im Vorfeld ausführlich: *Koberski*, NZA 2005, S. 80ff.
[467] Europäischer Gerichtshof, Urt. v. 22.11.2005, Rs. C-144/04 - MANGOLD, Slg. 2005, S. I-9981, R. 55-65.
[468] Europäischer Gerichtshof, Urt. v. 22.11.2005, Rs. C-144/04 - MANGOLD, Slg. 2005, S. I-9981, Rn. 66.
[469] Europäischer Gerichtshof, Urt. v. 18.12.1997, Rs. C-129/96 - WALLONIE, Slg. 1997, S. I-7411, Rn. 45.
[470] Europäischer Gerichtshof, Urt. v. 22.11.2005, Rs. C-144/04 - MANGOLD, Slg. 2005, S. I-9981, R. 67-73.

vant, da das Verbot der Diskriminierung wegen des Alters als ein allgemeiner Grundsatz des Gemeinschaftsrechts anzusehen sei. Das grundsätzliche Verbot der in der Richtlinie genannten Formen der Diskriminierung habe seinen Ursprung in verschiedenen völkerrechtlichen Verträgen und den gemeinsamen Verfassungstraditionen der Mitgliedstaaten, wie sich aus der ersten und der vierten Begründungserwägung der Richtlinie ergebe. Das nationale Gericht müsse die volle Wirksamkeit des allgemeinen Verbots der Diskriminierung wegen des Alters gewährleisten und deshalb jede entgegenstehende Bestimmung des nationalen Rechts wie §14 Abs. 3 TzBfG unangewendet lassen.[471]

Dabei bezieht sich der EuGH auf den Vorrang des Gemeinschaftsrechts, was sich nicht zuletzt aus dem Verweis auf die Rechtssache Simmenthal[472] an dieser Stelle entnehmen lässt.[473]

b)   Palacios

aa)   Schlussanträge des Generalanwalts Mazak

Der Generalanwalt stellt zunächst klar, dass Art. 13 EGV (heute Art. 19 AEUV) lediglich eine Ermächtigungsnorm ist, die den Rat in die Lage versetzt, geeignete Vorkehrungen zur Bekämpfung u. a. von Diskriminierungen aufgrund des Alters zu ergreifen. Als solche kann Art. 13 EGV (heute Art. 19 AEUV) weder unmittelbare Wirkung haben noch der Anwendung eines nationalen Gesetzes entgegenstehen.[474]

Der Aussage des EuGH aus der Rechtssache Mangold, dass aus dem allgemeinen Diskriminierungsverbot ohne weiteres ein Verbot der Alterdiskriminierung abgeleitet werden könne, ist Generalanwalt Mazak in seinen Schlussanträgen deutlich entgegengetreten. Dies sei ein gewagter Vorschlag und ein bemerkenswerter Schritt, der keinesfalls zwingend erscheine.[475] Sehr kritisch merkt der Generalanwalt weiter an, dass es zu Problemen führe, wenn einem allgemeinen Grundsatz des Gemeinschaftsrechts wie im Fall Mangold ein

[471] Europäischer Gerichtshof, Urt. v. 22.11.2005, Rs. C-144/04 - MANGOLD, Slg. 2005, S. I-9981, Rn. 74-77.

[472] Europäischer Gerichtshof, Urt. v. 09.03.1978, Rs. 106/77 - SIMMENTHAL II, Slg. 1978, S. 629.

[473] Europäischer Gerichtshof, Urt. v. 22.11.2005, Rs. C-144/04 - MANGOLD, Slg. 2005, S. I-9981, R. 77.

[474] Europäischer Gerichtshof, Urt. v. 15.02.2007, Rs. C-411/05, Schlussanträge vom 15.02.2007 - PALACIOS, Slg. 2007, S. I-8531, Rn. 36.

[475] Europäischer Gerichtshof, Urt. v. 15.02.2007, Rs. C-411/05, Schlussanträge vom 15.02.2007 - PALACIOS, Slg. 2007, S. I-8531, Rn. 89, 94.

Grad an Selbständigkeit dergestalt zuerkannt würde, dass eine Berufung auf den Grundsatz anstelle oder unabhängig von der Gesetzgebung möglich wäre. Eine solche Betrachtung würde nicht nur im Hinblick auf die Rechtssicherheit ernsthafte Bedenken hervorrufen, sondern auch die Kompetenzverteilung zwischen der Gemeinschaft und den Mitgliedstaaten sowie die im Vertrag vorgesehene Kompetenzzuweisung im Allgemeinen in Frage stellen.[476]

bb)   Urteil Palacios

Die Richtlinie 2000/78/EG findet laut EuGH Anwendung auf den streitgegenständlichen Sachverhalt. Das Ziel des Gesetzgebers, die Beschäftigungsförderung, ist grundsätzlich als eine objektive und angemessene Rechtfertigung für eine von den Mitgliedstaaten angeordnete Ungleichbehandlung wegen des Alters anzusehen.[477]

Die zur Erreichung des Ziels eingesetzten Mittel müssen sodann angemessen und erforderlich sein. Die Mitgliedstaaten verfügen bei der Festlegung der Maßnahmen zu seiner Erreichung über einen weiten Ermessensspielraum. Es sei dabei Sache der zuständigen Stellen der Mitgliedstaaten, einen gerechten Ausgleich zwischen den verschiedenen widerstreitenden Interessen zu finden. Der hinter der Maßnahme liegende Grundgedanke, dass das Ziel der Förderung von Vollbeschäftigung durch Begünstigung des Zugangs zum Arbeitsmarkt so gefördert werde, erscheine nicht unvernünftig. Durch den Umstand, dass die Betroffenen am Ende ihrer beruflichen Laufbahn ein finanzieller Ausgleich in Gestalt einer Altersrente erhielten, könne die streitgegenständliche Maßnahme auch nicht als übermäßige Beeinträchtigung angesehen werden.[478] Durch die Möglichkeit, über Tarifverträge die Zwangsversetzung in den Ruhestand zu regeln, sei außerdem ein hohes Maß an Flexibilität möglich.

Eine nationale Regelung wie die im Ausgangsverfahren in Rede stehende sei damit mit den Erfordernissen der Richtlinie 2000/78/EG nicht unvereinbar.[479]

---

[476] Europäischer Gerichtshof, Urt. v. 15.02.2007, Rs. C-411/05, Schlussanträge vom 15.02.2007 - PALACIOS, Slg. 2007, S. I-8531, Rn. 137/138.
[477] Europäischer Gerichtshof, Urt. v. 16.10.2007, Rs. C-411/05 - PALACIOS, Slg. 2007, S. I-8531, Rn. 66.
[478] Europäischer Gerichtshof, Urt. v. 16.10.2007, Rs. C-411/05 - PALACIOS, Slg. 2007, S. I-8531, Rn. 68-73.
[479] Europäischer Gerichtshof, Urt. v. 16.10.2007, Rs. C-411/05 - PALACIOS, Slg. 2007, S. I-8531, Rn. 75.

3. Literaturbemerkungen

a) Mangold

Das Urteil führte in der rechtswissenschaftlichen Fachwelt zu massiver Kritik. An der Spitze steht wohl Herzog, der in einem Artikel in der F.A.Z. das Mangold Urteil als ausbrechenden Rechtsakt im Sinne der Maastricht-Rechtsprechung bezeichnete, von einer Entmündigung der Herren der Verträge durch den EuGH und dessen unzulässiger Rechtsfortbildung sprach und von einer Aushöhlung der Kompetenzen der Mitgliedstaaten in deren nationalen Kernbereichen nicht zuletzt durch dieses Urteil überzeugt ist. Einziger Ausweg ist seiner Ansicht nach, anstelle des zur Klärung von Kompetenzfragen ungeeigneten EuGH ein neues Kompetenzgericht zu gründen. Das Bundesverfassungsgericht müsse aber für den Moment die exzessive Rechtsprechung des EuGH stoppen.[480]

Weiter wird angeführt, dass die Aussagen des EuGH auch in dieser Rechtssache in der Tradition einer starken Einschränkung mitgliedstaatlicher Gestaltungsspielräume stünden – notfalls auch unter Ignorierung von Wortlaut, Systematik und Entstehungsgeschichte gemeinschaftsrechtlicher Vorschriften.[481]

Durch die Mangold Entscheidung sei klar geworden, dass der materielle Gehalt der Gemeinschaftsgrundrechte in Sachen Antidiskriminierung über das deutsche Verfassungsrecht hinausgehe. Art. 3 Abs. 3 GG müsse letztlich ergänzt werden.[482] Denn bisher gebe die deutsche Verfassungstradition keine Anhaltspunkte für das Vorliegen eines solchen Diskriminierungsverbots.[483] Durch eine solche Ergänzung befänden sich praktisch alle in der europäischen Grundrechtscharta und den Antidiskriminierungsrichtlinien genannten verpönten Merkmale an zentraler Stelle im Grundgesetz.[484]

Der überraschendste Teil der EuGH Entscheidung liege so auch in der Annahme einer gemeinschaftsrechtlich verankerten grundrechtlichen Position gegen die Altersdiskriminierung. Der vom EuGH postulierte Grundsatz des Verbotes u.a. der Diskriminierung wegen des Alters könne wohl nur als Unterfall des allgemeinen Grundsatzes der Gleichheit und der Nichtdiskriminierung erklärt werden.[485]

---

[480] *Herzog/Gerken*, FAZ 08.09.2008, S. 8.
[481] *Hailbronner*, NZA 2006, S. 811.
[482] *Preis*, NZA 2006, S. 410.
[483] *Richter/Bouchouaf*, NVwZ 2006, S. 539f.
[484] *Preis*, NZA 2006, S. 410.
[485] *Kuras*, RdA 2007, S. 173.

Die Ableitung eines allgemeinen, gegen mitgliedstaatliche Maßnahmen gerichteten Gleichheitssatz wegen Altersdiskriminierung, der seinen Ursprung in den verschiedenen völkerrechtlichen Verträgen und den gemeinsamen Verfassungstraditionen der Mitgliedstaaten habe[486], stehe in direktem Widerspruch zur Geschichte und Struktur des Art. 13 EGV (heute Art. 19 AEUV) als Rechtsgrundlage der Richtlinie 2000/78/EG, der unbestreitbar keine Direktwirkung habe.[487]

Der EuGH habe aus einem allgemeinen Grundsatz eine Rechtsfolge abgeleitet, die über die in Art. 13 EGV (heute Art. 19 AEUV) enthaltene Ermächtigung hinausgehe und die Kompetenzen der Gemeinschaft in unzulässiger Weise erweitere.[488] Das Prinzip der begrenzten Einzelermächtigung und das Subsidiaritätsprinzip seien nicht beachtet worden. Damit sei die Mangold-Entscheidung als ausbrechender Rechtsakt i.S. der Rechtsprechung des Bundesverfassungsgerichts anzusehen.[489]

Mit der Prüfung des nationalen Rechts im Einzelfall übergehe der EuGH die Aufgabenteilung mit dem nationalen Gericht nach Art. 234 EGV (heute Art. 267 AEUV) sowie die Einschätzungsprärogative des nationalen Gesetzgebers.[490]

Weiter wird kritisch angemerkt, dass sich der EuGH in dem Urteil von seiner grundsätzlich ablehnenden Haltung zur negativen Direktwirkung[491] entferne, insbesondere dies nicht einmal gesondert begründe. Vielmehr lege er apodiktisch mit dem Hinweis auf den Vorranggrundsatz dar, dass zur vollen Wirksamkeit des Gemeinschaftsrechts jede möglicherweise entgegenstehende Bestimmung des nationalen Rechts unangewendet bleiben müsse. Diese großen Worte blieben dahingehend unklar, ob der EuGH eine Wende seiner Rechtsprechung zur Direktwirkung von Richtlinien einleiten wolle[492], oder

---

[486] Das Verbot der Altersdiskriminierung wird in der finnischen Verfassung, Art. 6 Abs. 2 Finnisches Grundgesetz, und in der portugiesischen Verfassung, Art. 59 Abs. 1 Portugiesische Verfassung, erwähnt. Außerdem wird es ausdrücklich in Art. 21 Abs. 1 der Charta der Grundrechte erwähnt. Viele Verfassungen der Mitgliedstaaten enthalten freilich wie Art. 14 EMRK ein allgemeines Gleichheitsgebot, vgl. auch *Böhm*, JZ 2008, S. 327; *von Danwitz*, JZ 2007, S. 704.

[487] *Reich*, EuZW 2006, S. 21; *Reich*, Understanding EU Law, S. 205.

[488] *Bauer/Arnold*, NJW 2006, S. 8, 12; *Hailbronner*, NZA 2006, S. 814f; *Laber/Goetzmann*, ArbRB 2006, S. 52; *Preis*, NZA 2006, S. 408.

[489] *Böhm*, JZ 2008, S. 328ff; *Herzog/Gerken*, FAZ 08.09.2008, S. 8; Mohr verlangte in: *Mohr*, SAE 2007, S. 32, deshalb eine korrigierende „Solange-III-Entscheidung".

[490] *von Oettingen/Rabenschlag*, ZEuS 2006, S. 378f.

[491] Europäischer Gerichtshof, Urt. v. 30.06.2005, Rs. C-144/04, Schlussanträge vom 30.06.2005 - MANGOLD, Slg. 2005, S. I-9981, Rn. 108, m.w.N.; *Gas*, EuZW 2005, S. 737; ausführlich zu dem Problemkreis: *Rörig*, Die Direktwirkung von Richtlinien in Privatrechtsverhältnissen, S. 56ff.; *von Danwitz*, JZ 2007, S. 697; *von Oettingen/Rabenschlag*, ZEuS 2006, S. 364ff.

[492] So *Bauer/Arnold*, NJW 2006, S. 9.

aber nur die Besonderheit des Gleichbehandlungsgrundsatzes herausstellen wolle.[493]

Andererseits wird angemerkt, dass der EuGH hier mitnichten seine Rechtsprechung, dass es eine unmittelbare Richtlinienwirkung zu Lasten Privater nicht gibt, aufgegeben habe. Diese Fehleinschätzung beruhe darauf, dass Richtlinien Private mittelbar oder als Reflex belasten könnten. Denn in Dreiecksverhältnissen, in denen der Einzelne sich gegen den Staat auf eine ihn begünstigende Richtlinie stützt, werde die Möglichkeit, sich darauf zu berufen, nicht dadurch ausgeschlossen, dass die quasi als Reflex ein anderes Individuum belaste.[494] Eine horizontale Wirkung von Richtlinien sei eben nicht begründet worden, sondern gerade zur Meidung einer solchen Rechtsprechungsänderung auf den primärrechtlichen Grundsatz zurückgegriffen worden.[495]

Mit dem Generalanwalt wäre immer noch der Rekurs auf eine richtlinienkonforme Auslegung möglich gewesen, um den Zielen der Richtlinie so weit als möglich zu entsprechen, ohne eine so weit reichende Interpretation von Art. 13 EGV (heute Art. 19 AEUV) vornehmen zu müssen.[496]

b)   Palacios

Zunächst wird darauf hingewiesen, dass der Generalanwalt die Mangold-Entscheidung in ungewöhnlicher Schärfe kritisiert habe. Leider habe sich der EuGH dadurch nicht veranlasst gefühlt, zum Inhalt der Mangold-Entscheidung ausdrücklich Stellung zu nehmen.[497] Jedoch habe die massive Kritik des Generalanwalts und von Stimmen in der Literatur und der Vorwurf, ultra vires gehandelt zu haben, in der großen Kammer des EuGH unausgesprochen Wirkung gezeigt.[498]

Gut zwei Jahre nach Mangold scheine der EuGH in Palacios Angst vor der eigenen Courage bekommen zu haben. Er schrecke davor zurück, über das Antidiskriminierungsrecht zu weit reichend in das rechtspolitisch bedeutende Feld der Arbeits- und Sozialpolitik der Mitgliedstaaten einzugreifen. Diese Akzentverschiebung und die damit einhergehende Preisgabe von Macht sei ungewöhnlich.[499] Es sei ein nachgiebigerer Maßstab angelegt worden als in der

---

[493] *Reich*, EuZW 2006, S. 21.
[494] *Streinz/Herrmann*, RdA 2007, S. 167 (Fn. 30 m.w.N.).
[495] *Schlachter*, ZfA 2007, S. 270f.
[496] *Reich*, EuZW 2006, S. 21.
[497] *Sagan*, EuZW 2007, S. 766.
[498] *Temming*, NZA 2007, S. 1194.
[499] *Temming*, NZA 2007, S. 1193.

Mangold Entscheidung[500], eine restriktive Interpretation von Art. 13 EGV (heute Art. 19 AEUV) scheine sich abzuzeichnen.[501] Man könne nur vermuten, dass der EuGH sich kleinlaut der Kritik des Generalanwalts gefügt habe.[502]

Der EuGH sei nunmehr bereit, nur eine grobe Linie für die Rechtsprechung vorzugeben. Die Entscheidung über die Rechtfertigung einer festgestellten Ungleichbehandlung aufgrund der Umstände des Einzelfalls sei Sache der nationalen Gerichte.[503]

Das Verhältnis zu Mangold sei hinsichtlich der anzuwendenden Kontrolldichte gelinde gesagt widersprüchlich. Die Betonung eines weiten Ermessensspielraums der Mitgliedstaaten in Mangold sei ein reines Lippenbekenntnis gewesen, da die Verhältnismäßigkeitsprüfung streng ausgefallen sei.[504] Nunmehr sei die Kontrolle der mitgliedstaatlichen Maßnahmen am Verbot der Altersdiskriminierung auf einmal die einer weiten Willkürkontrolle. Mit diesem in Palacios angewandten Willkürmaßstab hätte auch § 14 Abs. 3 TzBfG nicht reformiert werden müssen.[505] „Palacios" stelle auf der Ebene der Interessensabwägung eine erfreuliche Korrektur dar.[506]

Der EuGH lege dar, dass eine Ungleichbehandlung dann verhältnismäßig sei, wenn nach der jeweiligen nationalen Rechtslage eine gewisse Absicherung der älteren Arbeitnehmer sichergestellt sei. Dies entspreche auch hinsichtlich der Begründung der Rechtsprechung des Bundesverfassungsgerichts zur verfassungsrechtlichen Zulässigkeit von Altersgrenzenvereinbarungen.[507]

Es bleibe zu hoffen, dass der EuGH sich auch künftig besinnt und die Aufgabe der Auslegung nationaler Gesetze den mitgliedstaatlichen Gerichten überlässt.[508] Neben der Kehrtwende bei der Verhältnismäßigkeitsprüfung sei die Nichterwähnung des primärrechtlichen Verbots der Altersdiskriminierung der zweite interessante Aspekt der Entscheidung.[509] Immerhin gehe der EuGH aber offenbar davon aus, dass das Nichtdiskriminierungsgrundrecht auf der Tatbestandsseite keinen über die Richtlinie 2000/78/EG hinausgehenden Schutz gewähre. Anderenfalls hätte er die Prüfung am Maßstab des Grundrechts fortsetzen müssen, nachdem er die Richtlinienkonformität des spanischen Gesetzes festgestellt hatte. Folglich beziehe der EuGH den weiten Er-

---

[500] *Sagan,* EuZW 2007, S. 766.
[501] *Reiner,* ecolex 2007, S. 273.
[502] *Gas,* EuZW 2007, S. 713.
[503] *Bauer/Krieger,* NJW 2007, S. 3673.
[504] *Temming,* NZA 2007, S. 1196.
[505] *Temming,* NZA 2007, S. 1197.
[506] *Gas,* EuZW 2007, S. 713.
[507] *Bauer/Krieger,* NJW 2007, S. 3674.
[508] *Kocher,* RdA 2008, S. 241.
[509] *Temming,* NZA 2007, S. 1197.

messensspielraum wohl auch auf das primärrechtliche Grundrecht. Diese Übertragung der weiten Rechtfertigungsmöglichkeiten bedeutet letztlich eine erhebliche Verengung der tatbestandlichen Vorraussetzungen des „Mangold-Durchgriffs", der auf der Rechtsfolgenseite zur Unanwendbarkeit nationalen Rechts führe.[510]

Dass im Palacios-Fall die Zulässigkeit der getroffenen Regelung ernsthaft bezweifelt werden habe können, sei nicht recht einzusehen – aber verständlich, da der verfehlten Mangold-Rechtsprechung zu verdanken.[511] Wenn man das Urteil in der Rechtssache Palacios liest, würde einem leichterdings verziehen, wenn man meinte, die Rechtssache Mangold war nur reine Einbildung.[512]

4.   Beurteilung

a)   Mangold

Das Urteil ist im hiesigen Kontext insoweit erstaunlich, als es das Verbot der Diskriminierung wegen des Alters als einen allgemeinen Grundsatz des Gemeinschaftsrechts ansieht.[513] Eine horizontale Drittwirkung zu Lasten Privater enthält das Urteil entgegen anders lautender Ansichten[514] aber nicht. Das Verbot der Altersdiskriminierung wurde als Bestandteil des Primärrechts gewertet. So kann diesem wegen des Anwendungsvorrangs auch belastende Wirkung für Dritte zukommen. Nicht die Richtlinie im horizontalen Verhältnis, sondern der gemeinschaftsrechtliche allgemeine Gleichheitssatz, soweit es diesen bezogen auf die Diskriminierung wegen des Alters als primärrechtlichen Grundsatz geben sollte, ist im vertikalen Verhältnis unmittelbar anwend-

---

[510] *Sagan*, EuZW 2007, S. 766.
[511] *Gas*, EuZW 2007, S. 713.
[512] *Waddington*, CMLRev. 2008, S. 904.
[513] Europäischer Gerichtshof, Urt. v. 22.11.2005, Rs. C-144/04 - MANGOLD, Slg. 2005, S. I-9981, Rn. 75. Das Urteil streifte noch andere interessante Problemfelder: vielfach wurde diskutiert, ob hier nicht ein Scheinrechtsverhältnis zwischen dem Arbeitgeber und dem Arbeitnehmer bestehe, da der Arbeitgeber, ein Münchner Rechtsanwalt, schon zuvor die Möglichkeit der streitgegenständlichen Altersbefristung bekämpft habe; vertiefend in: *Bauer*, NZA 2005, ;*Bauer/Arnold*, NJW 2006. Auch das Problem der Vorwirkung von Richtlinien werde ich hier nicht behandeln; vgl. Europäischer Gerichtshof, Urt. v. 18.12.1997, Rs. C-129/96 - WALLONIE, Slg. 1997, S. I-7411, Rn. 45; vertiefend: *von Oettingen/Rabenschlag*, ZEuS 2006, S. 370-374; *Gronen*, Die "Vorwirkung" von EG-Richtlinien, S. 75ff.
[514] *Editorial Comment*, CMLRev. 2006, S. 7f.; *Gas*, EuZW 2005, S. 737; *Bauer/Arnold*, NJW 2006, S. 9.

bar.[515] Genau hierauf bezieht sich auch der teilweise missverstandene Verweis auf die Rechtssache Simmenthal[516]. Ein nationaler Richter muss wegen des Vorrangs des Gemeinschaftsrechts nationales Recht unangewendet lassen. Als Folge wie im Fall Unilever[517] kann dann eine Belastung Privater resultieren, dies aber wegen des Vorrangs des Gemeinschaftsrechts, hier des Primärrechts.

Womöglich hat der EuGH auch so entschieden, um zwei Probleme aus dem Wege zu gehen: Die Feststellung, dass das Verbot der Diskriminierung wegen des Alters als ein allgemeiner Grundsatz des Gemeinschaftsrechts anzusehen[518] sei, machte es letztlich unerheblich, dass die Frist zur Umsetzung der Richtlinie 2000/78 für Deutschland zum entscheidenden Zeitpunkt noch nicht abgelaufen war, und weiter konnte er die Frage umgehen, ob die Richtlinie unmittelbare horizontale Wirkung hat.[519]

Es ist allerdings nur schwer verständlich, dass der EuGH zunächst von einem weiten Ermessensspielraum der Mitgliedstaaten bei der Wahl der Maßnahmen zur Erreichung ihrer Ziele im Bereich der Arbeits- und Sozialpolitik spricht[520], sodann aber in der Verhältnismäßigkeitsprüfung die Möglichkeit des nationalen Gerichts zur Einschätzung einer Rechtfertigung nicht beachtet. Dies erscheint wegen des alleinigen Abstellens auf das Alter ohne weitere Differenzierungsmerkmale aber noch vertretbar.[521] Bemerkenswert ist dann, dass der EuGH durch die Schaffung neuer primärrechtlicher Grundsätze mittels der Wirkung des Vorrangs des Gemeinschaftsrechts seine Kompetenzen doch recht tief in den innerstaatlichen Rechtsraum gräbt.

In Rahmen der Arbeits- und Sozialpolitik enthält der EG-Vertrag im Allgemeinen nur Koordinierungspflichten der Mitgliedstaaten, ohne der Union eine umfassende Kompetenz zur Harmonisierung einzuräumen, wie sich aus den Art. 125 EGV ff (heute Art. 145 AEUV ff) und Art. 136 EGV ff (heute Art. 151 AEUV ff) ergibt. Indem der EuGH die Diskriminierungsverbote des

---

[515] Vgl. auch Europäischer Gerichtshof, Urt. v. 15.02.2007, Rs. C-411/05, Schlussanträge vom 15.02.2007 - PALACIOS, Slg. 2007, S. I-8531, Rn. 132; *Streinz/Herrmann*, RdA 2007, S. 168f; *von Oettingen/Rabenschlag*, ZEuS 2006, S. 379f.

[516] Europäischer Gerichtshof, Urt. v. 09.03.1978, Rs. 106/77 - SIMMENTHAL II, Slg. 1978, S. 629.

[517] Europäischer Gerichtshof, Urt. v. 26.09.2000, Rs. C-443/98 - UNILEVER, Slg. 2000, S. I-7535.

[518] Europäischer Gerichtshof, Urt. v. 22.11.2005, Rs. C-144/04 - MANGOLD, Slg. 2005, S. I-9981, Rn. 75.

[519] Vgl. Europäischer Gerichtshof, Urt. v. 15.02.2007, Rs. C-411/05, Schlussanträge vom 15.02.2007 - PALACIOS, Slg. 2007, S. I-8531, Rn. 80.

[520] Europäischer Gerichtshof, Urt. v. 22.11.2005, Rs. C-144/04 - MANGOLD, Slg. 2005, S. I-9981, Rn. 63.

[521] Vgl. *Streinz/Herrmann*, RdA 2007, S. 168, Fn. 50 m.w.N.

Art. 13 EGV (heute Art. 19 AEUV) zu allgemeinen Rechtsgrundsätzen erhöht, wird die Umsetzung der Antidiskriminierungsrichtlinien weitgehend belanglos. Über Art. 13 EGV (heute Art. 19 AEUV) könnte sich der EuGH in nahezu alle Felder, in denen die Diskriminierung eine Rolle spielt, einbringen, die finale Kompetenzauslegung ermöglicht dies letztlich. Dies ist sicherlich nicht unbedenklich, und führt auf Seiten der Mitgliedstaaten zu einer schwer kalkulierbaren Kompetenzeinbuße. Wenn man aus den Erwägungen im Urteil Mangold einen logischen Schluss zieht, wären nicht nur das Verbot der Diskriminierung aufgrund des Alters, sondern alle besonderen Diskriminierungsverbote des Art. 1 der Richtlinie 2000/78/EG als allgemeine Rechtsgrundsätze des Gemeinschaftsrechts zu betrachten.

Die Begründung für die Erhöhung des Verbots der Altersdiskriminierung zu einem allgemeinen Grundsatz des Primärrechts fällt dabei nicht vollkommen überzeugend aus. Das Verbot der Diskriminierung wegen des Alters (als eine von mehreren Formen der verbotenen Diskriminierung) ergebe sich aus der ersten und der vierten Begründungserwägung der Richtlinie, habe seinen Ursprung in verschiedenen völkerrechtlichen Verträgen und den gemeinsamen Verfassungstraditionen der Mitgliedstaaten. Weder in einschlägigen völkerrechtlichen Verträgen findet sich aber ein spezielles Diskriminierungsverbot wegen des Alters[522], noch kann aus der Erwähnung des Verbots der Altersdiskriminierung bzw. zu Arbeitsbedingungen bezogen auf das Alter in lediglich zwei Verfassungen von Mitgliedstaaten von einer gemeinsamen Verfassungstradition gesprochen werden, auch die Begründungserwägungen geben eine solche Rechtsansicht nicht her.

Der der Antidiskriminierungsrichtlinie zugrunde liegende Art. 13 EGV (heute Art. 19 AEUV) - auf seiner Basis wurde einstimmig die Antidiskriminierungsrichtlinie verabschiedet - bindet zunächst Organe und Einrichtungen der Gemeinschaft. Aus ihm können aber keine Kompetenzen abgeleitet werden. Er enthält keinen primärrechtlichen Grundsatz und hat keine Direktwirkung.

Zudem bleibt zu bedenken, dass die Entstehungsgeschichte und der Wortlaut von Art. 13 EGV (heute Art. 19 AEUV) als Rechtsgrundlage für die Richtlinie 2000/78/EG eine eher zurückhaltende Auslegung dieser Richtlinie nahe legt.[523] Aus der Richtlinie selbst kann damit keine allgemeine Anerkennung eines mit dem Inhalt der Richtlinie weitgehend identischen Antidiskriminierungsrechts einhergehen, denn Richtlinien sind zur Änderung des Primär-

---

[522] Vgl. *Streinz/Herrmann*, RdA 2007, S. 168.
[523] Europäischer Gerichtshof, Urt. v. 15.02.2007, Rs. C-411/05, Schlussanträge vom 15.02.2007 - PALACIOS, Slg. 2007, S. I-8531, Rn. 58.

rechts ungeeignet.[524] Dies sieht der EuGH wohl noch insoweit, als er die Richtlinie für die Begründung dieses Diskriminierungsverbotes quasi als überflüssig ansieht.

Weder aus verschiedenen völkerrechtlichen Verträgen und den gemeinsamen Verfassungstraditionen der Mitgliedstaaten[525], noch aus Art. 13 EGV (heute Art. 19 AEUV) oder der Richtlinie 2000/78/EG lässt sich demnach ein allgemeiner Grundsatz des Verbots der Alterdiskriminierung als Bestandteil des Primärrechts schlüssig ableiten. Mithin liegt eine bedenkliche Kompetenzauslegung vor, die hinsichtlich der vertraglichen Kompetenzzuweisung zu Rechtsunsicherheit führt und deshalb abzulehnen ist.[526]

Man könnte auch meinen, dass der EuGH den Grundrechtsschutz etwas zu ernst nimmt bei seinem Bestreben, einen verlässlichen Grundrechtsschutz zu gewähren.[527] Das Diskriminierungsverbot wegen des Alters als Ausfluss des Gleichheitssatzes spielt z.B. im deutschen Verfassungsrecht keine bedeutende Rolle.[528] Hier scheint sich aber der EuGH weniger um den Grundrechtsschutz um seiner selbst willen gekümmert zu haben. Vielmehr wollte der EuGH wohl den Grundrechtsschutz in Form des allgemeinen Diskriminierungsverbotes zu einer sehr extensiven Auslegung der Kompetenzen der Gemeinschaft nutzen.

b)   Palacios

In der Mangold-Entscheidung hat der EuGH die Antidiskriminierungsrichtlinie noch zu einer für die Mitgliedstaaten beunruhigend wirkenden extensiven Auslegung der Kompetenzen der Gemeinschaft genützt. Daraufhin erschallten viele kritische Stimmen. Nicht zuletzt der Generalanwalt machte sehr deutlich, dass die im Mangold-Urteil gezogenen Schlussfolgerungen nicht immer schlüssig und insgesamt wenig überzeugend sind.

Auch die massive Kritik aus weiten Teilen der Lehre dürfte ein Grund für diesen Rückzieher des EuGH sein. Wenn ein namhafter Staatsrechtler wie Roman Herzog in dieser Deutlichkeit seine besorgte Stimme erhebt, mag dies auch in Luxemburg nicht ohne Auswirkung bleiben.

Wie an anderer Stelle bereits festgestellt, verschließt sich der EuGH durchaus nicht konstruktiver und sinnvoller Kritik.[529] Er ist bisweilen bereit, in

---

[524] *Preis*, NZA 2006, S. 407.
[525] *Körner*, NZA 2005, S. 1397.
[526] Kritisch dazu auch Generalanwalt Jan Mazak in Europäischer Gerichtshof, Urt. v. 15.02.2007, Rs. C-411/05, Schlussanträge vom 15.02.2007 - PALACIOS, Slg. 2007, S. I-8531, Rn. 138.
[527] Vgl. *Preis*, NZA 2006, S. 405.
[528] Vgl. *Böhm*, JZ 2008, S. 326f m.w.N.
[529] *Everling*, Integration 1994, S. 171.

den Dialog mit nationalen Gerichten und der Rechtswissenschaft einzutreten[530]. Ein solcher Fall scheint hier vorzuliegen.

Die Schaffung eines primärrechtlichen Grundsatzes des Verbotes der Altersdiskriminierung ermöglichte es dem EuGH, am Rand seiner Kompetenzgrenzen in den Rechtskreis der Mitgliedstaaten zu treten. In der Rechtssache Palacios nimmt der EuGH nun einen anderen Standpunkt ein: der weite Ermessensspielraum, der den Mitgliedstaaten bei der Wahl ihrer Maßnahmen in den Bereichen der Arbeitsmarkt- und Sozialpolitik im Bezug auf die Antidiskriminierungsrichtlinie zusteht, bleibt nicht nur eine leere Formel, sondern wird tatsächlich beachtet. Wurde in der Mangold-Entscheidung die Erforderlichkeit und Angemessenheit der Befristungsmöglichkeit wegen des Alters mit dem Verweis darauf, dass der Nachweis der objektiven Erforderlichkeit der Maßnahme zur Erreichung des Ziels nicht erbracht sei[531], als unzulässig beurteilt, wird in der Palacios-Entscheidung die weite Gestaltungsmöglichkeit des nationalen Gesetzgebers respektiert. In der Verhältnismäßigkeitsprüfung wird hier plötzlich auf den Rentenanspruch des Arbeitnehmers abgestellt, der eine solche an das Alter anknüpfende Maßnahme „erträglich" gestalte.

In der Mangold-Entscheidung hingegen wurde nicht auf die sozialen Sicherungssysteme verwiesen, obwohl in Deutschland auch ein Arbeitnehmer, der die Befristung ertragen muss, nach dem Ende dieser Befristungen geschützt wird. Neben möglichen Leistungen aus der Arbeitslosenversicherung tritt jedanfalls die Sozialhilfe. Es ist deshalb nicht ganz nachvollziehbar, weshalb in der Rechtssache Palacios wegen der sozialen Netze, die den Arbeitnehmer nach dem Arbeitsleben auffangen, die Maßnahmen vertretbar sind, in der Rechtssache Mangold aber dies keine Rolle spielt. Hier liegt die Vermutung nahe, dass der EuGH eine sehr vom Ergebnis beeinflusste Auslegung vorgenommen hat.

Eine deutliche Abkehr von dem in der Mangold-Entscheidung aufgestellten Grundsatz eines primärrechtlichen Verbots der Altersdiskriminierung erfolgte nicht. Dies konnte aber auch nicht erfolgen, da aufgrund der europarechtlichen Konformität der streitgegenständlichen Regelung mit der Richtlinie 2000/78/EG eine solche Prüfung nicht erfolgen musste. Jedoch wird hieraus schon ersichtlich, dass der EuGH zumindest eingesehen hat, dass der Grundsatz eines primärrechtlichen Verbots der Altersdiskriminierung auf der Tatbestandsseite nicht über die Richtlinie hinausgehen sollte. Wenn man sich ins Gedächtnis ruft, dass der EuGH in der Mangold-Entscheidung noch darauf

---

[530] Vgl. *Maduro*, We the Court: The European Court of Justice and the European Economic Constitution, S. 87f; *Temming*, NZA 2007, S. 1193.
[531] Europäischer Gerichtshof, Urt. v. 22.11.2005, Rs. C-144/04 - MANGOLD, Slg. 2005, S. I-9981, Rn. 65.

abstellt, dass die Richtlinie ohnehin irrelevant sei, da der Grundsatz eines primärrechtlichen Verbots der Altersdiskriminierung zu beachten sei[532], ist dies beachtenswert, auch wenn in der Mangold-Entscheidung die Richtlinie nicht in Kraft war.

Die extensive Auslegung der Kompetenzen in der Rechtssache Mangold und die daraufhin erfolgte lautstarke Kritik hat gezeigt, welch neuralgischen Bereich die Entscheidungshoheit des EuGH über die Auslegung der Kompetenzen der Europäischen Gemeinschaft darstellt. Die Entscheidung der Mitgliedstaaten, welche Bereiche vergemeinschaftet sind und in welchen Bereichen es bei der nationalen Souveränität verbleiben soll, betrifft eine der wichtigsten staatsorganisatorischen Entscheidungen der Mitgliedstaaten und damit auch unmittelbar die Staatlichkeit und Identität jedes einzelnen Mitgliedstaates. Wird wie im Fall Mangold die Kompetenz der Gemeinschaft in nicht vollkommen schlüssiger und überraschender Weise begründet, rüttelt der EuGH letztlich an der Staatlichkeit und Identität der Mitgliedstaaten. Das mächtige Instrument des Anwendungsvorrangs verhilft dem EuGH letztlich zur Durchsetzung seiner Auslegung, auch wenn die Autorität des EuGH auf eine harte Probe gestellt wurde, wie die sehr kritischen Literaturansichten gezeigt haben. In der Rechtssache Palacios hat den EuGH sodann offenbar die Einsicht gelenkt, mehr Rücksicht auf die mitgliedstaatlichen Befindlichkeiten nehmen zu müssen. Der EuGH zieht sich von einer extensiven Auslegung der Gemeinschaftskompetenzen zurück und beweist damit, dass er kritikfähig ist und auf Bedenken aus den eigenen Reihen, von Seiten des Generalanwalts, und aus den Mitgliedstaaten hinsichtlich eines sensiblen Umgangs mit der Kompetenzverteilung einzugehen gewillt ist. Die Zusammenschau dieser beiden Rechtssachen belegt dies in sehr anschaulicher Weise.

5. Weitere Entwicklung

In einem weiteren Urteil[533] zur Richtlinie 2000/78/EG erfolgte eine erneute Distanzierung zu den Schlussfolgerungen aus dem Mangold-Urteil. Der EuGH legt darin dar:
„In Anbetracht der vorstehenden Erwägungen ist auf die erste Frage zu antworten, dass das Gemeinschaftsrecht kein Verbot der Diskriminierung aus Gründen des Alters enthält, dessen Schutz die Gerichte der Mitgliedstaaten zu gewährleisten haben, wenn die möglicherweise diskriminierende Behandlung keinen gemeinschaftsrechtlichen Bezug aufweist. Ein solcher gemeinschafts-

---

[532] Europäischer Gerichtshof, Urt. v. 22.11.2005, Rs. C-144/04 - MANGOLD, Slg. 2005, S. I-9981, Rn. 74.
[533] Europäischer Gerichtshof, Urt. v. 23.09.2008, Rs. C-427/06 - BARTSCH, Slg. 2008, S. I-7245.

rechtlicher Bezug wird weder durch Art. 13 EGV (heute Art. 19 AEUV) hergestellt, noch – unter Umständen wie denen des Ausgangsverfahrens – durch die Richtlinie 2000/78/EG vor Ablauf der dem betreffenden Mitgliedstaat für die Umsetzung dieser Richtlinie gesetzten Frist."[534]

Das Bundesverfassungsgericht war mit einer Verfassungsbeschwerde befasst, die von einem Unternehmen geführt wurde, das sich gegen die Aufhebung der Art. 14 Abs. 3 S. 4 TzBfG a.f. aufgrund der gemeinschaftsrechtlichen Vorgaben wendete.

Die Entscheidung in dieser Sache wurde mit Spannung erwartet, da ein einschneidendes Urteil des Bundesverfassungsgerichts, wie von Herzog gefordert, hinsichtlich eines womöglich ausbrechenden Rechtsakts des Gemeinschaftsrechts für möglich gehalten wurde. Dies hätte den ersten tatsächlichen Konfliktfall zwischen einem nationalen europäischen Höchstgericht und der Rechtsprechung des EuGH bedeuten können und wäre ein rechtswissenschaftlich „kolossales" Ereignis gewesen. Obwohl diese Verfassungsbeschwerde ursprünglich in der zweiten Jahreshälfte 2008 zur Entscheidung angekündigt war, wurde das Urteil erst am 06.07.2010 verkündet. Hintergrund für die Verzögerung mag die Abkehr des EuGH von seinen Ausführungen in der Rechtssache Mangold[535] durch die Rechtssachen Palacios[536] und Bartsch[537] gewesen sein, weshalb das Bundesverfassungsgericht womöglich von einem zunächst den EuGH einbremsenden Urteil wieder zu einer anderen Ansicht geführt wurde und sich deshalb die Entscheidungsverkündung verzögerte.

Das Bundesverfassungsgericht hat in seiner sogenannten „Honeywell-Entscheidung" die Mangold-Entscheidung des EuGH gebilligt und in diesem Urteil keinen ausbrechenden Rechtsakt gesehen[538]. Zunächst legt das Bundesverfassungsgericht dar, dass im Anwendungsbereich des Unionsrechts aufgrund des Anwendungsvorrangs des Unionsrechts entgegenstehendes mitgliedstaatliches Recht grundsätzlich unanwendbar sei.[539] Allerdings könne und müsse das Bundesverfassungsgericht Handlungen der Organe und Einrichtungen der Europäischen Union dahingehend überprüfen, „ob sie aufgrund er-

---

[534] Europäischer Gerichtshof, Urt. v. 23.09.2008, Rs. C-427/06 - BARTSCH, Slg. 2008, S. I-7245, Rn. 25.

[535] Europäischer Gerichtshof, Urt. v. 22.11.2005, Rs. C-144/04 - MANGOLD, Slg. 2005, S. I-9981.

[536] Europäischer Gerichtshof, Urt. v. 16.10.2007, Rs. C-411/05 - PALACIOS, Slg. 2007, S. I-8531.

[537] Europäischer Gerichtshof, Urt. v. 23.09.2008, Rs. C-427/06 - BARTSCH, Slg. 2008, , S. I-7245.

[538] Bundesverfassungsgericht, Urt. v. 06.07.2010, BVerfGE 126, 286.

[539] Bundesverfassungsgericht, Urt. v. 06.07.2010, BVerfGE 126, 286, Rn. 53.

sichtlicher Kompetenzüberschreitungen oder aufgrund von Kompetenzaus-
übungen im nicht übertragbaren Bereich der Verfassungsidentität (Art. 79
Abs. 3 i.V.m. Art. 1 und Art. 20 GG) erfolgen, und gegebenenfalls die Unanwendbarkeit kompetenzüberschreitender Handlungen für die deutsche Rechtsordnung" feststellen.[540] Jedoch müsse die Ultra-Vires-Kontrolle europarechts-
freundlich ausgelegt werden, so dass sie nur bei einem hinreichend qualifizierten Verstoß in Betracht komme. Zudem seien die unionseigenen Methoden der
Rechtsfindung zu beachten, weiter habe der EuGH einen Anspruch auf Fehler-
toleranz.[541] Unter Berücksichtigung dieser Gesichtspunkte kommt das Bundesverfassungsgericht zu dem Ergebnis, dass es sich bei der Mangold-
Entscheidung des EuGH jedenfalls „um keine das Prinzip der begrenzten Einzelermächtigung in offensichtlicher und strukturwirksamer Weise verletzende
Überschreitung der durch Zustimmungsgesetz auf die Europäische Union
übertragenen Hoheitsrechte[542]" handele. Deshalb bestätigt das Bundesverfassungsgericht die angegriffene Entscheidung des Bundesarbeitsgerichts, die die
Grundsätze der Mangold-Entscheidung des EuGH angewandt hatte.

---

[540] Bundesverfassungsgericht, Urt. v. 06.07.2010, BVerfGE 126, 286, Rn. 55.
[541] Bundesverfassungsgericht, Urt. v. 06.07.2010, BVerfGE 126, 286, Rn. 66.
[542] Bundesverfassungsgericht, Urt. v. 06.07.2010, BVerfGE 126, 286, Rn. 68.

IX. Rechtssache Maruko

1. Sachverhalt[543]

Ihren Ursprung hat die Rechtssache in der Weigerung der Versorgungsanstalt deutscher Bühnen (im folgenden: VddB), dem Hinterbliebenen aus einer Paarbeziehung von Personen gleichen Geschlechts, die – weil die Ehe im nationalen deutschen Recht heterosexuellen Verbindungen vorbehalten ist – nicht geheiratet hatten, sondern in einer Eingetragenen Lebenspartnerschaft lebten, eine Rente zu gewähren.

Herr Maruko und ein anderer Mann begründeten in Deutschland am 8. November 2001 eine Eingetragene Lebenspartnerschaft nach dem LPartG. Der Partner von Herrn Maruko war Kostümbildner bei einem Theater und seit dem 1. September 1959 ohne Unterbrechungen bei der VddB versichert. Er verstarb am 12. Januar 2005. Am 17. Februar 2005 stellte Herr Maruko einen Antrag auf Witwerrente, den die VddB mit Bescheid vom 28. Februar 2005 ablehnte, da die Satzung für Hinterbliebene aus einer Eingetragenen Lebenspartnerschaft keine solche Hinterbliebenenversorgung vorsehe. Nach erfolglosem Widerspruch beschritt der Betreffende den Rechtsweg.[544]

Das Bayerische Verwaltungsgericht München war der Ansicht, dass dem Kläger nach den deutschen Rechtsvorschriften kein Anspruch auf die streitige Versorgung zusteht. Die §§ 32 und 34 der Satzung der VddB verlangten, dass zwischen dem Antragsteller und dem Versicherten eine Ehe bestanden haben müsse, was hier nicht vorgelegen habe. Diese Bestimmungen seien mit anderen höherrangigen Vorschriften, insbesondere Art. 3 GG, vereinbar[545].

Da es jedoch der Ansicht war, die Klage müsse noch anhand der gemeinschaftsrechtlichen Vorschriften geprüft werden, legte es dem EuGH in einem Vorabentscheidungsverfahren einige Fragen vor, u.a. ob der streitgegenständliche Fall in den Geltungsbereich der Richtlinie 2000/78/EG fällt.

In seiner dritten Frage möchte das Verwaltungsgericht sodann wissen: Steht Art. 1 in Verbindung mit Art. 2 Abs. 2 Buchst. a der Richtlinie 2000/78/EG Satzungsbestimmungen eines Zusatzversorgungssystems der hier vorliegenden Art entgegen, nach denen ein Eingetragener Lebenspartner nach Versterben seines Lebenspartners keine Hinterbliebenenversorgung entspre-

[543] Europäischer Gerichtshof, Urt. v. 01.04.2008, Rs. C-267/06 - MARUKO, Slg. 2008, S. I-1757.
[544] Vgl. Europäischer Gerichtshof, Urt. v. 06.09.2007, Rs. C-267/06, Schlussantrag vom 06.09.2007 - MARUKO, Slg. 2008, S. I-1757, Rn. 19-21.
[545] BayVGH - B. v. 29.7.2005 – Az. 9 ZB 05.737.

chend Eheleuten erhält, obwohl er ebenfalls in einer formal auf Lebenszeit begründeten Fürsorge- und Einstandsgemeinschaft wie Eheleute lebt?

2. Urteil des EuGH

Der EuGH kommt zunächst zu dem Schluss, dass eine Hinterbliebenenversorgung, die im Rahmen eines berufsständischen Versorgungssystems wie dem VddB gewährt wird, in den Geltungsbereich der Richtlinie 2000/78/EG fällt.[546] Er legt auch dar, dass der Familienstand und davon abhängige Leistungen in die Zuständigkeit der Mitgliedstaaten fielen und das Gemeinschaftsrecht diese Zuständigkeiten unberührt lasse. Dies gebe auch der 22. Erwägungsgrund der Richtlinie 2000/78/EG wieder. Jedoch hätten die Mitgliedstaaten bei der Ausübung dieser Zuständigkeit Gemeinschaftsrecht zu beachten, insbesondere die Bestimmungen in Bezug auf den Grundsatz der Nichtdiskriminierung. Falle die Hinterbliebenenversorgung in den Geltungsbereich der Richtlinie, könne deren 22. Erwägungsgrund die Anwendung der Richtlinie nicht in Frage stellen.[547]

An dieser Stelle interessant ist aber insbesondere seine Antwort auf die oben erwähnte dritte Frage. Es führt zunächst aus, dass Art. 1 der Richtlinie 2000/78/EG unter anderem bezwecken solle, die Diskriminierung in Beschäftigung und Beruf wegen der sexuellen Ausrichtung zu bekämpfen.

Dabei seien mittelbare und unmittelbare Diskriminierungen erfasst.[548] Die Bundesrepublik Deutschland habe mit dem LPartG für Personen gleichen Geschlechts die Möglichkeit geschaffen, in einer formal auf Lebenszeit begründeten Fürsorge- und Einstandsgemeinschaft zu leben. Dabei handele es sich ausdrücklich nicht um die Möglichkeit der Eheschließung, jedoch seien die Bedingungen der Lebenspartnerschaft schrittweise denen der Ehe angeglichen worden.[549]

Im Dezember 2004 sei diese Annäherung weiter ausgebaut worden, indem der deutsche Gesetzgeber das SGB VI geändert habe, wobei u. a. in dessen § 46 ein Abs. 4 eingefügt worden sei, wonach die Lebenspartnerschaft hin-

---

[546] Europäischer Gerichtshof, Urt. v. 01.04.2008, Rs. C-267/06 - MARUKO, Slg. 2008, S. I-1757, Rn. 34-61.
[547] Europäischer Gerichtshof, Urt. v. 01.04.2008, Rs. C-267/06 - MARUKO, Slg. 2008, S. I-1757, Rn.58-60.
[548] Europäischer Gerichtshof, Urt. v. 01.04.2008, Rs. C-267/06 - MARUKO, Slg. 2008, S. I-1757, Rn. 65/66.
[549] Europäischer Gerichtshof, Urt. v. 01.04.2008, Rs. C-267/06 - MARUKO, Slg. 2008, S. I-1757, Rn. 67.

sichtlich der Witwen- oder Witwerrente im Sinne dieser Vorschrift der Ehe gleichgestellt werde.[550]

Nicht zuletzt im Hinblick auf diese Regelung gelangt der EuGH zu der Auffassung, dass Personen gleichen Geschlechts durch diese schrittweise Gleichstellung in eine Situation versetzt worden seien, die in Bezug auf die im Ausgangsverfahren in Rede stehende Hinterbliebenenversorgung mit der Situation von Ehegatten vergleichbar sei.

Dennoch müsse festgestellt werden, dass die Hinterbliebenenversorgung nach der Satzung der VddB nur überlebenden Ehegatten gewährt und überlebenden Lebenspartnern verweigert werde.[551]

Der EuGH führt sodann aus: „In diesem Fall erfahren Lebenspartner daher hinsichtlich der genannten Hinterbliebenenversorgung eine weniger günstige Behandlung als überlebende Ehegatten. Falls das vorlegende Gericht entscheidet, dass sich überlebende Ehegatten und überlebende Lebenspartner in einer vergleichbaren Situation in Bezug auf die genannte Hinterbliebenenversorgung befinden, stellt eine Regelung wie die im Ausgangsverfahren in Rede stehende daher eine unmittelbare Diskriminierung wegen der sexuellen Ausrichtung im Sinne der Art. 1 und 2 Abs. 2 Buchst. a der Richtlinie 2000/78/EG dar.

Aus dem Vorstehenden ergibt sich, dass auf die dritte Frage zu antworten ist, dass Art. 1 in Verbindung mit Art. 2 der Richtlinie 2000/78/EG einer Regelung wie der im Ausgangsverfahren entgegensteht, wonach der überlebende Partner nach Versterben seines Lebenspartners keine Hinterbliebenenversorgung entsprechend einem überlebenden Ehegatten erhält, obwohl die Lebenspartnerschaft nach nationalem Recht Personen gleichen Geschlechts in eine Situation versetzt, die in Bezug auf diese Hinterbliebenenversorgung mit der Situation von Ehegatten vergleichbar ist. Es ist Sache des vorlegenden Gerichts, zu prüfen, ob sich ein überlebender Lebenspartner in einer Situation befindet, die mit der eines Ehegatten, der die Hinterbliebenenversorgung aus dem berufsständischen Versorgungssystem der VddB erhält, vergleichbar ist."[552]

---

[550] Europäischer Gerichtshof, Urt. v. 01.04.2008, Rs. C-267/06 - MARUKO, Slg. 2008, S. I-1757, Rn. 68.

[551] Europäischer Gerichtshof, Urt. v. 01.04.2008, Rs. C-267/06 - MARUKO, Slg. 2008, S. I-1757, Rn. 69/70.

[552] Europäischer Gerichtshof, Urt. v. 01.04.2008, Rs. C-267/06 - MARUKO, Slg. 2008, S. I-1757, Rn. 71-73.

3. Literaturbemerkungen

Es wird angeführt, dass die Auffassung der bisherigen höchstrichterlichen Rechtsprechung in Deutschland zu der Frage, ob Ehe und Lebenspartnerschaft miteinander vergleichbar seien, wohl eher dahin tendiere, dass, außer in Fällen, in denen ausdrücklich eine Gleichstellung geregelt wurde, von einer Gleichstellung nicht die Rede sein könne.[553] Die Besserstellung der Ehe wurde dabei zumeist mit der Feststellung begründet, dass diese durch Art. 6 I GG erlaubt sei.[554]

Bemerkenswert sei dabei zuletzt der Beschluss der ersten Kammer des Zweiten Senats des Bundesverfassungsgerichts vom 20.09.2007[555], der kurz nach den Schlussanträgen des Generalanwalts in der Sache Maruko ergangen ist. Der Generalanwalt hatte dort genauso argumentiert wie später der Gerichtshof, und es sprach schon damals vieles dafür, dass der EuGH dem folgen würde. Die Kammer habe daraufhin klargestellt, dass Art. 6 GG ein Differenzierungsgebot beinhalte, spezieller als der allgemeine Gleichheitssatz, die deutsche Rechtsordnung die Gleichstellung von Lebenspartnern mit Ehegatten also nicht gebiete.[556]

Mit dem Urteil in der Rechtssache Maruko eröffne der EuGH den nationalen Gerichten einen erheblichen Spielraum zur selbstständigen Prüfung der Frage, ob nach nationalem Recht Vergleichbarkeit zwischen den verschiedenen Institutionen Ehe und Lebenspartnerschaft bestehe. Stelle das jeweilige nationale Gericht fest, dass keine Vergleichbarkeit zwischen Ehe und Lebenspartnerschaft gegeben sei, so bleibe es dabei. Das Gemeinschaftsrecht mache insoweit keine Vorgaben.[557]

Jedoch gebe der EuGH der Sache nach klar zu erkennen, dass die Frage seiner Auffassung nach zu bejahen sei.[558] Diese Richtungsvorgabe zeige sich auch darin, dass er – für den Fall einer Vergleichbarkeit von Ehe und Lebenspartnerschaft – von einer unmittelbaren Diskriminierung wegen der sexuellen Ausrichtung ausgehe, wenn dem überlebenden Lebenspartner anders als dem überlebenden Ehegatten keine Hinterbliebenenversorgung gewährt werde. Dies

---

[553] *Lembke*, NJW 2008, S. 1634; *Bruns*, EuZW 2008, S. 257; vgl. BAG, NZA 2007, S. 1183; BGH, NJW-RR 2007, S. 1443; BVerwG, NJW 2008, S. 247ff.

[554] *Bruns*, EuZW 2008, S. 257.

[555] Bundesverfassungsgericht, Urt. v. 20.09.2007, 2 BvR 855/06, NJW 2008, S. 209–213, ; auch Bundesverwaltungsgericht, Urt. v. 15.11.2007, BVerwG 2 C 33.06, NJW 2008, S. 868–870, , vgl. *Stüber*, NVwZ 2008, S. 751.

[556] *Bruns*, NJW 2008, S. 1930.

[557] *Brinktrine*, JZ 2008, S. 791.

[558] *Lembke*, NJW 2008, S. 1633.

sei jedoch unzutreffend. Knüpfe die Hinterbliebenenversorgung an die Ehe an, so würden unverheiratete Arbeitnehmer nicht wegen ihrer sexuellen Ausrichtung anders behandelt, sondern wegen ihres Familienstandes. Ob sie homo- oder heterosexuell seien, sei völlig unerheblich. Folglich liege keine unmittelbare Benachteiligung wegen der sexuellen Ausrichtung vor.[559] Vielmehr liege eine mittelbare Benachteiligung vor.[560]

Es scheine aber, dass der EuGH vor weiteren Konsequenzen seiner zuvor gemachten Feststellungen zurückgeschreckt sei. Mit der Aussage, es sei die Aufgabe der nationalen Gerichte zu prüfen, ob Vergleichbarkeit zwischen Verheirateten und Eingetragenen Lebenspartnern bestehe, habe der EuGH den Ball schnell wieder an die nationalen Gerichte zurückgespielt.[561]

Die Zurückhaltung bzw. diesen „Rückpass" an die nationalen Gerichte habe das Bundesverfassungsgericht in Gestalt der ersten Kammer des Zweiten Senats in ihrem Beschluss vom 06.05.2008[562] sogleich aufgenommen.[563]

Dort stellte das Bundesverfassungsgericht fest, dass sich Lebenspartner im Bezug auf den dort streitgegenständlichen Familienzuschlag jedenfalls nicht in einer Situation befänden, die mit der Situation von Ehegatten vergleichbar wäre. Eine Gleichstellung der Lebenspartnerschaft mit der Ehe bestehe im deutschen Recht nicht, dies habe auch nie dem Willen des Gesetzgebers entsprochen. Auch im öffentlichen Dienst und für das Besoldungsrecht fehle eine Gleichstellung. Mit Verweis auf die Wertungen des Art. 6 GG und dem Hinweis, dass nicht die inzwischen grundsätzlich übereinstimmenden zivilrechtlichen Regelungen der Unterhaltspflichten in der Ehe und der Lebenspartnerschaft, sondern die Ausgestaltungen des öffentlichen Dienstrechts entscheidend seien, wird festgehalten, dass hier keine Gleichstellung bestehe.[564] Das Bundesverfassungsgericht nehme dabei für sich in Anspruch, dem EuGH zu folgen.[565]

Hinsichtlich der Ausführungen zum 22. Erwägungsgrund wird angeführt, dass der EuGH sicherlich anerkennt, dass es den Mitgliedstaaten frei stehe, das Rechtsinstitut der Eingetragenen Lebenspartnerschaft einzuführen und die

---

[559] *Lembke*, NJW 2008, S. 1633.
[560] Europäischer Gerichtshof, Urt. v. 06.09.2007, Rs. C-267/06, Schlussantrag vom 06.09.2007 - MARUKO, Slg. 2008, S. I-1757, Rn. 96/97/102; *Lembke*, NJW 2008, S. 1633.
[561] *Brinktrine*, JZ 2008, S. 791f.; so auch *Potz*, Österreichisches Recht der Wirtschaft 2008, S. 405f; *Schweitzer/Hummer/Obwexer*, Europarecht, Rn. 830f.
[562] Bundesverfassungsgericht, Urt. v. 06.05.2008, 2 BvR 1830/06, JZ 2008, S. 792–794.
[563] *Brinktrine*, JZ 2008, S. 792.
[564] Bundesverfassungsgericht, Urt. v. 06.05.2008, 2 BvR 1830/06, JZ 2008, , S. 793.
[565] Vgl. *Classen*, JZ 2008, S. 794.

Gleichstellung von Ehe einerseits und Eingetragener Lebenspartnerschaft andererseits vorzusehen oder nicht. Entscheidend sei aber, dass wenn ein Mitgliedstaat von der Möglichkeit der Einführung des Rechtsinstituts der Eingetragenen Lebenspartnerschaft sowie einer weitgehenden Gleichstellung Gebrauch gemacht habe, er zur Beachtung des Gleichbehandlungsgrundsatzes verpflichtet sei.[566]

4.   Eigene Beurteilung

Der Grundsatz der Gleichbehandlung ist – zusammen mit dem des freien Verkehrs – der Grundsatz, der in der gemeinschaftsrechtliche Rechtsordnung die längste Tradition aufweist und dort am tiefsten verwurzelt ist.[567] Schon insoweit sind Urteile, die auf verbleibende Kompetenzen bei den Mitgliedstaaten hinsichtlich der Gleichbehandlung verschiedener Gruppen verweisen, bemerkenswert.

Die im Zusammenhang mit der Richtlinie 2000/78/EG ergangene Entscheidung ist jedoch zunächst wenig erstaunlich, als sie im Einklang mit der weiten Auslegung des Begriffs des Arbeitsentgelts[568] die streitgegenständliche Hinterbliebenenversorgung als Arbeitsentgelt im Sinne des Art. 3 Abs. 1 c) einstuft. Der weitere Weg zu einer konsequenten Stärkung des Gleichbehandlungsgrundsatzes war damit schon eingeschlagen.

Der EuGH betont sodann in ungewohnt deutlicher Form, dass der Familienstand und davon abhängige Leistungen allein in die Zuständigkeit der Mitgliedstaaten fallen, freilich um sogleich nachzuschieben, dass bei der Aus-

---

[566] *Bruns*, NJW 2008, S. 1929.
[567] Vgl. Europäischer Gerichtshof, Urt. v. 06.09.2007, Rs. C-267/06, Schlussantrag vom 06.09.2007 - MARUKO, Slg. 2008, S. I-1757, Rn. 83; eine Auflistung der diesbezüglichen Rechtssachen findet sich unter: http://curia.europa.eu/common/recdoc/repertoire_jurisp/bull_ordrejur/data/index_A-01_02_02.htm (Stand April 2013).
[568] Europäischer Gerichtshof, Urt. v. 13.05.1986, Rs.170/84 - BILKA, Slg. 1986, S. 1607;Europäischer Gerichtshof, Urt. v. 17.05.1990, Rs. C-262/88 - BARBER, Slg. 1990, S. I-1889; Europäischer Gerichtshof, Urt. v. 06.10.1993, Rs. C-109/91 - TEN OEVER, Slg. 1993, S. I-4879; Europäischer Gerichtshof, Urt. v. 14.12.1993, Rs. C-110/91 - MORONI, Slg. 1993, S. I-6591; Europäischer Gerichtshof, Urt. v. 28.09.1994, Rs. C-128/93 - FISSCHER, Slg. 1994, S. I-4583; Europäischer Gerichtshof, Urt. v. 28.09.1994, Rs. C-200/91 - COLOROLL PENSION, Slg. 1994, S. I-4389; Europäischer Gerichtshof, Urt. v. 09.10.2001, Rs. C-379/99 - MENAUER, Slg. 2001, S. I-7275; Europäischer Gerichtshof, Urt. v. 29.11.2001, Rs. C-366/99 - GRIESMAR, Slg. 2001, S. I-9383; Europäischer Gerichtshof, Urt. v. 12.09.2002, Rs. C-351/00 - PIRKO NIEMI, Slg. 2002, S. I-7007.

übung dieser Zuständigkeiten auch das Gemeinschaftsrecht, mithin der Grundsatz der Nichtdiskriminierung, zu beachten sei.[569]

An dieser Stelle hätte der EuGH, gestützt auf seine Wächterfunktion hinsichtlich der Nichtdiskriminierung, zur dritten Frage des Vorabentscheidungsersuchens des VG München einen Vergleich der Stellung der Eingetragenen Lebenspartner mit Eheleuten vor dem Hintergrund der EG-Richtlinie vornehmen können. Stattdessen gibt er den nationalen Gerichten die Befugnis, über die Vergleichbarkeit der Familienstände zu entscheiden.[570] Nur wenn diese gegeben ist, könne eine Ungleichbehandlung wegen der sexuellen Ausrichtung kaum gerechtfertigt werden, da der EuGH dann von einer unmittelbaren Diskriminierung ausgeht.

Ein deutlicheres Eingreifen in die innerstaatlichen Regelungen betreffend der Gleich- oder Ungleichstellung von gleichgeschlechtlichen Partnerschaften hätte einen Konflikt mit dem Bundesverfassungsgericht ergeben. So war dessen Rechtsprechung, und das einiger weiterer deutscher Höchstgerichte,[571] hinsichtlich der Unterschiede von Ehe und Eingetragener Lebenspartnerschaft mit der Berufung auf Art. 6 GG bekannt. Der hohe Schutz, den das Bundesverfassungsgericht der Ehe als Ausfluss aus Art. 6 GG zuerkennt, ist eine dem deutschen Grundgesetz eigene Wertung, die auf eine lange Tradition zurückblicken kann.

Hier wollte der EuGH offensichtlich nicht eingreifen und gab stattdessen die Auslegungsbefugnis hinsichtlich der Vergleichbarkeit an die nationalen Gerichte zurück.

Der Dritte Senat des Bundesarbeitsgerichts hat nun entschieden, dass Überlebende einer Eingetragenen Lebenspartnerschaft aus Gründen der Gleichbehandlung einen Anspruch auf Hinterbliebenenrente haben können, wenn für Ehegatten im Rahmen der betrieblichen Altersversorgung eine dahingehende Zusage besteht (BAG, 14.1.2009 - Az: 3 AZR 20/07).

In seiner Pressemitteilung[572] führt das BAG aus, dass das Bundesverfassungsgericht klargestellt habe, dass der verfassungsrechtliche Schutz der Ehe in Art. 6 des Grundgesetzes den einfachen Gesetzgeber nicht dazu verpflichte, andere Lebensformen gegenüber der Ehe zu benachteiligen. Das Fördergebot

---

[569] Europäischer Gerichtshof, Urt. v. 01.04.2008, Rs. C-267/06 - MARUKO, Slg. 2008, S. I-1757, Rn. 59.

[570] *Fuchs*, in: Bamberger/Roth, Beck'scher Online Kommentar, Art. 1 AGG, Rn. 11.

[571] Vgl. Fn. 527, 529.

[572] *Bundesarbeitsgericht*, Pressemitteilung Nr. 2/09, Urteil vom 14. Januar 2009 - 3 AZR 20/07 -, abrufbar im Internet unter: http://juris.bundesarbeitsgericht.de/cgi-bin/rechtsprechung/document.py?Gericht=bag&Art=pm&Datum=2009&nr=13208&pos=8&anz=10 (Stand: April 2013).

des Art. 6 Abs. 1 GG könne nicht als Benachteiligungsgebot für andere Lebensformen als die Ehe verstanden werden (Urteil vom 17. Juli 2002, Az.: 1 BvF 1/01, 1 BvF 2/01; BVerfGE 105, 313). Der einfache Gesetzgeber könne daher festlegen, ob und inwieweit er zwischen der Ehe und der Eingetragenen Lebenspartnerschaft eine vergleichbare Situation schaffe. Seit der Gesetzgeber mit dem „Gesetz zur Überarbeitung des Lebenspartnerschaftsrechts" ab 1. Januar 2005 für Eingetragene Lebenspartner den Versorgungsausgleich eingeführt und in der gesetzlichen Rentenversicherung die Eingetragene Lebenspartnerschaft der Ehe gleichgestellt hat, sei rechtlich eine vergleichbare Situation auch hinsichtlich der im Arbeitsverhältnis zugesagten Hinterbliebenenversorgung geschaffen. Auch tatsächliche Unterschiede, die im Hinblick darauf, dass es sich bei der zugesagten Hinterbliebenenversorgung um Arbeitsentgelt des Versorgungsberechtigten handele, die die Annahme einer nicht vergleichbaren Situation rechtfertigen könnten, bestünden nicht. Daraus folge: Überlebende Eingetragene Lebenspartner haben in gleichem Maße wie überlebende Ehegatten Anspruch auf Hinterbliebenenversorgung.

Der Spielraum, den der EuGH den Mitgliedstaaten hinsichtlich der Rechte von Personen in einer Lebenspartnerschaft zugestanden hat, wurde vom Bundesgesetzgeber genutzt, die Auslegung der entsprechenden nationalen Gesetze sodann vom nationalen Höchstgericht vorgenommen.

Der EuGH hat gezeigt, dass er die Auslegung der Kompetenzen der Gemeinschaft, auch in so gemeinschaftssensiblen Bereichen wie dem Gleichheitssatz und der Diskriminierung, nicht in extensiver Weise vornimmt. Die stets einer nationalen moralisch-ethischen Wertvorstellung zugrunde liegende Bewertung hinsichtlich der Gleichstellung von hetero- und homosexuellen Verbindungen vor dem Gesetz belässt er im mitgliedstaatlichen Bereich. Er nimmt insoweit Rücksicht auf nationale Wertentscheidungen und übt dabei seine Rolle im Kooperationsverhältnis mit den nationalen Gerichten verantwortungsvoll und bedacht aus.

D) Einordnung der gefundenen Ergebnisse

Zunächst, ganz allgemein formuliert, haben die untersuchten Rechtssachen gezeigt, dass der EuGH durchaus Einschränkungen bei der Anwendung des Vorrangs des Unionsrechts vornimmt.

Als insgesamt problematisch bei dieser Untersuchung von Rechtssachen vor dem EuGH scheint die Tatsache, dass sich nur ausgesprochen wenige Rechtssachen finden, die solche Einschränkungen bei der Anwendung des Vorrangs nahe legen. Es scheinen jedoch nur sehr selten qualifizierte Verfassungskonflikte oder Kompetenzabgrenzungsfragen mit Verfassungsbezug vor dem EuGH aufzutauchen. Besonders ins Auge stechen dabei die hier untersuchten Fälle, wie sich aus dem dargestellten Echo in der Literatur zeigt.

Zum einen richten sich die Unionsverträge grundsätzlich am gemeinsamen europäischen Verfassungsstandard aus, Konflikte sind allein schon wegen dieser weitgehenden Überschneidungen selten.[573] Zum anderen sind Widersprüche zwischen dem Primärrecht oder den weitgehend einstimmig zu verabschiedenden Rechtsakten des Sekundärrechts und nationalem Recht deshalb so selten, weil diese im Prozess der Ausarbeitung der zu verabschiedenden Normen entweder beseitigt werden, oder der betroffene Mitgliedstaat, falls dies nicht geschieht, dieser unionsrechtlichen Norm die unerlässliche Zustimmung verweigert.

Überdies kann bei dennoch bestehen bleibenden Zweifeln über die Konformität der unionsrechtlichen Vorschriften mit nationalen Verfassungsvorschriften durch die Auslegung der betroffenen Vorschriften „den geltenden Vorschriften ihre Gegensätzlichkeit"[574] genommen werden. Ferner kann ein Verfassungskonflikt immer noch durch Sonderregeln etwa in Form eines Zusatzprotokolls zu den Verträgen vermieden werden.

Insoweit ereignen sich Konflikte zwischen dem Unionsrecht und den nationalen Verfassungen äußerst selten.

Die gefundenen Rechtssachen könnten aber durchaus zu tragfähigen Ergebnissen führen, sollte sich eine rechtlich fundierte Erklärung hinter den Entscheidungen finden lassen. Falls dem so wäre, kann diese normative oder dogmatische Erklärung für eine „Eingrenzung" des Vorrangs Gültigkeit beanspruchen. Wird sie durch einige Rechtssachen bestätigt, wäre dies die praktische Belegung der theoretischen Feststellung, auf die Menge der bestätigenden Rechtssachen käme es dabei aber wohl kaum an.

---

[573] *Peters*, Elemente einer Theorie der Verfassung Europas, S. 285.
[574] So Patrick Frydman in seinen Schlussanträgen vor dem französischen Staatsrat, abgedruckt in: Staatsrat, Paris, Urt. v. 13.10.1989, Nr. 108243 - Affaire Nicolo, EuGRZ 1990, S. 99–106.

Deshalb nun soll versucht werden, die in den Fällen unter Kapitel C) gefundenen Ergebnisse zunächst zu kategorisieren, dann mit Hilfe rechtstheoretischer Überlegungen auf Hintergründe der Entscheidungen zu stoßen, weiter
die Gründe für die Urteile normativ einzuordnen und zu bewerten, um schließlich u.U. die dogmatische Auswirkung der gefundenen Ergebnisse auf die
Vorrangdogmatik zu bewerten.

I.   Kategorisierung der Konfliktfelder

Die Konflikte zwischen dem nationalen Verfassungsrecht und dem Unionsrecht treten nicht immer in den gleichen Bereichen auf. Vielmehr sind die
Konfliktfelder von unterschiedlicher Natur, so dass es sinnvoll erscheint, den
Versuch zu unternehmen, eine Abgrenzung und Bewertung dieser Felder vorzunehmen. Womöglich können die in Kapitel C) untersuchten Rechtssachen in
das gewonnene Schema eingepasst werden, wodurch sich Schlüsse auf den
Hintergrund der Entscheidungen ziehen lassen könnten.

Bei Analyse der Vorrangdogmatik und den möglichen Reibungspunkten
mit nationalem Verfassungsrecht zeigt sich, dass zunächst vier Konfliktfelder[575] ins Auge stechen: der Grundrechtsschutz, die Kompetenz-Kompetenz,
spezielles Verfassungsrecht und der unabänderliche „Kernbereich" nationaler
Verfassungen. Diese Überschneidungsfelder ergeben sich aus der Tatsache,
dass dies die Bereiche sind, die regelmäßig wichtiger Bestandteil einer Verfassung sind und die zugleich von unionsrechtlicher Relevanz sein können. Bei
innerstaatlichen Regelungen einer Verfassung etwa über die Staatsorganisation, die Staatsziele, die Finanzverfassung oder das Gesetzgebungsverfahren
ergeben sich schwerlich Überschneidungen mit Unionsrecht, weil diese Bereiche nicht auch nur ansatzweise Bestandteile der Unionsrechtsordnung sind.
Bei Betrachtung der in Kapitel C) untersuchten Entscheidungen finden sich die
soeben genannten Konfliktfelder wieder.

---

[575] Kumm findet die ersten drei Bereiche: *Kumm,* European Law Journal 2005, und in
Kumm/Ferres Comella, International Journal of Constitutional Law 2005; Stone Sweet nennt auch
drei Bereiche: verfassungsrechtliche Herleitung des Vorrangs des Gemeinschaftsrechts, die
Grundrechtsschutz und die Kompetenz-Kompetenz, in: *Stone Sweet,* in: Slaughter/Stone
Sweet/Weiler (Hrsg.), The European court and national courts - doctrine and jurisprudence, S.
312ff.

1. Grundrechtsschutz

Der erste Bereich betrifft den Grundrechtsschutz. Die Betrachtung des Grundrechtschutzes durch den EuGH und dessen Entwicklung ist hier von Interesse, weil neben dem Vorrang des Unionsrechts und damit der Unionsgrundrechte auch nationale Grundrechte in der Rechtsprechung des EuGH Beachtung finden könnten, was zeigen würde, dass der Vorrang nicht absolut angewandt wird.

a)   Entwicklung des Grundrechtsschutzes

Die Geschichte der Entwicklung des Grundrechtsschutzes in der Europäischen Union reicht lange zurück und wurde breit diskutiert und analysiert.[576]

Anfänglich ging der EuGH davon aus, dass der Grundrechtsschutz nicht Bestandteil der Gemeinschaftsrechtsordnung sei und er diesen Schutz damit auch nicht zu gewährleisten habe.[577] Schon bald ergab sich hierbei jedoch ein Umdenken. Dabei ist hervorzuheben, dass die Rechtsprechung des EuGH zum Vorrang und zum Grundrechtsschutz stark vernetzt ist[578]: Der EuGH war sich sicher, dass die Gemeinschaftsverträge ohne das Institut des Vorrangs wenig Zukunft hätten.[579] Zwar waren die in grundrechtlicher Hinsicht bedeutenden

---

[576] Vergleiche etwa *Kingreen*, in: Calliess/Ruffert, EUV AEUV, Art. 6 EUV, Rn. 3ff m.w.N; aus der unüberschaubaren Literatur: *Borchardt*, Die rechtlichen Grundlagen der Europäischen Union, S. 77ff; *Breitenmoser/Riemer/Seitz*, Praxis des Europarechts, S. 197ff; *Ehlers*, in: Ehlers (Hrsg.), Europäische Grundrechte und Grundfreiheiten, S. 443ff; *Everling*, in: Stern (Hrsg.), 40 Jahre Grundgesetz, ; 167ff; *Frenz*, Europäische Grundrechte, S. 1ff; *Haag*, in: *Bieber/Epiney/Haag*, Die Europäische Union, S. 55ff; *Nicolaysen*, in: Heselhaus/Nowak (Hrsg.), Handbuch der Europäischen Grundrechte, S. 1ff; *Jarass*, EU-Grundrechte, S. 12ff; *Kühling*, in: von Bogdandy/Bast (Hrsg.), Europäisches Verfassungsrecht, S. 657ff; *Streinz*, Europarecht, Rn. 737ff; *Walter*, in: Ehlers (Hrsg.), Europäische Grundrechte und Grundfreiheiten, S. 1ff; *Wolf*, in: Bröhmer (Hrsg.), Der Grundrechtsschutz in Europa, S. 9ff.

[577] Europäischer Gerichtshof, Urt. v. 04.02.1959, Rs. 1/58 - STORK, Slg. 1959, S. 45, S. 63; Europäischer Gerichtshof, Urt. v. 15.07.1960, Verbundene Rs. 36, 37, 38-59 und 40-59 - RUHRKOHLENVERKAUFSGESELLSCHAFTEN, Slg. 1960, S. 887, S. 920; vgl. *Ress/Ukrow*, EuZW 1990, S. 500; *Wolf-Niedermaier*, Der Europäische Gerichtshof zwischen Recht und Politik, S. 101. Der ehemalige Richter am EuGH Pescatore spricht hinsichtlich der Urteile Stork, Ruhrkohlenverkaufsgesellschaft und Sargata (Europäischer Gerichtshof, Urt. v. 01.04.1965, Rs. 40/64 - SGARLATA, Slg. 1965, S. 296) von „Fehlreaktionen". *Pescatore*, in: Mosler/Bernhardt/Hilf (Hrsg.), Grundrechtsschutz in Europa, S. 64: „Diese Haltung des Gerichtshofs erklärt sich aus der damals vorherrschenden Ideologie der sogenannten „getrennten Rechtsordnungen", womit impliciter die Grundrechtsproblematik an die nationale Sphäre zurückverwiesen wurde. Seine Aufgabe sei es, so sagte damals der Gerichtshof, die Anwendung des Gemeinschaftsrechts sicherzustellen, er habe sich nicht mit Problemen zu befassen, die dem nationalen Verfassungsrecht zugehören."

[578] *Stone Sweet*, in: Slaughter/Stone Sweet/Weiler (Hrsg.), The European court and national courts - doctrine and jurisprudence, S. 319.

[579] Vgl. *Schmahl*, EuR 2008, S. 11; *Szczekalla*, in: Heselhaus/Nowak (Hrsg.), Handbuch der Europäischen Grundrechte, Rn. 22.

Entscheidungen des Bundesverfassungsgerichts[580] und der italienischen Corte Costituzionale[581] noch nicht gefällt, die letztlich postulierten, dass der Vorrang des Unionsrechts ohne ausreichenden Grundrechtsschutz nicht zu akzeptieren sei.[582] Die in der Literatur entbrannte Diskussion deutete aber genau in diese Richtung.[583] Die Einheitlichkeit der Anwendung des europäischen Rechts war in großer Gefahr. Um den nationalen Gerichten die Grundrechtsrechtsprechung im Hinblick auf europäische Rechtsakte aus der Hand zu nehmen und damit die Akzeptanz des Vorrangs des Gemeinschaftsrechts zu gewährleisten, blieb dem EuGH letztlich nichts anderes übrig, als selbst eine Grundrechtsrechtsprechung zu begründen.[584] Anderenfalls hätte die Gefahr bestanden, dass einzelne Rechtsakte in manchen Mitgliedstaaten, in denen die nationalen Höchstgerichte deren Wirksamkeit wegen des mangelhaften Grundrechtsschutzes durch den EuGH verneint hatten, nicht gegolten hätten, im Rest der Mitgliedstaaten aber schon. Mit dem Verlust der Einheitlichkeit und der Effektivität der Europäischen Rechtsordnung wäre womöglich die gesamte Europäische Idee dem Untergang geweiht gewesen.

Der EuGH hat sich daher „nach anfänglichem Widerstreben"[585] zunächst in der Rechtssache Stauder[586] sehr kurz, bald darauf in der Rechtssache Internationale Handelsgesellschaft[587] zur Gewährleistung eines gemeinschaftsrechtlichen Grundrechtsstandards bekannt (vgl. Ausführungen unter A), II.).[588] Der Vorrang des Gemeinschaftsrechts vor den Rechtsordnungen der Mitgliedstaaten war das anleitende Motiv dabei.[589] Weiler meint dazu: „Die Oberflächen-

---

[580] „Solange I" Beschluss des Bundesverfassungsgerichts vom 29.05.1974, BVerfGE 37, 271.

[581] Frontini/Minestero delle Finanze – Corte Constitutionale Entsch. Nr. 183/73, Foro italiano, 1974, I, 314, auch abgedruckt in CMLRep. 2 (1974), 540.

[582] Eine diesbezüglich freilich nur in einer „Nebenbemerkung" gemachte Aussage des Bundesverfassungsgerichts lag aber bereits vor: Urteil des Bundesverfassungsgerichts vom 18.10.1967, BVerfGE 22, 298f.

[583] Vg. *Haltern*, Europarecht, Rn. 1047; *Pernice*, Grundrechtsgehalte im Europäischen Gemeinschaftsrecht, S. 43, Fn. 124 m.w.N.

[584] Vgl. *Huber*, Recht der europäischen Integration, § 8, Rn. 35; *Pechstein*, in: Streinz, Vertrag über die Europäische Union und Vertrag zur Gründung der Europäischen Gemeinschaft, 2003, Art. 6 EUV, Rn. 8; *Kingreen*, in: Calliess/Ruffert, EUV/EGV, 2007, Art. 6 EUV, Rn. 37.

[585] *Haltern*, Europarecht, Rn. 30.

[586] Europäischer Gerichtshof, Urt. v. 12.11.1969, Rs. 29/69 - STAUDER, Slg. 1969, S. 419, Rn. 7; vgl. dazu vertiefend *Wolf-Niedermaier*, Der Europäische Gerichtshof zwischen Recht und Politik, S. 102f.

[587] Europäischer Gerichtshof, Urt. v. 02.12.1970, Rs. 11/70, Schlussantrag vom 02.12.1970 - INTERNATIONALE HANDELSGESELLSCHAFT, Slg. 1970, S. 1125, Rn. 3f.

[588] Ausführlich zu den frühen Grundrechtsentscheidungen des EuGH: *Pernice*, Grundrechtsgehalte im Europäischen Gemeinschaftsrecht, S. 42ff.

[589] *Weiler*, Washington Law Review 1986, S. 1103; *Weiler*, in: Weiler (Hrsg.), The constitution of Europe, S. 107f.

sprache des Gerichtshofes in Stauder ist die der Grundrechte. Die Tiefenstruktur aber ist das Prinzip des Vorrangs."[590]

Das ursprüngliche Motiv des EuGH zur Herleitung des Grundrechtsschutzes bestand nicht in der Schaffung eines geschützten Grundrechtsbereiches für den einzelnen Bürger der Gemeinschaft. Vielmehr war die Sorge um die Einheitlichkeit der Geltung des Gemeinschaftsrechts das treibende Motiv. Diese Einheitlichkeit wiederum wird durch den Vorrang des Gemeinschaftsrechts gewährleistet, was klar macht, dass letztlich die Sorge um den Vorrang die Triebfeder für die Entwicklung der Grundrechtsrechtsprechung durch den EuGH war. Wenn die Grundrechtsrechtsprechung quasi als Konzession für den Vorrang des Gemeinschaftsrechts entwickelt wurde, erscheint es auch als Kehrseite dieser Verbindung zumindest logisch und möglich, dass sich aus dieser Grundrechtsrechtsprechung auch eine gewisse Beeinträchtigung oder Beschränkung für den Vorrang ergibt.[591]

Dass der EuGH den Grundrechtskatalog vornehmlich unter Rückgriff auf die EMRK und die gemeinsamen Verfassungsüberlieferungen der Mitgliedstaaten entwickelte, war zuvorderst der Lücke geschuldet, die sich aus dem Fehlen eines solchen Kataloges in den Gemeinschaftsbestimmungen ergab.[592]

Natürlich zeigt sich in dem anfänglichen Unwillen des EuGH hinsichtlich einer achtbaren Grundrechtsjudikatur auch die Achtung der Richter des EuGH vor dem Grundsatz der Gewaltenteilung und der Vertragstreue. So war in den ihrer Judikatur zugrunde liegenden Verträgen vom Grundrechtsschutz nicht die Rede. Dabei zeigt sich, dass der EuGH nach der gewagten Begründung des Vorrangs und der unmittelbaren Anwendbarkeit abseits der Verträge auch den nächsten Schritt hin zu einer Staatengemeinschaft und weg von einer reinen Wirtschaftsgemeinschaft machen wollte, wozu unvermeidbar die Anerkennung eines gewissen Grundrechtsstandards gehören musste. Der EuGH wurde so zum Integrationsmotor der Gemeinschaft und setze sich trotz eigener Bedenken über allzu strikte Grundsätze der Vertragstreue und über den ohnehin in den Europäischen Gemeinschaften nicht streng abgrenzbaren Gewaltenteilungsgrundsatz aus praktischen Überlegungen, die das Überleben der Europäischen Idee garantieren sollten, hinweg.

Der EuGH entwickelte in der Folge in einer Vielzahl von Fällen durch Richterrecht einen umfassenden, wenn auch ungeschriebenen Grundrechtska-

---

[590] *Weiler*, Washington Law Review 1986, S. 1119.

[591] So auch *Mayer*, in: Grabitz/Hilf/Nettesheim, Das Recht der Europäischen Union, 19 EUV, Rn. 63, der als " Pendant zur Anerkennung des Vorrangs" von national-verfassungskonformer Auslegung des Unionsrechts unter Bezugnahme auf *Peters*, Elemente einer Theorie der Verfassung Europas, S. 242ff, spricht.

[592] *Huber*, EuR 2008, S. 191; vgl. *Haltern*, Europarecht, Rn. 1032ff zu den möglichen Gründen hierfür.

talog[593], der sich auf Art. 220 EGV und seiner Pflicht des EuGH zur Wahrung des Rechts bei der Auslegung und Anwendung des Gemeinschaftsrechts stützte. Eine materielle Grundrechtsbindung wurde schriftlich erst mit dem Maastrichter Vertrag in Art. F Abs. 2 EUV a.f. festgehalten.[594] Mit dem Vertrag von Lissabon wurde schließlich mit Art. 6 EUV ein „dreifacher Grundrechtsschutz"[595] begründet: Der aus der Verfassungstradition der Mitgliedstaaten entwickelte, auf den in Art. 6 Abs. 3 EUV hingewiesen wird, der sich aus der Charta der Grundrechte der EU ergebende Grundrechtsschutz gem. Art. 6 Abs. 1 EUV und schließlich der sich durch einen Beitritt zur EMRK gemäß Art. 6 Abs. 2 EUV ergebende.

Die Zahl der ausdrücklichen Prüfung von Grundrechten in der jüngsten Rechtsprechung des EuGH hat zudem stark zugenommen.[596] Der Anteil der Entscheidungen mit ausdrücklichem Grundrechtsbezug im Verhältnis zur Gesamtzahl der erledigten Rechtssachen ist allerdings nach wie vor nicht sonderlich hoch, für die Jahre 2000 bis 2004 beispielsweise betrug er jeweils rund 3 %.[597] Dies mag nicht verwundern, so wurde der EuGH lange nicht als Verfassungsgericht, sondern eher als Verwaltungsgericht betrachtet.[598] Heute erscheint die Bezeichnung als „Verfassungsgericht"[599] angebracht, was sich nunmehr auch im Selbstbild des EuGH bestätigt.[600]

b)   Akzeptanz der Grundrechtsrechtsprechung des EuGH

Einige nationale Verfassungsgerichte, so das deutsche Bundesverfassungsgericht[601] und die italienische Corte Costituzionale[602], haben sich dennoch lange Zeit dazu genötigt gefühlt, den Grundrechtsschutz in der Gemeinschaft zu gewährleisten, da der EuGH den Grundrechtsschutz nur unzureichend garantiere. Nachdem der EuGH aber ihrer Ansicht nach begann, den

---

[593] Vgl. etwa *Huber*, Recht der europäischen Integration, § 8, Rn. 41ff; *Gebauer*, Parallele Grund- und Menschenrechtsschutzsysteme in Europa?, S. 146ff.; *Walter*, in: Ehlers (Hrsg.), Europäische Grundrechte und Grundfreiheiten, S. 10ff.
[594] Bereits in der am 1.07. 1987 in Kraft getretenen EEA findet sich ein kodifiziertes Bekenntnis zum Schutz der Grundrechte in der Präambel.
[595] *Streinz*, Europarecht, Rn. 731, 747.
[596] *Bergmann*, EuGRZ 2004, S. 624, Fn. 55 m.w.N.; *Ruffert*, EuGRZ 2004, S. 468.
[597] *Schwarze*, NJW 2005, S. 3460
[598] Vgl. *Everling*, in: Bender/Breuer/Ossenbühl/Sendler (Hrsg.), Rechtsstaat zwischen Sozialgestaltung und Rechtsschutz, 295.
[599] Vgl. *Streinz*, in: Streinz, EUV/AEUV, Rn. 3, 12; *Voßkuhle*, NVwZ 2010, S. 1; *Huber*, in: Streinz, EUV/AEUV, 19 EUV, Rn. 25.
[600] Vgl. *Huber*, in: Streinz, EUV/AEUV, 19 EUV, Rn. 25 m.w.N.
[601] „Solange I": BVerfGE 37, 271, 337.
[602] Frontini/Ministero delle Finanze – Corte Constitutionale Entsch. Nr. 183/73, Foro italiano, 1974, I, 314, auch abgedruckt in CMLRep. 2 (1974), 540.

Grundrechtsschutz in ausreichendem Maße zu gewährleisten, zog das Bundesverfassungsgericht seine Rechtsprechungsgewalt zurück[603], da seiner Ansicht nach nunmehr ein akzeptabler Grundrechtsschutz durch den EuGH gewährleistet war, andere nationale Höchstgerichte folgten.[604]

Obwohl die Grundrechte ein Bereich bleiben, in dem sich einige nationalen Gerichte noch schwer tun, dem Schutz des Unionsrechts voll zu vertrauen, ist die Wahrscheinlichkeit eines ernsten Verfassungskonflikts zwischen Unionsrecht und nationalem Recht mittlerweile gering, solange der EuGH weiter einen vergleichbaren Grundrechtsschutz wie die nationalen Gerichte gewährleistet.[605] Nach dem nunmehr in Art. 6 EUV verankerten dreifachen Grundrechtsschutz wird sich diese Gefahr in Zukunft eher weiter verringern.

Höchst wünschenswert wäre dabei insbesondere aus deutscher Sicht, da in Deutschland den Grundrechten eine besonders bedeutende Rolle zufällt, eine noch weitere Annäherung der Grundrechtsprechungen des EuGH und der Mitgliedstaaten, um einen weiteren Schritt zur Vertiefung und Verbreitung der europäischen Integration zu machen und das Konfliktpotential weiter zu verringern.[606]

Zwar wird kritisch zur Grundrechtsprechung etwa von Everling angemerkt, dass der EuGH sich den Rechtsproblemen des Alltagsgeschäfts immer noch mehr über das in der französischen Rechtstradition bedeutende Wirtschaftsverwaltungsrecht näherte, als über gemeinschaftsrechtliche Grundrechte.[607] Weiter wird moniert, dass es dem Gerichtshof grundrechtlich nur auf die funktionalen marktrechtlichen Effekte von Wirtschaftsgrundrechten, Diskriminierungsverboten und allgemeinen Rechtsgrundsätzen ankomme.[608]

Ferner ist es vielleicht richtig, dass sich der EuGH in einigen Fällen, wie in der Rechtssache Hoechst[609], in der neben der verfahrensrechtlichen Problematik auch über die Reichweite des Grundrechts auf Unverletzlichkeit der

---

[603] BVerfGE 73, 339 - Solange II; in Italien ähnlich: SpA Granital - Corte Constitutionale Entsch. Nr. 170/84, Foro italiano, I, 1984, 2062; Hirsch spricht von Entwicklung des Grundrechtsschutzes durch den EuGH in enger Wechselwirkung mit der Verfassungsrechtsprechung der Mitgliedstaaten, in: *Hirsch*, NJW 1996, S. 2464.

[604] Eine ausführliche Auflistung der nationalen Höchstgerichte, die auch eine Letztentscheidungskompetenz über die Rechtmäßigkeit von Unionsrecht beanspruchen, findet sich bei: *Mayer*, in: Grabitz/Hilf/Nettesheim, Das Recht der Europäischen Union, 19 EUV, Rn. 92ff.

[605] *Kumm*, European Law Journal 2005, S. 264.

[606] Vgl. *Vitzthum*, JZ 1998, S. 167.

[607] *Everling*, in: Stern (Hrsg.), 40 Jahre Grundgesetz, S. 170f.

[608] *Wolf*, in: Bröhmer (Hrsg.), Der Grundrechtsschutz in Europa, S. 33.

[609] Europäischer Gerichtshof, Urt. v. 21.09.1989, Verbundene Rs. 46/87 und 227/88 - HOECHST, Slg. 1989, S. 2859.

Wohnung entschieden wurde, von der Effizienz des Wirtschaftskreislaufes leiten lässt und so eine „funktionale Schere"[610] ansetzt.

Insgesamt ist diese Kritik aber unbegründet.[611] Der unionsrechtlich gewährleistete Schutz der Grundrechte ist nicht zuletzt gemäß den Ausführungen des Bundesverfassungsgerichts im Maastricht-Urteil, wie soeben erwähnt, „nach Konzeption, Inhalt und Wirkungsweise dem Grundrechtsstandard des Grundgesetzes im wesentlichen gleich zu achten".[612] Es kann allgemein sogar einen höheren Standard erreichen, als dies in einzelnen Mitgliedstaaten der Fall ist.[613]

c)   Reichweite des Grundrechtsschutzes

Bei der Anwendung der Unionsgrundrechte bleiben dennoch immer noch viele Fragen offen, etwa zur horizontalen Wirkung von den EU-Grundrechten[614], auf die im Rahmen dieser Arbeit nicht näher eingegangen wird.

Hinsichtlich des Konfliktfeldes des Vorrangs des Unionsrechts mit der nationalen Grundrechtsrechtsprechung erscheint insbesondere die Reichweite oder das Schutzniveau der Unionsgrundrechte von Interesse, da sich bei unterschiedlichen nationalen und unionsrechtlichen Schutzniveaus eine Möglichkeit oder Notwendigkeit zur Beachtung nationaler Besonderheiten und damit eine Beschränkung des Vorrangs auftun könnte.

Obwohl der EuGH heute einen umfassenden Grundrechtsschutz gewährleistet, stellt sich insbesondere die Frage, inwieweit im Rahmen dieses europarechtlichen Grundrechtsschutzes die unterschiedlichen Wertungen der nationalen Verfassungen Eingang finden.[615] Greift der EuGH dabei auf die gemeinsamen Minimalstandards des Grundrechtsschutzes aller Mitgliedstaaten zur Definierung der Grundrechte zurück und wird so praktisch jede national besondere Wertung eines Grundrechts durch den Vorrang dieser europarechtlichen Grundrechtsauslegung verdrängt? Oder wird gar ein Maximalstandard,

---

[610] *Wolf*, in: Bröhmer (Hrsg.), Der Grundrechtsschutz in Europa, S. 33.

[611] So auch *Zuleeg*, EuGRZ 2000, S. 512, der darlegt, dass von einer Minderwertigkeit des Grundrechtsschutzes keine Rede sein könne.

[612] BVerfGE 73, 339, 383 – Solange II.

[613] *Strasser*, Grundrechtsschutz in Europa und der Beitritt der Europäischen Gemeinschaften zur Europäischen Menschenrechtskonvention, S. 62; *Mayer*, in: Grabitz/Hilf/Nettesheim, Das Recht der Europäischen Union, nach Art. 6 EUV, Rn. 22; gleichwohl kritisch *Huber*, Recht der europäischen Integration, § 8, Rn. 67ff.

[614] *Huber*, Recht der europäischen Integration, § 8, Rn. 63.

[615] Vgl. *Schwarze*, NJW 2005, 3459 ; *Schorkopf*, ZaöRV 2004, 125.

also nach dem höchsten in einem Mitgliedstaat vorhandenen Niveau gewährleistet?[616]

Es zeigte sich eine Tendenz, einen möglichst weitgehenden Schutz zu gewährleisten, also „zwingenden Verfassungserfordernissen eines Mitgliedstaates auch dann gerecht zu werden, wenn diese in anderen Mitgliedstaaten nicht gegeben sind".[617] Die Aussage des EuGH, dass „keine Maßnahmen als rechtens anerkannt werden können, die unvereinbar sind mit den von den Verfassungen dieser Staaten geschützten Grundrechten"[618] wurde vielfach als Bekenntnis zu einem „Maximalstandard" ausgelegt.[619] Das geht aber zu weit.[620] Damit würde sich die Union dem Verfassungsdiktat durch den einen maximalen Schutz gewährenden Mitgliedstaat aussetzen. So führt der EuGH denn auch an: „Die Aufstellung besonderer, von der Gesetzgebung oder der Verfassungsordnung eines Mitgliedstaates abhängiger Beurteilungskriterien würde die materielle Einheit und die Wirksamkeit des Gemeinschaftsrechts beeinträchtigen", hätte mithin gar gefährdende und zerstörerische Wirkung.[621] Es bedarf also der Beachtung einer unionsrechtlichen Dimension, was durch die zwei Prüfungsschritte der Allgemeinwohlbezogenheit für die Union und der Verhältnismäßigkeit der Maßnahme erreicht wird. Nach Streinz führe dieser „relativierte Maximalstandard" „durchaus zu praktikablen Ergebnissen".[622] Letztlich müsse eine Abwägung stattfinden, bei der die Rechtslage in den einzelnen Mitgliedstaaten und im internationalen Bereich verglichen werden müsse, aber trotz einer grundrechtsfreundlichen Tendenz bei der Prüfung der Grundrechtschranken auch die Ziele und die Funktionsfähigkeit der Union berücksichtigt werden müssten.[623]

---

[616] Eine ausführliche Darstellung der verschiedenen denkbaren möglichen Lösungen in: *Szczekalla, Die sogenannten grundrechtlichen Schutzpflichten im deutschen und europäischen Recht*, S. 491ff.

[617] *Streinz*, Europarecht, Rn. 741; so in: Europäischer Gerichtshof, Urt. v. 21.09.1989, Verbundene Rs. 46/87 und 227/88 - HOECHST, Slg. 1989, S. 2859, und Europäischer Gerichtshof, Urt. v. 18.05.1982, Rs. 155/79 - AM&S, Slg. 1982, S. 1575, ; vgl. dazu auch *Mayer*, in: Grabitz/Hilf/Nettesheim, Das Recht der Europäischen Union, nach Art. 6 EUV, Rn. 22; *Frenz*, Europäische Grundrechte, Rn. 130.

[618] Europäischer Gerichtshof, Urt. v. 14.05.1974, Rs. 4-73 - NOLD, Slg. 1974, S. 491, Rn. 13; Europäischer Gerichtshof, Urt. v. 13.12.1979, Rs. 44/79 - HAUER, Slg. 1979, S. 3727, Rn. 15.

[619] *Frenz*, Europäische Grundrechte, Rn. 130; *Streinz*, Europarecht, Rn. 741; dazu auch *Bleckmann*, in: Baur/Müller-Graff/Zuleeg (Hrsg.), Europarecht, Energierecht, Wirtschaftsrecht, S. 31f.

[620] Vgl. *Hilf/Schorkopf*, in: Grabitz/Hilf/Nettesheim, Das Recht der Europäischen Union, 40. Ergänzungslieferung Oktober 2009, Art. 6 EUV a.F., Rn. 52.

[621] Europäischer Gerichtshof, Urt. v. 13.12.1979, Rs. 44/79 - HAUER, Slg. 1979, S. 3727, Rn. 14.

[622] *Streinz*, Europarecht, Rn. 742.

[623] *Everling*, in: Stern (Hrsg.), 40 Jahre Grundgesetz, S. 170; in diesem Zusammenhang wird auch häufig von einer „wertenden Rechtsvergleichung" gesprochen, in: *Frenz*, Europäische Grundrechte, Rn. 130, *Szczekalla*, in: Heselhaus/Nowak (Hrsg.), Handbuch der Europäischen Grundrechte, Rn. 17; *Rengeling/Szczekalla*, Grundrechte in der Europäischen Union, Rn. 163ff.

Eine solche Abwägung erscheint tatsächlich regelmäßig zu sinnvollen Ergebnissen zu führen, die die Interessen aller Beteiligten in angemessener Weise berücksichtigt.

Jedoch wird es in der konkreten Grundrechtsprüfung immer zu Fällen kommen, in denen zumindest für eine der beteiligten Seiten keine befriedigenden Lösungen gefunden werden können. Womöglich lässt sich daraus auch schließen, dass die Frage nach der Reichweite, einem hohen oder niedrigen Schutzniveau von Grundrechten im Allgemeinen falsch gestellt ist und das Wesen von Unionsgrundrechten, gerade als Grundrechte in einem Verbund so vieler Staaten mit eigener Geschichte, Identität und Kultur, verkennt. Wie kann etwa das Schutzniveau des ungeborenen Lebens in der Union bestimmt werden, welches in Irland durch ein Abtreibungsverbot in Form eines spezifischen Verfassungsrechts geschützt ist, in anderen Mitgliedstaaten hingegen stärker hinter die Rechte der Mutter zurücktreten muss?[624]

Bei Grundrechten geht es innerhalb eines bestimmten Rahmens der Achtung der Menschenrechte auch um nationale Verfassungswertungen, für die teilweise schwerlich ein gemeinsamer Querschnitt ermittelt werden kann, ohne nationalspezifische Befindlichkeiten rücksichtslos zu übergehen. So versucht der EuGH die Unionssensibilitäten zu reflektieren, während die nationalen Verfassungsgerichte spezielle nationale Verfassungssensibilitäten spiegeln.[625] Bei diesem Versuch des EuGH, einer eigenen Unionsidentität mit eigener Rechtsbalance eine Stimme zu verleihen, kann kein immer gültiges Schema für die Ermittlung eines Schutzniveaus angewandt werden. Vielmehr ist in gewissen Fällen auf die spezifischen nationalen Grundrechtswertungen einzugehen und dabei die sonst so stringente Anwendung des Vorrangs des Unionsrechts entsprechend anzupassen.

Besondere Relevanz im Zusammenhang mit dem Anwendungsvorrang des Unionsrechts erlangt dies, wenn der EuGH seine Grundrechtsprüfung auf die Handlungen der Mitgliedstaaten erweitert.

d)   Verpflichtete der Unionsgrundrechte

Die fehlende normative Grundlage im Bezug auf den ursprünglichen, auf Gemeinschaftsrechtsakte beschränkten Grundrechtsschutz war zunächst noch nicht von übergeordneter Wichtigkeit, da nur das Ergebnis, die Sicherung des Vorrangs, von Bedeutung war und diese Rechtsprechung gemeinschaftsintern

---

[624] Vgl. *Haltern*, Europarecht, Rn. 1075.
[625] Vgl. *Haltern*, Europarecht, Rn. 1086.

blieb, also nicht in sensible, nationale Verfassungsfragen eindrang, und so für recht wenig Aufsehen sorgte.[626] Die materielle Grundrechtsbindung im Maastrichter Vertrag in Art. F Abs. 2 EUV a.f. normierte nur die Grundrechtsbindung der Union und nicht der Mitgliedstaaten. Mit dem Amsterdamer Vertrag fiel die Grundrechtskontrolle über die Handlungen der EU-Organe gem. Art. 46 EU a.f. sodann auch in den Zuständigkeitsbereich des EuGH.

Geht es um direkte Handlungen der Organe der Union, mithin um die Überprüfung von Unionshoheitsakten, besteht wenig Konfliktpotential mit den nationalen Verfassungen, da ausschließlich aufgrund von Unionsrecht gehandelt wird und wegen des Anwendungsvorrangs des Unionsrechts der Prüfungsmaßstab die Unionsgrundrechte mit keinem national-verfassungsrechtlichem Bezug sein dürften, da die Unionsorgane durch nationale Grundrechte in keiner denkbaren Weise gebunden werden.[627] Auch an der alleinigen Entscheidungsbefugnis des EuGH können keine Zweifel gehegt werden.

aa)   Die Mitgliedstaaten als Verpflichtete der Unionsgrundrechte

Von einer Bindung der Mitgliedstaaten an die Gemeinschaftsgrundrechte war in den Verträgen nicht die Rede. Im Rahmen des Grundrechtsschutzes war die Frage der Inkorporation von Beginn an jedoch sehr problematisch und wird in der Literatur ausführlich erörtert.[628] Dabei ging es um die Frage, ob und wann europäischer Grundrechtsschutz auch gegenüber den Handlungen der Mitgliedsstaaten greifen soll. Grundsätzlich werden Handlungen der Mitgliedstaaten nur am Maßstab nationaler Grundrechte von nationalen Gerichten geprüft, nicht aber am Maßstab europäischer Grundrechte und durch den EuGH. Die Unionsgrundrechte binden die Mitgliedstaaten jedenfalls dann nicht, wenn und soweit der konkrete Fall nicht in den Anwendungsbereich des Unionsrechts fällt.

Es sind aber Konstellationen denkbar, in denen es notwenig erscheint, Handlungen der Mitgliedstaaten an den Unionsgrundrechten zu messen, nämlich wenn die Mitgliedstaaten im Anwendungsbereich des Unionsrechts handeln. Bei nationalem Verwaltungsvollzug von Unionsrecht oder etwa bei mit-

---

[626] Vgl. *Haltern*, Europarecht, Rn. 1096.

[627] *Jarass*, EU-Grundrechte, § 3, Rn. 14.

[628] *Bienert*, Die Kontrolle mitgliedstaatlichen Handelns anhand der Gemeinschaftsgrundrechte, S. 46ff; *Brosius-Gersdorf*, Bindung der Mitgliedstaaten an die Gemeinschaftsgrundrechte; *Cirkel*, Die Bindungen der Mitgliedstaaten an die Gemeinschaftsgrundrechte, S. 56ff; *Fries*, Die Grundrechtsbindung der Mitgliedstaaten nach dem Gemeinschaftsrecht, S. 87ff.; *Rengeling/Szczekalla*, Grundrechte in der Europäischen Union, Rn. 277ff; *Ruffert*, EuGRZ 1995, 518.

gliedstaatlichem Umsetzungs- und Ausführungsrecht sind demnach die Unionsgrundrechte heranzuziehen. „Diese Kontrolle ist zuvörderst von nationalen Gerichten auszuüben, die den EuGH aber im Rahmen des Vorabentscheidungsverfahrens befassen können."[629]

Unionsgrundrechte und nationale Grundrechte können eine unterschiedliche Bedeutung und Tragweite besitzen. Sind die Mitgliedstaaten und deren Stellen Verpflichtete der Unionsgrundrechte, weil sie Unionsrecht durchführen, oder weil sie Grundfreiheiten beschränken, werden die nationalen Grundrechte entweder von vornherein nicht anwendbar sein oder im Konfliktfall wegen des Anwendungsvorrangs des Unionsrechts zurücktreten.[630]

In dieser Konstellation ist die Folge einer möglichen Kollision zwischen Unionsrecht und mitgliedstaatlichem Verfassungsrecht im Hinblick auf die Vorrangfrage interessant, denn hier könnten entsprechende nationale Garantien wegen des Vorrangs des Unionsrechts nicht mehr zur Anwendung kommen.[631] Nationale Gerichte müssten dann beispielsweise die Maßnahme einer deutschen Behörde überprüfen und dürften dabei, bei absoluter Anwendung des Vorrangs des Unionsrechts, nicht die nationalen Wertungen einfließen lassen, sondern müssten im Sinne eines unionsrechtlichen Grundrechtsschutzes entscheiden.

Hier liegt es auf der Hand, dass es zu Konflikten zwischen einer strikten Anwendung des Vorrangs und nationalen Verfassungsvorschriften kommen kann. [632]

Eine beschränkte Inkorporation hat sich seit Ende der 1980er Jahre auf zwei Konstellationen beschränkt[633], in denen es dem EuGH unangemessen erscheint, „keine Grundrechtskontrolle vorzunehmen".[634] Die Erwähnung der Grundrechte im Bezug zur Union im Maastricht-Vertrag sollte aber nichts an der Berechtigung des EuGH ändern, die Bindung der Mitgliedstaaten an die Gemeinschaftsgrundrechte in gewissen Grenzen zu überwachen, sondern die bestätigen und unterstützen.[635]

---

[629] *Pechstein*, in: Streinz, Vertrag über die Europäische Union und Vertrag zur Gründung der Europäischen Gemeinschaft, 2003, Art. 6 EUV, Rn. 9
[630] *Jarass*, EU-Grundrechte, § 3, Rn. 14.
[631] *Streinz*, Europarecht, Rn. 751.
[632] Ähnlich *Huber*, AöR 1991, S. 233.
[633] Vgl. beispielsweise *Peters*, Elemente einer Theorie der Verfassung Europas, S. 404; *Frenz*, Europäische Grundrechte, Rn. 224ff.
[634] *Haltern*, Europarecht, Rn. 1097.
[635] *Scheuing*, EuR 2005, S. 178.

Diese beiden Bereiche[636] werden mit den Begriffspaaren Agency-Situation und ERT-Situation[637] umschrieben, anderorts mit Durchführungskonstellation und Einschränkungskonstellation[638]. Eine darüber hinaus gehende Inkorporation der Unionsgrundrechte abseits dieser zwei Situationen betreibt der EuGH nicht, wie sein „Nicht-Eingehen" auf die Steilvorlage des Generalanwalts Jacobs[639] in der Rechtssache Konstantinidis[640] zeigt. Dieser argumentierte, dass nationale Rechtsakte auch außerhalb der beiden Situationen einer Prüfung auf Vereinbarkeit mit den europäischen Grundrechten unterzogen werden sollten.[641]

aaa)   Agency-Situation

Gemeint ist mit diesem Begriff diejenige Situation, in der ein Mitgliedstaat für und namens der Union handelt, Unionsrechte vollzieht und eine Unionspolitik umsetzt.

Setzt ein Mitgliedsstaat etwa eine Richtlinie in nationales Rechts um, ist freilich das Ziel und der Zweck bindend, hinsichtlich der Mittel wird aber unter Umständen ein erhebliches Ermessen eingeräumt. Innerhalb dieses Ermessens bewegt sich der Mitgliedstaat nach dem EuGH[642] aber nun auf dem Gebiet des Unionsrechts und muss sich damit an den Unionsgrundrechten messen, denn wegen des Vorrangs des Unionsrechts kommen die nationalen Garantien nicht mehr zur Anwendung. Die Mitgliedstaaten handeln hier quasi als verlängerter Arm der Union, funktional kollabiert die Unterscheidung zwischen Union und Mitgliedstaaten, weshalb die Ausdehnung des Anwendungs-

---

[636] Auch Everling sprich von diesen zwei Bereichen, die zu einer Grauzone voller Unklarheiten führten, in: *Everling*, in: Stern (Hrsg.), 40 Jahre Grundgesetz, S. 172.
[637] *Haltern*, Europarecht, Rn. 1097ff; *Weiler/Lockhart*, CMLRev. 1995, S. 80.
[638] *Scheuing*, EuR 2005, S. 163.
[639] Europäischer Gerichtshof, Urt. v. 09.12.1992, Rs. C-168/91, Schlussanträge vom 09.12.1992 - KONSTANTINIDIS, Slg. 1993, S. I-1191, Rn, 46ff.
[640] Europäischer Gerichtshof, Urt. v. 30.03.1993, Rs. C-168/91 - KONSTANTINIDIS, Slg. 1993, S. I-1191.
[641] Leichte Andeutungen hinsichtlich einer Ausdehnung der Grundrechtsbindung der Mitgliedstaaten in Zusammenhang mit dem gemeinschaftsrechtlichen Diskriminierungsverbot enthielten die Rechtssachen Europäischer Gerichtshof, Urt. v. 12.05.1998, Rs. C-85/96 - MARTINEZ SALA, Slg. 1998, S. I-2691, Rn. 61ff. und Europäischer Gerichtshof, Urt. v. 24.11.1998, Rs. C-274/96 - BICKEL UND FRANZ, Slg. 1998, S. I-7637, Rn. 15ff, wobei nicht von einer neuen Tendenz in der Rechtsprechung gesprochen werden kann, vgl. *Brosius-Gersdorf*, Bindung der Mitgliedstaaten an die Gemeinschaftsgrundrechte, S. 33ff.
[642] Europäischer Gerichtshof, Urt. v. 13.07.1989, Rs. 5/88 - WACHAUF, Slg. 1989, S. 2609;Europäischer Gerichtshof, Urt. v. 24.03.1994, Rs. C-2/92 - BOSTOCK, Slg. 1994, S. I-955; Europäischer Gerichtshof, Urt. v. 27.06.2006, Rs. C-540/03 - EP/RAT, Slg. 2006, S. I-5769, Rn. 104f.

bereichs europäischer Grundrechte einsichtig und notwenig erscheint.[643] Angesichts der Konsequenz, mit der der EuGH des Vorrang des Unionsrechts durchsetzt[644], wurden Zweifel daran geäußert, ob aus nationalen Grundrechten abgeleitete Einwände gegen die Verpflichtung zur Umsetzung einer Richtlinie oder gegen die Anwendung einer solchermaßen zustande gekommenen Rechtsvorschrift vom EuGH anerkannt würden.[645]

Unter diesen ersten Bereich fallen auch die Fälle der Vollziehung bzw. Vollstreckung von Unionsakten, sofern das Unionsorgan der Amtshilfe nationaler Behörden bedarf. Bei Durchsuchungen und Zwangsgeldfestsetzungen ist ein sensibler Bereich betroffen, bei der es häufig um die Ausübung grundrechtsrelevanter Gewalt geht.

Die Rechtssache Hoechst[646] ist diesem Konfliktbereich zuzuordnen. Dabei handelte es allerdings sich um einen Fall der Grundrechtsbindung der Unionsorgane selbst. Die nationalen Grundrechte finden auf Akte der Union keine Anwendung, weshalb allein das unionsrechtliche Niveau für die Effektivität des Rechtsschutzes ausschlaggebend ist.[647] Die Rechtssache hat gezeigt, dass national-verfassungsrechtlich garantierte Verfahrensordnungen vom EuGH respektiert werden, auch wenn eine strikte Anwendung des Vorrangs ein anderes Ergebnis ermöglicht hätte.[648]

In dem Urteil Port wurde deutlich, dass der EuGH auch bedeutende Verfahrensgrundrechte wie das Recht auf effektiven Rechtschutz zu berücksichtigen gewillt ist, obwohl gemessen am nationalen deutschen Standard von Seiten des Bundesverfassungsgerichts daran Zweifel geäußert wurden. Diesen

---

[643] *Haltern*, Europarecht, Rn. 1099; *Peters*, Elemente einer Theorie der Verfassung Europas, S. 404f; *Weiler* meint: „Not to review these acts would be legally inconsistent with the constant human-rights jurisprudence…", , in: Weiler (Hrsg.), The constitution of Europe, S. 120f.

[644] Vgl. etwa Europäischer Gerichtshof, Urt. v. 21.05.1987, Rs. 249/85 - ALBAKO, Slg. 1987, S. 2345.

[645] *Everling*, in: Stern (Hrsg.), 40 Jahre Grundgesetz, S. 176.

[646] Europäischer Gerichtshof, Urt. v. 21.09.1989, Verbundene Rs. 46/87 und 227/88 - HOECHST, Slg. 1989, S. 2859.

[647] Vgl. hierzu *von Papp*, Die Integrationswirkung von Grundrechten in der Europäischen Gemeinschaft, S. 305.

[648] Freilich hat diese Rechtssache auch gezeigt, dass ein Grundrechtsschutz eben nicht nach dem Maximalstandard gewährleistet wird. Denn der Schutzbereich der Unverletzlichkeit der Wohnung als Unionsrecht umfasst nicht wie in Deutschland auch Geschäftsräume. Dies ist insoweit aber an dieser Stelle nicht problematisch bzw. steht nicht im Widerspruch zu den Ergebnissen in den erwähnten Rechtssachen. Denn bei dem Schutzbereich der Unverletzlichkeit der Wohnung und dessen Ermittlung steht kein besonders bedeutender nationaler Verfassungswert auf dem Spiel. Vielmehr wurde auf die oben beschriebene Art der Schutzbereich eines Unionsgrundrechts ermittelt und dabei nicht ein maximale Schutzbereich, wie in Deutschland, festgestellt.

Zweifeln wurde mit einem „lehrbuchhaften"[649] Bekenntnis zum effektiven Rechtsschutz begegnet.

Die Sorge, dass der EuGH durch eine allzu strikte Anwendung des Vorrangs aus nationalen Grundrechten abgeleitete Einwände niemals anerkenne, ist also nicht begründet.

bbb) ERT-Situation

Mit der zweiten Situation sind Fälle gemeint, in denen es die Mitgliedstaaten unternehmen, Grundfreiheiten des Binnenmarktes unter Ausnutzung geschriebener oder ungeschriebener Schrankenvorbehalte im Unionsrecht, etwa Art. 36, 45 Abs. 3, 52 Abs. 1, 62 i.V.m. 52 Abs. 1, 65 AEUV oder den zwingenden Erfordernissen der Cassis de Dijon-Rechtsprechung, durch mitgliedstaatliches Recht einzuschränken.

Zunächst lehnte es der EuGH noch ab, die nationalen Gesetze, welche im Ermessensspielraum des nationalen Gesetzgebers erlassen wurden, auf die Vereinbarkeit mit den Gemeinschaftsgrundrechten zu überprüfen.[650]

In der Rechtssache ERT[651] nahm er jedoch eine Änderung in seiner Rechtsprechungslinie vor. Wenn der Mitgliedstaat eine nationale Regelung erlässt, die eine Grundfreiheit beschränkt, und sich zur Rechtfertigung auf eine Ausnahmeregelung des EU-Vertrages beruft, fällt diese Maßnahme in den Anwendungsbereich des Unionsrechts. Der EuGH kann diese Regelung auf die Vereinbarkeit mit den Unionsgrundrechten überprüfen.[652]

Diese Auslegung hat im Schrifttum Zustimmung gefunden, aber auch vielfach Kritik hervorgerufen. So wird sie einerseits als dogmatisch sinnvoll bezeichnet, da der Radius des Spielraums für die handelshemmende Maßnahme gemeinschaftsrechtlich festgelegt werde und diese Maßnahme so in den Anwendungsbereich des Gemeinschaftsrechts falle.[653] Auch rechtspolitisch sei es

---

[649] *Huber*, Veröffentlichungen der Vereinigung der deutschen Staatsrechtslehrer Band 60, S. 232.
[650] Europäischer Gerichtshof, Urt. v. 11.07.1985, Verbundene Rs. 60 und 61/84 - CINETHEQUE, Slg. 1985, S. 2605, Rn. 26.
[651] Europäischer Gerichtshof, Urt. v. 18.06.1991, Rs. C-260/89 - ERT, Slg. 1991, S. I-2925; in den Schlussanträgen des Generalanwalts Van Greven, die etwa eine Woche vor der ERT-Entscheidung gehalten wurden, wird die ERT-Entscheidung bereits angedeutet. Europäischer Gerichtshof, Urt. v. 11.06.1991, Rs. C-159/90, Schlussanträge vom 11.06.1991 - GROGAN, Slg. 1991, S. I-4685, nur folgte der EuGH hier den Ausführungen des Generalanwalts nicht.
[652] Europäischer Gerichtshof, Urt. v. 18.06.1991, Rs. C-260/89 - ERT, Slg. 1991, S. I-2925, Rn. 43; weitere Beispiele: Europäischer Gerichtshof, Urt. v. 08.04.1992, Rs. C-62/90 - DEUTSCHES ARZNEIMITTELRECHT, Slg. 1992, S. I-2575, Rn. 23; Europäischer Gerichtshof, Urt. v. 26.06.1997, Rs. C-368/95 - FAMILIAPRESS, Slg. 1997, S. I-3689, Rn. 24ff.
[653] *Haltern*, Europarecht, Rn. 1107.

sinnvoll, da ein Mitgliedstaat eine von der Grundfreiheitsregel „eigentlich" nicht zugelassene Maßnahme nur erfolgreich rechtfertigen können solle, wenn sie allen Erfordernissen der gemeinschaftsrechtlichen Ausnahmeregel und damit inhärent den Gemeinschaftsgrundrechten Rechnung trägt.[654] Ebenso habe sich die Annahme, dass der EuGH nun ständig mitgliedstaatliche Maßnahmen am Maßstab von Gemeinschaftsgrundrechten messe, als falsch erwiesen, obwohl die ERT-Situation sehr häufig vorkomme. Denn nur in Fällen, in denen ein die Grundfreiheiten klar überschießender Gehalt eines Gemeinschaftsrechts vorhanden sei, erfolge eine Grundrechtsprüfung, was relativ selten sei.[655] Der EuGH lasse in dem grundrechtlichen Diskurs nicht die Gemeinschaftsinteressen unangemessen im Vordergrund stehen, eine solche Sichtweise sei nicht legitim.[656]

Andererseits wird kritisch angemerkt, dass es nicht auf der Hand liege, dass die Mitgliedstaaten die Gemeinschaftsgrundrechte auch dort beachten müssten, wo sie aufgrund autonomer politischer Entscheidung Regelungen treffen, auch wenn sich diese als Beschränkungen der Grundfreiheiten darstellten. Letztlich führe diese weite Auslegung zu einer umfassenden Bindung der Mitgliedstaaten an die Gemeinschaftsgrundrechte, da es schon heute praktisch keinen Lebensbereich mehr gebe, der nicht im Anwendungsbereich des Gemeinschaftsrechts läge. Somit wirkten die Gemeinschaftsgrundrechte wie eine Schranken-Schranke und begrenzten den politischen Gestaltungsspielraum.[657]

Coppel/O'Neill meinen in diesem Zusammenhang gar: "The court refuses to take the discourse of fundamental rights seriously. It thereby both devalues the notion of fundamental right and brings its own standing into disrepute."[658]

Letztlich sind die Argumente beider Seiten zum Teil berechtigt, zur Beantwortung der Streitfrage sollte das ganze jedoch unter einem anderen Blickwinkel neu betrachtet werden.

Grundsätzlich erscheint mir die Erstreckung der Grundrechtsrechsprechung auf die eben skizzierten Fälle durch den EuGH als konsequent, da der Spielraum der Ausnahmeregelungen von den Grundfreiheiten im Unionsrecht eröffnet wird.

Der Ansicht, dass bei den Ausnahmenklauseln zu den Grundfreiheiten der Anwendungsbereich des Unionsrechts verlassen werde und deshalb die Mitgliedstaaten in diesen Fällen gänzlich von der Bindung an die Unionsgrundrechte befreit sein müssten, weil nationale Besonderheiten zur Geltung ge-

---

[654] *Weiler,* in: Weiler (Hrsg.), The constitution of Europe, S. 121ff; *Haltern,* Europarecht, Rn. 1107.

[655] *Ehlers,* Jura 2002, S. 470; *Haltern,* Europarecht, Rn. 1108.

[656] *Weiler/Lockhart,* CMLRev. 1995, S. 59ff, 579, 622ff.

[657] *Huber,* EuR 2008, S. 192ff m.w.N.

[658] *Coppel/O'Neill,* CMLRev. 1992, S. 692.

bracht werden,[659] ist insoweit nicht zu folgen. Nun muss der EuGH aber auch der Verantwortung einer erweiterten Grundrechtsrechtsprechung gerecht werden. Er wird dem u.a. dadurch gerecht, wenn er dies nicht zu einer schleichenden Erweiterung seiner Jurisdiktion weit hinein in sensible Verfassungsbereiche der Mitgliedstaaten ausnutzt.

Dabei liegt es meines Erachtens auf der Hand, dass die Unionsgrundrechte, sobald sie als Schranken-Schranke bei den Grundfreiheiten angewandt werden, und nicht als Schranke für das Handeln der Unionsorgane, dogmatisch unterschiedlich zu bewerten sind. Das Schutzniveau muss in diesen Fällen noch stärker als bei der allgemeinen Unionsgrundrechtsanwendung auf national-verfassungsrechtliche Besonderheiten eingehen.[660] Führt bei Überprüfung einer Maßnahme der Union durch den EuGH der Verstoß gegen das grundrechtliche Schutzniveau in nur einem Mitgliedstaat bei sonst etwa gleichem Schutzniveau in den anderen Mitgliedstaaten wohl nicht zur Nichtigkeit der Maßnahme, muss bei der Überprüfung einer nationalen Maßnahme in einer ERT-Situation bereits eine singulär andere Gewichtung des Grundrechts gewürdigt werden.[661] Auf diese Weise kann der EuGH die nationalen Maßnahmen überprüfen, ohne in grundrechtlich sensiblen Bereichen zu intervenieren.

Meiner Ansicht nach verhält sich der EuGH teilweise bereits dergestalt. Die Rechtssache Omega[662] zeigt, dass der EuGH hier zwar eine Prüfung der gemeinschaftsrechtlichen Grundrechte durchführt, dabei aber die speziellen Wertungen des Grundgesetzes zur Menschenwürde gelten lässt (siehe C VII.5.).

Ebenso verhielt es sich in den Schlussanträgen des Generalanwalts Van Gerven[663] in der Rechtssache Grogan hinsichtlich der irischen Verfassungsvorschrift zum Abtreibungsverbot (siehe C II. 3. und 6.).

Dabei hat sich gezeigt, dass der EuGH beim Grundrechtsschutz spezielle Wertungen einer nationalen Verfassung über das Einfallstor der öffentlichen

---

[659] *Schorkopf,* ZaöRV 2004, S. 138; *Hilf/Schorkopf,* in: Grabitz/Hilf/Nettesheim, Das Recht der Europäischen Union, 40. Ergänzungslieferung Oktober 2009, Art. 6 EUV, Rn. 97.

[660] Dies könnte auch Bedenken etwas begegnen, die darauf gerichtet sind, dass die in den Verfassungsüberlieferungen der Mitgliedstaaten entnommenen Grundrechte anderenfalls zu einer Vorgabe für die Mitgliedstaaten umgemünzt würden, obwohl es dafür weder eine Ermächtigung, noch ein Bedürfnis gebe, vgl. *Huber,* EuR 2008, S. 194.

[661] *Haltern,* Europarecht, Rn. 1110; *Weiler,* in: Weiler (Hrsg.), The constitution of Europe, S. 125f.

[662] Europäischer Gerichtshof, Urt. v. 14.10.2004, Rs. C-36/02 - OMEGA SPIELHALLEN, Slg. 2004, S. I-9609.

[663] Europäischer Gerichtshof, Urt. v. 11.06.1991, Rs. C-159/90, Schlussanträge vom 11.06.1991 - GROGAN, Slg. 1991, S. I-4685.

Ordnung berücksichtigt.[664] Wie und warum gerade über die öffentliche Ordnung spezielle nationale Verfassungswertungen Beachtung finden können, wird weiter unten zu untersuchen sein.

2. Unionskompetenzen

a) Begriffs- und Konfliktbeschreibung

Der zweite Konfliktbereich betrifft das Problemfeld der Kompetenz-Kompetenz. Hierunter versteht man die Befugnis, den Trägern öffentlicher Gewalt unterschiedlicher Ebenen ihre Kompetenzen zuzuweisen.[665] Kompetenz-Kompetenz ist ein Merkmal von echter Staatlichkeit, ihr liegt die Volkssouveränität im verfassten Zustand zugrunde (in Deutschland Art. 20 Abs. 2 Satz 1 GG). Grundsätzlich verfügt die Europäische Union nicht über die Kompetenz-Kompetenz, also über die Kompetenz, neue Kompetenzen zu begründen.[666] Dies ist insoweit nahezu unstreitig.[667] Dennoch besteht in der Abgrenzungsfrage zwischen den Kompetenzbereichen des Unionsrechts und nationalem Recht ein hohes Konfliktpotential, gerade aufgrund der teilweise schwer abgrenzbaren finalen Zuweisung der Kompetenzen in den Unionsverträgen. Würde der EuGH nämlich sein Auslegungsmonopol hinsichtlich der Verträge dahingehend ausnutzen, die Kompetenzen der Union stetig zu erweitern, käme dies einer unzulässigen Kompetenzerweiterung gleich. Die Frage, wer letztendlich dazu befugt ist, über die Grenzen der Unionskompetenzen Recht zu sprechen wird auch als diejenige der gerichtlichen Kompetenz-Kompetenz bezeichnet.[668]

Im Rahmen der Untersuchung zur Vorrangdogmatik und deren Auswirkung auf die nationalen Verfassungen ist dieser Bereich von Bedeutung. Denn

---

[664] Kingreen sieht eine Konkretisierung des Begriffs der öffentlichen Ordnung durch einen Rückgriff auf Grundrechte gegeben, *Kingreen*, in: Calliess/Ruffert, EUV AEUV, Art. 34-36 AEUV, Rn. 198, 79.

[665] *Huber*, Recht der europäischen Integration, § 5, Rn. 16; *Hartley* definiert wie folgt: „Kompetenz-Kompetenz means jurisdiction to give a binding ruling on the extent of one's own jurisdiction." in: Constitutional problems of the European Union, S. 152.

[666] "The competence to create new functions or competences is ... the sovereign power of the people; neither the States nor the European Union dispose of it", *Pernice*, European Law Review 2002, S. 519; ähnlich *Huber*, AöR 1991, S. 223. Da die Kompetenz-Kompetenz vom Volk abgeleitet bei den Mitgliedstaaten liegt, verstieße die Preisgabe der Kompetenz-Kompetenz beispielsweise in Deutschland gegen Art. 79 Abs. 3 GG, vgl. *Huber*, Maastricht - ein Staatsstreich?, S. 30, Fn. 91 m.w.N.

[667] Zu vereinzelten Gegenmeinungen vgl. bei *Huber*, in: Ipsen/Rengeling/Mössner/Weber (Hrsg.), Verfassungsrecht im Wandel, S. 355.

[668] *Weiler*, JÖR NF 1996, S. 91; im Sinne dieser gerichtlichen Kompetenz-Kompetenz spricht diese Weiler auch dem EuGH zu, vgl. *Weiler*, The Yale Law Journal 1991, S. 2414, Fn. 26.

die Befugnis Kompetenzen zu verteilen als Merkmal echter Staatlichkeit liegt bei den Mitgliedstaaten und deren Staatsvölkern. Sollte die Union und insbesondere der EuGH die Entscheidung der Mitgliedstaaten, nur gewisse Kompetenzen abzugeben und damit in den anderen Bereichen staatliche Souveränität zu behalten, nicht respektieren, läge hierin ein schwerer Eingriff in die grundlegende Verfassungsstruktur der Mitgliedstaaten, da die Verfassungsbestimmungen der Mitgliedstaaten nur eine begrenzte Kompetenzeinräumung zugunsten der Union ermöglichen[669]. Der Anwendungsvorrang ermöglicht es dem EuGH bei dessen absoluter Anwendung, die Kompetenzgrenzen des Unionsrechts aufgrund seines Prüfungsmonopols hinsichtlich des Unionsrechts exzessiv auszudehnen und damit einen gravierenden Eingriff in die nationale Verfassungsstruktur vorzunehmen. Denn dem EuGH kommt auch die Kompetenz zu fehlerhaften Entscheidungen zu, d.h. er besitzt zwar nicht das „rechtliche Dürfen", aber das „rechtliche Können", den Kompetenzbereich des Unionsrechts „über den primärrechtlichen Umfang hinaus auszudehnen."[670]

b)   Kompetenzgrenzen und Probleme bei deren Bestimmung

Der Anwendungsbereich des Unionsrechts ergibt sich grundsätzlich aus den der Union in den Verträgen zugewiesenen Kompetenzen. Sie werden nach dem Grundsatz der begrenzten Einzelermächtigung zugewiesen.[671] Dieser besagt, dass die Union nur dort tätig werden darf, wo sie durch die Mitgliedstaaten als Herren der Verträge mit den entsprechenden Kompetenzen ausgestattet worden ist. Im Primärrecht ist er in Art. 5 EUV normiert. Seit dem Vertrag von Lissabon werden erstmals die Kompetenzen in Art. 2 bis Art. 6 AEUV geordnet, ohne jedoch dabei eigens die Kompetenzen zu begründen. Vielmehr begründen sich diese in den Regelungen der Verträge zu den einzelnen Bereichen.

Einige unionsrechtliche Vorschriften und Prinzipien erschweren aber eine klare Abgrenzung der Kompetenzen, da sie leicht kompetenzerweiternd verstanden bzw. angewandt werden können.

So steht die Kompetenzabrundungsregel des Art. 352 AEUV in einem Spannungsverhältnis zum Prinzip der begrenzten Einzelermächtigung. Sie

---

[669] *Kraußer*, Das Prinzip begrenzter Ermächtigung im Gemeinschaftsrecht als Strukturprinzip des EWG-Vertrages, S. 136, auf S. 22, Fn. 35, findet sich ein Aufzählung mitgliedstaatlicher Verfassungsvorschriften, die nur die Einräumung einzelner Befugnisse an die Union zulassen.

[670] *Huber*, in: Streinz, EUV/AEUV, 19 EUV, Rn. 34.

[671] Vertiefend zu den Auswirkungen auf die Rechtsprechung des EuGH: *Krußer*, Das Prinzip begrenzter Ermächtigung im Gemeinschaftsrecht als Strukturprinzip des EWG-Vertrages, S. 57ff; *Ukrow*, Richterliche Rechtsfortbildung durch den EuGH, S. 218f.

ermöglicht eine vertragsimmanente Fortentwicklung des Unionsrechts unterhalb der förmlichen Vertragsänderung. Sie besagt, dass geeigneten Vorschriften erlassen werden können, wenn dies zur Zielverwirklichung der Union erforderlich erscheint und in diesem Zusammenhang „die hierfür erforderlichen Befugnisse nicht vorgesehen sind".[672]

Ebenfalls in „Konkurrenz" zum Prinzip der begrenzten Einzelermächtigung steht die Auslegungsregel des sog. „implied powers". „Mit Hilfe dieser Rechtsfigur leitet man eine Berechtigung zur Ausfüllung von Vertragslücken ab, falls anderenfalls der Vertragszweck nicht erreicht werden kann."[673] Die Lehre von den implied powers ist ein im Völkerrecht allgemein anerkanntes Prinzip. Diese Kompetenzzuweisungen werden im Staatsrecht auch vergleichbar als Kompetenzen Kraft Sachzusammenhang bezeichnet.[674]

Weiter lassen sich nach dem für das Unionsrecht insgesamt bedeutenden Grundsatz des „effet utile" auf Grundlage eines vertraglich festgelegten Zieles alle Bereiche regeln, um den Erfordernissen zu Erreichung des Ziels gerecht zu werden. Demnach sind die Vertragskompetenzen teleologisch, also nach Sinn und Zweck, mit dem Ziel ihrer „praktischen Wirksamkeit" (effet utile) auszulegen.[675] Die teleologische Interpretation ist mit Blick auf den dynamischen Charakter der Europäischen Union und deren Rechtsordnung von besonderer Bedeutung.[676]

Auch die Anwendung der Binnenmarktkompetenz des Art. 114 AEUV erschwert eine klare Kompetenzabgrenzung und führte bereits zu Kritik hinsichtlich einer damit einhergehenden Ausweitung der Unionskompetenzen.[677]

Für die Ausübung der Kompetenzen setzt das Subsidiaritätsprinzip[678] der Union Grenzen[679], wobei dessen Auslegung sehr umstritten ist, es letztlich aber als Kompetenzausübungsschranke zu verstehen ist.[680] Ist die Union für die Regelung einer Materie zuständig, darf sie diese Kompetenz trotzdem nur ausüben, wenn das angestrebte Ziel nicht auch auf mitgliedstaatlicher Ebene effektiv zu erreichen ist.[681]

---

[672] *Oppermann/Classen/Nettesheim*, Europarecht, § 11, Rn. 8.
[673] *Haratsch/Koenig/Pechstein*, Europarecht, Rn. 161.
[674] *Ritzer*, Europäische Kompetenzordnung, S. 65.
[675] *Ritzer*, Europäische Kompetenzordnung, S. 64; *Oppermann/Classen/Nettesheim*, Europarecht, § 11, Rn. 7.
[676] *Calliess*, NJW 2005, S. 929.
[677] *Mayer*, ZaöRV 2001, S. 594f.
[678] Vertiefend: *Everling*, in: Burmeister (Hrsg.), Verfassungsstaatlichkeit, 1227ff; *von Borries*, EuR 1994, 263ff.
[679] *Mayer*, Kompetenzüberschreitung und Letztentscheidung, S. 70.
[680] *Huber*, Recht der europäischen Integration, § 16, Rn. 29ff.
[681] Vertiefend: *Ritzer*, Europäische Kompetenzordnung, S. 71ff.

c)   Letztentscheidungsbefugnis

Denklogischerweise darf das Unionsrecht seinen Vorrang nur beanspruchen, wenn die Unionsorgane innerhalb ihrer Kompetenzen handeln. Eine Verletzung des Unionsrechts ist demnach auch dann gegeben, wenn die Organe kompetenzwidrig handeln. Der EuGH als eines der Organe der Union ist davon nicht auszunehmen. Die dabei offenkundig drängende Frage lautet: Wer hat das Letztentscheidungsrecht darüber, ob eine Unionshandlung, insbesondere des EuGH, *ultra vires* ist? Wer darf letztlich über die Grenzen der Jurisdiktion zwischen dem nationalen und dem europäischen Bereich befinden?

aa)   Die Sicht des EuGH

Die Logik des Vorrangs gebietet, dass nur der EuGH die Autorität besitzt, diese Frage als Wächter der unionsrechtlichen Verfassungsordnung zu beantworten.[682] Der EuGH steht in stringenter Anwendung der Vorrangdogmatik auf diesem Standpunkt.[683] Die Unionsverträge bestätigen diesen Standpunkt: Der EuGH ist gem. Art. 19 Abs. 1 EUV zuständig für die Wahrung des Rechts bei der Auslegung und Anwendung der Verträge. In der Nichtigkeitsklage gem. Art. 263 AEUV wird der EuGH ausdrücklich ermächtigt, Rechtsakte wegen „Unzuständigkeit" aufzuheben. Der Klagegrund der Unzuständigkeit bezieht sich sowohl auf die horizontale Kompetenzverteilung zwischen den Unionsorganen, als auch auf die vertikale Kompetenzverteilung zwischen der Union und den Mitgliedstaaten. Auch das Vertragsverletzungsverfahren gem. Art. 258 und 259 AEUV und das Vorabentscheidungsverfahren gem. Art. 267 AEUV könne Fragen im Zusammenhang mit der Unionskompetenz zum Gegenstand haben. Die gerichtliche Kontrolle, ob sich Akte von Unionsorganen in den Grenzen der ihnen übertragenen Befugnisse bewegen, wurde ausdrücklich und vorbehaltlos auf den EuGH übertragen.[684]

Dass die Trennlinie zwischen richterlicher Rechtsfortbildung und unzulässiger Rechtsschöpfung nicht scharf gezogen ist, ergibt sich aber daraus, dass die Unionsrechtsordnung sehr stark auf Interpretation ausgerichtet ist. Die finale Festlegung der Handlungsfelder der Union, aber auch die Vertragabrundungskompetenz des Art. 352 AEUV, die „implied powers" Lehre und der Grundsatz des „effet utile" führen als legitime und notwendige Bestandteile der Unionsrechtsordnung zu anderen Auslegungsregeln, Rechtsfindungswegen und damit Ergebnissen, als innerhalb einer historisch gewachsenen nationalen

---

[682] *Stone Sweet*, in: Slaughter/Stone Sweet/Weiler (Hrsg.), The European court and national courts - doctrine and jurisprudence, S. 319.
[683] Europäischer Gerichtshof, Urt. v. 22.10.1987, Rs. 314/85 - FOTO FROST, Slg. 1987, S. 4199.
[684] *Hirsch*, NJW 1996, S. 2464f; *Huber*, AöR 1991, S. 218f, 248; *Huber*, in: Streinz, EUV/AEUV, 19 EUV, Rn. 33.

Rechtsordnung.[685] Dass dies in den Mitgliedstaaten zu Ängsten vor unzulässiger Kompetenzerweiterung führen kann, liegt dabei ebenso auf der Hand.

Dabei sollte die Vorrangdogmatik eigentlich dafür sorgen, Konflikte zwischen Rechtsakten dieser verschiedenen Ebenen nicht aufkommen zu lassen. Wenn unstreitig das Unionsrecht ohne jede Einschränkung Vorrang gegenüber dem Recht der Mitgliedstaaten genießen würde, bestünde kein Raum für einen ultra-vires Konflikt.[686]

bb)   Mitgliedstaatliche Sichtweise

Nationale Verfassungsgerichte, etwa das Bundesverfassungsgericht[687] und der Dänische Oberste Gerichtshof[688], haben jedoch ihrerseits klar gestellt, dass sie die Kompetenz haben, darüber zu entscheiden, ob Unionsakte außerhalb des Kompetenzrahmens der Unionskompetenzen erlassen wurden. So stehe dem EuGH grundsätzlich die Jurisdiktion über die Unionshandlungen zu, also auch darüber, ob die Handlungen sich im Kompetenzrahmen der Union bewegen, aber der EuGH selbst wiederum könnte ultra vires entscheiden.[689] Für diesen Fall behalten sich diese und einige andere nationalen Verfassungsgerichte vor, die Unwirksamkeit dieser Unionshandlung auf dem eigenen Staatsgebiet wegen der Kompetenzüberschreitung festzustellen.[690] Mittels dieser Betrachtungsweise könnte man aber letztlich jedes Höchstgericht, so z.B. das Bundesverfassungsgericht, skeptisch beurteilen, weil auch dieses Gericht außerhalb seiner Kompetenzen handeln könnte.[691] Andererseits ist die Struktur der Europäischen Union als „Staatenverbund"[692] schwerlich mit einem Staat wie der Bundesrepublik Deutschland vergleichbar.

---

[685] Vgl. *Hirsch*, NJW 1996, S. 2465; Oppermann spricht davon, dass diese drei Rechtstechniken der Gemeinschaft bei der Rechtssetzung Geschmeidigkeit verliehen, damit die EG ihre weit gespannten Aufgaben wirksam erledigen könne, *Oppermann*, Europarecht, § 6, Rn. 70.

[686] *Mayer*, Kompetenzüberschreitung und Letztentscheidung, S.65; *Mayer*, ZaöRV 2001, S. 593.

[687] Bundesverfassungsgericht, Urt. v. 12.10.1993, BVerfGE 89, 155.

[688] Case I-361/1997, Carlson and Others v. Rasmussen (Supreme Court, 06.04.1998), EuGRZ 1999, 49ff.

[689] Vgl. dazu *Streinz*, Bundesverfassungsgerichtlicher Grundrechtsschutz und Europäisches Gemeinschaftsrecht, S. 322.

[690] Beispielsweise Spanisches Tribunal Constitucional, Urteil 64/1991 vom 22.03.1991 und 108/1992 vom 01.07.1992; Französischer Conseil Constitutionnel Nr. 92-302 DC vom 09.04.1992, Nr. 92-312 DC vom 02.09.1992 und Nr. 97-394 DC vom 31.12.1997; Polnisches Constitutional Tribunal vom 11.05.2005, K 18/04. Zum Überblick vgl. *Mayer*, in: Grabitz/Hilf/Nettesheim, Das Recht der Europäischen Union, 19 EUV, Rn. 92ff. Ausführlich dazu beispielsweise *Mayer*, Kompetenzüberschreitung und Letztentscheidung, S. 140ff.

[691] Freilich besteht der Unterschied zum Bundesverfassungsgericht darin, dass dieses schwerlich außerhalb seiner Verbandskompetenz entscheiden könnte.

[692] Zum Begriff Staatenverbund vgl. *Kirchhof*, in: von Bogdandy/Bast (Hrsg.), Europäisches Verfassungs-recht, S. 1016f.

Andererseits ist es augenscheinlich, dass der EuGH zwar im Rahmen der oben vorgestellten Klagemöglichkeiten über Kompetenzüberschreitungen der anderen Organe zu wachen hat, aber die Problematik einer objektiv möglichen kompetenzwidrigen Entscheidung durch den EuGH selbst ist dadurch noch nicht gebannt.

cc)   Bedenken hinsichtlich der bisherigen Praxis des EuGH

Vielfach basiert die Skepsis der nationalen Gerichte und von Stimmen in der Literatur[693] hinsichtlich einer kompetenzerweiternden Rechtsprechungs-praxis[694] durch den EuGH eben nicht nur auf rechtstheoretischen Überlegungen, sondern auch auf praktischen Bedenken. Denn die Frage kann eigentlich nicht sein, ob die Verträge den EuGH zum bindenden Schiedsrichter über die Wahrung der Unionskompetenzen machen. Dies ist insoweit, wie oben dargelegt, eindeutig in den Verträgen geregelt.[695] Entscheidend ist vielmehr, ob dem EuGH vertraut werden kann, dass er diese Aufgabe eines endgültigen Schiedsrichters der Zuständigkeitsgrenzen in ausreichendem Maße erfüllt.[696] So wird

---

[693] Beispielsweise: *Calliess*, NJW 2005, S. 932f; *Dänzer-Vanotti*, RIW 1992, S. 741f; *Dänzer-Vanotti*, in: Due/Lutter/Schwarze (Hrsg.), Festschrift für Ulrich Everling, S. 214f; *Dobler*, in: Roth/Hilpold (Hrsg.), Der EuGH und die Souveränität der Mitgliedstaaten, S. 518, Fn. 53 m.w.N.; *Haltern*, Europarecht, Rn. 1675; *Schilling*, Harvard International Law Journal 1996, ; differenzierend *Streinz*, in: Due/Lutter/Schwarze (Hrsg.), Festschrift für Ulrich Everling, S. 1502ff. Sehr kritische Worte wählen diesbezüglich Herzog, in: *Herzog/Gerken*, FAZ 08.09.2008, S. 8; Jahn, in: *Jahn*, NJW 2008, und Scharpf, in: *Scharpf*, Mitbestimmung 2008, 18.

[694] Eine ausführliche Sammlung von Fällen mit extensiver Tendenz findet sich in: *Kraußer*, Das Prinzip begrenzter Ermächtigung im Gemeinschaftsrecht als Strukturprinzip des EWG-Vertrages, 64ff; eine weitere Auflistung einiger diesbezüglicher Rechtssachen in: *Mayer*, International Journal of Constitutional Law 2005, S. 509f. Hinsichtlich angeblich kompetenzerweiternder Tendenzen finden sich diesbezügliche Urteile des EuGH vornehmlich in seiner Rechtsprechung zur Unionsbürgerschaft (z.B. Europäischer Gerichtshof, Urt. v. 20.09.2001, Rs. C-184/99 - GRZELCZYK, Slg. 2001, S. I-6193; Europäischer Gerichtshof, Urt. v. 12.05.1998, Rs. C-85/96 - MARTINEZ SALA, Slg. 1998, S. I-2691), zur Reichweite des Diskriminierungsverbots (z.B. Europäischer Gerichtshof, Urt. v. 22.11.2005, Rs. C-144/04 - MANGOLD, Slg. 2005, S. I-9981; Europäischer Gerichtshof, Urt. v. 13.02.1985, Rs. 293/83 - GRAVIER, Slg. 1985, S. 593), zur Tarifautonomie (z.B. Europäischer Gerichtshof, Urt. v. 11.12.2007, Rs. C-438/05 - VIKING, Slg. 2007, S. I-11091;Europäischer Gerichtshof, Urt. v. 18.12.2007, Rs. C- 341/05 - LAVAL, Slg. 2007, S. I-11767;Europäischer Gerichtshof, Urt. v. 03.04.2008, Rs. C-346/06 - RÜFFERT, Slg. 2008, S. I-1989).

[695] Vgl. *Hirsch*, NVwZ 1998, 907.

[696] *Weiler/Haltern*, Harvard International Law Journal 1996, S. 442, ebenso *Weiler/Haltern*, in: Slaughter/Stone Sweet/Weiler (Hrsg.), The European court and national courts - doctrine and jurisprudence, S. 360.

sicherlich hinsichtlich einiger Urteile zu Recht angeführt, dass der EuGH tendenziell zugunsten der Unionskompetenzen entscheidet.[697]

Deshalb wurde und wird den europäischen Institutionen, einschließlich des EuGH, unterstellt, dass sie die Grenzen ihrer Kompetenzen nicht wirklich ernsthaft beachten.[698] Das Bundesverfassungsgericht sprach in der Maastricht-Entscheidung von einer „dynamischen Erweiterung der bestehenden Verträge", die sich auf die "Vertragsabrundungskompetenz" des Art. 308 EGV (heute Art. 352 AEUV), „auf den Gedanken der inhärenten Zuständigkeiten der Europäischen Union ("implied powers") und auf eine Vertragsauslegung im Sinne einer größtmöglichen Ausschöpfung der Unionsbefugnisse ("effet utile") gestützt hat".[699] Auch hinsichtlich der Auslegung der Subsidiaritätsklausel gem. Art. 5 EUV besteht Konfliktpotential mit der nationalen Verfassungsgerichtsbarkeit, obwohl aufgrund des Auslegungsmonopols über die Unionsverträge die Zuständigkeit beim EuGH liegt.[700]

Immerhin hat nicht zuletzt die Entscheidung zur Tabakwerberichtlinie[701] dem EuGH auch in diesen Bereichen mehr Glaubwürdigkeit verliehen.[702]

---

[697] *Huber*, AöR 1991, S. 213 m.w.N.; *Mayer*, ZaöRV 2001, S. 594, Fn. 73 m.w.N.; *Streinz*, Europarecht, Rn. 618.

[698] *Zuleeg*, JZ 1994, S. 4, m.w.N.; *Oppermann*, Europarecht, § 9, Rn.11; *Mayer*, in: Grabitz/Hilf/Nettesheim, Das Recht der Europäischen Union, 19 EUV, Rn. 28; *Wegener*, in: Calliess/Ruffert, EUV AEUV, 19 EUV, Rn. 18.

[699] Bundesverfassungsgericht, Urt. v. 12.10.1993, BVerfGE 89, 155, Rn. 156f.

[700] Vgl. *Weber*, in: Due/Lutter/Schwarze (Hrsg.), Festschrift für Ulrich Everling, S. 1637.

[701] Europäischer Gerichtshof, Urt. v. 05.10.2000, Rs. C-376/98 - TABAKWERBERICHTLINIE, Slg. 2000, S. I-8419; Generalanwalt Nial Fennelly in den Schlussanträgen: Europäischer Gerichtshof, Urt. v. 15.06.2000, Verbundene Rs. C-376/98 und C-74/99, Schlussanträge vom 15.06.2000 - TABAKWERBERICHTLINIE, Slg. 2000, S. I-8419, Rn. 81: „Der beste Schutz der Interessen der Mitgliedstaaten gegen einen Missbrauch oder einen Übergriff der Gemeinschaft, der mit dem EG-Vertrag vereinbar ist, ist die Überprüfung durch den Gerichtshof, ob sich der Gemeinschaftsgesetzgeber im Rahmen des objektiven Tatbestands des Artikels 100a oder gegebenenfalls des Artikels 57 Absatz 2 [EGV] bewegt".

[702] *Kumm/Ferres Comella*, International Journal of Constitutional Law 2005, S. 484; *Huber*, in: Streinz, EUV/AEUV, 19 EUV, Rn. 25; *Mayer*, in: Grabitz/Hilf/Nettesheim, Das Recht der Europäischen Union, 19 EUV, Rn. 29; *Voßkuhle*, NVwZ 2010, S. 7; Pernice spricht in *Pernice*, JZ 2000, S. 869, davon, dass diese Rechtssache erwarten lasse, dass der EuGH seine Aufgabe, im Rat auch im Sinne eines Schutzes der Kompetenzen der Mitgliedstaaten zu überwachen, ernst zu nehmen bereit sei; Kumm stellt fest, dass dies die erste Entscheidung des EuGH dahingehend gewesen sei, dass eine Richtlinie ultra vires erlassen worden ist und damit für nichtig erklärt wurde, vgl. *Kumm*, European Law Journal 2005, S. 296, Fn. 85; Beispiele für Urteile, in denen der EuGH seine Zuständigkeit verneinte, weil die beanstandeten nationalen Maßnahmen nicht in den Anwendungsbereich des Gemeinschaftsrechts fielen: Europäischer Gerichtshof, Urt. v. 18.12.1997, Rs. C-309/96 - ANNIBALDI, Slg. 1997, S. I-7493, Rn. 13ff; Europäischer Gerichtshof, Urt. v. 29.05.1997, Rs. C-299/95 - KREMZOW, Slg. 1997, S. I-2926, Rn. 18; Europäischer Gerichtshof, Urt. v. 13.06.1996, Rs. C-144/95 - MAURIN, Slg. 1996, S. I-2909, Rn. 12; Europäischer Gerichtshof, Urt. v. 21.06.1988, Rs. 39/86 - LAIR, Slg. 1988, S. 3161, Rn. 15f. Beispiele für

dd)   Die untersuchten Rechtssachen

Das EMRK-Gutachten[703] hat gezeigt, dass der EuGH seiner Verantwortung im Bezug auf die Überwachung der Kompetenzgrenzen der Union jedenfalls in dieser Rechtssache gerecht wurde. Hätte sein Monopol bei der Auslegung des Gemeinschaftsrechts und der Vorrang des Gemeinschaftsrechts die Möglichkeit geboten, über ex-Art. 308 EGV auch einen Beitritt der Gemeinschaft zur EMRK zu ermöglichen, etwa über den Weg, dass die Achtung der Grundrechte Teil der Gemeinschaftsrechtsordnung ist und so die Verpflichtung zur Mitgliedschaft in Bündnissen mit diesem Vertragsgegenstand in den Anwendungsbereich des Gemeinschaftsrechts und so in Art. 308 EGV falle, hat der EuGH hier doch klar von einer unzulässig kompetenzerweiternden Auslegung Abstand genommen. Der EuGH nützte den Vorrang nicht zulasten der Kompetenzen der Mitgliedstaaten, sondern machte seine Kompetenzgrenzen über die verfassungsrechtliche Dimension eines Beitritts der Gemeinschaft zur EMRK deutlich. Dass eine verstärkte Abgrenzung der Kompetenzabrundungskompetenzen zur Vertragsänderung nicht zuletzt auf die Mahnung des Bundesverfassungsgerichts zurückzuführen ist, zeigt dass das Kooperationsverhältnis von wechselseitiger Natur ist.

Auch die Rechtssache Palacios[704] insbesondere in Rückschau auf die Rechtssache Mangold[705] hat gezeigt, dass der EuGH die Unionskompetenzen mit Bedacht bestimmt und dabei auf berechtigte Kritik oder Befürchtungen einzugehen gewillt ist.

In der Rechtssache Maruko[706] hat der EuGH ebenso gezeigt, dass er die Kompetenzen des Gemeinschaftsrechts nicht in nicht vergemeinschaftete Be-

---

Entscheidungen, in denen der EuGH Rechtsakte der Gemeinschaft wegen absoluter Unzuständigkeit für kompetenzwidrig erklärte: Europäischer Gerichtshof, Urt. v. 23.04.1986, Rs. C-294/83 - LES VERTS, Slg. 1986, S. 1339; Europäischer Gerichtshof, Urt. v. 09.07.1987, Verbundene Rs. 281, 283-285, 287/85 - WANDERUNGSPOLITIK, Slg. 1987, S. 3203 (vgl. *Kraußer,* Das Prinzip begrenzter Ermächtigung im Gemeinschaftsrecht als Strukturprinzip des EWG-Vertrages, S. 67; *Steindorff,* Grenzen der EG-Kompetenzen, S. 30, Fn 49); Europäischer Gerichtshof, Urt. v. 22.10.2002, Rs. C-94/00 - ROQUETTE FRERES, Slg. 2002, S. I-9011; vgl. dazu *Mayer,* ZaöRV 2001, S. 596 und *Schmitt-Glaeser,* Grundgesetz und Europarecht als Elemente europäischen Verfassungsrechts, S. 221, Fn. 350. In einem weiteren Urteil zur neuen Tabakwerberichtlinie entschied sich der EuGH dann aber für die Wirksamkeit der Richtlinie, vgl. Europäischer Gerichtshof, Urt. v. 12.12.2006, Rs. C-380/03 - TABAKWERBUNG II, Slg. 2006, S. I-11573; vgl. dazu die kritische Anmerkung von Huber zu diesem „Selbstfindungsprozess", der noch nicht abgeschlossen sei: *Huber,* in: Streinz, EUV/AEUV, 19 EUV, Rn. 26.
[703] Europäischer Gerichtshof, Urt. v. 28.03.1996, Gutachten 2/94 - EMRK-GUTACHTEN, Slg. 1996, S. I-1759.
[704] Europäischer Gerichtshof, Urt. v. 16.10.2007, Rs. C-411/05 - PALACIOS Slg. 2007, S. I-8531.
[705] Europäischer Gerichtshof, Urt. v. 22.11.2005, Rs. C-144/04 - MANGOLD, Slg. 2005, S. I-9981.
[706] Europäischer Gerichtshof, Urt. v. 01.04.2008, Rs. C-267/06 - MARUKO, Slg. 2008, S. I-1757.

reiche wie das Familienrecht hinein ausdehnen will. Vielmehr hat er hier die nationalen Regelungen in einem grundrechtlich sehr sensiblen Bereich, sowohl der Gleichheitssatz als auch der Schutz der Ehe und der Familie waren betroffen, unangetastet gelassen und die Auslegungsbefugnis der nationalen Gerichte über das nationale Recht bekräftigt.

d)   Fazit

Es bleibt bei Betrachtung der soeben erwähnten Rechtssachen festzustellen, dass der EuGH in diesem Bereich nicht von seinem absoluten Auslegungsmonopol hinsichtlich der Reichweite der Unionskompetenzen abrückt und damit in diesem Bereich das starke Instrument des Vorrangs vollumfänglich beansprucht. Eine Rechtssache, aus der sich eine Begrenzung des Anwendungsvorrangs etwa durch die Achtung bestimmter nationalverfassungsrechtlicher Kompetenzgrenzen[707] ergibt, ist nicht erkennbar.[708] Dies ist aber gerade in Anbetracht der unionsrechtlichen Verträge auch geboten, nicht zuletzt um die Einheitlichkeit des Unionsrechts zu gewährleisten.

Die dem EuGH häufig vorgehaltene Kritik bezüglich einer die Unionskompetenzen ausufern lassenden Rechtsprechung kann so aber auch nicht ganz unwidersprochen bleiben. Dass dabei grundsätzlich eine extensive Kompetenzauslegung stets den institutionellen Eigeninteressen von Kompetenzträgern entspricht, und dies in einem so dynamischen Mehrebenensystem wie der Union gleichzeitig dem Unionsziel der Förderung der Integration dient, führt sicher tendenziell nicht zu allzu restriktiver Kompetenzauslegung[709], so realistisch muss man diesbezüglich gleichfalls sein.

Jedoch wird dem EuGH viel zu selten die Möglichkeit gegeben, in Kompetenzfragen zu entscheiden. Auch scheint die geäußerte Kritik weniger der Rechtsprechung des EuGH als einem allgemeinen Problem von „zentripetaler Kompetenzdynamik im Mehrebenensystem" geschuldet zu sein.[710]

---

[707] Davon auszunehmen sind sog. „unabänderliche Verfassungsvorschriften", siehe bei D I.4.

[708] Etwas anderes bezüglich der Grenzziehung des Kompetenzbereiches der Union könnte sich hinsichtlich unabänderlicher Verfassungsvorschriften ergeben, vgl. D I.4. Zur nicht ganz einfachen Abgrenzung dieser beiden Bereiche vgl. D I.4.a.

[709] Vgl. *Mayer*, ZaöRV 2001, S. 598. Auch Hirsch spricht davon, dass das Ergebnis der Auslegung des EuGH aufgrund der Zweckbestimmung des Gemeinschaftsrechts eher integrationsfreundlich sei, vgl. *Hirsch*, ZRP 2007, S. 70.

[710] Vgl. *Mayer*, ZaöRV 2001, S. 597; hinsichtlich der Erklärung solcher zentripetaler Tendenzen bei der Ausfüllung von verbleibenden Auslegungsspielräumen in den Kompetenzabgrenzungsvorschriften beruft sich Mayer auf Fritz Scharpf, nach dem in einer gleichrangigen, zweipoligen Kompetenzordnung „auch der schwächste argumentative Bezug zu einer enumerierten Kompetenz der übergreifenden Entität die Berufung auf nicht näher spezifizierte Residualkompetenzen der Gliedeinheit leicht aus dem juristischen Felde schlägt", in: *Scharpf*, in: Wildenmann/Besters (Hrsg.), Staatswerdung Europas?, S. 422.

Die soeben erwähnten Rechtssachen zeigen auf, dass der EuGH sein Auslegungsmonopol im Bezug auf die Kompetenzgrenzen der Union, welchem er mithilfe des Anwendungsvorrangs zur Durchsetzung in den nationalen Rechtsordnungen verhilft, mit Bedacht anwendet und auf besorgte Stimmen aus den Mitgliedstaaten Rücksicht zu nehmen gewillt ist. Die Rechtssachen haben gezeigt, dass der EuGH mit der ihm im Zusammenhang mit dem Institut des Anwendungsvorrangs zufallenden Verantwortung umsichtig umgeht. Er wendet den Vorrang also nicht, wie vielfach behauptet, zur ausufernden Kompetenzerweiterung an, sondern dringt auch auf die Einhaltung der Kompetenzgrenzen der Union.

3. Spezielle Verfassungsvorschriften

Der dritte Bereich betrifft den Konflikt zwischen Unionsrecht und speziellen Verfassungsvorschriften.[711]

a) Begriffsdefinition

Spezielle Verfassungsvorschriften geben den speziellen Willen des Gesetzgebers hinsichtlich einer abgrenzbaren Materie wieder, deren Achtung durch diese ausdrückliche verfassungsrechtliche Festschreibung einen wertorientierten Willen des Staatsvolkes außerhalb des allgemeinen grundrechtlichen Wertekatalogs zum Ausdruck bringt. Eine Verfassungsnorm ist dann speziell, wenn plausibel behauptet werden kann, dass ihre Anwendung, in dem speziellen Zusammenhang, keine unabhängige, bewertende Interpretation seitens der Rechtsprechung bedarf.[712] Sie darf also weder auslegungs-, noch abwägungsbedürftig sein und benennt in der Regel ein konkretes Verbot. Falls dies ausreichend klar und speziell erfolgt, und die Norm ein nationales Bekenntnis

---

[711] Vgl. hierzu *Kumm,* European Law Journal 2005, S. 264ff.; nicht zu verwechseln mit dem im deutschen Verfassungsrecht geläufigen Begriff des spezifischen Verfassungsrechts, das verletzt sein muss, damit eine Verfassungsbeschwerde Aussicht auf Erfolg hat, vgl. BVerfGE 18, 85: „Andererseits würde es dem Sinn der Verfassungsbeschwerde und der besonderen Aufgabe des Bundesverfassungsgerichts nicht gerecht werden, wollte dieses ähnlich wie eine Revisionsinstanz die unbeschränkte rechtliche Nachprüfung von gerichtlichen Entscheidungen um deswillen in Anspruch nehmen, weil eine unrichtige Entscheidung möglicherweise Grundrechte des unterlegenen Teils berührt. Die Gestaltung des Verfahrens, die Feststellung und Würdigung des Tatbestandes, die Auslegung des einfachen Rechts und seine Anwendung auf den einzelnen Fall sind allein Sache der dafür allgemein zuständigen Gerichte und der Nachprüfung durch das Bundesverfassungsgericht entzogen; nur bei einer Verletzung von spezifischem Verfassungsrecht durch die Gerichte kann das Bundesverfassungsgericht auf Verfassungsbeschwerde hin eingreifen... . Spezifisches Verfassungsrecht ist aber nicht schon dann verletzt, wenn eine Entscheidung, am einfachen Recht gemessen, objektiv fehlerhaft ist; der Fehler muss gerade in der Nichtbeachtung von Grundrechten liegen."
[712] *Kumm/Ferres Comella,* International Journal of Constitutional Law 2005, S. 489.

widerspiegelt, müssen eingedenk der demokratischen Legitimation in diesen Ausnahmefällen die Bedenken hinsichtlich der Einheitlichkeit und Effektivität des Unionsrechts hintan gestellt werden.[713]

Eine solche Abgrenzung ist natürlich nicht immer klar und deutlich zu machen, auch hier mag es zweifelhafte Fälle geben. Dabei liegt es auf der Hand, dass solche speziellen Verfassungsvorschriften eine große Gefahr für die Einheitlichkeit der Anwendung des Unionsrechts darstellen. Deshalb kann eine generell-abstrakte Regelung in einer Verfassung, die der Auslegung bedarf und beispielsweise die Grenzen der Kompetenzübertragung betrifft, nicht unter diese Vorschriften subsumiert werden. Lediglich klare und nicht auslegungsbedürftige Verfassungsvorschriften können daher als spezielle Verfassungsvorschriften bezeichnet werden. Damit ist auch sichergestellt, dass nicht die nationalen Verfassungsgerichte durch deren Auslegung festlegen, wann diese oder jene unklare oder vage Verfassungsvorschrift zwar inkompatibel mit dem Unionsrecht, aber dennoch wirksam seien müssten.[714]

Die Anforderung einer verfassungsrechtlichen Normierung schützt auch vor einer ausufernden Häufigkeit der Fälle: Die in allen Mitgliedstaaten mehr oder weniger großen Hürden für eine Verfassungsänderung[715] und den dadurch erhöhten rechtlichen Bestand der Verfassungen[716] lassen solche Vorschriften schon aus formalen Gründen selten vorkommen.

Auch in materieller Hinsicht sind solche Vorschriften äußerst selten denkbar. Denn der Themenkreis, der sich mittels einer speziellen Verfassungsvorschrift regeln lässt, ist begrenzt. So muss einerseits eine spezielle moralische, ethische oder politische Wertung enthalten sein, andererseits muss sich die Vorschrift in das grundrechtliche Gefüge der europäischen Union einpassen, sich also zumindest am Willkürverbot messen lassen.

Eine „Verfassungsaufrüstung", also einer Erhöhung bestimmter Werte auf einen Verfassungsrang, ist sicherlich auch politisch nicht beliebig durch-

---

[713] *Kumm*, European Law Journal 2005, S. 297ff. Kumm führt aus, dass eine Forderung an die nationalen Gerichte, gegebenenfalls jedwede [spezielle] nationale Verfassungsvorschrift wegen Verstoßes gegen Gemeinschaftsrechtes unangewendet zu lassen, inkompatibel mit der demokratischen Legitimation der Gemeinschaft und der institutionellen Rolle der nationalen Verfassungsgerichte in deren Demokratien sei. Dies sei jedenfalls der Fall, solange der Vorrang noch nicht vorbehaltlos von allen Mitgliedsstaaten anerkannt werde, solange ein Demokratiedefizit in der Europäischen Gemeinschaft bestehe und solange sich eine europäische Identität, eine europäische Gesellschaft als soziologische Grundvoraussetzung eines bedeutenden demokratischen Prozesses noch nicht in einem ausreichenden Maße entstanden sei.

[714] Vgl. *Kumm*, European Law Journal 2005, S. 299.

[715] Vertiefend *Winterhoff*, Verfassung - Verfassungsgebung - Verfassungsänderung, S. 103.

[716] Vgl. *Wieser*, Vergleichendes Verfassungsrecht, S. 90ff.

setzbar, da dies einen entsprechenden Verfassungskonsens in dem betreffenden Mitgliedstaat erfordert.[717]

b)   Praktische Konfliktfälle und deren Lösung

Einige dieser Konfliktfälle betreffen den Konflikt zwischen Primärrecht und nationalem Verfassungsrecht. So sah Art. 19 EGV (heute Art. 22 AEUV) das aktive und passive Wahlrecht bei Kommunalwahlen für Unionsbürger mit Wohnsitz in einem Mitgliedstaat, dessen Staatsangehörigkeit er nicht besitzt, vor. „In mehreren Mitgliedstaaten standen der Einräumung des kommunalen Wahlrechts an Unionsbürger verfassungsrechtliche Hindernisse entgegen"[718], zumeist weil das passive Wahlrecht speziell nur für Staatsangehörige des jeweiligen Mitgliedstaats vorgesehen war. Im Zuge der Ratifizierung des EU-Vertrags wurden deshalb die Verfassungen einiger Mitgliedstaaten - Artikel 13 Absatz 2 der spanischen Verfassung, Art. 88-3 der französischen Verfassung, Art. 15 der portugiesischen Verfassung[719] und Art. 28 Absatz 1 Satz 3 des deutschen Grundgesetzes[720] – dahingehend geändert, dass auch passives Wahlrecht für EU-Bürger ermöglicht wurde.[721] Die diesbezüglichen Verfassungsänderungen bereiteten in den jeweiligen Mitgliedstaaten kein großes Aufsehen, da kein sensibler Bereich der Verfassung betroffen war.[722]

Auch Konflikte zwischen Sekundärrecht und speziellen Verfassungsvorschriften können sich ergeben. So hat die Rechtssache Kreil[723] zu einer Änderung der deutschen Verfassung geführt. Die Verpflichtung zur Öffnung der nationalen Streitkräfte für Frauen in Deutschland aufgrund des Urteils des

---

[717] Vgl. *Peters,* Elemente einer Theorie der Verfassung Europas, S. 295.

[718] *Kluth,* in: Calliess/Ruffert, EUV AEUV, Art. 22 AEUV, Rn. 3.

[719] Zu den Verfassungsänderungen in diesen drei Mitgliedstaaten vertiefend: *Haag,* in: von der Groeben/Schwarze, Kommentar zum Vertrag über die Europäische Union und zur Gründung der Europäischen Gemeinschaft, Art. 19 EGV, Rn. 5, Fn. 17-19 m.w.N.

[720] Vgl. *Hatje,* in: Schwarze, EU-Kommentar, Art. 22 AEUV, Rn. 13; *Haag,* in: von der Groeben/Schwarze, Kommentar zum Vertrag über die Europäische Union und zur Gründung der Europäischen Gemeinschaft, Art. 19 EGV, Rn. 5; *Magiera,* in: Streinz, EUV/AEUV, Art. 22 AEUV, Rn. 22.

[721] Ferner Beispiele für unionsrechtlich veranlasste Änderungen in nationalen Verfassungen: *Battis/Tsatsos/Stefanou,* in: Battis/Tsatsos/Stefanou (Hrsg.), Europäische Integration und nationales Verfassungsrecht, S. 480-488; *von Bogdandy,* Europäische Integration und gesellschaftlicher Grundkonsens, Vortrag vom 19.06.2001, Renner-Institut, Wien, abrufbar im Internet unter: http://www.renner-institut.at/fileadmin/user_upload/downloads/eEuropa_buch/bogdandy.pdf (Stand: April 2013), S. 4ff. unter online Adresse: http://www.renner-institut.at/fileadmin/user_upload/downloads/eEuropa_buch/bogdandy.pdf (20.04.2013).

[722] In Deutschland ergingen diesbezüglich die BVerfGE 83, 37ff; und 83, 60ff.

[723] Europäischer Gerichtshof, Urt. v. 11.01.2000, Rs. C-285/98 - KREIL, Slg. 2000, S. I-69.

EuGH[724] betraf eine Wertung des Grundgesetzes, die in Deutschland aus historischer Erfahrung heraus speziell getroffen worden war. Insoweit war die durch die Entscheidung des EuGH erzwungene Abkehr von dieser Wertung sicherlich nicht unproblematisch. Der EuGH wird sich dessen wohl auch bewusst gewesen sein, jedoch war zugleich auch klar, dass die Öffnung der Streitkräfte für Frauen auch in Deutschland aufgrund der Bestrebungen hinsichtlich der Gleichberechtigung zwischen Männern und Frauen in ganz Europa auf lange Sicht unausweichlich war. Deshalb sorgte die Tatsache, dass der EuGH eine Grundgesetzänderung „erzwang", zwar für Aufsehen[725], auch wurde vielfach ein unzulässige Ausweitung der Kompetenzen der Union durch den EuGH in die Bereiche der nationalen Verteidigungspolitik gerügt, in der Sache selbst stieß die Folge des Urteils aber auf Verständnis. Der EuGH konnte so im Bewusstsein entscheiden, zwar eine spezielle Verfassungsvorschrift als Folge seines Urteils zu Fall zu bringen, dies aber ohne Verletzung unverrückbarer nationaler Wertungen.

Ganz anders liegt der Fall hinsichtlich des Abtreibungsverbots in Irland und der dies behandelnden Rechtssache Grogan[726]: Art. 40.3.3 der Irischen Verfassung, welcher den Schutz des ungeborenen Lebens vorschreibt, ist unter die Gruppe der speziellen Verfassungsvorschriften zu subsumieren.

Hier war an eine einfache Lösung, die Änderung der nationalen Verfassung durch das irische Parlament, nicht zu denken; zu tief verwurzelt ist die in der Vorschrift zum Ausdruck kommende Wertvorstellung in der irischen Gesellschaft. Der EuGH würde also mit seiner Entscheidung in einen äußerst sensiblen Bereich eindringen, falls er das Unionsrecht hier stringent anwenden würde.[727] Dass der EuGH in einem solchen Fall den Vorrang des Gemeinschaftsrechts nicht „rücksichtslos" anwendet, sondern sich vielmehr sogar unter Durchbrechung seiner bisherigen Rechtsprechungslinie zur weiten Auslegung der Dienstleistungsfreiheit um eine ausdrückliche Entscheidung „drückt", haben wir unter B), I. gesehen. Die anschließende Verabschiedung eines auf Ebene des europäischen Primärrechts verankerten Protokolls[728] lässt sich als ein Beispiel für eine kompetenzgestaltende, problemspezifische Lösung verstehen.

---

[724] Europäischer Gerichtshof, Urt. v. 11.01.2000, Rs. C-285/98 - KREIL, Slg. 2000, S. I-69.
[725] *Arndt*, NJW 2000, S. 1461; *Scholz*, DÖV 2000, S. 420.
[726] Europäischer Gerichtshof, Urt. v. 04.10.1991, Rs. C-159/90 - GROGAN, Slg. 1991, S. I-4685.
[727] Ähnlich *Barnard*, New Law Journal 1992, S. 533.
[728] Protokoll (Nr. 7; a.F. Protokoll Nr.17) zum Vertrag über die Europäische Union und zu den Verträgen zur Gründung der Europäischen Gemeinschaften, in: *Glaesner/Bieber*, Europarecht, S. 53.

Auch das Bekenntnis der Griechischen Verfassung zu einem Monopol des Staates hinsichtlich einer universitären Ausbildung ist hier zu nennen[729]. Dieser Konflikt wurde gelöst, indem die griechischen Gerichte das gemeinschaftsrechtliche Erfordernis der Anerkennung von Abschlüssen von privaten Universitäten für nicht bindend betrachteten, obwohl der EuGH bereits gegenteilig entschieden habe. Diese Diskrepanz zwischen Gemeinschaftsrecht und nationalem Recht wurde so toleriert.[730] Da diese Tolerierung aber nicht dem EuGH zuzuschreiben ist, denn für ein etwaiges Nichtigkeitsverfahren ist er nicht antragsberechtigt, kann dieser Fall lediglich als Beispiel für eine spezielle Verfassungsvorschrift interessant sein, weist aber keinen Bezug zur Rechtsprechung des EuGH auf.

c)   Fazit

Der Umgang des EuGH mit speziellen Verfassungsvorschriften ist also wie gesehen nicht einheitlich zu bewerten. Je nachdem, ob die speziell nationale Wertung von besonders hohem gesellschaftlichem Wert war und insbesondere im Moment der Entscheidung noch ist, nimmt der EuGH Rücksicht auf diese Verfassungsvorschrift, wie im irischen Fall bezüglich des Abtreibungsverbots, oder auch nicht, wie im deutschen Fall bezüglich des Ausschlusses von Frauen vom Dienst mit der Waffe. Dabei kann aber keineswegs von Willkür gesprochen werden, sondern von einer Linie, die ganz besonders sensible Bereiche achtet, solche aber, die gesellschaftspolitisch nicht sonderlich brisant sind oder gar in der Strömung der Zeit liegen, nicht aufrecht erhält.

Allgemein lässt sich formulieren, dass von der Unionsebene aus der Vorranganspruch „in Anbetracht bestimmter mitgliedstaatlicher Interessen zurückgenommen wird, wenn diese Interessen für den Mitgliedstaat von besonderer Bedeutung sind."[731] Das besondere Interesse wird hier durch die spezielle Verfassungsvorschrift, die eine besonders schützenswerte nationale Wertvorstellung enthält, zum Ausdruck gebracht.

---

[729] Vgl. hierzu *Maganaris,* European Law Review 1998, S. 179; *Maganaris,* European Law Review 1999, S. 426.

[730] *Kumm,* European Law Journal 2005, S. 265 und 270; *Kumm/Ferres Comella,* International Journal of Constitutional Law 2005, S. 476; vertiefend dazu auch *Mayer,* Kompetenzüberschreitung und Letztentscheidung, S. 220ff.

[731] *Mayer,* in: von Bogdandy/Bast (Hrsg.), Europäisches Verfassungsrecht, S. 588.

4. „Unabänderliches" Verfassungsrecht

Ein weiteres Konfliktfeld zwischen dem Unionsrecht und den nationalen Verfassungen hinsichtlich des Vorrangs betrifft den Kernbereich[732] der nationalen Verfassungen, womit hier der unabänderliche Kern einer nationalen Verfassung gemeint ist.

a) Abgrenzung und Bewertung des Konfliktbereiches

Die Abgrenzung zwischen diesem Bereich und dem Konfliktfeld der Kompetenz-Kompetenz ist dabei nicht völlig überschneidungsfrei. Denn die Unabänderlichkeit einer Verfassungsbestimmung beinhaltet immanent das Verbot, die für unabänderlich erklärten Bereiche in den Kompetenzbereich der Union zu übertragen und damit zu deren Disposition zu stellen. Eine durch den EuGH erzwungene Änderung von eigentlich unabänderlichen Bereichen einer nationalen Verfassung wegen entgegenstehenden Unionsrechts, obgleich diese Vorstellung sehr theoretisch erscheint, liegt jedenfalls aus mitgliedstaatlicher Sicht immer außerhalb des Kompetenzrahmens der Union.

Der Unterschied zu einer „normalen" Kompetenzüberschreitung der Union besteht aber selbst aus der nationaler Sicht in der Qualität der Kompetenzüberschreitung: Bei einer Entscheidung des EuGH über den Kompetenzrahmen der Union mag aus nationaler Sicht das Ausmaß der Kompetenzübertragung aus den Zustimmungsgesetzen überschritten worden sein. Für den EuGH wäre darin lediglich eine in seinem Kompetenzbereich liegende Auslegung der Unionsverträge zu sehen. Wie die Mitgliedstaaten sodann auf einen solchen „ausbrechenden Rechtsakt" reagieren würden kann hier dahin stehen. Es handelt sich dabei aber um die Grenzziehung „einfacher" Kompetenzgrenzen, die den Rahmen der Befugnisse der Union regeln. Vorschriften mit Verfassungsrang können davon auch betroffen sein, wie die Rechtssache Kreil gezeigt hat.

Jedoch handelt es sich bei unabänderlichen nationalen Verfassungsvorschriften um eine andere Qualität von Verfassungsvorschriften. Diese sind für den nationalen Gesetzgeber selbst unabänderbar. Hier liegt es auf der Hand, dass auch aus Sicht des EuGH die Anwendung des Vorrangs an seine Grenzen stoßen könnte. Denn wenn das nationale Recht gewisse Verfassungsvorschriften für unabänderlich erklärt, soll dann aber der Union und dem EuGH als Letztentscheidungsinstanz die Befugnis zukommen, aufgrund des Vorrangs des Unionsrechts vor jedwedem nationalen Recht selbst diese Normen auszuhebeln, falls sie gegen Unionsrecht verstoßen sollten? Dies könnte schon auf-

---

[732] Uhle spricht in gleichem Zusammenhang von „Kernidentität der Verfassung", *Uhle*, Freiheitlicher Verfassungsstaat und kulturelle Identität, S. 368ff.

grund der primärrechtlichen Norm des Art. 4 Abs. 2 EUV problematisch sein und wird weiter unten zu untersuchen sein.

Grundsätzlich wäre dies mit dem Verweis auf die Autonomie der Unionsrechtsordnung wohl möglich, die Brisanz dieser Thematik liegt aber auf der Hand.

Dabei gilt es zu bedenken, dass sich aufgrund des unabänderlichen Charakters der Normen eine Übertragung der Kompetenz auf die Union, die zum Einfluss auf die Abänderung dieser Normen führen könnte, verbietet. Dies führt dazu, dass eine Situation, in der der EuGH diese unabänderlichen nationalen Verfassungsvorschriften aushebeln könnte, nur in zwei Konstellationen denkbar ist: zum einen, wenn der nationale Gesetzgeber einen Kompetenzbereich an die Union abgegeben hat, der in den Regelungsbereich der unabänderlichen Verfassungsvorschriften fällt und deshalb eigentlich nicht übertragbar ist. Oder zum anderen, falls mangels Übertragung dieses Bereichs durch die Mitgliedstaaten der EuGH in kompetenzwidriger Weise die Vereinbarkeit dieser unabänderlichen Verfassungsvorschriften mit dem Unionsrecht verneint.

Da in beiden Konstellationen erwiesenermaßen eine rechtswidrige Handlung zu der Kollision geführt hat, muss hier eine Grenze des Anwendungsvorrangs gezogen werden. Der EuGH muss die unabänderlichen nationalen Verfassungsvorschriften respektieren, um ihnen durch das Unionsrecht nicht die Position zu entziehen, die sie in den Mitgliedstaaten erhalten haben.

Unabänderliche Verfassungsvorschriften könnten daher mit dem von Huber in einem allgemeineren Zusammenhang genannten Begriff „integrationsfester Identitätskern"[733] bezeichnet werden, weil mit diesen staatliche Grundprinzipien zementiert werden, die nicht zur Disposition der nationalen verfassungsändernden Mehrheit, und so auch nicht zur Disposition der Union gestellt werden.

Aufgrund dieses qualitativen Unterschiedes wird dieser Bereich des Konfliktfeldes mit unabänderlichem Verfassungsrecht gesondert aufgeführt.

b)   Inhaltsbestimmung und Funktionsweise

Unabänderliche Verfassungsvorschriften sind geschriebene Verfassungstexte, in denen bestimmte Prinzipien oder Einrichtungen einer geltenden Verfassung für alle Zukunft gegenüber dem verfassungsändernden Gesetzgeber für unantastbar erklärt werden.[734] Typischerweise verbieten sie Verfas-

---

[733] *Huber*, Recht der europäischen Integration, § 9, Rn. 16.

[734] Allgemein und rechtstheoretisch zu sog. „Ewigkeitsklauseln": *Häberle*, in: Hangartner/Trechsel (Hrsg.), Völkerrecht im Dienste des Menschen, S. 81ff; ebenso *Häberle*, Rechtsvergleichung im Kraftfeld des Verfassungsstaates, S. 597.

sungsänderungen, die die verfassungsrechtlichen Grundentscheidungen insbesondere für Demokratie, Rechtsstaatlichkeit und Menschenrechte und damit die prägenden Elemente der jeweiligen Verfassungsordnung beeinträchtigen oder beseitigen.[735]

Vielfach aufgrund schlechter historischer Erfahrungen sollen diese Vorschriften verhindern, dass die Grundstrukturen der jeweiligen Verfassungen selbst durch verfassungsändernde Mehrheiten umgestoßen werden können und so praktisch legal eine völlig neue Staatsform im Wege einer politischen Revolution begründet wird.

Letztlich können solche unabänderlichen Verfassungsvorschriften praktisch aber auch einen kompletten Neuerlass einer Verfassung nicht verhindern, selbst wenn dies durch die verfassungsgebende Gewalt, also dem Volke, legal erfolgt[736]. Der symbolische Wert solcher Klauseln sollte aber nicht unterschätzt werden.

Kritisch wird angemerkt, dass solche unabänderlichen Verfassungsvorschriften hinderlich für eine sinnvolle Weiterentwicklung der Verfassung unter geänderten politischen oder gesellschaftlichen Bedingungen seien[737], weshalb auch sie nicht unwandelbar, sondern im Laufe der Zeit relativ offen sein sollten.[738]

Solche unabänderlichen Verfassungsvorschriften weisen eine beträchtliche historische Tradition auf, wenngleich bei weitem nicht alle Verfassungen solche Vorschriften enthalten. Inhaltlich sind diese Vorschriften sehr unterschiedlich ausgestaltet. So können genaue Vorschriften genannt werden, nur bestimmte Prinzipien, konkrete Institute oder eine Aufreihung von verfassungsrechtlichen Grundsätzen.

c)   Unabänderliche Verfassungsvorschriften in Mitgliedsstaaten

In den Mitgliedstaaten der Europäischen Union finden sich unabänderliche Verfassungsvorschriften[739].

---

[735] *Wieser*, Vergleichendes Verfassungsrecht, S. 86, zu den typischen Inhalten auch Häberle, in; *Häberle*, in: Hangartner/Trechsel (Hrsg.), Völkerrecht im Dienste des Menschen, S. 83ff.

[736] Die Beschränkung der verfassungsgebenden Gewalt durch Art. 79 Abs. 3 GG bezieht sich auf die hierfür zuständigen Staatsorgane, nicht aber auf Referenden; in: *Bleckmann*, JZ 1997, S. 267.

[737] *Wieser*, Vergleichendes Verfassungsrecht, S. 86f.

[738] *Häberle*, in: Hangartner/Trechsel (Hrsg.), Völkerrecht im Dienste des Menschen, S. 102.

[739] Vgl. hierzu ausführlich: *Wieser*, Vergleichendes Verfassungsrecht, S. 87f; zu unabänderlichen Verfassungsvorschriften weltweit *Winterhoff*, Verfassung - Verfassungsgebung - Verfassungsänderung, S. 106, Fn. 479. Deutsche Übersetzungen der Verfassungen finden sich unter http://www.verfassungen.de (Stand April 2013) oder in: *Kimmel*, Verfassungen der EU-Mitgliedstaaten.

Einige Verfassungen enthalten ein Verbot der Änderung von „Staats-grund- oder –strukturprinzipien"[740]. So hinsichtlich der Monarchie Art. 115 der Verfassung des Großherzogtums Luxemburg und Art. 197 der Verfassung des Königreichs Belgien. In einigen Mitgliedstaaten kann die republikanische Staatsform nicht Gegenstand einer Verfassungsänderung sein, so etwa gem. Art. 89 Absatz 5 französische Verfassung[741], gem. Art. 139 italienische Ver-fassung[742] oder gem. Art. 110 Absatz 1 griechische Verfassung.[743] Inhaltlich recht unbestimmt ist Art. 9 Abs. 2 tschechische Verfassung[744], welcher eine Änderung der wesentlichen Bestandteile des demokratischen Rechtsstaats für unzulässig erklärt.

In einigen Verfassungen werden die Grundrechte für unabänderlich er-klärt, so in Deutschland gem. Art. 79 Abs. 3 GG i.V.m. Art. 1 Abs. 1, Art. 19 Abs. 2 GG, in Griechenland gem. Art. 110 Abs. 1 i.V.m. Art. 2, 4, 5, 13 grie-chische Verfassung oder in Portugal gem. Art 288 d) portugiesische Verfas-sung. Art. 288 a) bis o) portugiesische Verfassung[745] enthält darüber hinaus einen detaillierten Katalog von änderungsfesten Grundsätzen und wird inso-weit als „detaillierte Sperrklausel"[746] bezeichnet.

Die breit angelegte Vorschrift des Art. 79 Abs. 3 des deutschen Grundge-setzes[747], die gem. Art. 23 Abs. 1 Satz 3 GG[748] auch die Grenze der legalen Integration darstellt,[749] kann als „Staatsfundamentalnorm"[750] bezeichnet wer-

---

[740] *Weber*, Europäische Verfassungsvergleichung, S. 59, Rn. 7.

[741] *Kimmel*, Verfassungen der EU-Mitgliedstaaten, Nr. 6, S. 191.

[742] *Kimmel*, Verfassungen der EU-Mitgliedstaaten, Nr. 9, S. 315.

[743] *Kimmel*, Verfassungen der EU-Mitgliedstaaten, Nr. 7, S. 248.

[744] *Kimmel*, Verfassungen der EU-Mitgliedstaaten, Nr. 22, S. 832.

[745] *Kimmel*, Verfassungen der EU-Mitgliedstaaten, Nr. 17, S. 680.

[746] *Weber*, Europäische Verfassungsvergleichung, S. 59, Rn. 6.

[747] Wirklich paradox an der Ewigkeitsklausel ist, dass dadurch die Demokratie auf höchst unde-mokratische Weise geschützt wird. Denn letztlich wird das demokratische Prinzip, um sich selbst zu schützen, eingeschränkt.
Allgemein vertiefend zu Art. 79 Abs. 3 GG etwa: *Kirchhof*, in: Badura/Isensee/Kirchhof (Hrsg.), Grundlagen von Staat und Verfassung, S. 775. Diese deutsche Bestimmung geht auf die haupt-sächlich von Carl Schmitt vertretene Lehre von den materiellen Grenzen der verfassungsändernden Gewalt zurück, die sich gegen die vom Rechtspositivismus bestimmte herrschende Auffassung wandte, „wonach die verfassungsändernde Gesetzgebung allein dem Mehrheitsprinzip unterworfen sei und deshalb den Inhalt der Verfassung beliebig ändern dürfe, auch in grundlegenden Bestand-teilen der Verfassungsordnung." Das Ermächtigungsgesetz von 1933 hat diese Auffassung zum Erweis seiner Legalität genutzt, vgl. *Badura*, Staatsrecht, F, Rn. 64. In Hinblick auf einen hypothe-tischen Konflikt mit EG-Recht stellt Fromont fest, dass dieser auf der deutsch-verfassungsrechtlichen Ebene keiner Lösung zugänglich wäre, vgl. *Fromont*, in: Müller-Graff/Riedel (Hrsg.), Gemeinsames Verfassungsrecht in der Europäischen Union, S. 155.

[748] Zu Art. 23 Absatz 1 Satz 3 GG als Grenze zur Übertragung von Hoheitsrechten vertiefend: *Hobe*, Der offene Verfassungsstaat zwischen Souveränität und Interdependenz, S. 155ff.

[749] *Isensee*, in: Burmeister (Hrsg.), Verfassungsstaatlichkeit, S. 1248.

den. Nach Art. 79 Absatz 3 GG ist eine Änderung des Grundgesetzes, durch welche die Gliederung des Bundes in Länder, die grundsätzliche Mitwirkung der Länder bei der Gesetzgebung oder die in Art. 1 und 20 niedergelegten Grundsätze berührt werden, unzulässig. Zu diesen Grundsatzen zählen die Bundesstaatlichkeit, die Rechtsstaatlichkeit, das Demokratie- und das Sozial-staatsprinzip, wobei Konkretisierungen dieser Grundsätze in anderen Grundge-setzbestimmungen „nur mit ihrem dem jeweiligen Prinzip als solchen zuzu-rechnenden Gehalt erfasst sind".[751] Unabänderlich ist weiter der Schutz der Menschenwürde. Die übrigen Grundrechte sind nicht allgemein erfasst, son-dern unantastbar, soweit sie notwendiger Bestandteil der Menschenwürde sind, d.h. in ihrem Menschenwürdegehalt.[752]

Diese nicht abschließende Aufzählung verdeutlicht, dass unabänderliche Verfassungsvorschiften in Verfassungen der Mitgliedstaaten der Europäischen Union vorkommen und deshalb erhebliches Konfliktpotential in Ansehung der Vorrangdogmatik entfalten können.

d)   Kollisionsgefahr

Ein Konflikt von Unionsrecht mit solchen unabänderlichen Verfassungs-vorschriften erscheint durchaus vorstellbar, auch wenn diese Frage in einigen Bereichen, etwa der Unabänderlichkeit der republikanischen Staatsform, ver-mutlich eher theoretischer Natur ist. Denn die in den Verfassungen für unab-änderlich erklärten Vorschriften fallen offenbar nicht in den Kompetenzbe-reich der Union, so zum Beispiel die Festlegungen auf die Staatsform. Dies gilt jedenfalls für die Rechtsprechung des EuGH, denn falls sich die Mitgliedstaa-ten etwa immer näher in Richtung eines Bundesstaates entwickeln wollten, geschähe dies sicher über eine Vertragsänderung. Was die Grundrechtsgaran-tien anbelangt, werden diese in den diesbezüglichen unabänderlichen Verfas-sungsvorschriften so allgemein garantiert, dass eine Unterschreitung dieser Standards durch die Union bzw. den EuGH schwerlich denkbar ist.

In der Rechtssache Omega[753] hat sich gezeigt, dass es z.B. bei der Ausle-gung der Garantie der Menschenwürde zu verschiedenen Bewertungen hin-sichtlich des Schutzbereiches kommen kann, der EuGH hierbei aber ausge-sprochen sensibel entscheidet.

---

[750] *Weber*, Europäische Verfassungsvergleichung, S. 59, Rn. 5.
[751] *Pieroth*, in: Jarass/Pieroth, Grundgesetz für die Bundesrepublik Deutschland, Art. 79, Rn. 11.
[752] *Bryde*, in: Kunig, (Art. 70 bis Art. 146 und Gesamtregister), Art. 79, Rn. 37.
[753] Europäischer Gerichtshof, Urt. v. 14.10.2004, Rs. C-36/02 - OMEGA SPIELHALLEN, Slg. 2004, S. I-9609.

Wenn weiter die Verfassung Portugals beispielsweise in Art. 288 e) die Rechte der Arbeiter für unabänderlich erklärt, und man sich andererseits die teilweise ausufernde Jurisdiktion des EuGH in Bereiche des Arbeitsrechts hinein vor Augen hält, wird deutlich, dass Konfliktfälle denkbar sind.

Die Rechtssache Kreil hat aufgezeigt, dass es zu Schnittstellen zwischen dem Unionsrecht und unabänderlichen Verfassungsvorschriften kommen kann. Zwar wurde ein Konflikt von Generalanwalt La Pergola letztlich verneint[754], allein die Beschäftigung mit dieser Frage, zeigt aber die Brisanz des Themas.

Indem der Generalanwalt den deutschen Staatsrechtler Scholz zitiert, dass Art. 12a GG nicht unter die Unabänderlichkeitsgarantie des Art. 79 Abs. 3 GG falle, will er offensichtlich darauf hinweisen und sich versichern, dass der EuGH in dieser Rechtssache nicht feststellen wird, dass das Gemeinschaftsrecht der Anwendung einer unabänderlichen nationaler Bestimmungen entgegensteht.

e)   Fazit

Dies macht deutlich, dass der EuGH sich durchaus der Problematik eines Konfliktes zwischen Unionsrecht und unabänderlichen Verfassungsvorschriften bewusst ist. Durch die Anmerkung des Generalanwalts wird erkennbar, dass der EuGH die unabänderlichen Verfassungsvorschriften nicht in Frage stellen kann, mithin den Anwendungsvorrang in diesem Konfliktfeld nicht absolut anwendet.[755] Da die unabänderlichen Verfassungsvorschriften aber, wie bereits ausgeführt, Grundprinzipien zementieren, die einerseits nicht in den Kompetenzbereich der Union fallen, andererseits grundrechtliche Standards gewähren, von denen nicht anzunehmen ist, dass der EuGH sie jemals unterschreiten oder in Frage stellen möchte, kann einem solchen Konfliktfall in der Regal ohne Verrenkungen aus dem Weg gegangen werden. Falls es doch zu Berührungspunkten kommen sollte, haben die Anmerkungen des Generalanwalts La Pergola in der Rechtssache Kreil gezeigt, dass sich der EuGH der Problematik anzunehmen bereit ist. Indem der Generalanwalt darauf hinweist, dass in diesem Fall der problematische Art. 12a a.F. GG nicht unter die Ewigkeitsgarantie des Grundgesetzes fällt, legt er nahe, dass es, wenn dem nicht so wäre, zu einer Problemsituation kommen würde. Dies lässt vermuten, dass der

---

[754] Europäischer Gerichtshof, Urt. v. 26.10.1999, Rs. C-285/98, Schlussanträge vom 26.10.1999 - KREIL, Slg. 2000, S. I-69, Fn. 7, vertiefend siehe Ausführungen zu C. VI.2.

[755] Huber spricht im Rahmen der Letztentscheidungsbefugnis von einer Grenze dieser Befugnis „in den einer Europäisierung entzogenen Bereichen nationaler Staatlichkeit", in: *Huber*, in: Streinz, EUV/AEUV, 19 EUV, Rn. 35. Diese Aussage kann durch diese Untersuchung zu den unabänderlichen Verfassungsvorschriften, soweit man in ihnen die einer Europäisierung entzogenen Bereiche nationaler Staatlichkeit sieht, in dem beschriebenen Maße verifiziert werden.

EuGH in einem solchen Fall nicht an einer absoluten Anwendung des Vorrangs festhält, um nicht in den Bereich der unabänderlichen Verfassungsvorschriften hinein zu intervenieren.

5.   Zusammenfassung

Es hat sich gezeigt, dass eine Kategorisierung der Konfliktfelder des Vorrangs des Unionsrechts mit den nationalen Verfassungen möglich ist. Die Bereiche lassen sich abgrenzen, und ihr spezieller Bezug zur Vorrangdogmatik wird klar. So lassen sich auch die Unterschiede hinsichtlich der Rücksichtnahme auf die nationalen Verfassungen in den verschiedenen Bereichen aufzeigen. Ferner scheint die Einteilung in diese Konfliktfelder abschließend, zumindest lassen die gefundenen Ergebnisse und die sich darin gezeigten Probleme mit nationalen Verfassungen dies vermuten.

Im Bereich des Grundrechtsschutzes lässt der EuGH in den dargestellten Bereichen durchaus spezielle Wertungen und Garantien nationaler Verfassungen einfließen. In der Agency-Situation berücksichtigt er nationale Verfahrensrechte und tritt nationalen Bedenken bezüglich eines effektiven Rechtsschutzes auf unionsrechtlicher Ebene in Kooperation und Verständnis suchender Weise entgegen, in der ERT-Situation berücksichtigt er bei der Anwendung der Unionsgrundrechte als Schranken-Schranke besondere nationale, verfassungsrechtliche Wertungen. Der EuGH wendet den Anwendungsvorrang nur bis zur Grenze dieser national-verfassungsrechtlich geschützten Rechtsgüter an.

Beim Konfliktbereich der Kompetenz-Kompetenz nimmt der EuGH keine Einschränkung seiner Prüfungsbefugnis und des Anwendungsvorrangs des Unionsrechts vor. Als Hüter der Verträge bleibt der EuGH seiner Ansicht nach die einzige Instanz, die über die Kompetenzgrenzen des Unionsrechts zu wachen hat.

Jedoch haben die Fälle Maruko[756] und Mangold[757]/Palacios[758] gezeigt, dass der EuGH hier seine Rolle als letztinstanzlicher Entscheidungsträger über die Kompetenzgrenzen der Union zunehmend verantwortungsvoll und bedacht ausführt.

---

[756] Europäischer Gerichtshof, Urt. v. 01.04.2008, Rs. C-267/06 - MARUKO, Slg. 2008, S. I-1757.
[757] Europäischer Gerichtshof, Urt. v. 22.11.2005, Rs. C-144/04 - MANGOLD, Slg. 2005, S. I-9981.
[758] Europäischer Gerichtshof, Urt. v. 16.10.2007, Rs. C-411/05 - PALACIOS, Slg. 2007, S. I-8531.

Das EMRK-Gutachten[759] hat zudem offenbart, dass sich der EuGH seiner Rolle im Rahmen des Kooperationsverhältnisses bewusst ist und substantiierter Kritik zugänglich ist.

Hinsichtlich der Rücksichtnahme auf spezielle nationale Verfassungsvorschriften haben wir gesehen, dass dieses Konfliktfeld in augenscheinlicher Weise eine Einschränkung des Anwendungsvorrangs in besonderen Konstellationen zur Folge hat.

Wenn auch das Konfliktfeld mit unabänderlichen Verfassungsvorschriften von stark theoretischer Natur scheint, sind durchaus zumindest andeutungsweise Überschneidungen denkbar. Jedenfalls lässt die Bemerkung des Generalanwalts zusammen mit den angestellten theoretischen Überlegungen erkennen, dass der EuGH auch hier eine Grenze für die Anwendung des Vorrangs zieht.

---

[759] Europäischer Gerichtshof, Urt. v. 28.03.1996, Gutachten 2/94 - EMRK-GUTACHTEN, Slg. 1996, S. I-1759.

II. Rechtstheoretische Überlegungen als Erklärungsansätze für die gefundenen Ergebnisse

1. Einführung

Bei der Beschreibung des Verhältnisses zwischen dem Unionsrecht und den mitliedstaatlichen Rechtsordnungen aus der Sicht des EuGH könnte man zunächst versucht sein, sich für das Unionsrecht und alle nationalen Rechtsordnungen ein sich nach oben verjüngenden Gebäudes vorzustellen, an dessen Spitze sich mehrere europäische Normen, oder gar nur eine europäische Grundnorm, finden.[760]

Der tatsächlichen Lage der unionsrechtlichen Rechtsordnung scheint dies aber nicht Rechnung zu tragen.[761] Die Rechtsordnung der Union und die Rechtsordnungen der Mitgliedstaaten mögen zwar massiv ineinander verwoben sein, sind jedoch formal zwei getrennte Rechtsordnungen, was der EuGH immer wieder betont.[762] Das Unionsrecht kann innerstaatlich nur Geltung beanspruchen, wenn die Kompetenzen dazu eröffnet sind. Das nationale Recht kann nur uneingeschränkt Geltung beanspruchen, wenn die Kompetenzen nicht an die Europäische Union abgetreten wurden. Deshalb scheint eine adäquate Lösung nur auffindbar, wenn man sich vom hierarchischen Staatsmodell löst.[763]

Letztlich beruht die Verzahnung der europäischen und mitgliedschaftlichen Rechtsordnungen auf dem Willen der Bürgerinnen und Bürger der Mitgliedstaaten, die nationalen Institutionen teilweise durch supranationale zu ersetzen bzw. zu ergänzen und die nationalen Verfassungsordnungen durch ein komplementäres Recht zu ergänzen, dessen Wahrung die nationalen und unionsrechtlichen Gerichte gemeinsam zur Aufgabe haben.[764]

Deshalb ist wohl die Vorstellung von zwei „Rechtsgebäuden" anschaulicher, die nebeneinander stehen, und die mittels vieler Verbindungsgänge derart

---

[760] Vgl. *Schilling*, ZfRV 1998, S. 150. Dem EuGH selbst kann eine solche Sichtweise aber schwerlich unterstellt werden, da er nicht zuletzt stets von einer Getrenntheit des Unionsrechts und der mitgliedschaftlichen Rechtsordnungen ausgeht, vgl. *Peters*, Elemente einer Theorie der Verfassung Europas, S. 276.

[761] Vgl. *von Bogdandy*, International Journal of Constitutional Law 2008, S. 399ff; *Giorgi/Triart*, European Law Journal 2008, S. 710; *MacCormick*, JZ 1995, S. 799f; *Peters*, Elemente einer Theorie der Verfassung Europas, S. 276f.

[762] Vgl. auch *Pernice*, Das Verhältnis europäischer zu nationalen Gerichten im europäischen Verfassungsverbund, S. 46; *MacCormick*, JZ 1995, S. 800.

[763] *Pernice*, Veröffentlichungen der Vereinigung der deutschen Staatsrechtslehrer Band 60, S. 185.

[764] *Pernice*, Das Verhältnis europäischer zu nationalen Gerichten im europäischen Verfassungsverbund, S. 48.

verbunden sind, dass es manchmal gar schwer fällt zu sagen, in welchem Gebäude man sich gerade aufhält. Manche Stimmen in der Literatur sprechen von „Verzahnung"[765], von „verflochtenen, nebeneinander geltenden Rechtsordnungen"[766], von „Verfassungsverflechtung"[767] oder Unionsrechtsordnung als „wechselseitiger Auffang- und Gegenseitigkeitsordnung"[768].

Wie die Untersuchungen in Kapitel C) gezeigt haben, geht selbst der EuGH nicht von einem uneingeschränkten Vorrang des Unionsrechts aus. Von einem streng hierarchischen Aufbau der Unionsrechtsordnung und den nationalen Rechtsordnungen, bei der die letztinstanzliche Entscheidung von Konflikten innerhalb der Rechtsordnung ausschließlich beim EuGH liegt, vergleichbar mit einem sich strikt nach oben verjüngenden Gebäude, kann daher nicht gesprochen werden. Es ist demnach auch nicht so, dass der EuGH das Unionsrecht uneingeschränkt als das „supreme law of the land" ansieht, was als European Constitutional Supremacy bezeichnet werden könnte.[769]

Die grundsätzliche Anwendung des Vorrangs des Unionsrechts legt eine monistische Auffassung nahe, allerdings trägt seine Rechtsprechung eingedenk seiner Aussagen zu den „zwei getrennten Rechtsordnungen" auch pluralistische Züge.[770] Wie der Vorrang aus Sicht des EuGH, aber letztlich auch von einem neutralen Beobachter beurteilt und erfasst werden kann, gilt es hier herauszufinden.

Diejenigen Stimmen aus der Literatur und der nationalen Rechtsprechung, die von einem Vorrang des nationalen Verfassungsrechts ausgehen, werden zur Erklärung der hier analysierten Rechtsprechung und Dogmatik des EuGH zum Vorrang des Unionsrechts keine tragfähigen Lösungsansätze liefern können. Denn von einem grundsätzlichen Vorrang des Unionsrechts geht der EuGH, wie in Kapitel B) gezeigt, weitgehend aus, lediglich scheint er an bestimmten Punkten den Vorrang nicht absolut anzuwenden. Inwieweit der Einfluss einiger nationaler Höchstgerichte jedoch die Dogmatik des EuGH zum Vorrang beeinträchtigt, bleibt später zu bewerten.

---

[765] *Streinz*, Europarecht, Rn. 197ff.

[766] *Kirchhof*, JZ 1998, S. 968.

[767] *Bieber*, in: Müller-Graff/Riedel (Hrsg.), Gemeinsames Verfassungsrecht in der Europäischen Union, S. 209.

[768] *Huber*, in: Drexl/Kreuzer/Scheuing/Sieber (Hrsg.), Europäische Demokratie, S. 52.

[769] Vgl. *Kumm*, European Law Journal 2005, S. 265f.

[770] Vgl. *Peters*, Elemente einer Theorie der Verfassung Europas, S. 264, 276f.

Von Interesse ist daher ein dritter Ansatz, der weder von einem strikten Vorrang des Unionsrechts, noch von einer reinen Abhängigkeit des Unionsrechts von den nationalen Verfassungen ausgeht.

Einige Stimmen in der Literatur, die gleich näher beleuchtet werden, haben das Verhältnis zwischen Unionsrecht und nationalen Verfassungen mit besonderem Augenmerk auf den jeweiligen Gerichten bereits näher beleuchtet. Die Rolle der Gerichte ist auch deshalb bedeutend, weil der Vorstellung von den zwei so eng verbundenen Rechtsordnungen nicht zuletzt die Kooperation zwischen dem Europäischen Gerichtshof und den nationalen Gerichten zugrunde liegt, bei der das Vorabentscheidungsverfahren eine entscheidenden Rolle spielt.

Dabei wird aber größtenteils nicht versucht, die bestehende Situation zu erklären, sondern die Theorien stellen vornehmlich Lösungsansätze für ein voll funktionsfähiges Ineinandergreifen der unionalen und nationalen Rechtsordnungen und deren gerichtlicher Zusammenarbeit dar. Dabei wird das Augenmerk teilweise gar nicht so sehr auf den außergewöhnlichen Fall eines verfassungsrechtlichen Konflikts gelegt, sondern auf die Art und Weise, wie die Gerichte die Verzahnung von Unionsrecht und nationalem Recht im täglichen Rechtsalltag bewältigen. Falls von einem nicht strikt hierarchischen Über- und Unterordnungsverhältnis, sondern einem Nebeneinander des unionsrechtlichen und nationalen Verfassungsrechts ausgegangen werden kann, und dies legen die gefundenen Ergebnisse nahe, könnte auf die unter dem Stichwort Pluralismus der Rechtsordnungen diskutierten Erklärungs- und Lösungsmodelle zurückzugreifen sein. Verfassungspluralismus wird dabei als eine Position verstanden, die zunächst davon ausgeht, dass Staaten nicht länger der einzige Inhaber von verfassungsmäßiger Autorität sind. Vielmehr gliedern sie sich ein in andere Gebilde, die höchst prominent und relevant für die gegenwärtigen Ziele auf überstaatlicher Ebene sind, womit die Beziehungen zwischen den Staaten und den überstaatlichen Gebilden eher als heterarchisch denn hierarchisch zu bezeichnen sind.[771]

Die Auseinandersetzung mit den Theorien eines europäischen Verfassungspluralismus ist dabei als der momentane Gipfel einer schleichenden Entwicklung hin zur Idee eines europäischen Konstitutionalismus zu bezeichnen.

In einer ersten Phase der gemeinsamen „europäischen Verfassungsgeschichte" bis in die frühen 80er Jahre hinein war der Gedanke einer Verfassung im europäischen Sinne lediglich auf eine funktionale oder organisatorische Konzeption gerichtet. Der Begriff der Verfassung wurde dabei wenn

---

[771] *Walker*, in: Walker (Hrsg.), Sovereignty In Transition, S. 4; vgl. dazu ausführlich *Avbelj/Komarek*, European Constitutional Law Review 2008, S. 524.

überhaupt nur als genereller rechtlicher Ausdruck im weiteren Sinne verwendet.[772] Bezeichnet wurde damit letztlich ein Gerüst zur Funktionsfähigkeit einer rechtlichen Einheit, sei es die Europäische Union, oder überspitzt formuliert, ein Golfclub.

Spätestens in den 80er Jahren wurde nicht zuletzt durch die in Rechtsprechung und Literatur mittlerweile vollzogene grundsätzliche Anerkennung der Grundprinzipen des Vorrangs, der unmittelbaren Anwendbarkeit, der „implied powers" und des Grundrechtsschutzes nicht mehr nur von einer Verfassung lediglich im oben beschriebenen Sinne gesprochen. Es wurde davon gesprochen, dass der EuGH aus den bestehenden Verträgen mehr eine Verfassungsurkunde denn ein internationales Vertragswerk gemacht habe.[773] Auch der EuGH selbst bezeichnete die Verträge bereits als „Verfassungsurkunde".[774] Der EuGH und der bereits bestehende Verfassungsenthusiasmus in Teilen der Literatur bereiteten den Weg zu einer breiteren Verfassungsdiskussion.[775]

Die Maastrichter Verträge und einige darauf folgende Entscheidungen von nationalen Höchstgerichten[776] führten zu einer ernsthaften Erschütterung einer gesamteuropäischen Verfassungsidee. Nicht zuletzt die erfolglosen Versuche, eine Verfassung für Europa zu verabschieden, haben alte Stimmen wieder aufleben lassen, die versuchen, mit den bereits bestehenden Verhältnissen eine vereinte, integrierte und übergreifende Verfassungsstruktur zu schaffen, um die Integration weiter voranzutreiben.

Diese Theorien könnten geeignet sein, für die gefundenen Ergebnisse Erklärungsansätze zu geben oder gar eine geeignete rechtstheoretische Grundlage zu bilden. Die Vorrangdogmatik ist dabei freilich nicht immer direkter Gegenstand der Erörterungen, eine Modifizierung oder andere Betrachtungsweise dieser Dogmatik steckt aber hinter nahezu allen Erwägungen. Denn wenn die Konfliktlösung zwischen Unionsrecht und nationalen Verfassungen hinsicht-

---

[772] Vgl. *Avbelj*, German Law Journal 2008, S. 3; ausführlich dazu: *Weiler*, The Yale Law Journal 1991, S. 2405ff; *Maduro*, How Constitutional Can the European Union Be? The Tension Between Intergovernmentalism and Constitutionalism in the European Union, S. 3f.

[773] *Weiler*, The Yale Law Journal 1991, S. 2407.

[774] Europäischer Gerichtshof, Urt. v. 23.04.1986, Rs. C-294/83 - LES VERTS, Slg. 1986, S. 1339, Rn. 23; Europäischer Gerichtshof, Urt. v. 14.12.1991, EWR - Gutachten 1/91, Slg. 1991, S. I-6079, Rn. 21.

[775] Vgl. *Pernice*, Veröffentlichungen der Vereinigung der deutschen Staatsrechtslehrer Band 60, S. 150f m.w.N.; *Avbelj*, German Law Journal 2008, S.3f m.w.N.

[776] Vgl. beispielsweise folgende Abhandlungen: *Claes*, The national courts' mandate in the European Constitution; *Oppenheimer*, The Relationship between European Community law and national law 1994; *Oppenheimer*, The Relationship between European Community law and national law 2003; Slaughter, Anne-Marie/Stone Sweet, Alec/Weiler, J.H.H. (Hrsg.), The European court and national courts - doctrine and jurisprudence.

lich der Letztentscheidung oder grundrechtssensibler Bereiche erörtert wird, betrifft das notwendigerweise auch die Vorrangdogmatik.

Ein Zusammenspiel der nationalen Verfassungen und der unionsrechtlichen „Verfassung" könnte Prinzipien beider Seiten verbinden, ohne eine der involvierten „Verfassungen" in ihren Grundstrukturen zu verdrängen. Daraus könnten sich auch Schlüsse ziehen lassen, inwieweit die Vorrangdogmatik als allgemeiner Grundsatz der „Unionsverfassung" ein eben nicht gänzlich verdrängendes, sondern gewisse Bereiche respektierendes Nebeneinander mit den nationalen Verfassungen darstellt. Es soll versucht werden, diese zum Teil sehr komplexen Theorien möglichst prägnant wiederzugeben. Anschließend werde ich die Tauglichkeit der Verfassungstheorien zur Erklärung meiner gefundenen Ergebnisse untersuchen.

2.   Miguel Poiares Maduro

a)   Contrapunctual Law

Der Generalanwalt am EuGH Miguel Poiares Maduro hat den europäischen Verfassungspluralismus unter dem Stichwort „Contrapunctual Law"[777] zu definieren und erklären versucht. Er lehnt sich dabei an den Begriff aus der Musik an: die kontrapunktische Satztechnik. Diese dient in der Musik dazu, die Selbstständigkeit der einzelnen Stimmen zu wahren und so unter Einhaltung der Stimmführungsregeln zu einem horizontalen Geflecht unter motivischer Beteiligung aller Stimmen zu gelangen. Dass unterschiedliche Melodien zu einem harmonischen Einklang zusammen fließen könnten, sei eine große Entdeckung in der Musikgeschichte gewesen. Dies sei auf das Recht zu übertragen: wenn kein streng hierarchisches Verhältnis zwischen unterschiedlichen Rechtsordnungen und Institutionen bestünde, müsse aus der Vielfalt die positive Seite und die Chance zur Harmonisierung gesehen werden, an deren Ende dieser rechtliche Pluralismus nicht zu Konflikten führen solle, sondern aus der Vielfalt eine enorme Kraft schöpfen könne.[778]

Die Anwendung des Contrapunctual Law setzt jedoch bestimmte Regeln, hier als Stimmführungsregeln bezeichnet, voraus.[779]

Zunächst fordert Maduro, dass jede Rechtsordnung (nationale wie europäische) die anderen Rechtsordnungen durch gegenseitige Rücksichtnahme auf essentielle Verfassungsbestimmungen respektieren müsse, d.h. die eigene

[777] Vgl. dazu: *Maduro*, EuR 2007, S. 3ff; *Maduro*, in: Walker (Hrsg.), Sovereignty In Transition, S. 501ff.
[778] *Maduro*, EuR 2007, S. 22f.
[779] Vgl. dazu *Giorgi/Triart*, European Law Journal 2008, S. 710.

Identität dürfe nicht in der Art vorangestellt werden, dass dadurch entweder die Identität der anderen Rechtsordnungen oder die pluralistische Konzeption der europäischen Rechtsordnung selbst in Frage gestellt wird. Dieser Pluralismus macht die Anerkennung und die Anpassung jeder Rechtsordnung an die anderen notwendig.[780]

Weiter sollten die Gerichte nach Konsistenz und vertikaler und horizontaler Kohärenz streben, d.h., dass Entscheidungen dergestalt getroffen und begründet werden sollten, dass sie mit den vorhergehenden Entscheidungen der anderen Teilnehmer übereinstimmten. Wenn nationale Gerichte europäisches Recht anwenden, mussten sie dabei die Entscheidungen des EuGH als auch die der anderen nationalen Gerichte beachten. Auch der EuGH müsse die Entscheidungen der nationalen Gerichte beachten, was die logische Konsequenz der nicht-hierarchischen Konstruktion der europäischen Gerichtsbarkeit sei. [781]

Schließlich sollten die Gerichte ihre Entscheidungen im Kontext einer kohärenten und integrierten europäischen Rechtsordnung begründen, um mit Hilfe „universeller" Begriffe zu ermöglichen, dass die den Entscheidungen zugrunde liegenden Grundsätze auch von anderen Gerichten in ähnlichen Situationen angewandt werden könnten. Der sich dadurch entwickelnde judizielle Diskurs zwischen den Gerichten solle eine neue Ära der Zusammenarbeit einleiten.[782] Konsequenterweise verbiete diese Universalität auch die Bezugnahme auf spezifische Verfassungsbestimmungen seitens der nationalen Gerichte als Rechtfertigung von Sonderwegen, weil dies zu Evasion und Freeriding führe.

b)   Bewertung

So sehr der kommunikative Teil dieses Funktionsmodells überzeugend wirkt, spiegeln natürlich einige der Forderungen nicht die festgestellte Wirklichkeit und bleiben so ein rein theoretisches Modell, das zur Erklärung der gefundenen Ergebnisse kaum hilfreich ist. Die Vorstellung von mehreren Rechtsordnungen, die als horizontales Geflecht ohne hierarchische Ordnung nebeneinander „fließen", entspricht nicht der Wirklichkeit, wie sich aus dem Auslegungsmonopol des EuGH hinsichtlich der Verträge und insbesondere dem Verständnis des EuGH vom Vorrang des Unionsrechts ergibt.

Von Seiten des EuGH kann die gegenseitige Rücksichtnahme auf essentielle Verfassungsbestimmungen als erfüllbar bzw. erfüllt betrachtet werden.

---

[780] *Maduro*, EuR 2007, S. 25.
[781] *Maduro*, in: Walker (Hrsg.), Sovereignty In Transition, S. 528.
[782] *Maduro*, EuR 2007, S. 28.

Der Respekt vor der Identität der anderen Rechtsordnungen wurde z.b. in den Rechtssachen Kreil, Grogan oder Omega deutlich.

Weiter kann festgestellt werden, dass der EuGH, wie die Entscheidungen zum EMRK-Gutachten und in der Rechtssache Port gezeigt haben, den Dialog mit den nationalen Gerichten aufzunehmen gewillt ist und deren Kritik ernst nimmt.

Die Forderung nach Universalität geht aber an der Rechtswirklichkeit nicht nur der Rechtsprechung des EuGH vorbei. Zwar wurden in einigen Ländern wie in Frankreich, Spanien und anderen Ländern die Verfassungen z.b. im Zuge der Maastrichter Verträge europatauglich und damit sehr begrenzt „universal gemacht", auch die Änderung des Art. 12 a Abs. 4 Satz 2 GG aufgrund der Rechtssache Kreil kann darunter gezählt werden, jedoch ist gerade die Berufung auf spezifische nationale Verfassungsbestimmungen, wie die Rechtssache Grogan gezeigt hat, auch vom EuGH beachtet worden. Auch die unterschiedliche Gewichtung und Bedeutung von Grundrechten, wie in den Rechtssachen Omega gesehen, trägt nicht zu einer Universalisierung oder Gleichmachung der Rechtsordnungen bei, sondern unterstreicht gerade deren Unterschiede. Da diese Unterschiede auch weiterhin bestehen werden, kann mit dem Ansatz der Universalität nur begrenzt eine Lösung für Konflikte zwischen Unionsrecht und nationalem Verfassungsrecht oder eine Erklärung der gefundenen Ergebnisse erlangt werden.[783]

3. Mattias Kumm

a) Constitutionalism Beyond the State

Mattias Kumm begründet mit seinem „Constitutionalism Beyond the State" (CBS) eine Forderung, nach der Entscheidungen auf der europäischen Ebene so zu treffen seien, dass sie sich bestmöglich in die mitgliedschaftlichen Rechtsströmungen einpassen sollten.[784]

Sein „Constitutionalism Beyond the State" ist allgemein-juristischer Ansatz, der von folgenden Voraussetzungen gekennzeichnet ist:

Zunächst entgegnet er Fragen nach der Lösung eines verfassungsrechtlichen Konflikts, indem eine Gegenfrage gestellt wird: welche Konfliktregeln könnten den der europäischen und nationalen Rechtsprechung zugrunde lie-

---

[783] Ähnlich skeptisch hinsichtlich Praktibilität der Forderung nach Universalität äußern sich *Giorgi/Triart*, European Law Journal 2008, S. 717.
[784] Diese Kurzzusammenfassungen fußen alle auf: *Pernice,* Das Verhältnis europäischer zu nationalen Gerichten im europäischen Verfassungsverbund, S. 49f. auch *Weiler*, in: Weiler/Wind (Hrsg.), European Constitutionalism Beyond The State, S. 15f spricht von Verfassungstheorien.

genden Idealen Freiheit, Gleichheit, Demokratie und Rechtsstaatlichkeit am ehesten gerecht werden? Welche Interpretation der Beziehung zwischen den nationalen Verfassungen und der europäischen „Verfassung" passe am Besten („principle of best fit") und rechtfertige die Rechtsprechungspraxis in der Europäischen Union, als Ganzes gesehen, am Besten?[785]

Weiter legt er fest, dass es kein absolutes Prinzip gebe, sei es die Idee einer effektiven und einheitlichen Anwendung des Gemeinschaftsrechts noch die Idee von Demokratie als nationales „self-government", welche den Erfolg von einer der beiden Ansätze bestimme. Vielmehr müsse eine Abwägung und Balance zwischen mehreren Prinzipien gefunden werden.[786]

Es gebe vier konkurrierende Prinzipien, zu deren weitmöglichster Realisierung ein stetes Abwägen untereinander vorzunehmen ist: das formale Prinzip von Legalität, also eines grundsätzlichen Bekenntnisses zum Vorrang des Gemeinschaftsrechts und der Pflicht der nationalen Gerichte zur Inkraftsetzung desselben; das Prinzip der Subsidiarität, von welchem zu beobachten sein werde, inwieweit der EuGH selbst darüber verantwortungsvoll wachen wird (falls dies geschehe, bleibe kein Raum für die nationalen Gerichte, darüber zu urteilen); das Demokratieprinzip, das den nationalen Gerichten aufgrund des immer noch bestehenden Demokratiedefizits in Rahmen der gemeinschaftsrechtlichen Institutionen weiter das Recht einräume, Gemeinschaftsrecht unangewendet zu lassen, wenn es klare und spezielle Verfassungsnomen verletze, die grundlegende Verpflichtungen der nationalen Rechtsordnung widerspiegeln[787]; und das substanzielle Prinzip des Grundrechtsschutzes.[788]

Die Aufgabe von nationalen Gerichten bestehe darin, eine adäquates Verhältnis zwischen der nationalen und der europäischen Rechtsordnungen auf der Basis der besten Interpretation der beiden Rechtsordnungen zugrunde liegenden Prinzipen zu finden.[789]

Vom EuGH fordert er wiederum, dass die Garantie der verfassungsmäßigen Identität der Mitgliedstaaten, wie es Artikel 6 Abs. 3 EUV (heute Art. 4 Abs. 2 EUV) fordert, von ihm so interpretiert wird, dass die nationalen Gerichte autorisiert werden sollten, das Gemeinschaftsrecht unter bestimmten Bedingungen, die sich aus den nationalen Verfassungsvorschriften ergeben, unangewendet zu lassen. Dabei sollten alle nationalen Gerichte, sobald sie unter solchen Umständen Gemeinschaftsrecht unangewendet lassen, eine Stellung-

---

[785] *Kumm*, European Law Journal 2005, S. 286.
[786] *Kumm*, European Law Journal 2005, S. 299.
[787] *Kumm/Ferres Comella*, International Journal of Constitutional Law 2005, S. 486.
[788] *Kumm*, European Law Journal 2005, S. 299ff.
[789] *Kumm*, European Law Journal 2005, S. 286.

nahme an den EuGH abgeben, in welcher sie den Sachverhalt im Bezug zu der national-verfassungsrechtlichen Norm erklären.[790]

Mit dem CBS wird versucht, den Verfassungskonflikten in der Europäische Union durch adäquate, theoretische, juristische Forderung zu begegnen.[791]

Kumm räumt selbst ein, dass CBS keine handfeste und schnelle Antwort auf die Frage zu dem Verhältnis zwischen den nationalen Gerichten und dem EuGH liefert. Es sei vielmehr ein Anfang und der Versuch einer strukturellen Lehre, die die Aufgabe der Herausarbeitung von einer Doktrin erleichtern soll, indem die richtigen Fragen gestellt werden und mit den richtigen Problemen umgegangen wird.[792]

b)   Bewertung

Zunächst ist auch diesen Überlegungen zu eigen, dass sie wenig von konkreten Problemlösungsversuchen geleitet ist, sondern mehr über rechtstheoretische Fragestellungen zu einer gerechten Balance zwischen den Rechtsordnungen führen möchte. Die Frage nach Konfliktregeln entbindet aber eigentlich nicht von einer Beantwortung drängender Fragen. Dieser Schwäche ist sich Kumm selbst bewusst.

Die Benennung von vier konkurrierenden Prinzipen macht aber deutlich, wo die Problemfelder hinsichtlich einer Akzeptanz der Rechtsprechung des EuGH zu verorten sind: die Verantwortung des EuGH zur Wahrung der Kompetenzgrenzen, Probleme im Bereich des Demokratiedefizits (die Kumm zur Begründung der geforderten Achtung von speziellen Verfassungsvorschriften durch den EuGH angeführt hat) und der nicht einfache Weg hin zu einem umfassenden Grundrechtsschutz in der Union. Diese Problemfelder erklären die

---

[790] *Kumm*, European Law Journal 2005, S. 303.

[791] *Kumm*, European Law Journal 2005, S. 268; Schilling hält die der Forderung von Kumm immanente Abkehr von einer Grundnorm für eine Revolution und meint, dass diese Abkehr das Recht ununterscheidbar von generellen politischen, oder philosophischen, Diskurs mache. Die gegenwärtige Situation das Verhältnis zwischen den verschiedenen Rechtssystemen betreffend könne am Besten mit „an agreement between the Member States and European courts to disagree" beschrieben werden. Dieses Einverständnis erreiche die gleichen Ziele wie das von Kumm postulierte CBS, ohne dabei die Gerichte zu nötigen, in revolutionärer Weise zu handeln, *Schilling*, European Law Journal 2006, S. 187f. Mit der Gründung der Europäischen Gemeinschaft und ihrer Supranationalen Rechtsordnung hat diese Revolution jedoch längst begonnen. Insoweit kann die Lösung der Vorrangfrage in dem Einverständnis „to disagree" wenig überzeugen, die neuen Strukturen verlangen nach anderen Lösungsansätzen, die beispielsweise in Rücksichtnahme und Kooperation zu verorten sind, vgl. *Pernice*, Veröffentlichungen der Vereinigung der deutschen Staatsrechtslehrer, Band 60, S. 48.

[792] *Kumm*, European Law Journal 2005, S. 300.

mangelnde Akzeptanz des Vorrangs und könnten so auf der anderen Seite auch Gründe für eine nicht absolute Anwendung des Vorrangs durch den EuGH sein.

Ferner weist er überzeugend auf die Pflicht des EuGH hin, auf die Identität der Mitgliedstaaten Rücksicht zu nehmen, und führt dabei auch das normative Argument des Art. 6 Abs. 3 EUV a.f. (heute Art. 4 Abs. 2 EUV) heran. Dies ist ein beachtenswerter Ansatz zur Erklärung der gefundenen Ergebnisse. Freilich geht die Forderung an den EuGH, gegebenenfalls nationalen Gerichten den Raum zu lassen, das Unionsrecht, sobald es in Konflikt mit nationalen Verfassungsvorschriften gerät, unangewendet zu lassen, dabei deutlich zu weit. Dies würde zu einer nicht hinnehmbaren Uneinheitlichkeit der Unionsrechtsordnung führen und sich so ausgesprochen destabilisierend auswirken. Eine Forderung an den EuGH, die eigene Judikatur in bestimmten Fällen respektvoller hinsichtlich der nationalen Verfassungen auszuüben, wäre praxistauglicher und stringenter, weil es den grundsätzlichen Vorranganspruch des EuGH nicht in Frage stellen würde.

4.   J.H.H. Weiler

a)   Prinzip der verfassungsrechtlichen Toleranz

Eine der einflussreichsten Stimmen ist die von Joseph Weiler. Er legt dar, dass Europa bereits eine Verfassung habe[793] und deshalb eine Änderung der bestehenden Verträge oder gar eine neue Verfassung überflüssig seien, da diese derzeit gut funktioniere.[794] Was Europa brauche, sei nicht eine neue Verfassung, sondern ein neuer Konstitutionalismus: eine normative Rechtfertigung für das europäische Gemeinwesen, indem es mit einer notwendigen Legitimität und unerlässlichen Werten ausgestattet wird, die den Weg in die Zukunft weisen sollten.[795]

Der Schlüssel für ein noch besseres funktionieren der Integration sei die Beachtung des Prinzips einer verfassungsrechtlichen Toleranz.[796] Dieses Prinzip weise nicht nur in eine Richtung: es wendet sich an verfassungsrechtliche

---

[793] *Weiler/Haltern*, in: Slaughter/Stone Sweet/Weiler (Hrsg.), The European court and national courts - doctrine and jurisprudence, S. 339.

[794] *Weiler*, in: Weiler/Wind (Hrsg.), European Constitutionalism Beyond The State, S. 23; zustimmend: *Thym*, International Journal of Constitutional Law 2006, S. 175f.

[795] *Weiler*, in: Dehousse (Hrsg.), Europe after Maastricht, S. 207ff.

[796] *Weiler*, in: Snyder (Hrsg.), The Europeanisation of Law: The Legal Effects of European Integration, S. 217; *Weiler*, in: Weiler/Wind (Hrsg.), European Constitutionalism Beyond The State, S. 7ff, 18.

Akteure und verfassungsrechtliches Tätigwerden auf der mitgliedstaatlichen Ebene, auf Unionsebene und auch zwischen den Mitgliedstaaten. Dabei stellt er auf die freiwillige Selbstunterwerfung der europäischen Verfassungsakteure ab, indem sie ihren Willen zur Verfassungstoleranz in jeder Handlung im institutionellen Rahmen der Union ausdrücken. Insbesondere aber richtet er sich an die alltägliche Rechtspraxis in der Verwaltung, an die Gewohnheiten der öffentlichen Gewalt, vom Banalsten zum Tragenden. Als Beispiel auf der banalsten Ebene sollten Grenzbeamte tatsächlich und nicht nur theoretisch die Pässe von Angehörigen der Europäischen Union in der gleichen Art untersuchen, wie sie dies mit den Pässen der eigenen nationalen Bürger tun. In judizieller Hinsicht, vom einfachsten Nachbarschaftsstreit bis zur höchstrichterlichen Entscheidung, sei das Gemeinschaftsrecht, das Interesse der Anderen, wohl oder übel Teil der normativen Entscheidungsmatrix.

Was die europäische Verfassungsarchitektur definiere, sei nicht die Ausnahme, der extreme Fall, der die „Grundnorm" definitiv hier oder dort verorte. Es sei die tagtägliche Praxis, wenn sie unbewusst erfolge, oder wenn sie ausgeführt werde, weil neue Regularien es erforderten, dass es auf diese Weise erfolgen solle. Aus diesem tagtäglichen Austausch würden sich positive Nebenwirkungen ergeben, die die Integration auf lange Sicht lebensfähiger und stärker mache.[797]

Der klassische Konstitutionalismus habe diesen Aspekt übersehen, verfassungsrechtliche Extreme zwischen Kelsen und Schmitt seien zu sehr in den Vordergrund gerückt worden.[798]

Hinsichtlich der von Weiler nicht in den Vordergrund zu rückenden seltenen Fällen echter Verfassungskonflikte innerhalb der europäischen Rechtsordnung im Bezug auf die Kompetenzordnung hat er sich für die Einrichtung eines übergeordneten Kompetenzgerichts ausgesprochen[799], ohne dies allerdings zu einem festen Bestandteil seiner Dogmatik zu machen.

b)   Bewertung

Dieser verfassungstheoretische Ansatz versucht mit den bestehenden Bestimmungen und einer Durchdringung von mehr europäischer Toleranz im tagtäglichen Bereich den verhältnismäßig seltenen Verfassungskonflikt als eher nebensächlich erscheinen zu lassen. Eine vermehrte Europäisierung in den Köpfen und im täglichen Handeln der Menschen und der Gerichte ist sicher-

---

[797] *Weiler*, in: Weiler/Wind (Hrsg.), European Constitutionalism Beyond The State, S. 21f.

[798] *Weiler*, in: Weiler/Wind (Hrsg.), European Constitutionalism Beyond The State, S. 13.

[799] *Weiler*, European Law Review 1997, S. 155f; vgl. *Mayer*, ZaöRV 2001, S. 604; *Pernice*, Das Verhältnis europäischer zu nationalen Gerichten im europäischen Verfassungsverbund, S. 49.

lich eine wünschenswerte Begebenheit, führt aber am Kern des Problems hinsichtlich der verfassungsrechtlichen Probleme bewusst vorbei und wird so mehr zu einer „Moralphilosophie"[800]. Insoweit ist die nachlässige Beschäftigung mit dem tatsächlichen Verfassungskonfliktfall zwar konsequent, letztlich aber realitätsfern. Denn die im vorigen Kapitel aufgeführten Konfliktfelder sind zumindest teilweise von großer praktischer Relevanz. Die Forderung eines übergeordneten Kompetenzgerichts zeigt denn auch, dass er für die angeführten Konfliktfelder keine in der Rechtsprechung des EuGH zu verortende Lösungsansätze bieten kann oder will und so auch nicht zu einer neuen Bewertung der Vorrangdogmatik beitragen kann.

5. Neil Walker

a) Epistemischer Pluralismus

Neil Walker nennt seinen Ansatz epistemischen Pluralismus.[801] Ausgehend vom Niedergang der etatozentrischen westfälischen Ordnung[802] geht er davon aus, dass Souveränität nicht länger ein Charakteristikum von territorialen Einheiten wie z. B. Staaten sei, sondern auch sektoralen oder funktionalen Einheiten zugeordnet werden müsse. Genau dieses Phänomen könne im Zuge der Europäischen Integration beobachtet werden. Es charakterisiere das nebeneinander mehrerer Rechtsordnungen, dass sich ausgehend von einem eigenen Startpunkt eine Vielzahl von sich kreuzenden Ansprüchen auf eine Letztentscheidungskompetenz entwickeln, mit einer wachsenden Zahl von möglichen Konflikten an ihren Grenzen.[803] Diese nationalen und supranationalen Autoritätsansprüche könnten ausgehend von „distinct constitutional sites" nicht auf Stärke und Gültigkeit gewichtet werden, da es keinen Archimedischen Punkt, keine Basis historischen Wissens, keine plausible Perspektive gebe. Vielmehr seien der Anspruch der Mitgliedstaaten und der Gemeinschaft auf die ultimative Autorität innerhalb des europäischen Rechtssystems gleichermaßen plausibel innerhalb ihrer Konditionen und aus ihrer eigenen Perspektive.[804]

Von einem erklärenden Ansatz her sei es zu akzeptieren, dass die Ansprüche entweder plausibel vorgetragen und die nachhaltige Version eines erläu-

---

[800] *Haltern*, in: Schuppert/Pernice/Haltern (Hrsg.), Europawissenschaft, S. 61.

[801] *Walker*, The Modern Law Review 2002, S. 338.

[802] *Walker*, in: Walker (Hrsg.), Sovereignty In Transition, S. 9f.; *Walker*, in: Weiler/Wind (Hrsg.), European Constitutionalism Beyond The State, S. 28f.

[803] *Walker*, The Modern Law Review 2002, S. 346; vgl. auch *Avbelj*, German Law Journal 2008, S. 13f.

[804] *Walker*, European Law Journal 1998, S. 361ff.

ternden Pluralismus seien, oder dass ein Anspruch über den Anderen herrsche. Im zweiten Falle könnten wir schwerlich von einer Pluralität von Einheiten ausgehen, sondern mehr von Wiederbehauptung einer alten oder dem Aufkommen einer neuen, gemeinschaftlich basierten, monistischen Einheit. Pluralismus sei dann beschränkt auf eine Vielfalt, soweit sie untergebracht werden könne unter den Bedingungen der (alten oder neuen) monistischen Einheit.[805]

Auch vom normativen Ansatz seien die Folgen radikal. Die Unmessbarkeit des Autoritätsanspruchs bedeute, dass die Idee eines übereinstimmenden Teilens der Autorität zwischen den Einheiten nie mehr sein könne als ein Wunsch, dessen volle Realisierung durch die beständige Sonderrolle und den Autoritätsanspruch der einzelnen Einheiten zunichte gemacht werde.

Das bedeute aber nicht, dass das Recht und der Konstitutionalismus an dieser Stelle einfach am Ende wären. Sein Ansatz von Pluralismus beantwortet nicht direkt die soeben aufgeworfenen Probleme, sondern distanziert sich von solch einer Sicht der Dinge, um eine neue Perspektive einzunehmen.[806]

Vielmehr könne Konstitutionalismus beweisen, dass er höchst fördernd für die Realisierbarkeit der Integration als politisches und wirtschaftliches Projekt sei. Wenn er die Fesseln abschütteln könne und seine Kriterien in pluralistischen Begriffen neu definiere, könnte er sich als konstitutive Abhandlung in eine epistemische, pluralistische, europäische Konstruktion einfügen.[807] Abseits von einzelnen epistemischen Einheiten könne dies ein „metaconstitutional framework" schaffen, das zu einer beständigen Überlegung über die Legitimität ihrer autoritären Entscheidungsfindung und der richtigen Verortung von Autorität führen könnte. Dies würde zu einem Dialog, einem Lernprozesses und gegenseitiger Befruchtung zwischen den epistemischen Einheiten beitragen.[808]

b) Bewertung

Walker überzeugt insoweit, als er versucht, sich von den beiden gegensätzlichen Perspektiven zu verabschieden, weil aus der jeweiligen Perspektive die Herleitung einer Letztentscheidungskompetenz und des Vorrangs des Unionsrechts in sich konsequent erscheint. So ist die Sicht des EuGH vom Standpunkt der Autonomie der Rechtsordnung und der Wahrnehmung der nach den

---

[805] *Walker*, The Modern Law Review 2002, S. 338.
[806] Vgl. *Peters*, Elemente einer Theorie der Verfassung Europas, S. 270.
[807] *Walker*, in: Walker (Hrsg.), Sovereignty In Transition, S. 4ff; vgl. *Avbelj*, German Law Journal 2008, S. 14.
[808] *Walker*, in: DeBúrca/Scott (Hrsg.), Constitutional change in the EU, S. 25/28; *Avbelj*, German Law Journal 2008, S. 14.

Verträgen einzig ihm zustehenden Stellung als Hüter der Verträge für sich gesehen ebenso einleuchtend wie die Ansicht einiger nationaler Höchstgerichte, dass „ultra vires" Akte im jeweiligen Hoheitsgebiet keine Wirkung entfalten und der Grundrechtsschutz in der Union unter der „Aufsicht" der nationalen Höchstgerichte steht. Die Beanspruchung einer ultimativen Autorität kann für eine postwestfälische Ordnung mit supranationalen Einheiten nicht ohne eigene Konditionen behauptet werden. Dieser Ansatz ist sehr beachtenswert und stellt das Beanspruchen von absoluter Autorität für jede Einheit als wenig weiterführend dar.

Als Konsequenz muss es sodann gewagt werden, den Vorrang des Unionsrechts ebenfalls von einer neuen Perspektive aus zu betrachten: in einer pluralistischen Weise, wodurch Raum für bestimmte mitgliedschaftliche Belange bleibt.

Innerhalb dieses Verständnisses lässt sich dann auch eine Rücknahme eines absoluten Anwendungsvorrangs erklären, wie es vom EuGH scheinbar durchgeführt wird. Der aus Gründen der Einheitlichkeit und damit der Funktionalität der Unionsrechtsordnung resultierende Anspruch auf Vorrang des Unionsrechts wird damit grundsätzlich nicht in Frage gestellt. Durch den Verweis auf beide Standpunkte und der deutlichen Betonung der Unvereinbarkeit dieser Standpunkte in argumentativer Hinsicht ergibt sich die Notwendigkeit, die von ihm beschriebene neue Perspektive einzunehmen.

Könnte nicht die in den Rechtssachen gefundene Haltung des EuGH gerade Bestandteil dieser neuen Perspektive sein: Abkehr vom Absolutheitsanspruch der Vorrangdogmatik und Zuwendung zu einer Achtung gewisser nationaler, verfassungsrechtlicher Werte bei grundsätzlichen Anerkennung der Geltung des Anwendungsvorrangs des Unionsrechts vor dem nationalen Recht?

6.   Weitere Stimmen

a)   Neil MacCormick

Neil MacCormick geht von einem Pluralismus unter dem Deckmantel des internationalen Rechts aus. Pluralistisch für ihn deshalb, weil keine verfassungsrechtliche Abhängigkeit eines Staates von einem anderen oder eines Staates von der europäischen Gemeinschaft bestehe, genauso wenig sei die Gemeinschaft bedingt durch die Gültigkeit irgendeiner nationalen Verfassung. Die Beziehungen untereinander betrachtet er mehr als interaktiv denn als hierarchisch.[809] Seiner Ansicht nach sollte der EuGH mit Letztentscheidungs-kompetenz über Normen des Gemeinschaftsrechts entscheiden, die nationalen Gerichte aber in abschließender Weise über die nationalen Verfassungen und deren Zusammenspiel mit den Gemeinschaftsregelungen entscheiden.[810] Im Falle eines Konfliktes oder einer Kollision zwischen den Systemen geschehe dies sodann nicht im rechtlichen Vakuum, sondern in einem Raum, in dem das internationale Recht nicht nur relevant, sondern gar entscheidend sei. Dies ergebe sich aus der Tatsache, dass der Ursprung der Gemeinschaft in Verträgen liege und der weiterhin bestehenden Bedeutung von „pacta sunt servanda", ganz zu Schweigen davon, dass sich die Mitgliedstaaten im Bezug auf die Mitgliedschaft und andere Beziehungen Verpflichtungen im Sinne des interna-tionalen Rechts schulden.[811] Man kann diesen Ansatz auch als Streitschlich-tung unter gleichen auf der Basis völkerrechtlicher Grundsätze zusammenfas-sen.[812] Auch eine rein politische Lösung in Falle auftauchender Konflikte zwi-schen den zwei Rechtsebenen scheint ihm möglich.[813]

b)   Ingolf Pernice

Ingolf Pernice meint, dass europäisches und nationales Verfassungsrecht zwei Ebenen eines materiellrechtlich, funktional und institutionell zu einer Einheit verbundenen Systems bilden. Im Sinne eines postnationalen Verfas-sungsbegriffes gebe es so bereits eine europäische Verfassung.[814] Zur Ver-meindung von Konflikten sei neben der Rücksichtnahme auch die institutionel-le Verschränkung der Ebenen und Sicherung der Kohärenz erforderlich. Die gegenseitige Durchdringung der europäischen und nationalen Rechtsordnun-gen erfolge heute bereits anhand vielfältiger Anhaltspunkte und werde nicht zuletzt durch den Vorrang des Gemeinschaftsrechts begünstigt.[815] Der Streit über die Vorrangfrage sei zu lösen über die Kooperation aller Gerichte, nicht durch deren Streit untereinander um das letzte Wort, sondern durch gegenseiti-ge Rücksichtnahme, aber auch Kontrolle, sowie durch Achtung der Grenzen

---

[809] *MacCormick*, Oxford Journal of Legal Studies 1998, S. 528.
[810] *MacCormick*, Questioning sovereignty, S. 119ff;*MacCormick*, JZ 1995, S. 800.
[811] *MacCormick*, Oxford Journal of Legal Studies 1998, S. 531; vergleiche zu diesen allgemeinen Grundsätzen und Auslegungsregeln des Völkerrechts z.B. *Kempen/Hillgruber*, Völkerrecht, § 13, Rn. 61; *Kokott/Doehring/Buergenthal*, Grundzüge des Völkerrechts, S. 100ff.
[812] Vgl. *Pernice*, Das Verhältnis europäischer zu nationalen Gerichten im europäischen Verfas-sungsverbund, S. 49.
[813] *MacCormick*, JZ 1995, S. 800.
[814] *Pernice*, Veröffentlichungen der Vereinigung der deutschen Staatsrechtslehrer Band 60, S. 153f.
[815] *Pernice*, Das Verhältnis europäischer zu nationalen Gerichten im europäischen Verfassungs-verbund, S. 51f.

der jeweilig eigenen Zuständigkeit gemäß den Bestimmungen der Verfassungen, auf nationaler und europäischer Ebene.[816]

c) Anne Peters

Anne Peters verwendet für die Beschreibung der Struktur der Gemeinschaft und dem Nebeneinander der verschiedenen Rechtsordnungen den Begriff des Netzwerkmodells. Im Gegensatz zu einem Mehrebenen-Bild sei das Netzwerk-Bild nicht auf die territorialbezogene Herrschaftsorganisation fixiert, sondern nehme eine Mischung funktional und territorial ausgerichteter Organisationselemente an, wie sie tatsächlich innerhalb der Gemeinschaft anzutreffen seien. Zum weiteren impliziere dieses Modell, dass ein hierarchisches Verhältnis der verschiedenen Rechtsordnungen nicht bestehe.[817]

Als Lösungsansatz im Streit um die Letztentscheidungsbefugnis spricht sie sich für eine zentrale Letztentscheidungsbefugnis des EuGH aus. Diese sollte jedoch mit einer Rückbindung an die nationalen Verfassungsrechte gekoppelt sein und somit zu einer Auslegung von Gemeinschaftsrecht im Lichte von nationalem Verfassungsrecht führen.[818]

Ein System von dezentraler Verfassungskontrolle, wie es etwa in den USA ausgeübt werde, sei für die Gemeinschaft nicht praktikabel, da die beteiligten nationalen Verfassungsgerichte divergierende Prüfungsmaßstäbe anlegten und keine im gesamten Gemeinschaftsraum bindende Präjudizwirkung gelte. Deshalb sei es vorzugswürdig, die prozedurale Zentralisierung unter den genannten Voraussetzungen beim EuGH zu verorten[819].

Verfassungskonflikte seien in diesem heterarchischen System ohnehin die Ausnahme, weil sich das europäische Verfassungsrecht grundsätzlich am gemeineuropäischen Standard ausrichte. Falls es in einem Extremfall zu einem qualifizierten Verfassungskonflikt komme, könne er ohne einer Normenhierarchie gelöst werden, da es sich fast ausschließlich um Prinzipien- und nicht um Regelkollisionen handele. Denn von diesen beiden theoretischen Kategorien[820] ist in Verfassungsbestimmungen typischerweise der des Prinzipiengehalts relativ hoch. Da kollidierende Prinzipien nicht in einem hierarchischen Verhältnis zueinander stehen, müssten Prinzipienkollisionen ohne vorherige Festlegung eines Rangverhältnisses im Wege der Abwägung gelöst werden. Nicht

---

[816] *Pernice*, Das Verhältnis europäischer zu nationalen Gerichten im europäischen Verfassungsverbund, S. 48; *Pernice*, European Law Review 2002, S. 514ff.
[817] *Peters*, Elemente einer Theorie der Verfassung Europas, S. 217f.
[818] *Peters*, Elemente einer Theorie der Verfassung Europas, S. 284f.
[819] *Peters*, Elemente einer Theorie der Verfassung Europas, S. 282ff.
[820] *Peters*, Elemente einer Theorie der Verfassung Europas, S. 286 m.w.N.

eine Normenhierarchie, sondern die Festlegung einer autoritativen Letztentscheidungsbefugnis sowie die Strukturierung des Abwägungsvorgangs seien
dabei entscheidend.[821]

Dafür wäre eigentlich die Schaffung eines europäischen Verfassungsrates
in Anlehnung an den französischen Conseil constitutionel sinnvoll, da dieser
wohl mehr Vertrauen als der EuGH genießen würde, was aber politisch wohl
in absehbarer Zukunft nicht durchsetzbar sei.[822]

Deshalb sei die Forderung nach vollständiger Entfaltung und Anerkennung der Pflicht des EuGH zur national-verfassungskonformen Auslegung des
Gemeinschaftsrechts zusammen mit der zentralen Letztentscheidungsbefugnis
realistischer. Dieser Vorschlag erklärt das Verhältnis von Gemeinschaftsrecht
und nationalem Verfassungsrecht zu einer Frage des Einzelfalles, die nicht
mittels eines abstrakten Rangverhältnisses, sondern durch konkrete Abwägung
zu bewältigen sei. Damit werde weder der vom EuGH postulierte Vorrang des
Gemeinschaftsrechts vor allem nationalem Verfassungsrecht unkritisch akzeptiert, noch umgekehrt Partei für nationale Letztvorbehalte im Sinne eines sachlich begrenzten Vorrangs des Mitgliedstaatenrechts ergriffen.[823]

d)   Diarmuid Rossa Phelan

Phelan hält einen Pluralismus von Verfassungen, die sich auf hierarchisch
verschiedenen Ebenen überschneiden und eine Begrenzung der nationalen
Verfassungsidentität zur Folge haben, für zum Scheitern verurteilt. Er äußert
sich sehr kritisch über die Rechtsfortbildung der Gemeinschaftsverträge durch
den EuGH und hätte eine die nationale Souveränität weniger zersetzende Linie
vorgezogen.[824] Er sieht eine große Krise heraufkommen, die letztlich nur in
einer Revolte oder in einer Revolution enden könne: Entweder müssten die
nationalen Höchstgerichte aus Loyalität zu dem Gemeinschaftsrecht eine Revolution in ihrem eigenen Land anzetteln, weil sie eine verfassungswidrige
Verfassungsänderung hervorrufen, indem sie die Souveränität des Volkes an
die Organe der EU übertragen. Oder die Loyalität zur eigenen Verfassung wird
eine Revolte gegen die Verfassung der Europäischen Gemeinschaft und den
EuGH, der diese mit geschaffen habe, auslösen.[825]

Einzige Lösung sei eine Reform des Gemeinschaftsrechts in der Weise,
dass der Einfluss des Gemeinschaftsrechts auf die nationalen Verfassungen so

---

[821] *Peters*, Elemente einer Theorie der Verfassung Europas, S. 287.
[822] *Peters*, Elemente einer Theorie der Verfassung Europas, S. 288.
[823] *Peters*, Elemente einer Theorie der Verfassung Europas, S. 288ff.
[824] *Phelan*, Revolt or revolution, S. 32ff.
[825] *Phelan*, Revolt or revolution, S. 16f, S. 411ff.

begrenzt werde, dass eine rechtliche Revolution vermieden werden könne, etwa indem identitätsbildenden[826] Vorschriften der nationalen Verfassungen Vorrang vor dem Gemeinschaftsrecht eingeräumt werde.[827]

e) Beurteilung

MacCormicks Ansatz übersieht bewusst den neuartigen supranationalen Charakter der Europäischen Union, die damit eine Rechtsgemeinschaft sui generis geschaffen haben. Die Konfliktregeln des internationalen Rechts helfen insoweit nur sehr bedingt weiter. Der grundsätzlichen Bedeutung des Anwendungsvorrangs für das Unionsrecht wird dabei in wenig überzeugender Weise Rechnung getragen.

Pernices Überlegungen sind mehr als allgemeiner Aufruf zu verstehen, die Kompetenzgrenzen zu wahren und mehr zwischen den Gerichten zu kooperieren. Da dies aber ohne klare Maßstäbe nicht reibungslos funktionieren kann, verbleibt es letztlich bei einem Apell.

Phelans Sicht des europäischen Verfassungspluralismus ist wenig überzeugend. Zunächst geht die Aussage, dass der EuGH mit seiner Auslegung der Verträge und der Schaffung von Rechtssätzen wie der Vorrangdogmatik oder der unmittelbaren Anwendbarkeit gegen den Willen der Mitgliedstaaten gehandelt habe, an der Wirklichkeit vorbei. So wurden keine Vertragsrevisionen vorgenommen und die Mitgliedstaaten, auch die nationalen Höchstgerichte, haben die Entscheidungen, wenn auch manchmal zähneknirschend und langsam, letztlich mitgetragen.[828] Die untersuchten Rechtssachen beweisen zudem, dass weder eine Revolution, noch eine Revolte nötig ist, um ein Funktionieren des europäischen Verfassungspluralismus zu gewährleisten. Ihre Forderung, gewissen nationalen Verfassungsvorschriften Vorrang vor dem Unionsrecht einzuräumen, geht dogmatisch und begrifflich zu weit, da damit die Einheitlichkeit des Unionsrechts geopfert würde. Vielmehr ist die Lösung wohl innerhalb der eigenen Grenzen des Unionsrechts, nicht in einer Begrenzung des Vorrangs von außen, zu suchen.

---

[826] Phelan umschreibt diese wie folgt: „....special type of rights embedded in national constitutions, which are considered by the national courts to express basic principles concerning life, liberty, religion, and the family, to have their interpretive teleology a national vision of personhood and morality, and to be fundamental to the legitimacy of the national legal orderand the preservation og ist concept of law....", in: *Phelan*, Revolt or revolution, S. 416.

[827] *Phelan*, Revolt or revolution, S. 415ff. In normativer Hinsicht kann dies als Forderung an eine konsequente Anwendung von Art. 4 Abs. 2 EUV ausgelegt werden.

[828] Vgl. *MacCormick*, Oxford Journal of Legal Studies 1998, S. 523.; vertiefend: *Weiler*, Comparative Political Studies 1994, S. 510.

Peters gibt hingegen sehr konkrete Regeln zur Konfliktlösung hinsichtlich der Letztentscheidungsbefugnis vor: im Wege der Auslegung zu einer national-verfassungskonformen Entscheidung durch den EuGH zu gelangen, was einerseits den Autoritätsanspruch des EuGH hinsichtlich der Auslegung des Unionsrechts nicht in Frage stellt, andererseits Raum für national-verfassungsrechtliche Besonderheiten lässt, kann als eine Forderung verstanden werden, die in deutlicherem Maße als von ihr selbst vermutet, bereits vollzogen wird. Dass sie von deren Erfüllung noch nicht in ausreichendem Maße ausgeht, und dies dem EuGH wohl auch nicht vollumfänglich zutraut, zeigt ihr Ruf nach einem europäischen Verfassungsrat. Die in Kapitel C) untersuchten Rechtssachen könnten aber als Indiz dafür verstanden werden, dass die von ihr vorgeschlagenen Konfliktlösungsregeln von EuGH bereits praktiziert werden.

7.   Ergebnisse

Die Betrachtung dieser Theorien hat zunächst gezeigt, dass die verschiedenen verfassungsrechtlichen Ebenen, die sich innerhalb der Europäischen Union überschneiden, zu erheblichem Diskussions- und Klärungsbedarf führen. Der Vorrang des Unionsrechts und die Berücksichtigung nationaler Interessen spielt dabei häufig eine bedeutende Rolle in den Überlegungen zum reibungslosen Zusammenspiel der unionsrechtlichen und nationalen Rechtsordnungen.

Es bleibt jedoch deutlich erkennbar, dass die Verflechtungen des Unionsrechts mit den nationalen Rechtsordnungen, vornehmlich den nationalen Verfassungen, einer endgültigen Lösung harren. Die Theorien bedienen sich verschiedener Lösungsmöglichkeiten. Einige von ihnen bleiben erkennbar lediglich ein theoretisches Konstrukt, aus denen sich keine Erklärungsmuster oder Beweggründe für die gefundenen Ergebnisse ableiten lassen. Einige der Überlegungen könnten aber von der in sich logischen Behauptung oder Forderung auf eine Erklärung weisen.

a)   Die Achtung der bei Kumm genannten vier Prinzipien bietet einen Ansatz zur Erklärung der untersuchten Entscheidungen. So bietet das Prinzip der Legalität zunächst die Grundlage für die grundsätzliche Anwendung des Vorrangs in der Rechtsprechung des EuGH. Denn so wurde dieses Rechtsinstitut zwar richterrechtlich vom EuGH entwickelt, fußt aber auf den Verträgen.

Die Achtung des Prinzips der Subsidiarität verpflichtet die Organe der Union, die Kompetenzgrenzen zu beachten. Eine Erstreckung auf judizielles Handeln der Union scheint aber nicht direkt möglich (vgl. D.III.1.a). Dennoch hat der EuGH gezeigt, dass auch er gewillt ist, in verantwortungsvoller und kritikfähiger Weise über die Einhaltung der Kompetenzgrenzen zu wachen, wie in den Rechtssachen EMRK-Gutachten und den Rechtssachen Palacios und Maruko deutlich wurde.

Das Demokratieprinzip wirft einen interessanten Aspekt auf die Rechtsprechung des EuGH. Innerhalb der Europäischen Union besteht noch immer ein Demokratiedefizit.[829] Dies ist an verschiedenen Ebenen festzumachen: an der mangelnden demokratischen Legitimation der Unionsinstitutionen, am Prozess der Entscheidungsfindung innerhalb der Institutionen und am Fehlen eines europäischen „Demos".[830]

Dem Ministerrat kommt eine Schlüsselrolle in der legislativen Funktion zu. Dessen Mitglieder setzten sich aus den in den Mitgliedstaaten demokratisch gewählten Regierungsvertretern zusammen. Diese Legitimierungsübertragung ist aber von begrenztem Ausmaß, da die ausschlaggebenden nationalen Wahlen keine Europawahlen sind und somit die auf europäischer Ebene entscheidenden Themen bei der „legitimierenden" Wahl kaum eine Rolle spielen. Auch die Kommission ist nur mittelbar demokratisch legitimiert.

Das Europäische Parlament steht den nationalen Parlamenten bei weitem an Macht und Einfluss nach.[831] Die Bürger der Europäischen Union sind nicht in verhältnismäßig gleicher Weise im Europäischen Parlament repräsentiert.[832]

Folge dieses Demokratiedefizits[833] ist letztlich, dass der EuGH als judikatives Organ der Europäischen Union sich nicht auf eine unmittelbare demokra-

---

[829] Vgl. exemplarisch für viele: *Hirsch*, ZRP 2007, S. 70; *Peters*, Elemente einer Theorie der Verfassung Europas, S. 627ff.; ausgleichend erläuternd *Nettesheim*, in: Grabitz/Hilf/Nettesheim, Das Recht der Europäischen Union, Art. 10 EUV, Rn. 51ff.; *Calliess*, in: Calliess/Ruffert, EUV AEUV, Art. 2 EUV, Rn. 20ff; Bundesverfassungsgericht, Urt. v. 30.06.2009, 2 BvE 2/08, BVerfGE 123, 267Rn. 289ff.

[830] *Guhlan*, Das Demokratiedefizit in der Europäischen Union: Europa als Demokratie nach dem Muster der Nationalstaaten?, S. 3f.

[831] *Calliess*, in: Bauer/Huber/Sommermann (Hrsg.), Demokratie in Europa, S. 290f; *Cottier/Scarpelli*, in: Epiney/Haag/Heinemann (Hrsg.), Die Herausforderung von Grenzen, S. 42; *Huber*, StWuStP 1992, S. 356. Der EuGH selbst sieht die Beteiligung des Parlaments als Spiegel des demokratischen Prinzips, Europäischer Gerichtshof, Urt. v. 29.10.1980, Rs. 138/79 - ROQUETTE FRERES/RAT, Slg. 1980, S. 3333, Rn. 33. Auffällig ist dabei, dass der Gebrauch des Wortes „Beteiligung" bereits viel über die (wenn auch heute gestärkte) Rolle des Parlaments aussagt. Auch nach dem Vertrag von Nizza und dem Vertrag von Lissabon, die die Befugnisse des Parlaments erweiterten, bleibt die Rolle des Parlaments im Vergleich mit der eines nationalen Parlaments schwach, vgl. *Bergmann*, in: Mickel/Bergmann (Hrsg.), Handlexikon der Europäischen Union, S. 209ff. Die Rolle des Europäischen Parlaments wurde so auch als „Zweite Kammer" bezeichnet, vgl. *Huber*, EuR 2003, S. 583.

[832] *Calliess*, in: Bauer/Huber/Sommermann (Hrsg.), Demokratie in Europa, S. 298ff; *Randelzhofer*, in: Hommelhoff/Kirchhof (Hrsg.), Der Staatenverbund der Europäischen Union, S. 43.

[833] Das Bundesverfassungsgericht verlangt von der Europäischen Union jedoch auch hinsichtlich der Einhaltung demokratischer Grundsätze keine „strukturelle Kongruenz", vielmehr müsse das institutionelle Gefüge der Europäischen Union strukturadäquat sein; Bundesverfassungsgericht, Urt. v. 30.06.2009, 2 BvE 2/08, BVerfGE 123, 267Rn. 267ff.

tische Legitimation berufen kann. Dies soll keinesfalls die Legitimation des EuGH in Frage stellen.[834] Jedoch ergibt sich hieraus eine besondere Verpflichtung für den EuGH, national-verfassungsrechtliche Besonderheiten wie spezielle Wertungen innerhalb des gemeinsamen Wertebestandes der Grundrechte oder spezielle Verfassungsvorschriften zu beachten. Denn die Unionsrechtsordnung muss die Relevanz nationalstaatlicher Verfassungsentscheidungen anerkennen, weil nur diese durch das Volk als Verfassungsgeber unmittelbarst legitimiert sind.[835]

b) Die Forderung nach Abkehr von den eingefahrenen Perspektiven hinsichtlich der Letztentscheidungskompetenz bietet eine große Chance: weder die dem EuGH zugeschriebene Lehre vom absoluten Vorrang des Unionsrechts, noch eine sehr limitierte Reichweite des Vorrangs des Unionsrechts aus Sicht einiger Mitliedstaaten sollte weiter auf ihre Stringenz hin überprüft werden. Denn die Schaffung neuer staatlicher Zusammenschlüsse in der modernen Welt führt denknotwendig zu sich kreuzenden Autoritätsansprüchen. Die große Chance liegt in der Akzeptanz dieser Gegebenheit.

Nun muss aber keine Resignation folgen, sondern Offenheit für eine neue Sichtweise gezeigt werden. Dieser Ansatz einer neuen Perspektive ist eine sehr hilfreiche Anregung: die untersuchten Rechtssachen scheinen sich zunächst mit der bisher überwiegend vertretenen Ansicht von der absoluten Anwendung des Vorrangs durch den EuGH nicht zu vertragen, erscheinen insoweit fast schon revolutionär. Aber wieso sollte man den Aufruf von Weiler nicht ernst nehmen und tatsächlich eine neue Perspektive wählen? Diese kann als ein

---

[834] Denn es bleibt zu bedenken, dass traditionelle Legitimationsvorstellungen im Zusammenhang mit der Europäischen Union und deren Institutionen ohnehin nicht direkt angewandt werden könnten, vgl. *Guhlan,* Das Demokratiedefizit in der Europäischen Union: Europa als Demokratie nach dem Muster der Nationalstaaten?, S. 5ff. Anstelle einer klare Gewaltenteilung verfüge die Union über ein System von „checks and balances" zwischen den Institutionen, dem institutionellen Gleichgewicht, vgl. *de Witte,* Legal Issues of European Integration 1991, S. 7 m.w.N.; *Peters,* Elemente einer Theorie der Verfassung Europas, S. 422ff. Danach übt jedes Organ seine Befugnisse unter Beachtung der Befugnisse der anderen Organe aus, *Calliess,* in: Calliess/Ruffert, EUV AEUV, Art. 13 EUV, Rn. 9ff. Überdies kann das Demokratieprinzip auf Unionsebene aus Gründen der Struktur der Union und der Tatsache, dass die Mitgliedstaaten teilweise unterschiedlichen Demokratiekonzepten folgen (dazu vertiefend: *Huber,* in: Bauer/Huber/Sommermann (Hrsg.), Demokratie in Europa, S. 495ff), niemals in gleicher Weise wie in einem Nationalstaat verwirklicht werden; vgl. *Everling,* in: Hommelhoff/Kirchhof (Hrsg.), Der Staatenverbund der Europäischen Union, S. 61. Es werde zudem versucht, die Behebung des Demokratiedefizits „supplementär auch auf nationaler Ebene" zu betreiben, vgl. *Streinz,* Europarecht, Rn. 379; Protokoll über die Rolle der nationalen Parlamente in der Europäischen Union, ABl. 2007 Nr. C 306/148.

[835] *Schmitt-Glaeser,* Grundgesetz und Europarecht als Elemente europäischen Verfassungsrechts, S. 179.

neues „metaconstitutional framework" Autorität richtig verorten und dabei aus diesem Erkenntnisakt gegenseitige Anerkennung fördern.

Sodann erlauben es die untersuchten Rechtssachen, einen Schluss zu ziehen, den man zunächst nicht gewagt hätte, denn die untersuchten Rechtssachen haben gezeigt, dass einige der Ziele einer solchen neuen Sichtweise bereits erfüllt werden: Ein gegenseitiger Dialog und Lernprozess wird in den Rechtssachen Port, dem EMRK-Gutachten und den Palacios ebenso erkennbar wie eine verantwortungsvoller Umgang mit der Verortung von Kompetenzautorität etwa in der Rechtssache Maruko. Weiter haben die Rechtssachen Kreil, Omega, Hoechst und Grogan gezeigt, dass mit national-verfassungsrechtlichen Befindlichkeiten sensibel umgegangen wird und nicht aus einem ausschließlich supranationalen Autoritätsanspruch von Seiten des EuGH gedacht und geurteilt wird.

c) Anne Peters sieht die Struktur von Unionsrecht und nationalen Rechtsordnungen nicht als hierarchisches Modell, sondern geht von einem Nebeneinander aus. Dieser Ansatz versucht also mittels einer in sich geschlossenen Argumentation zur Lösung dieses Nebeneinander durch die verantwortungsvolle Autorität des EuGH zu gelangen. Maduros Forderung nach gegenseitiger Rücksichtnahme auf essentielle Verfassungsbestimmungen zielt zunächst in die gleiche Richtung, sodann gibt er aber mit seiner Forderung nach Universalität nicht sehr praxistaugliche Anstöße, wie mit speziellen Verfassungsvorschriften umzugehen sei.

Die rechtstheoretische Überlegung eines respektvollen Nebeneinander lässt sich in der Rechtsprechung des EuGH mehr und mehr finden, wie die untersuchten Rechtssachen gezeigt haben. Die in den untersuchten Rechtssachen gefundenen Wertungen des EuGH als national-verfassungskonforme Auslegung zu bezeichnen scheint zunächst prägnant. Die untersuchten Rechtssachen haben gezeigt, dass der EuGH seine Rechtsprechung so ausgeübt hat, dass gewichtige Wertungen einer nationalen Verfassung bzw. die aus den nationalen Verfassungen fließenden Kompetenzordnungen beachtet wurden, also eine „national-verfassungskonforme Auslegung" durch den EuGH zum Teil bereits erfolgt. Allerdings erscheint der Begriff etwas zu weit ausgelegt zu sein und ist insoweit bedenklich, als sämtliche nationalen Verfassungsvorschriften vom EuGH schwerlich Beachtung finden können. Der Begriff legt den Verdacht nahe, dass es nicht nur um den Schutz elementarer Verfassungsvorschriften geht, sondern um die volle Übereinstimmung mit den nationalen Verfassungen, denn es wirkt wie eine parallele zu der verfassungskonformen Auslegung des einfachen Rechts in den Mitgliedstaaten, auch wenn dieser

Schluss so nicht gezogen wird.[836] Deshalb ist diesbezüglich eine Eingrenzung auf solche Verfassungsvorschriften vorzunehmen, die identitätsbestimmend sind. Wie im Einzelfall die Auslegungsregeln im Konfliktfall einer Normenkollision zu verstehen sind und wer über sie entscheiden soll oder kann, gilt es weiter unten zu ermitteln.

Den extrem seltenen Fall eines qualifizierten Verfassungskonflikts dabei ohne Festlegung eines Rangverhältnisses im Wege der Abwägung durch Reflexion, welche zu einer Selbstbeschränkung der Möglichkeiten durch den EuGH im Hinblick auf die Überlebensnotwendigkeiten der nationalen Verfassungen führe, zu lösen[837], scheint ein Ansatz zu sein, der zusammen mit einer normativen Untermauerung im Rahmen der dogmatischen Auswirkungen aufzugreifen sein wird.

Insgesamt haben die verschiedenen Lösungsansätze auch gezeigt, dass eine absolute Anwendung des Vorrangs nicht zu einem funktionierendem Verfassungspluralismus in Europa beitragen kann. Denn das für ein harmonisches Nebeneinander der Rechtsordnungen nötige Maß an gegenseitiger Rücksichtnahme würde dadurch nicht erreicht werden. Nur so lässt sich erklären, warum einige der aufgeführten Stimmen mehr oder weniger deutlich zur Achtung von nationaler Identität bzw. von gewissen nationaler Verfassungsvorschriften aufrufen. Will man den Vorrang absolut auslegen, bleibt für Rücksicht auf nationale Identität bzw. nationale Verfassungsvorschriften kaum Platz. Deshalb werden die verschiedenen Vorschläge unterbreitet, wie die Rücksichtnahme auf nationale Besonderheiten erreicht werden kann.

---

[836] Deshalb spricht Kraußer lieber von der Achtung nationaler Verfassungsstrukturen als von verfassungskonformer Auslegung, in: *Kraußer,* Das Prinzip begrenzter Ermächtigung im Gemeinschaftsrecht als Strukturprinzip des EWG-Vertrages, S. 139f.

[837] *Peters,* Elemente einer Theorie der Verfassung Europas, S. 287.

III. Normatives Gerüst

Der Vorrang des Unionsrechts stellt eines der Grundprinzipien in der Rechtsordnung der Europäischen Union dar. Die Rechtssprechung des EuGH und damit die Vorrangdogmatik müssen sich in das gesamte Gefüge der Rechtsordnung der Europäischen Union einfügen. Womöglich hat die Begrenzung des Vorrangs des Unionsrechts seinen Ursprung in Bestimmungen der Gemeinschafts- bzw. Unionsrechtsordnung. Dies wäre ein Ansatz, die gefundenen Ergebnisse normativ einzuordnen.

1. Allgemeinen Grundsätze des Unionsrechts

Als allgemeiner Grundsatz des Unionsrechts muss sich die Vorrangdogmatik zunächst im Rahmen der weiteren allgemeinen Grundsätze des Unionsrechts bewegen.[838]

a) Das Subsidiaritätsprinzip

Zunächst mag man an das Subsidiaritätsprinzip denken, wenn es um die Verpflichtung der Unionsorgane geht, bestimmte nationale Besonderheiten zu respektieren. Dies ist sicherlich auch richtig, soweit es um eine allgemeine Pflicht der Union zur loyalen Zusammenarbeit und Solidarität mit den Mitgliedstaaten geht.[839]

Speziell im Bezug auf den Vorrang legte das Protokoll über die Anwendung der Grundsätze des Subsidiaritätsprinzips und der Verhältnismäßigkeit, das dem Amsterdamer Vertrag beigefügt wurde, jedoch fest, dass der Vorrang des Gemeinschaftsrechts durch diese beiden Prinzipien nicht beschränkt werden sollte (vgl. Ausführungen zu B VII. 2 b). Letztlich ist diese Feststellung des Protokolls aber überflüssig, da eine Heranziehung des Subsidiaritätsprin-

---

[838] Ein Grundsatz aus den allgemeinen Rechtsgrundsätzen, gewonnen aus einem wertenden Vergleich aller mitgliedstaatlichen Rechtsordnungen, der eine Begrenzung des Vorrangs des Unionsrechts im Hinblick auf die nationalen Verfassungen gebietet, ist nicht ersichtlich. Dies ergibt sich sicherlich auch daraus, dass das Prinzip des Vorrangs ein speziell unionsrechtliches Institut ist, und relevante Grundsätze aus den Rechtsordnungen der Mitgliedstaaten nicht zu dessen Eingrenzung taugen.

[839] *Huber*, Veröffentlichungen der Vereinigung der deutschen Staatsrechtslehrer Band 60, S. 227; vertiefend *Kraußer*, Das Prinzip begrenzter Ermächtigung im Gemeinschaftsrecht als Strukturprinzip des EWG-Vertrages, S. 158ff; dort ebenso zum Verhältnismäßigkeitsgrundsatz S. 151ff. Hinsichtlich der begrenzten Justiziabilität des Subsidiaritätsprinzips spricht Calliess von einem gerichtlich nur beschränkt kontrollierbaren Prognose- bzw. Ermessensspielraum des Gemeinschaftsgesetzgebers, vgl. *Calliess*, Subsidiaritäts- und Solidaritätsprinzip in der Europäischen Union, S. 298ff.

zips zur Begrenzung des Vorrangs die Rechtsnatur des Subsidiaritätsprinzips verkennen würde. So ermöglicht dieses Prinzip die Abgrenzung von Kompetenzen und nicht die Auflösung von Konflikten zwischen Vorschriften, die in einen unterschiedlichen Kompetenzbereich fallen.[840] Deshalb ist es hier nicht weiterführend bzw. erforderlich, ausgehend von der Diskussion um die "Barber"-Entscheidung[841] des EuGH die Wirkung von Protokollen auf die Rechtsprechung des EuGH näher zu beleuchten.

b) Das Prinzip der wechselseitigen Unionstreue

aa) Allgemeine Einordnung

Von besonderer Bedeutung im Zusammenhang mit einer möglichen Begrenzung der Vorrangdogmatik ist das Prinzip der Unionstreue oder der Grundsatz der loyalen Zusammenarbeit. Diese beiden Begriffe können gleichberechtigt und synonym verwandt werden.[842]

Der EuGH sprach zunächst von „Pflicht zur Solidarität", später ging er zu dem Ausdruck des Grundsatzes einer Pflicht zur loyalen Zusammenarbeit über.[843] Den Begriff „Gemeinschaftstreue" oder „Unionstreue", hat der EuGH nicht aktiv verwandt[844], vielleicht um eine bundesstaatliche Zustände suggerie-

[840] Vgl. *Müller-Graff*, ZHR 1995, S. 74f; *Schmid*, Multi-Level Constitutionalism and Constitutional Conflicts, S. 222. Eine Erstreckung des Subsidiaritätsprinzips auf judizielles Handeln der Gemeinschaft ist grundsätzlich abzulehnen, da es seinem Grunde nach auf die Rechtssetzung angelegt ist, vgl. *Kindler*, ZGR 1998, S. 47; a.A. *Franzen*, Privatrechtsangleichung durch die Europäische Gemeinschaft, S. 65ff. Lediglich im Bereich der rechtsfortbildenden Tätigkeit des EuGH liegt eine gewisse Bindung an das Subsidiaritätsprinzip nahe, ist aber wohl auf evidente Verstöße begrenzt, vgl. *Franzen*, Privatrechtsangleichung durch die Europäische Gemeinschaft, S. 66f. Auch eine Berücksichtigung in einem allgemein politischen Sinne ist abzulehnen, da dies zu erheblicher Rechtsunsicherheit aufgrund der Unbestimmbarkeit der Auswirkung führen würde, vgl. *Müller-Graff*, ZHR 1995, S. 74f; a.A. *Winter*, EuR 1996, S. 251.
[841] Europäischer Gerichtshof, Urt. v. 17.05.1990, Rs. C-262/88 - BARBER, Slg. 1990, S. I-1889; kurze Übersicht dazu *Franzen*, Privatrechtsangleichung durch die Europäische Gemeinschaft, S. 587f.m.w.N.
[842] *Kahl*, in: Calliess/Ruffert, EUV AEUV, Art. 4 EUV, Rn. 33.
[843] Der EuGH entwickelte den Grundsatz der loyalen Zusammenarbeit durch richterrechtliche Rechtsfortbildung auch zulasten der Union, so spricht er von der gegenseitigen Pflicht zur loyalen Zusammenarbeit, beispielsweise in den Rechtssachen Europäischer Gerichtshof, Urt. v. 10.02.1983, Rs. 230/81 - LUXEMBURG/PARLAMENT, Slg. 1983, S. 255, Rn. 37; Europäischer Gerichtshof, Urt. v. 13.07.1990, Rs. C-2/88 - Imm. ZWARTVELD, Slg. 1990, S. I-3365, Rn. 17; Europäischer Gerichtshof, Urt. v. 16.10.2003, Rs. C-339/00 - IRLAND/KOMMISSION, Slg. 2003, S. I-11757, Rn. 72. Mit weiterem Nachweis und Verweis auf die jeweiligen Rechtssachen und der jeweiligen genauen Ausdrucksweise: *Kahl*, in: Calliess/Ruffert, EUV AEUV, Art. 4 EUV, Rn. 29.
[844] Vgl. *Kahl*, in: Calliess/Ruffert, EUV AEUV, Art. 4 EUV, Rn. 29.

rende Begriffsbildung zu vermeiden, wird aber in der Literatur häufig gebraucht.[845]

Normiert ist das Prinzip der wechselseitigen Unionstreue in Art. 4 Abs. 3 EUV als Grundsatz der loyalen Zusammenarbeit. Wechselseitig deshalb, weil er sowohl den Mitgliedstaaten Verpflichtungen gegenüber der Union und gegenüber den anderen Mitgliedstaaten, als auch der Union Pflichten gegenüber den Mitgliedstaaten auferlegt.[846] Im Gegensatz zu ex-Art. 10 EGV weist Art. 4 Abs. 3 EUV zwei Neuerungen auf: zum einen erfasst die Loyalitätspflicht nunmehr ausdrücklich auch die Organe der Union, zum anderen wurde „der Anwendungsbereich des Grundsatzes der loyalen Zusammenarbeit von einem Grundsatz des Gemeinschaftsrechts zu einem unionalen „Verfassungsprinzip"[847] fortentwickelt.

Die Rücksichtnahme auf die Mitgliedstaaten als Ausfluss des Prinzips der wechselseitigen Unionstreue war für die Mitgliedstaaten jedoch stets nur ein untergeordnetes Element, um sich die Herrschaft über die Verträge zu erhalten. Dies sicherten sie sich vor allem über das Prinzip der begrenzten Einzelermächtigung und das Vertragsänderungsverfahren.[848]

Das überragende Unionsziel der größtmöglichen Wirksamkeit des Unionsrechts stellt eine der Grundlagen des Prinzips der Loyalität der Unionsorgane gegenüber den Mitgliedstaaten dar. Denn die Wirksamkeit ist nur gewährleistet, wenn die Funktionsfähigkeit der Mitgliedstaaten geschützt und geachtet wird, „auf welche die Union nach ihrer Verfassungsstruktur für ihre eigene Wirksamkeit angewiesen ist."[849] Nicht nur dem Interesse der Mitgliedstaaten, sondern vielmehr der Funktionsfähigkeit der Union und ihres Rechtes selbst dient dieses Prinzip.[850] Die Funktionsfähigkeit der Union setzt ihrerseits „eine

---

[845] *von Bogdandy*, in: Grabitz/Hilf/Nettesheim, Das Recht der Europäischen Union, 40. Ergänzungslieferung Oktober 2009, Art. 10 EGV, Rn. 6 m.w.N.;*von Bogdandy/Schill*, in: Grabitz/Hilf/Nettesheim, Das Recht der Europäischen Union, Art. 4 EUV, Rn. 47ff.

[846] Z.B. *Kahl*, in: Calliess/Ruffert, EUV AEUV, Art. 4 EUV, Rn. 45; *Hilf*, in: Randelzhofer/Scholz/Wilke (Hrsg.), Gedächtnisschrift für Eberhard Grabitz, S. 167, Fn. 35 m.w.N. In der Regel wird die Vorschrift aber eher mit den Pflichten der Mitgliedstaaten gegenüber der Union in Verbindung gebracht. Dies entspricht auch dem Wortlaut der Vorschrift. Dieser ist aber bei der Auslegung einer Unionsvorschrift nicht allein bestimmend, vielmehr sind auch systematische und teleologische Aspekte heranzuziehen. Aus diesen ergibt sich, auch um im Sinne des „effet utile" Prinzips die größtmögliche Wirksamkeit des Unionsrechts zu erreichen, eine entsprechende Pflicht der Union als Korrelat des loyalen Verhaltens der Mitgliedstaaten gegenüber der Union. Vertiefend *Epiney*, EuR 1994, S. 310ff.

[847] *von Bogdandy/Schill*, in: Grabitz/Hilf/Nettesheim, Das Recht der Europäischen Union, Art. 4 EUV, Rn. 48.

[848] *Puttler*, in: Calliess/Ruffert, EUV/EGV, Art. 6 EUV, Rn. 43.

[849] Vgl. *von Bogdandy*, in: Grabitz/Hilf/Nettesheim, Das Recht der Europäischen Union, Ergänzungslieferung 40, Oktober 2009, Art. 10 EGV, Rn. 79.

[850] Vgl. *Streinz*, in: Streinz, EUV/AEUV, Art. 4 EUV, Rn. 3.

fortdauernde Integrationsbereitschaft der Völker der Mitgliedstaaten"[851] und damit der Union selbst voraus.

Unter das auch als Rechtsgrundsatz des mitgliedstaatsfreundlichen Verhaltens bezeichnete Prinzip lässt sich z.b. bei der Ausarbeitung von Rechtsakten eine Rücksichtnahme „auf tatsächliche und rechtliche Schwierigkeiten im Rahmen des Möglichen und Zumutbaren"[852], eine Rücksichtnahme auf „bewährte Verwaltungsstrukturen und Funktionen der Rechtssysteme"[853], eine Verpflichtung zur Rechtshilfe seitens der Kommission[854] ableiten oder das Gebot, bezüglich der Organisationsgewalt die Kompetenzen der Mitgliedstaaten und der von diesen getroffenen Beschlüsse zu beachten[855]. Hierbei handelt es sich zunächst um eine sehr allgemeine Verpflichtung, im Rahmen der täglichen Zusammenarbeit auf die Interessen der Mitgliedstaaten Rücksicht zu nehmen, um einen möglichst reibungslosen Ablauf der Verwaltungs- und Arbeitsabläufe zu gewährleisten.

In der Literatur wird aber auch die Achtung „aller elementarer Belange der Mitgliedstaaten"[856] bzw. besonders wichtiger nationaler Interessen[857] gefordert. Denn im Rahmen des ex-Art. 10 EGV wurden auch Rücksichtnahmeverpflichtungen auf nationale Verfassungsvorschriften begründet.[858] Eine aus ex-Art. 10 EGV ergebenden Pflicht zur Rücksichtnahme wurde hinsichtlich solcher nationaler Vorschriften gefordert, die in der Literatur als „identitätsprägende Verfassungsnormen"[859] oder als „prägende Fundamentalnormen und -prinzipien der Verfassungen der Mitgliedstaaten"[860] bezeichnet werden. Genannt werden an dieser Stelle beispielsweise die Verfassungsentscheidung

---

[851] *Geiger*, in: Geiger/Khan/Kotzur, EUV/AEUV, Art. 4 EUV, Rn. 5.

[852] *Kahl*, in: Calliess/Ruffert, EUV AEUV, Art. 4 EUV, Rn. 105.

[853] *Kahl*, in: Calliess/Ruffert, EUV AEUV, Art. 4 EUV, Rn. 105; *Streinz*, in: Streinz, Vertrag über die Europäische Union und Vertrag zur Gründung der Europäischen Gemeinschaft 2003, Art. 10 EGV, Rn. 52.

[854] *von Bogdandy/Schill*, in: Grabitz/Hilf/Nettesheim, Das Recht der Europäischen Union, Art. 4 EUV, Rn. 106.

[855] Europäischer Gerichtshof, Urt. v. 10.02.1983, Rs. 230/81 - LUXEMBURG/PARLAMENT, Slg. 1983, S. 255, Rn. 38.

[856] *Epiney*, EuR 1994, S. 317; *Streinz*, in: Streinz, Vertrag über die Europäische Union und Vertrag zur Gründung der Europäischen Gemeinschaft 2003, Art. 10 EGV, Rn. 50, spricht von „elementaren Interessen".

[857] *Kahl*, in: Calliess/Ruffert, EUV/EGV, Art. 10 EGV, Rn. 72.

[858] Calliess spricht von Rücksicht darauf, was den Mitgliedstaaten nach ihrer Verfassung möglich ist, in: *Calliess*, Subsidiaritäts- und Solidaritätsprinzip in der Europäischen Union, S. 175; vgl. *Hailbronner*, JZ 1990, S. 152; auch Streinz merkt an, dass die Unionsorgane auf verfassungsrechtliche Probleme der Mitgliedstaaten Rücksicht nehmen müssten, „um Schwierigkeiten zu überwinden", in: *Streinz*, Europarecht, Rn. 168.

[859] *Kahl*, in: Calliess/Ruffert, EUV AEUV, Art. 4 EUV, Rn. 106.

[860] *Streinz*, in: Streinz, Vertrag über die Europäische Union und Vertrag zur Gründung der Europäischen Gemeinschaft, Art. 10 EGV, Rn. 49.

zugunsten eines Bundesstaates oder der Grundsatz der kommunalen Selbstverwaltung.[861] Das sich als Ausfluss des Gebots des wechselseitigen Rücksichtnahme ergebendes Achtungsgebot hinsichtlich identitätsprägender Verfassungsvorschriften ist mit Art. 4 Abs. 2 EUV speziell geregelt. Dort wird die Rücksichtnahme auf die nationale Identität festgeschrieben. Diese Vorschrift könnte ein entscheidender unionsrechtlicher Anknüpfungspunkt zur dogmatischen Begründung einer Rücksichtnahme auf identitätsprägende nationale Verfassungsvorschriften sein. Das Prinzip der wechselseitigen Gemeinschafts- bzw. Unionstreue kann hinsichtlich der Rücksichtnahme auf die Mitgliedstaaten zwar als der Vorläufer des Artikels 4 Abs. 2 des Vertrages über die Europäische Union bezeichnet werden, der die Union zur Achtung der nationalen Identität verpflichtet. Der Bereich der Rücksichtnahme auf die nationale Identität als Ausfluss des Achtungsgebotes des Art. 4 Abs. 3 EUV wird unten[862] behandelt, sonstige Verpflichtungen oder Gebote, soweit unterscheidbar von der Rücksichtnahme auf die nationale Identität, und von Relevanz im Rahmen dieser Arbeit, werden hier untersucht. Denn Art. 4 Abs. 3 EUV kommt neben Art. 4 Abs. 2 EUV, der mit dem Prinzip der Rücksichtnahme auf die nationale Identität nur einen Ausschnitt des Rücksichtnahmegebots regelt, eine „eigenständige Bedeutung" zu.[863]

Teilweise wird in Verbindung mit Art. 4 Abs. 3 EUV von einer „Kompetenzausübungsschranke"[864] gesprochen. Diese soll dann eingreifen, wenn ein Eingriff unverhältnismäßig ist oder bei „Eingriffen in den kompetentiellen Kernbereich des geschützten Rechtsträgers."[865]

Eine unmittelbare Bindung der Union an das nationale Verfassungsrecht kann daraus aber nicht abgeleitet werden. Denn nationale Rechtsvorschriften sind jedenfalls aus Sicht des EuGH, die im Rahmen dieser Arbeit entscheidend ist, nicht unmittelbarer Bestandteil der Unionsrechtsordnung und können so auch nicht direkt zu deren Auslegung herangezogen werden. Jedoch findet über den Grundsatz der loyalen Zusammenarbeit das nationale Verfassungsrecht indirekt Eingang in das Unionsrecht.[866] Durch die Verpflichtung der

---

[861] *Kahl*, in: Calliess/Ruffert, EUV/EGV, Art. 10 EGV, Rn. 72 m.w.N.

[862] D.III.2.

[863] *Kahl*, in: Calliess/Ruffert, EUV AEUV, Art. 4 EUV, Rn. 105, m.w.N.; vgl. auch *Huber,* Veröffentlichungen der Vereinigung der deutschen Staatsrechtslehrer Band 60, S. 227.

[864] *Kahl*, in: Calliess/Ruffert, EUV AEUV, Art. 4 EUV, Rn. 106 m.w.N.

[865] *Kahl*, in: Calliess/Ruffert, EUV AEUV, Art. 4 EUV, Rn. 106 m.w.N.

[866] *von Bogdandy*, in: Grabitz/Hilf/Nettesheim, Das Recht der Europäischen Union, Ergänzungslieferung 40, Oktober 2009, Art. 10 EGV, Rn. 82.

Union, einen schonenden Ausgleich der Interessen herbeizuführen, können verfassungsrechtlich normierte Wertungen Beachtung finden.

Natürlich ist aber nicht „jede nationale Besonderheit, auch wenn sie verfassungsrechtlich geschützt ist"[867], aufgrund der Loyalitätspflicht für die Unionsorgane unantastbar.[868] Der diesbezügliche Umfang der unionsrechtlichen Relevanz nationalen Verfassungsrechts für die Unionsorgane sei bisher nicht abschließend geklärt.[869] Es ergeben sich jedenfalls für die einzelnen Organe unterschiedliche Pflichten aus der Beachtung der soeben umrissenen Vorschriften.

Aufgrund der Wechselseitigkeit der Verpflichtung lässt sich der Vorrang des Unionsrechts seinerseits auch aus Art. 4 Abs. 3 EUV (ex-Art 10 EGV) ableiten[870], da dieser die Mitgliedstaaten dazu anhält, alle Maßnahmen zu unterlassen, die die Verwirklichung der Ziele des Vertrages gefährden könnten. Eine uneinheitliche Anwendung des Unionsrechts fällt auch darunter.

Es ist augenscheinlich, dass die Vorschrift der wechselseitigen Unionstreue damit großes Konfliktpotential birgt. Wird wegen des Vorrangs eine nationale Rechtsnorm verdrängt, beeinträchtigt dies die Rücksichtnahme auf die Mitgliedstaaten, andersherum kann die Rücksichtnahme auf die Mitgliedstaaten zu einer Gefahr für den Vorrang des Unionsrechts führen.

Insoweit kommt es stets auf einen angemessenen Ausgleich durch Abwägung zwischen Wirksamkeit und Einheit der Unionsrechtsordnung einerseits und „Bedeutung und Schwere der Beeinträchtigung der nationalen Verfassungsgüter andererseits an".[871] Über allem steht dabei die Funktionsfähigkeit der Union, die durch die Abwägung zwischen dem Vorrang des Unionsrechts und der Rücksicht auf bestimmte nationale Verfassungsgüter gesichert wird.

Hierbei wird aber erkennbar, dass die Begrenzung des Vorrangs in bestimmten Bereichen jedenfalls aus Sicht des EuGH nicht auf einer unmittelbaren Verpflichtung oder Bindung der Union an bestimmte nationale Verfassungsvorschriften beruht, sondern sich aus der Abwägung von unionsrechtlichen Vorgaben und Prinzipien wie dem Anwendungsvorrang, dem Prinzip der

---

[867] *Streinz*, in: Streinz, Vertrag über die Europäische Union und Vertrag zur Gründung der Europäischen Gemeinschaft 2003, Art. 10 EGV, Rn. 49.

[868] *Hatje*, in: Schwarze, EU-Kommentar, Art. 4 EUV, Rn. 77.

[869] *von Bogdandy*, in: Grabitz/Hilf/Nettesheim, Das Recht der Europäischen Union, Ergänzungslieferung 40, Oktober 2009, Art. 10 EGV, Rn. 82

[870] Vgl. *Bieber/Epiney/Haag*, Die Europäische Union, § 3, Rn. 38; *von Bogdandy/Schill*, in: Grabitz/Hilf/Nettesheim, Das Recht der Europäischen Union, Art. 4 EUV, Rn. 54; *Geiger*, in: Geiger/Khan/Kotzur, EUV/AEUV, Art. 4 EUV, Rn. 21.

[871] *Kahl*, in: Calliess/Ruffert, EUV AEUV, Art. 4 EUV, Rn. 106.

wechselseitigen Unionstreue und der Achtung der nationalen Identität ergeben könnte.

Dieser rein unionsrechtliche Abwägungsvorgang belegt auch, dass die Annahme, aufgrund des Vorrangs des Unionsrechts sei innerhalb des Unionsrechts in keiner Weise Platz für die Beachtung bestimmter nationaler Verfassungsvorschriften ins Leere geht.

bb)   Bedeutung für die Rechtsprechung des EuGH

Besonders von Interesse hier sind die Pflichten oder Gebote, die sich für den EuGH gegenüber den Mitgliedstaaten aus diesem Prinzip ergeben, insbesondere, ob sich daraus auch Verpflichtungen oder Gebote gegenüber dem Verfassungsrecht der Mitgliedstaaten und hinsichtlich ihrer Verfassungsidentität ergeben.[872]

Hinsichtlich der das Rücksichtnahmegebot zu beachtenden Organe der Union ist festzustellen, dass die Entwicklung des Grundsatzes der Unionstreue, der streitschlichtende und zugleich funktionssichernde Aufgaben erfüllt, unmittelbar mit der Stellung und den besonderen Aufgaben des EuGH verbunden ist.[873]

Im Rahmen seiner Rechtsprechung ist auch er an das Rücksichtnahmegebot gebunden. Um das aus dem Prinzip der Unionstreue fließende Rücksichtnahmegebot und dessen Wirkung auf die Rechtsprechung des EuGH und die Vorrangdogmatik genau zu beschreiben, ist eine möglichst präzise Eingrenzung der von diesem Rücksichtnahmegebot umfassten nationalen Vorschriften, die über das Unionsrecht Eingang finden, vorzunehmen.

---

[872] *Hilf,* in: Randelzhofer/Scholz/Wilke (Hrsg.), Gedächtnisschrift für Eberhard Grabitz, S. 167. Bereits in den Anfangsjahren der Europäischen Gemeinschaften gab es ein Diskussion dahingehend, ob sich aus dem Gebot der wechselseitigen Gemeinschaftstreue eine „Pflicht zur Respektierung der nationalen Rechtsausübung" (*Wohlfarth,* in: Institut für Völkerrecht der Universität Göttingen (Hrsg.), Beiträge zum internationalen Wirtschaftsrecht und Atomenergierecht, S. 173,), eine Beachtung von „durchbrechungsfesten Verfassungsnormen" (*Rabe,* Das Verordnungsrecht der Europäischen Wirtschaftsgemeinschaft, S. 217), oder die Wahrungsverpflichtung elementarer Prinzipien der Mitgliedstaaten (*Zweigert,* Rabels Zeitschrift für ausländisches und internationales Privatrecht 1964, S. 621) ableite, weitere Diskussionsbeiträge: *Daig,* AöR 1958, S. 132ff; *Friauf,* AöR 1960, S. 224. Diese Diskussion fand jedoch ein Ende, als der EuGH die Berücksichtigung des Grundrechtsschutzes in seiner Rechtsprechung entwickelte und dadurch den größten Bedenken der Stimmen in der Literatur begegnet wurde, vgl. auch dazu *Kraußer,* Das Prinzip begrenzter Ermächtigung im Gemeinschaftsrecht als Strukturprinzip des EWG-Vertrages, S. 148f.

[873] *Lück,* Die Gemeinschaftstreue als allgemeines Rechtsprinzip im Recht der Europäischen Gemeinschaft, S. 158.

Für den EuGH als Unionsorgan und damit Adressat des Rücksichtnahme-gebots bedeutet dieser Grundsatz eine Rücksichtnahme auf die oben bereits umrissenen Vorschriften, also auf „grundlegende innerstaatliche Verfassungs-strukturen"[874], auf „identitätsprägende Verfassungsnormen sowie besonders wichtige nationale Interessen".[875]

Die Funktionsfähigkeit der Union gebietet eine Rechtspflicht der Union und damit des EuGH zur Beachtung solcher innerstaatlichen Regelungen, die von zentraler struktureller oder moralisch-ethischer Natur sind, deren Aufgabe also die Funktionsfähigkeit und Integrität der innerstaatlichen Rechtsordnung erschüttern würde oder im Widerspruch zu elementaren Wertvorstellungen des jeweiligen Staatsvolkes stehen würde.

Es gilt also Eingriffe in solche nationalen Verfassungsvorschriften zu un-terlassen oder jedenfalls schonend durchzuführen, die sich aus der Sicht der jeweiligen Verfassung als grundlegend darstellen. Nur bei einem dermaßen schweren Eingriff kann die Union kein Interesse an der Durchsetzung des Unionsrechts haben[876], weshalb die normative Begrenzung der Eingriffe in diesen Bereich erklärlich ist. Bei zu befürchtenden schweren Störungen des nationalen Verfassungsrechts muss das Prinzip des Vorrangs des Unionsrechts hinter den Grundsatz der loyalen Zusammenarbeit zurücktreten.

Die genaue Bestimmung des geschützten Bereichs ist nicht einfach. So soll eine absolute Schranke für den Vorrang des Unionsrechts dann vorliegen, wenn das Unionsrecht die Mitgliedstaaten zu Änderungen in solchen Bestand-teilen ihrer Verfassungen zwingen würde, die sich aus Sicht der jeweiligen Verfassung als grundlegend und unverzichtbar darstellten.[877] Diese Verfas-sungsbestandteile könnten mit dem Begriff der Verfassungsidentität näher umrissen werden. Verfassungsidentität kann dabei nur als Teil der „allgemei-nen" nationalen Identität verstanden werden.

Eine Rücksicht auf die Grundprinzipien der jeweiligen Verfassungsord-nung in „organisatorischer und inhaltlicher Hinsicht" hatte der EuGH schon vor dem Unionsvertrag hergeleitet[878], im Unionsvertrag wurde diese in ex-Art. 6 Abs. 3 EUV, heute Art. 4 Abs. 2 EUV nochmals speziell kodifiziert. Darin

---

[874] *Epiney*, in: Bröhmer/Bieber/Calliess/Langenfeld/Weber/Wolf (Hrsg.), Internationale Gemein-schaft und Menschenrechte, S. 446.

[875] *Kahl*, in: Calliess/Ruffert, EUV/EGV, Art. 10 EGV, Rn. 72.

[876] *von Bogdandy*, in: Grabitz/Hilf/Nettesheim, Das Recht der Europäischen Union, Ergän-zungslieferung 40, Oktober 2009, Art. 10 EGV, Rn. 82.

[877] *Streinz*, in: Streinz, Vertrag über die Europäische Union und Vertrag zur Gründung der Europä-ischen Gemeinschaft 2003, Art. 10 EGV, Rn. 49.

[878] *Streinz*, in: Streinz, Vertrag über die Europäische Union und Vertrag zur Gründung der Europä-ischen Gemeinschaft 2003, Art. 10 EGV, Rn. 48; vgl. auch *Pechstein*, in: Streinz, Vertrag über die Europäische Union und Vertrag zur Gründung der Europäischen Gemeinschaft 2003, Art. 6 EUV, Rn. 26.

wurde die Achtung auf die nationale Identität der Mitgliedstaaten postuliert. Verfassungsidentität als Teil der nationalen Identität ist wie bereits erwähnt über Art. 4 Abs. 2 EUV speziell geschützt.

Bei dieser Betrachtung wird deutlich, dass das Rücksichtnahmegebot des EuGH im Bezug auf die nationalen Verfassungen als Ausfluss des Grundsatzes der loyalen Zusammenarbeit im Gebot zur Achtung der nationalen Identität seine Konkretisierung findet. Die oben erwähnte eigenständige Bedeutung des Art. 4 Abs. 3 EUV als Rücksichtnahmegebot ist für diese Arbeit nicht von normativer Relevanz.

So beinhaltet die Pflicht der loyalen Zusammenarbeit zwar insgesamt eine über die Achtung der nationalen Identität hinausgehende, allgemeine Pflicht für die Unionsorgane, hinsichtlich der Pflichten des EuGH und der Einwirkungen auf den Vorrang des Unionsrechts im Bezug auf das nationale Verfassungsrecht der Mitgliedstaaten manifestiert sich jedoch eine Pflicht zur Achtung der nationalen Identität der Mitgliedstaaten. Diese Pflicht wird aber ebenso von Art. 4 Abs. 2 EUV in speziellerer Form geschützt. Diesbezüglich überschneiden sich diese beiden Vorschriften.[879] Systematisch gesehen handelt es sich bei Art. 4 Abs. 2 EUV um eine Ausprägung des in Art. 4 Abs. 3 EUV enthaltenen Grundsatzes der Unionstreue.[880]

Da sich der normativ manifestierbare Teil des Rücksichtnahmegebots gem. Art. 4 Abs. 3 EUV im Bezug auf die Rechtsprechung des EuGH und dessen Verpflichtung zur Achtung bestimmter nationaler Verfassungswertungen auf die nationale Identität verdichtet, wird die weitergehende Prüfung, wie oben bereits erwähnt, dort vorgenommen.

2.   Das Achtungsgebot des Art. 4 Abs. 2 Satz 1 EUV

Diese Bestimmung könnte als „prägendes Grundprinzip der Europäischen Union"[881] zur normativen Begrenzung des Vorrangs hinsichtlich zu bestimmender nationaler Verfassungsvorschriften anhalten.

a)   Entstehungsgeschichte

Die Achtung der mitgliedschaftlichen Identität gehörte schon seit jeher zum unausgesprochenen Selbstverständnis der Gemeinschaft.[882] Durch den Grundsatz der loyalen Zusammenarbeit gem. ex-Art. 10 EGV war eine Rück-

[879] *Schmid*, Multi-Level Constitutionalism and Constitutional Conflicts, S. 225.
[880] *Puttler*, in: Calliess/Ruffert, EUV AEUV, Art. 4 EUV, Rn. 10; *Rengeling/Szczekalla*, Grundrechte in der Europäischen Union, Rn. 122.
[881] *Hilf*, in: Randelzhofer/Scholz/Wilke (Hrsg.), Gedächtnisschrift für Eberhard Grabitz, S. 169.
[882] *Puttler*, in: Calliess/Ruffert, EUV/EGV, Art. 6 EUV, Rn. 44.

sichtnahme auf verfassungsrechtliche Grundstrukturen der Mitgliedstaaten schon lange, freilich recht allgemein, zu beachten. Art. 6 Abs. 3 EUV a.f. und Art. 4 Abs. 2 EUV war bzw. ist eine Ausprägung des Grundsatzes der loyalen Zusammenarbeit. [883]

Im Zusammenhang mit dem Vertrag über die Europäische Union wurde durch Schaffung einer Wirtschafts- und Währungsunion und eine Ausweitung der Gemeinschaftskompetenzen eine neue Stufe der europäischen Integration erreicht. Der Gefahr einer Zurückdrängung und Aufweichung der Achtung der Identität der Mitgliedstaaten durch die sich ausprägende europäische Integration einerseits und die Aufwertung der Regionen insbesondere durch Schaffung des Ausschusses der Regionen andererseits wurde mit der ausdrücklichen Verankerung des Gebots zur Achtung der mitgliedstaatlichen Identität begegnet. [884] Der durch das Wachsen des Einflusses und der Bedeutung der Europäischen Union sich herausbildenden Europäischen Identität sollte ein starkes Gegengewicht gegenüber gestellt werden. [885] Auch einer „schleichenden Entstaatlichung der Mitgliedstaaten" sollte damit begegnet werden. [886]

Der Grundsatz der Achtung der nationalen Identität der Mitgliedstaaten wurde im Unionsvertrag von Maastricht in Art. F Abs. 1 HS 1 EUV festgeschrieben. Dieser Grundsatz wurde direkt mit dem Demokratieprinzip in Art. F Abs. 1 HS 2 EUV verbunden. Im Vertrag von Amsterdam wurde die Identitätsklausel als eigenständige Vorschrift ohne Änderung des Wortlauts durch Art. 6 Abs. 3 EUV ersetzt. Der Vertrag von Nizza ließ diese Vorschrift unverändert. [887]

Damit war die Achtung der nationalen Identität eine rechtliche Verpflichtung der Union. Teilweise wurde aber vertreten, dass Art. 6 Abs. 3 EUV a.F. kein eigenständiger normativer Gehalt zu entnehmen gewesen sei, weil er ein

---

[883] *Puttler*, in: Calliess/Ruffert, EUV AEUV, Art. 4 EUV, Rn. 10; *Streinz*, in: Streinz, EUV/AEUV, Art. 4 EUV, Rn. 4; *Puttler*, in: Calliess/Ruffert, EUV/EGV, Art. 6 EUV, Rn 43; *Pechstein*, in: Streinz, Vertrag über die Europäische Union und Vertrag zur Gründung der Europäischen Gemeinschaft 2003, Art. 6 EUV, Rn. 26.

[884] *Bitterlich*, in: Lenz/Borchart, EU- und EG-Vertrag, Art. 6 EUV, Rn. 8; *Puttler*, in: Calliess/Ruffert, EUV/EGV, Art. 6 EUV, Rn. 43 m.w.N.; *Hilf*, in: Randelzhofer/Scholz/Wilke (Hrsg.), Gedächtnisschrift für Eberhard Grabitz, S. 161f. Teilweise wurde aufgrund der Stärkung der regionalen und europäischen Identität von einer „zangenartigen" Bedrohung der nationalen Identität gesprochen, vgl. *Pache*, DVBl 2002, S. 1160; *Bleckmann*, JZ 1997, S. 265.

[885] *Stumpf*, in: Schwarze, EU-Kommentar, Art. 6 EUV, Rn. 38; vgl. *Puttler*, in: Calliess/Ruffert, EUV AEUV, Art. 4 EUV, Rn. 8.

[886] *Hilf/Schorkopf*, in: Grabitz/Hilf/Nettesheim, Das Recht der Europäischen Union, 40. Ergänzungslieferung Oktober 2009, Art. 6 EUV, Rn. 72/75.

[887] Vgl. dazu *Hilf/Schorkopf*, in: Grabitz/Hilf/Nettesheim, Das Recht der Europäischen Union, 40. Ergänzungslieferung Oktober 2009, Art. 6 EUV, Rn. 75.

reiner Formelkompromiss gewesen sei, dessen Auslegung von den politischen Interessen der Mitgliedstaaten abhängig gewesen sei.

Für diese Annahme wurde die Bezugnahme auf die Mitgliedstaaten als Herren der Verträge angeführt. Art. 6 Abs. 1 EUV a.f. bezog allerdings die gemeinsamen Grundlagen ausdrücklich auch auf die Mitgliedstaaten, ihre Verletzung konnte ein Verfahren nach Art. 7 EUV a.f. nach sich ziehen. Deshalb musste schon damals der Achtung der nationalen Identität eine eigene normative Bedeutung zukommen, um zur Abgrenzung von gemeinsamen Grundlagen und dem Anspruch auf unverwechselbare Identität der Mitgliedstaaten zu gelangen.[888]

Es galt aber zu beachten, dass Art. 6 Abs. 3 EUV a.f. gem. Art. 46 EUV a.F. nicht in den Kompetenzbereich des EuGH fiel. Als allgemeiner Grundsatz der Rechtsordnung der Union musste es jedoch auch vom EuGH beachtet werden, auch wenn der Artikel selbst nicht unter seine Jurisdiktion fiel.[889] Überdies war die Ausprägung des Achtungsgebots aus Art. 6 Abs. 3 EUV a.f. in ex-Art. 10 EGV ebenso enthalten[890], so dass, wollte man entgegen der hier vertretenen Ansicht dem Argument der Beachtlichkeit und Justiziabilität der Achtung der nationalen Identität aus Art. 6 Abs. 3 EUV a.f. aufgrund seiner Eigenschaft als Grundprinzip nicht folgen, diese jedenfalls über ex-Art. 10 EGV uneingeschränkt justiziabel war,[891] auch wenn diese Vorschrift dies freilich nicht wörtlich postulierte, jedoch ihr es im Rahmen der Auslegung zu entnehmen war (s.o.).

Art. I-5 Abs. 1 Satz 1 des Entwurfes über einen Vertrages über eine Verfassung für Europa war nahezu identisch mit dem heutigen Art. 4 Abs. 2 Satz 1 EUV. In dem Konvent war zunächst sogar angedacht, einzelne Bereiche der nationalen Identität der Mitgliedstaaten aufzulisten, was aber wieder verworfen wurde.[892]

---

[888] *Beutler*, in: von der Groeben/Schwarze, Kommentar zum Vertrag über die Europäische Union und zur Gründung der Europäischen Gemeinschaft, Art. 6 EUV, Rn. 195.

[889] Vgl. *Badura*, in: Due/Lutter/Schwarze (Hrsg.), Festschrift für Ulrich Everling, S. 34f; *Hilf*, in: Randelzhofer/Scholz/Wilke (Hrsg.), Gedächtnisschrift für Eberhard Grabitz, S. 162f, m.w.N., 165.

[890] *Hilf/Schorkopf*, in: Grabitz/Hilf/Nettesheim, Das Recht der Europäischen Union, 40. Ergänzungslieferung Oktober 2009, Art. 6 EUV, Rn. 89; *Puttler*, in: Calliess/Ruffert, EUV/EGV, Art. 6 EUV, Rn. 43; *Schmitt-Glaeser*, Grundgesetz und Europarecht als Elemente europäischen Verfassungsrechts, S. 181.

[891] Vgl. *Pechstein*, in: Streinz, Vertrag über die Europäische Union und Vertrag zur Gründung der Europäischen Gemeinschaft 2003, Art. 6 EUV, Rn. 26; für die beiden intergouvernementalen Säulen GASP und PJZS kam Art. 6 Abs. 3 EUV a.f. aber keine justiziable Bedeutung zu, er beschrtieb insoweit lediglich eine allgemeine Beachtenspflicht, vgl. *Hilf/Schorkopf*, in: Grabitz/Hilf/Nettesheim, Das Recht der Europäischen Union, 40. Ergänzungslieferung Oktober 2009, Art. 6 EUV, Rn. 84.

[892] CONV 400/02, 13; ausführlicher zur Entstehungsgeschichte von Art. I-5 VerfEU: *Puttler*, in: Calliess/Ruffert, EUV AEUV, Art. 4 EUV, Rn. 6f.

Der Vertrag von Lissabon fügt die Achtung der nationalen Identität in konkretisierender und „ausführlicherer"[893] Form in Art. 4 Abs. 2 Satz 1 EUV ein. Diese Verortung im Vertragswerk der Union nach ihrer Selbstdefinition in Art. 1 EUV, der Festlegung der Wertvorstellungen in Art. 2 EUV und ihrer Ziele in Art. 3 EUV lässt auf eine große Bedeutung der Achtungsverpflichtung schließen. So wird Art. 4 Abs. 2 EUV auch als „föderales Grundrecht der Mitgliedstaaten"[894] bezeichnet. In Art. 4 EUV ist das Gebot zur Achtung der nationalen Identität wiederum zwischen den Grundsätzen der Zuständigkeit in Art. 4 Abs. 1 EUV und dem Grundsatz der loyalen Zusammenarbeit in Art. 4 Abs. 3 EUV eingebunden, beides bedeutende Unionsgrundsätze. Art. 4 Abs. 2 postuliert neben der Achtung der nationalen Identität auch die Gleichheit der Mitgliedstaaten in Art. 4 Abs. 2 Satz 1 EUV und eine Staatsfunktionengarantie in Art. 4 Abs. 2 Satz 2 und 3 EUV. Der Begriff der „nationalen Identität" wird präzisiert, indem auf die „grundlegenden politischen und verfassungsmäßigen Strukturen einschließlich der regionalen und lokalen Selbstverwaltung" ausdrücklich Bezug genommen wird. Die Achtung der nationalen Identität wird, eingerahmt von der Betonung der Gleichheit und der Staatlichkeit der Mitgliedstaaten, noch vor dem Grundsatz der loyalen Zusammenarbeit verortet und erhält damit besonderes Gewicht.

Dieses besondere Gewicht ergibt sich neben dem diesbezüglichen Interesse der Mitgliedstaaten als Herren der Verträge aber auch aus der Tatsache, dass die Union selbst bzw. alleine nicht als Garant für die effektive Durchsetzung des Unionrechts und der nationalen Rechtsordnungen gelten kann. Sie verfügt weder über eine Armee noch über eine Polizei. Der Schutz der nationalen Identität und damit der souveränen Macht der Mitgliedstaaten liegt damit auch direkt im Interesse eines ordnungsgemäßen Funktionierens der Union selbst.[895]

b)   EuGH als Kontrollinstanz

Die Wahrung der Achtung der nationalen Identität gem. Art. 4 Abs. 2 EUV fällt vollumfänglich unter die Zuständigkeit des EuGH.

c)   Inhaltsbestimmung

Es gilt nun zunächst den Begriff der nationalen Identität genauer zu untersuchen, um zu beurteilen, ob dieser eine normative Eingrenzung der Vorrang-

---

[893] *Pernice,* AöR 2011, S. 188.
[894] *Pernice,* AöR 2011, S. 193.
[895] *Bleckmann,* JZ 1997, S. 265; *Hilf,* in: Randelzhofer/Scholz/Wilke (Hrsg.), Gedächtnisschrift für Eberhard Grabitz, S. 166.

dogmatik ermöglicht und so vielleicht auch die Erkenntnisse aus den untersuchten Fällen in Kapitel C) erklärt. Fraglich ist dabei, wie die nationale Identität auszulegen ist. Eine Definition des Begriffs enthält der EUV nicht.

aa) Auslegung in der Rechtsprechung des EuGH

In der Rechtsprechung des EuGH ist der Begriff „Identität" nur „sehr vereinzelt nachzuweisen"[896] und verhilft nicht zu einem klaren Bild, was sicherlich auch damit zusammenhängt, dass Art. 6 Abs. 3 EUV a.f. nicht direkt in den Kompetenzbereich des EuGH fiel.

In der Rechtssache Kommission/Luxemburg[897] erklärte der Gerichtshof ausdrücklich, dass „der Schutz der nationalen Identität der Mitgliedstaaten ein rechtmäßiges Ziel dar [-stellt], das von der Gemeinschaftsrechtsordnung geachtet wird".[898] Eine genauere Abgrenzung wird jedoch auch hier nicht vorgenommen. In dieser Rechtssache entschied der EuGH, dass der generelle Ausschluss von Staatsangehörigen der anderen Mitgliedstaaten von allen Stellen im Bildungsbereich nicht mit Erwägungen des Schutzes der nationalen Identität zu rechtfertigen sei. Trotz des anerkannten Interesses der Wahrung der nationalen Identität könne diese durch andere Mittel als den generellen Ausschluss gewahrt werden.[899]

In einem Vorlageverfahren über die deutsche Wehrpflicht[900] legte die Kommission dar, dass die Wehrpflicht eine einseitige öffentlich-rechtliche Dienstpflicht darstelle, bei der kein arbeitsrechtliches Verhältnis zwischen den Wehrpflichtigen und einem Dienstherrn entstünde. Da sie nicht Teil des Arbeitsmarktes seien, könnten sich die Mitgliedstaaten folglich in diesem Zusammenhang zur Achtung ihrer Wehrhoheit im traditionell gewachsenen nationalen Zuschnitt auf die Artikel 6 Absatz 3 EUV a.f. und 5 EGV a.f. berufen.[901] Der EuGH ging in seinem Urteil auf Art. 6 Abs. 3 EUV a.f. und die nationale Identität der Mitgliedstaaten nicht ein, sondern entschied, dass das Gemeinschaftsrecht der Wehrpflicht nur für Männer nicht entgegenstehe, da

---

[896] Vgl. *Hilf/Schorkopf*, in: Grabitz/Hilf/Nettesheim, Das Recht der Europäischen Union, 40. Ergänzungslieferung Oktober 2009, Art. 6 EUV, Rn.74; *von Bogdandy/Schill*, in: Grabitz/Hilf/Nettesheim, Das Recht der Europäischen Union, Art. 4 EUV, Rn. 18.

[897] Europäischer Gerichtshof, Urt. v. 02.07.1996, Rs. C-473/93 - KOMMISSION/LUXEMBURG, Slg. 1996, S. I-3207.

[898] Europäischer Gerichtshof, Urt. v. 02.07.1996, Rs. C-473/93 - KOMMISSION/LUXEMBURG, Slg. 1996, S. I-3207, Rn. 35.

[899] Europäischer Gerichtshof, Urt. v. 02.07.1996, Rs. C-473/93 - KOMMISSION/LUXEMBURG, Slg. 1996, S. I-3207, Rn. 35f.

[900] Europäischer Gerichtshof, Urt. v. 11.03.2003, Rs. C-186/01 - DORY, Slg. 2003, S. I-2479.

[901] Europäischer Gerichtshof, Urt. v. 11.03.2003, Rs. C-186/01 - DORY, Slg. 2003, S. I-2479, Rn. 28.

die Entscheidung der Bundesrepublik Deutschland, die Verteidigung teilweise mit einer Wehrpflicht zu sichern, Ausdruck einer Entscheidung hinsichtlich der militärischen Organisation sei, auf die das Gemeinschaftsrecht nicht anwendbar sei.[902]

Die Ausführungen der EuGH zur nationalen Identität sind für eine genauere Begriffsbestimmung also wenig weiterführend.

In den Schlussanträgen der Generalanwälte wurde in neuerer Zeit gelegentlich auf die nationale Identität Bezug genommen.[903] Der EuGH hat in den daraufhin ergangenen Urteilen aber die Anmerkungen der Generalanwälte nicht aufgenommen.

bb)   Wortlaut

Die Bestimmung des Gebots zur Achtung der nationalen Identität über den Wortlaut ist nicht einfach, da die einzelnen Begriffe eine umfassende sozialgesellschaftliche Bedeutung haben, die vielfach in der Psychologie, der Philosophie, der Politikwissenschaft oder der Mathematik[904] Verwendung finden. Insoweit scheint die Ableitung von konkreten Rechtsfolgen für die Rechtswissenschaft aus diesen Begriffen schwierig. Dennoch soll versucht werden, sich zunächst über den Wortlaut der einzelnen Begriffe einer konkreten Inhaltsbestimmung zu nähern. Dabei darf nicht vergessen werden, dass der Begriff der nationalen Identität in Art. 4 Abs. 2 EUV auf die „grundlegenden politischen und verfassungsmäßigen Strukturen einschließlich der regionalen und lokalen Selbstverwaltung" konkretisiert wurde. Dennoch ist eine genauere Untersuchung der Wortlauts des Kerns der Vorschrift, der nationalen Identität, hilfreich, um die Konkretisierung dieser Vorschrift bewerten zu können.

aaa)   Identität

Bei Identität handelt es sich entweder um Ideengehalte, die eine Identifizierung ermöglichen, um so zu Selbstsicherheit und innerer Sicherheit zu gelangen (psychologische Deutung des Begriffs), oder um völlige Gleichheit

---

[902] Europäischer Gerichtshof, Urt. v. 11.03.2003, Rs. C-186/01 - DORY, Slg. 2003, S. I-2479, Rn. 39.

[903] Europäischer Gerichtshof, Urt. v. 04.06.2008, Rs. C-324/07, Schlussantrag vom 04.06.2008 - CODITEL BRABANT, Slg. 2008, S. I-505, Rn. 85; Europäischer Gerichtshof, Urt. v. 30.09.2009, Rs. C-135/08, Schlussanträge vom 30.09.2009 - ROTTMANN, Slg. 2010, S. I-1449, Rn. 25; Europäischer Gerichtshof, Urt. v. 08.10.2008, Rs. C-213/07, Schlussantrag vom 08.10.2008 - MICHANIKI, Slg. 2008, S. I-9999, Rn. 31ff.

[904] Vgl. *Pache*, DVBl 2002, S. 1154; *Beutler*, in: von der Groeben/Schwarze, Kommentar zum Vertrag über die Europäische Union und zur Gründung der Europäischen Gemeinschaft, Art. 6 EUV, Rn. 198.

oder Übereinstimmung zwischen materiellen oder immateriellen Gegenständen im Bezug auf bestimmte Kriterien.[905] Es gilt als ein umfassendes Konzept, das gerade in Zeiten von Pluralität, Mobilität und Globalisierung im allgemeinen Bewusstsein immer mehr an Bedeutung erlangt, um einer zunehmenden Orientierungslosigkeit, auch in den Bereichen des Rechts[906], zu begegnen. Letztlich ist Identität die Antwort auf die Frage, wer oder was man ist.[907] Diese Frage kann aber nicht nur individuell beantwortet werden, sondern auch und gerade im Kollektiv. Eine kollektive Identität, hergestellt über identitätsprägende Gemeinsamkeiten, typischerweise durch gemeinsame Kommunikations-, Erinnerungs- und Erfahrungswerte, führt zum Zusammenschluss zu einer Einheit, die sich allein schon aufgrund ihrer Andersartigkeit von anderen Gruppen unterscheidet und dadurch abgrenzt. Dies entspricht dem Grundbedürfnis des Menschen, sich zu Gruppen zu formen und einer Gruppe zugehörig zu fühlen.[908] Aufgrund dieser unüberschaubaren Bedeutungsfülle wird die Eignung des Begriffs der „Identität" in der Rechtswissenschaft angezweifelt.[909] Dennoch lassen sich über eine weitere Auslegung in Verbindung mit dem „nationalen" Element Schlüsse zur Inhaltsbestimmung ziehen.

bbb)   Nationale Identität

Die Rechtswissenschaft hat auch mit dem Begriff der nationalen Identität vielfach Schwierigkeiten gehabt.[910] Eine allgemeine Definition lässt sich aber

---

[905] *Pache,* DVBl 2002, S. 1155 m.w.N.; *Bleckmann,* JZ 1997, S. 265f.
[906] *Hilf,* in: Randelzhofer/Scholz/Wilke (Hrsg.), Gedächtnisschrift für Eberhard Grabitz, S. 158.
[907] *Pache,* DVBl 2002, S. 1155.
[908] *Pache,* DVBl 2002, S. 1155 m.w.N.; *von Bogdandy,* JZ 2004, S. 54.
[909] *Doehring,* in: Due/Lutter/Schwarze (Hrsg.), Festschrift für Ulrich Everling, S. 263ff.; *Hilf/Schorkopf,* in: Grabitz/Hilf/Nettesheim, Das Recht der Europäischen Union, 40. Ergänzungslieferung Oktober 2009, Art. 6 EUV, Rn. 73; *Rupp,* in: Arndt/Knemeyer/Kugelmann/Meng/Schweitzer (Hrsg.), Völkerrecht und deutsches Recht, S. 173.
[910] *Rengeling/Szczekalla,* Grundrechte in der Europäischen Union, Rn. 123; *Pechstein,* in: Streinz, Vertrag über die Europäische Union und Vertrag zur Gründung der Europäischen Gemeinschaft 2003, Art. 6 EUV, Rn. 27. Noch schwerer ist die Bestimmung des Begriffs der europäischen Identität, vgl. *Hilf,* in: Randelzhofer/Scholz/Wilke (Hrsg.), Gedächtnisschrift für Eberhard Grabitz, S. 159f; *Calliess,* JZ 2004, S. 1041ff; *Pache,* DVBl 2002, S. 1156ff; *von Bogdandy,* JZ 2004, S. 53; *Schily,* in: Derra (Hrsg.), Freiheit, Sicherheit und Recht, S. 17; *von Bogdandy/Schill,* in: Grabitz/Hilf/Nettesheim, Das Recht der Europäischen Union, Art. 4 EUV, Rn. 46. Ausführlich zur Europäischen Identität: *Angelucci,* in: von Bogdandy (Hrsg.), Die europäische Option, S. 303ff; *Kopp,* Europäische Identität als Kategorie des Europarechts; *Koslowski/Brague,* Vaterland Europa, S. 50ff; *Peters,* Elemente einer Theorie der Verfassung Europas, S. 707ff. Milan Kundera beklagt allgemein, also nicht in rechtlicher Hinsicht, ein Abhandenkommen einer gemeinsamen europäischen Identität. Ihm bleibt nur der romantisch abstrakte Schluss: „Ein Europäer ist, wer nach Europa Heimweh hat." in: *Kundera,* Die Kunst des Romans, S. 134. Auch der Schriftsteller Leon de Winter stellt die Frage: „Wo steck Europas Seele?", in: *de Winter,* Der Spiegel, 2004, Nr.

noch recht prägnant finden. Der Begriff „nationale Identität" zielt ab auf das „subjektive Zusammengehörigkeitsgefühl, das sich in einem Volk aus historischen, wirtschaftlichen, religiösen oder sonstigen soziokulturellen Unterschieden - am ausgeprägtesten in der unterschiedlichen Sprache sichtbar – zu anderen Nationen bildet".[911] Als Beispiele werden in diesem Zusammenhang Kultur und Bildung, Weltanschauungen, Politikverständnisse, Sport, aber auch die innere Staatsorganisation, die Familienstrukturen und die sozialen Sicherungssysteme als Ausdruck der gewachsenen zivilisatorischen und kulturellen Tradition der Mitgliedstaaten genannt.[912] Auf wenige Begriffe reduziert könnte man sagen, nationale Identität werde durch Sprache, Geschichte und Kultur konstituiert.[913]

Damit wird aber auch deutlich, dass der Wortlaut der „nationalen Identität" alleine über eine Achtung der Verfassungsidentität der Mitgliedstaaten hinausgeht,[914] und dass nationale Identität schwerlich als konkreter, mit ganz bestimmten Inhalten vorgegebener Rechtsbegriff verstanden werden kann, sondern eher als eine Art Kompetenzbegriff.[915]

Auch wenn mit dem Begriffspaar der „nationalen Identität" ein Element der Abgrenzung eingeführt wird und gerade durch die Verknüpfung mit der Betonung des „nationalen" die Gefahr einer qualitativen Stufung untereinander zumindest nicht verhindert wird, hätte eine „bloße" Achtung der Staatlichkeit oder der Verfassungsidentität nach Ansicht von Hilf den Anwendungsbereich

---

19, 152–158. An dieser Stelle ist eine weitere Untersuchung der europäischen Identität aber ohnehin nicht weiterführend.

[911] *Hilf*, in: Randelzhofer/Scholz/Wilke (Hrsg.), Gedächtnisschrift für Eberhard Grabitz, S. 163; *Hilf/Schorkopf*, in: Grabitz/Hilf/Nettesheim, Das Recht der Europäischen Union, 40. Ergänzungslieferung Oktober 2009, Art. 6 EUV, Rn. 77; vgl. *Schwarzenau*, Deutschland im Umbruch: Dimensionale Einordnung nationaler Identität für die Identität der Deutschen, S. 152/154 ergibt zusammen diese Definition.

[912] *Beutler*, in: von der Groeben/Schwarze, Kommentar zum Vertrag über die Europäische Union und zur Gründung der Europäischen Gemeinschaft, Art. 6 EUV, Rn. 201; *Rupp*, in: Arndt/Knemeyer/Kugelmann/Meng/Schweitzer (Hrsg.), Völkerrecht und deutsches Recht, S. 174.

[913] *Bleckmann*, JZ 1997, S. 266; *Pache*, DVBl 2002, S. 1155. Bestätigt wird dies durch Vorschriften des Primärrechts, welche den Begriff der nationalen Identität konkretisieren; vgl. *Hilf/Schorkopf*, in: Grabitz/Hilf/Nettesheim, Das Recht der Europäischen Union, 40. Ergänzungslieferung Oktober 2009, Art. 6 EUV, Rn. 87. Art. 167 Abs. 1 AEUV schützt explizit die nationale kulturelle Vielfalt der Mitgliedstaaten. Als identitätsprägende Merkmale werden weiter die Sprachen der Mitgliedsstaaten gleichberechtigt als Ausfluss des Achtungsgebots des Art. 4 Abs. 2 EUV auch durch Art. 55 EUV geschützt, vgl. *Mayer*, in: Bodnar/Kowalski/Raible/Schorkopf (Hrsg.), The emerging constitutional law of the European Union, S. 361, 378f; und die diesbezüglichen Ausführungen des Generalanwalts Darmon in: Europäischer Gerichtshof, Urt. v. 16.05.1989, Rs. C-379/87, Schlussanträge vom 16.05.1989 - GROENER, Slg. 1989, S. I-3967, Rn. 21f.

[914] *Hilf*, in: Randelzhofer/Scholz/Wilke (Hrsg.), Gedächtnisschrift für Eberhard Grabitz, S. 163.

[915] *Lerche*, in: Schippel (Hrsg.), Festschrift zum 65. Geburtstag für Helmuth Schippel, S. 928.

der Vorschrift zu sehr eingeengt und so die interne Dimension der nationalen Identität vernachlässigt.[916] Mit der Konkretisierung der nationalen Identität auf die „grundlegenden politischen und verfassungsmäßigen Strukturen einschließlich der regionalen und lokalen Selbstverwaltung" freilich ist eine solche „Einengung" erfolgt.

ccc)   Nationale Identität in Form der grundlegenden politischen und verfassungsmäßigen Strukturen der jeweiligen Mitgliedstaaten

Der Begriff der nationalen Identität in Art. 4 Abs. 2 EUV kann deshalb nunmehr nicht mehr in einer „alle Facetten der nationalen Identität einbeziehenden Bedeutung" ausgelegt werden.[917] Vielmehr ist eine ist eine Konzentration „auf die politischen und verfassungsgemäßen Strukturfragen eines Staates"[918] erfolgt. Der Begriff hat damit eine spezifische primärrechtliche Bedeutung erlangt.

Begrifflich wird die nationale Identität nicht vom Unionsrecht her bestimmt,[919] auch wenn der Begriff ein unionsrechtlicher Begriff ist.[920] Die Definition des Inhalts dieses Zusammengehörigkeitsgefühls muss den Mitgliedstaaten selbst vorbehalten bleiben[921], das „Eigenbild" ist entscheidend.[922] Dies leuchtet insofern ein, als eine Gruppe und damit auch die Mitgliedstaaten zu den genannten Anknüpfungspunkten am besten und direktesten Zugang haben und somit ihnen die Definition ihrer eigenen Identität überlassen werden muss. Nur aus der Selbstschau kann dieses subjektive Empfinden beschrieben werden. Artikel 4 Abs. 2 EUV gewährleistet den Raum, identitätsstiftende Merkmale - im Rahmen des Vernünftigen und Vertretbaren – selbst zu definieren. Die „wesentlichen, den Aufbau und das Eigenverständnis des Staates prägenden Entscheidungen" sollen durch diese Eingrenzung erfasst werden, wobei

---

[916] *Hilf/Schorkopf*, in: Grabitz/Hilf/Nettesheim, Das Recht der Europäischen Union, 40. Ergänzungslieferung Oktober 2009, Art. 6 EUV, Rn. 77, m.w.N.; *Hilf*, in: Randelzhofer/Scholz/Wilke (Hrsg.), Gedächtnisschrift für Eberhard Grabitz, S. 163.

[917] *Puttler*, in: Calliess/Ruffert, EUV AEUV, Art. 4 EUV, Rn. 14.

[918] *Puttler*, in: Calliess/Ruffert, EUV AEUV, Art. 4 EUV, Rn. 14.

[919] *Hilf/Schorkopf*, in: Grabitz/Hilf/Nettesheim, Das Recht der Europäischen Union, 40. Ergänzungslieferung Oktober 2009, Art. 6 EUV, Rn. 79; *Puttler*, in: Calliess/Ruffert, EUV AEUV, Art. 4 EUV, Rn. 16

[920] *von Bogdandy/Schill*, in: Grabitz/Hilf/Nettesheim, Das Recht der Europäischen Union, Art. 4 EUV, Rn. 13; *Streinz*, in: Streinz, EUV/AEUV, Art. 4 EUV, Rn. 14.

[921] Vgl. *Epiney*, EuR 1994, S. 307; *Streinz*, in: Streinz, EUV/AEUV, Art. 4 EUV, Rn. 14; *Strohmayr*, Kompetenzkollisionen zwischen europäischem und nationalem Recht, S. 199ff.

[922] *Hilf/Schorkopf*, in: Grabitz/Hilf/Nettesheim, Das Recht der Europäischen Union, 40. Ergänzungslieferung Oktober 2009, Art. 6 EUV, Rn. 79; vgl. *Puttler*, in: Calliess/Ruffert, EUV AEUV, Art. 4 EUV, Rn. 15; *Hilf*, in: Randelzhofer/Scholz/Wilke (Hrsg.), Gedächtnisschrift für Eberhard Grabitz, S. 163f.

diese in aller Regel in den Verfassungen der Mitgliedstaaten zum Ausdruck kommen.[923] Da auch nach dem Wortlaut die Eingrenzung auf die „verfassungsgemäßen Strukturen" erfolgte, sind die nationalen Verfassungen der Maßstab und die nationalen „Wächter" dieser Strukturen, mithin die nationalen Verfassungsgerichte, demzufolge zur konkretisierenden Auslegung berufen.[924] Die Inhalte der grundlegenden politischen und verfassungsmäßigen Strukturen werden von den „Mitgliedstaaten" selbst zu bestimmen sein.[925] Hinsichtlich der verwandten Begrifflichkeiten, „nationale Identität" und „verfassungsmäßigen Strukturen", legt sowohl der Wortlaut als auch der ermittelte Gehalt dieser Begriffe eine Konzentration der Achtungsverpflichtung auf die nationale „Verfassungsidentität" nahe.

Natürlich verhindert die „Selbstbestimmung" nicht eine Kontrolle von außen, die sich an den Verträgen der Union, denn Kompetenzeinräumungen könnten so nicht rückgängig gemacht werden[926], und den gemeinsamen Grundwerten der Mitgliedstaaten orientieren muss. Allerdings ist es nicht erforderlich, dass sich die von einem Mitgliedstaat als Teil seiner nationalen Verfassungsidentität angesehene Verfassungsvorschrift auch in den Verfassungen der anderen Mitgliedstaaten wiederfindet.[927] Denn gerade bei Vorliegen einer verfassungsrechtlichen nationalen Besonderheit, der in dem betreffenden Mitgliedstaat eine besondere Bedeutung beigemessen wird, wird die Achtungsverpflichtung eine besondere praktische Relevanz haben.[928] Selbstverständlich kann sich daraus aber andererseits nicht ergeben, dass jede verfassungsrechtliche nationale Besonderheit vom Schutz des Art. 4 Abs. 2 EUV erfasst ist, sondern nur „grundlegende, für das jeweilige politische System als konstituierend erachtete"[929] Verfassungsprinzipien.

Dabei muss aber gleichzeitig beachtet werden, dass die Mitgliedschaft in einer supranationalen Gemeinschaft wie der Europäischen Union auch ein Bestandteil der nationalen Identität darstellt. Daraus muss auch folgen, dass die identitätsdefinierende Nation eine Begrenzung ihrer nationalen Souveränität, nicht aber der nationalen Identität, mit der Entscheidung, Mitglied dieser supranationalen Gemeinschaft zu werden, akzeptiert.[930]

---

[923] *Puttler*, in: Calliess/Ruffert, EUV AEUV, Art. 4 EUV, Rn. 15.

[924] *Streinz*, in: Streinz, EUV/AEUV, Art. 4 EUV, Rn. 14.

[925] *Puttler*, in: Calliess/Ruffert, EUV AEUV, Art. 4 EUV, Rn. 16.

[926] *Lerche*, in: Schippel (Hrsg.), Festschrift zum 65. Geburtstag für Helmuth Schippel, S. 930.

[927] *von Bogdandy/Schill*, in: Grabitz/Hilf/Nettesheim, Das Recht der Europäischen Union, Art. 4 EUV, Rn. 17; vgl. Europäischer Gerichtshof, Urt. v. 14.10.2004, Rs. C-36/02 - OMEGA SPIELHALLEN, Slg. 2004, S. I-9609, Rn. 38; Europäischer Gerichtshof, Urt. v. 08.10.2008, Rs. C-213/07, Schlussantrag vom 08.10.2008 - MICHANIKI, Slg. 2008, S. I-9999, Rn. 32.

[928] *Streinz*, in: Streinz, EUV/AEUV, Art. 4 EUV, Rn. 14.

[929] *Streinz*, in: Streinz, EUV/AEUV, Art. 4 EUV, Rn. 14.

[930] *Schmid*, Multi-Level Constitutionalism and Constitutional Conflicts, S. 226.

ddd)   Achtungsgebot

Es wurde angeführt, dass das Gebot, die nationale Identität zu achten, zurückhaltend zu verstehen sei, es gebiete nur gegenseitiges Berücksichtigen,
also einen Ausgleich zwischen nationaler und europäischer Identität.[931] Dies
wäre aber dann eine Reduzierung der Begrifflichkeit auf ein ohnehin dem
Unionsrecht bekanntes Rechtsprinzip, das der wechselseitigen Unionstreue
von funktionstüchtigen Gebilden.[932] War unter Art. 6 Abs. 3 EUV a.F. die
Rücksicht auf die nationale Identität teilweise nur als „Bemühenspflicht der
Union und der Gemeinschaft um Ausgleich bei einem Konflikt zwischen identitätsbildenden Grundwerten der Union und der Identität der Mitgliedstaaten
interpretiert"[933] worden, hat die Achtungsverpflichtung in Art. 4 Abs. 2 EUV
ein tatsächlich justiziables Gewicht erhalten. So fällt Art. 4 EUV wie bereits
erwähnt anders als Art. 6 Abs. 3 EUV a.F. unter die Jurisdiktion des EuGH.
Die Vorschrift zieht eine „äußerste Grenze"[934] für das Tätigwerden der Union,
was von all ihren Organen zu beachten ist.

Das Achtungsgebot umfasst dabei „die jeweiligen Grundprinzipen der
Staatsorganisation und die Grundwerte des jeweiligen Staates"[935]. Neben der
Rücksichtnahme postuliert die Vorschrift eine Achtungsverpflichtung hinsicht-
lich des Vermögens der Mitgliedstaaten, dasjenige zu bestimmen, das sie als
Bestandteil ihrer nationalen Identität ansehen.[936]

Die Identität wird nicht als unverletzlich bezeichnet, denn von einer Garantie oder Sicherung ist nicht die Rede, ein „absoluter Schutz nationaler Iden-
titätsgehalte"[937] wird nicht gewährt. Den nationalen Werten werde kein allgemeiner Vorrang eingeräumt.[938] Wie die Achtungsverpflichtung aber im Hinblick auf den speziellen Bereich der nationalen Verfassungsidentität als entscheidenden Ausschnitt der nationalen Identität zu beurteilen ist, kann erst
nach einer Eingrenzung des Inhalts der nationalen Verfassungsidentität untersucht werden.

---

[931] *Hilf*, in: Randelzhofer/Scholz/Wilke (Hrsg.), Gedächtnisschrift für Eberhard Grabitz, S. 165.

[932] *Lerche*, in: Schippel (Hrsg.), Festschrift zum 65. Geburtstag für Helmuth Schippel, S. 929.

[933] *Puttler*, in: Calliess/Ruffert, EUV AEUV, Art. 4 EUV, Rn. 22.

[934] *Puttler*, in: Calliess/Ruffert, EUV AEUV, Art. 4 EUV, Rn. 22.

[935] *Streinz*, in: Streinz, EUV/AEUV, Art. 4 EUV, Rn. 14.

[936] *Lerche*, in: Schippel (Hrsg.), Festschrift zum 65. Geburtstag für Helmuth Schippel, S. 931; *Puttler*, in: Calliess/Ruffert, EUV AEUV, Art. 4 EUV, Rn. 22.

[937] *von Bogdandy/Schill*, ZaöRV 2010, S. 725.

[938] *von Bogdandy/Schill*, in: Grabitz/Hilf/Nettesheim, Das Recht der Europäischen Union, Art. 4 EUV, Rn. 33; *Hilf*, in: Randelzhofer/Scholz/Wilke (Hrsg.), Gedächtnisschrift für Eberhard Grabitz, S. 165.

cc)   Normativer Gehalt

Es gilt zu ermitteln, welche nationalen Verfassungsvorschriften unter das Achtungsgebot des Art. 4 Abs. 2 EUV fallen, mithin zur nationalen Verfassungsidentität zu zählen sind und welche Wirkung dies hinsichtlich der Verfassungen in den Mitgliedstaaten auslöst.

aaa)   Mindeststandard

Teilweise wurde versucht, nur einen Mindeststandard an normativem Gehalt in Art. 6 Abs. 3 EUV a.f. zu sehen. Es wurde angeführt, mit nationaler Identität sei lediglich die Unabhängigkeit und Souveränität der Mitgliedstaaten gemeint.[939] Das wäre darauf hinaus gelaufen, in Art. 6 Abs. 3 EUV a.f. lediglich eine Gewährleistung der Staatlichkeit der Vertragspartner zu erblicken. Die Aussage schrumpft dann auf Beteuerung und Garantie der Staatsnatur der Vertragspartner zusammen.[940] Dies erschien aber wenig schlüssig: der Unionsvertrag ermöglich augenscheinlich nicht die Bildung eines europäischen Bundesstaates[941], so dass Art. 6 Abs. 3 EUV a.f. völlig leergelaufen wäre, wenn man in ihm lediglich eine Staatlichkeitsgarantie sähe. Für Art. 4 Abs. 2 EUV gilt dies ebenso.

Die Staatlichkeit und Souveränität der Mitgliedstaaten zählt sicher zur nationalen Verfassungsidentität, ferner ein Bekenntnis zur Demokratie, Freiheit, Rechtsstaatlichkeit und den Menschenrechten.[942]

Weiter ist in der nationalen Identität in verfassungsrechtlicher Hinsicht jedenfalls durch die Mitgliedschaft in Europäischer Union die Öffnung der Mitgliedstaaten gegenüber dieser und eine Bereitschaft zur Integration in den Grundzügen enthalten.[943]

bbb)   Identität in verfassungsrechtlicher Hinsicht

Im Rahmen dieser Untersuchung soll versucht werden, den Gehalt des Achtungsgebots hinsichtlich der nationalen Verfassungen genauer zu bestim-

---

[939] *Doehring*, in: Due/Lutter/Schwarze (Hrsg.), Festschrift für Ulrich Everling, S. 268.

[940] *Lerche*, in: Schippel (Hrsg.), Festschrift zum 65. Geburtstag für Helmuth Schippel, S. 920.

[941] Vgl. etwa *Hilf*, in: Randelzhofer/Scholz/Wilke (Hrsg.), Gedächtnisschrift für Eberhard Grabitz, S. 164, 168f; Bundesverfassungsgericht, Urt. v. 12.10.1993, BVerfGE 89, 155, 194ff.

[942] *Puttler*, in: Calliess/Ruffert, EUV AEUV, Art. 4 EUV, Rn. 16.

[943] *Puttler*, in: Calliess/Ruffert, EUV/EGV, Art. 6 EUV, Rn. 45.

men ist. Im Bezug auf die normative Relevanz bezieht sich das Achtungsgebot insbesondere auf das Verfassungsrecht der Mitgliedstaaten.[944]

Dabei ist zu betonen, dass eine wie immer geartete Pflicht zur Beachtung einer nationalen Rechtsbestimmung für die Europäische Union nur aus dem für diese anwendbaren Recht ableiten lässt.[945] Über Art. 4 Abs. 2 EUV als Ausprägung des Prinzips des loyalen Zusammenarbeit findet das nationale Verfassungsrecht Eingang in das Unionsrecht.[946]

Zur Konkretisierung des Achtungsgebots in rechtlicher Hinsicht scheint der Bezug auf die „Verfassungsidentität" der Mitgliedstaaten wie oben erwähnt konsequent. Auch der Terminus eines geschützten „Verfassungskerns" grenzt die von Art. 4 Abs. 2 EUV erfassten Verfassungsvorschriften in prägnanter Weise ein.[947] Denn dadurch wird augenscheinlich verdeutlicht, dass nicht eine Vielzahl von nationalen verfassungsrechtlichen Vorschriften, sondern vielmehr nur ein sehr begrenzter, in besonderer Weise identitätsstiftender Teil der jeweiligen nationalen Verfassungen unter Art. 4 Abs. 2 EUV zu subsumieren ist.

Hinsichtlich der nationalen Verfassungen dürften diejenigen Grundsätze, die die Verfassungsidentität ausmachen, für die Union weitgehend unüberwindbar sein.[948] Ein Fall, in dem die Gemeinschaft über wesentliche Verfassungsbestimmungen eines Mitgliedstaates hinweggegangen sei, habe es nicht gegeben. Elementare Interessen der Mitgliedsstaaten hätten stets eine verfassungsrechtliche Grundlage, und das Achtungsgebot verlange eine Berücksichtigung solcher Interessen, wenn sie Teil der nationalen Identität seien.[949]

Eine exakte Bestimmung aller nationalen Verfassungsbestimmungen, die den unüberwindlichen Kernbereich ausmachen, die die Verfassungsidentität ausmachen, lässt sich aufgrund der immer noch sehr offenen Begriffe schwer-

---

[944] Vgl. *von Bogdandy/Schill*, in: Grabitz/Hilf/Nettesheim, Das Recht der Europäischen Union, Art. 4 EUV, Rn. 20; de Witte meint in *de Witte*, Legal Issues of European Integration 1991, S. 20: „...the fairly vague notion of 'national identity' might become legally relevant by referring to the constitutions as the main depository of national identity.".

[945] *Schmitt-Glaeser*, Grundgesetz und Europarecht als Elemente europäischen Verfassungsrechts, S. 128.

[946] *von Bogdandy*, in: Grabitz/Hilf/Nettesheim, Das Recht der Europäischen Union, 40. Ergänzungslieferung Oktober 2009, Art. 10 EGV, Rn. 82; *von Bogdandy/Schill*, in: Grabitz/Hilf/Nettesheim, Das Recht der Europäischen Union, Art. 4 EUV, Rn. 20.

[947] Huber bezeichnet die Grundstrukturen der Verfassung als deren Identität, in: *Huber*, AöR 1991, S. 226f.

[948] *Hilf/Schorkopf*, in: Grabitz/Hilf/Nettesheim, Das Recht der Europäischen Union, Art. 6 EUV, Rn. 97.

[949] *Hilf*, in: Randelzhofer/Scholz/Wilke (Hrsg.), Gedächtnisschrift für Eberhard Grabitz, S. 168.

lich ziehen.[950] Zudem obliegt die Bestimmung dem Träger der nationalen Identität selbst, für die Auslegung der Verfassungsidentität sind daher die Gerichte der Mitgliedstaaten zuständig[951]. Die Bestimmung ist daher schwerlich generalisierend vorzunehmen. Wie oben bereits erwähnt[952], nimmt das Bundesverfassungsgericht eine solche Prüfungskompetenz „zur Wahrung des unantastbaren Kerngehalts der Verfassungsidentität des Grundgesetzes im Rahmen einer Identitätskontrolle"[953] für sich in Anspruch[954]. Das Bundesverfassungsgericht als nationales Höchstgericht, in nationaler Hinsicht berufen zur Bestimmung der nationalen Verfassungsidentität, definiert die nationale Verfassungsidentität in normativer Hinsicht über Art. 79 Abs. 3 i.V.m. Art. 1 und Art. 20 GG und damit auch über seine über viele Jahre gewachsene Rechtsprechung zu den Grundrechten und den Staatsstrukturprinzipien. Eine konkretisierende Definition des nicht übertragbaren Bereiches der Verfassungsidentität (Art. 79 Abs. 3 i.V.m. Art. 1 und Art. 20 GG) erfolgt durch das Bundesverfassungsgericht nicht, die Abgrenzung kann nur einzelfallbezogen vorgenommen werden.[955] Die dem Bundesverfassungsgericht hier aus unionsrechtlicher Sicht zugewiesene Rolle zur Selbstbestimmung des unionsrechtlichen Begriffs der nationalen Verfassungsidentität[956], der aber nicht vom Unionsrecht her bestimmt werden kann, wird von dem Gericht bewusst angenommen. Im Rahmen eines „europäischen Verfassungsgerichtsverbundes"[957] prüft das Bundesver-

---

[950] Witte kommt in de Witte, Droits 1991, S. 95f, auch zu dem Schluss, dass solche gemeinsamen Bestände gerade wegen der jeweils einzigartigen nationalen Verfassungsidentität nicht zu ermitteln sind; vgl. dazu de Witte, Legal Issues of European Integration 1991, S. 20f; ähnlich: Mayer, in: von Bogdandy/Bast (Hrsg.), Europäisches Verfassungsrecht, S. 589, Fn. 153; Schmid, Multi-Level Constitutionalism and Constitutional Conflicts, S. 224.

[951] Vgl. Pernice, ZaöRV 2010, S. 68.

[952] Siehe unter B) VIII. 7.a.

[953] Bundesverfassungsgericht, Urt. v. 30.06.2009, 2 BvE 2/08, BVerfGE 123, 267, Rn. 240.

[954] Der Begriff der Identität der Verfassung taucht bereits in der Solange-I Entscheidung auf, vgl. Bundesverfassungsgericht, Urt. v. 29.05.1974, BVerfGE 37, 271ff, Rn. 43, 81, 83; auch in der Solange-II Entscheidung des Bundesverfassungsgerichts, Urt. v. 22.10.1986, BVerfGE 73, 339, Rn. 104; besonderes Gewicht erhielt der Begriff der „Verfassungsidentität" dann im Lissabon-Urteil, vgl. dazu Kottmann/Wohlfahrt, ZaöRV 2009, S. 447ff; Schwarze, EuR 2010, S. 115; von Bogdandy/Schill, ZaöRV 2010, S. 718ff. In BVerfGE 126, 260, Rn. 218 (Vorratsdatenspeicherung) geht das Gericht einzelfallbezogen auf die verfassungsrechtliche Identität der Bundesrepublik Deutschland ein.

[955] Bei der Aufzählung der als besonders sensibel für die demokratische Selbstgestaltungsfähigkeit eines Verfassungsstaates bezeichneten Bereiche in der Lissabon-Entscheidung (Bundesverfassungsgericht, Urt. v. 30.06.2009, 2 BvE 2/08, BVerfGE 123, 267, Rn. 249, vgl. oben unter B) VIII. 7.a) wird explizit nicht auf die Verfassungsidentität Bezug genommen, sondern auf die auf „europäischer Ebene mangelhaft gegebenen tatsächlichen Demokratiebedingungen", Kottmann/Wohlfahrt, ZaöRV 2009, S. 461.

[956] So auch Besselink, Utrecht Law Review 2010, S. 45.

[957] Voßkuhle, NVwZ 2010, S. 3.

fassungsgericht die Wahrung der integrationsfesten Verfassungsidentität und führt hierzu aus: „Insoweit gehen die verfassungs- und die unionsrechtliche Gewährleistung der nationalen Verfassungsidentität im europäischen Rechtsraum Hand in Hand. Die Identitätskontrolle ermöglicht die Prüfung, ob infolge des Handelns europäischer Organe die in Art. 79 Abs. 3 GG für unantastbar erklärten Grundsätze der Art. 1 und Art. 20 GG verletzt werden. Damit wird sichergestellt, dass der Anwendungsvorrang des Unionsrechts nur kraft und im Rahmen der fortbestehenden verfassungsrechtlichen Ermächtigung gilt."[958] Dabei kommt auch die oben[959] bereits erwähnte unterschiedliche Ansicht des EuGH und der meisten nationalen Höchstgerichte zu Grundlage des Vorrangs zum Ausdruck. Dennoch wird dabei deutlich, dass auch aus der unionsrechtlichen Sicht des EuGH zur Bestimmung des Begriffs der nationalen Identität gem. Art. 4 Abs. 2 EUV die Rechtsprechung der nationalen Höchstgerichte in normativer Hinsicht berücksichtigt werden muss und dass sich die nationalen Höchstgerichte dieser Verantwortung bewusst sind.

Weiter ist für eine Bestimmung aller nationalen Verfassungsbestimmungen, die den unüberwindlichen Kernbereich ausmachen, die die Verfassungsidentität ausmachen, zu bedenken, dass die auftauchenden Konflikte sehr einzelfallgebunden sind. Nach der ermittelten Definition von nationaler Identität und der Feststellung, dass sich der normative Gehalt auf eine „Verfassungsidentität", einen „Verfassungskern" konzentriert, können die identitätsstiftenden Verfassungsvorschriften dennoch weiter eingegrenzt werden. Inhaltlich drückt sich die nationale Identität einer Verfassung in ihren moralisch-ethischen Werten und ihren staatsorganisatorischen Prinzipien aus. Verfassungsidentität wird in solchen Vorschriften zum Ausdruck gebracht, die Grundrechte, Staatsorganisationsprinzipien oder spezielle moralisch-ethische Werte enthalten. Ausgehend von dieser Prämisse lassen sich Kategorien von nationalen Verfassungsvorschriften, die eine Grenze des Anwendungsvorrangs markieren, unter den Begriffen Verfassungsidentität oder Verfassungskern abgrenzen.

Das können zum einen solche Verfassungsvorschriften sein, die im Vergleich zum Verfassungskanon aller Mitgliedstaaten in sehr spezieller Weise einen Bereich der nationalen Identität, also deren moralisches, ethisches, historisches Wertegefühl, ausdrücken.

Weiter sind solche verfassungsrechtlichen Vorschriften identitätsstiftend, die zu den unveräußerlichen Grundwerten einer Gemeinschaft und damit eines

---

[958] Bundesverfassungsgericht, Urt. v. 30.06.2009, 2 BvE 2/08, BVerfGE 123, 267, Rn. 240.
[959] Siehe unter B) VIII. 7.

Volkes zu zählen sind, auch wenn diese nicht unbedingt sehr speziell sein müssen. Diese drücken sich in der Regel in den allgemeinen Grundrechten aus. Solche Verfassungsvorschriften, die in staatsrechtlicher und - organisatorischer Hinsicht die Grundlagen des gemeinsamen Zusammenlebens festlegen, sind schließlich auch von identitätsstiftender Bedeutung.

Wenn man nun unter diesen Prämissen auf die unter D. I. vorgenommene Kategorisierung zurückblickt, fällt auf, dass sich die darin ermittelten Kategorien in erstaunlicher Weise mit der soeben vorgenommenen Unterteilung von identitätsstiftenden Verfassungsvorschriften überschneiden. Damit liegt es Nahe, auf die in D. I. ermittelten Kategorien zur griffigen Bezeichnung der Vorschriften, die zur Verfassungsidentität zu zählen sind, zurückzugreifen.

Zum einen sind „spezielle Verfassungsvorschriften" (siehe D I. 3.) als zur Verfassungsidentität zugehörig zu bezeichnen. Bei dieser Kategorie handelt es sich also um Vorschriften, die tatsächlich eine spezielle Wertvorstellung des betreffenden Staatsvolkes enthalten.

Dass diese Kategorie von Verfassungsvorschrift Relevanz besitzt, belegt auch die Aussage von Weiler. Dieser meint, die nationale Souveränität zu schützen, sei passé, die nationale Identität durch das Beharren auf verfassungsrechtliche Spezialität zu schützen, sei dagegen à la mode.[960]

Weiter sind die Inhalte der unabänderlichen Verfassungsvorschriften (siehe D. I. 4.), und schließlich solche Grundrechtswertungen, die in den Bereichen der Agency und ERT Situationen zu beachten sind (siehe D. I. 1.), als Bestandteile der Verfassungsidentität auszumachen. Bei diesen beiden Kategorien handelt es sich um Bereiche, die universelle Werte der gemeinsamen verfassungsrechtlichen Tradition der Mitgliedstaaten festschreiben. Natürlich gibt es auch im Bereich der universellen Werte eigene nationale Besonderheiten und Variationen.[961]

Insbesondere ist zu beachten, dass die Zuordnung von Vorschriften in eine Kategorie nicht durch deren formelle Gestalt, sondern vielmehr durch den in den Vorschriften zu Ausdruck gebrachten materiellen Gehalt erfolgt. Anderenfalls könnten beispielsweise nur solche Staaten, die über unabänderliche Verfassungsvorschriften verfügen, sich solch einer Grenze sicher sein, andere Staaten aber nicht. Deshalb ist zu betonen, dass die Unabänderlichkeit von Verfassungsvorschriften lediglich formell darstellt, dass es sich bei den darin geschützten Werten um solche handelt, die die Verfassungsidentität dieses Mitgliedstaates ausmachen. Enthalten Verfassungen Wertungen, die aus ihrem Selbstverständnis heraus ebenfalls zu den unabänderlichen Grundlagen ihrer

---

[960] *Weiler*, International Journal of Constitutional Law 2005, S. 184.
[961] Vgl. *de Witte*, Legal Issues of European Integration 1991, S. 7.

Gesellschaft zu zählen sind, sind diese auch unter die Kategorie der unabänderlichen Verfassungsvorschriften zu zählen.

Der normative Gehalt des Art. 4 Abs. 2 EUV hinsichtlich verfassungsrechtlicher Vorschriften umfasst demnach die Verfassungsidentität in Gestalt der drei genannten Kategorien.

Inwieweit sich die von der „Verfassungsidentität" geschützten Bereiche auf die Vorrangdogmatik konkret auswirken und wie das Achtungsgebot bezüglich der Verfassungsidentität zu verstehen ist, wird im Anschluss zu erörtern sein.

3. Der Rechtfertigungsgrund der öffentlichen Ordnung

Die Rücksicht auf Interessen der Mitgliedstaaten findet sich in weiteren Vorschriften der Unionsverträge.[962] Insbesondere sind die Ausnahmen von den Grundfreiheitsgewährleistungen gem. Art. 36, 45 Abs. 3, 52 Abs. 1 und 62 i.V.m. 52 Abs. 1 AEUV zu nennen, die ein Einfallstor für die Interessen der Mitgliedstaaten darstellen. Da im Bereich der Grundfreiheiten das Unionsrecht die nationalen Rechtsordnungen in besonders dichter und intensiver Weise durchdringt, sind in diesem Bereich Möglichkeiten zur Berücksichtigung nationaler Besonderheiten sehr bedeutend. Es könnten über diese Einfallstore aber nicht nur nationale Interessen im allgemeinen, sondern im speziellen nationale Verfassungsgrundsätze Beachtung finden.[963] Dabei könnten über den unionsrechtlichen Begriff der „öffentliche Ordnung" aufgrund der Auslegung dieses unbestimmten Rechtsbegriffs nationale Interessen mit verfassungsrechtlichem Rang als Ausfluss des Achtungsgebots gem. Art. 4 Abs. 2 EUV Eingang ins Unionsrecht finden und so Berücksichtigung finden.[964] Dabei ist zu bemerken, dass der unionsrechtlich Begriff der öffentlichen Ordnung nicht mit dem polizeirechtlichen Begriff der öffentlichen Ordnung in Deutschland identisch ist. Hier ist ausschließlich der unionsrechtliche Begriff gemeint.

---

[962] Auch die Bereichsausnahmen zugunsten der öffentlichen Verwaltung gem. Art. 45 Abs. 4 AEUV und in der Ausübung öffentlicher Gewalt gem. Art. 51 AUEV fallen letztlich hierunter. Dabei werden bestimmte Bereiche von vornherein vom Anwendungsbereich der Grundfreiheiten ausgenommen. Sie weisen jedoch im Hinblick auf national-verfassungsrechtliche Achtungsgebote keine nennenswerte Relevanz auf.

[963] *von Bogdandy/Schill*, in: Grabitz/Hilf/Nettesheim, Das Recht der Europäischen Union, Art. 4 EUV, Rn. 18 m.w.N.

[964] Pernice spricht von Konkretisierung des Schutzes der nationalen Identität nach Art. 4 Abs. 2 EUV in Negativklauseln und Verweisen auf die öffentliche Sicherheit und Ordnung, in *Pernice*, AöR 2011, S. 194.

a) Prüfungsmaßstab

Bei dem Begriff der „öffentlichen Ordnung" handelt es sich um einen unbestimmten Rechtsbegriff des Unionsrechts, dessen Ausfüllung jedoch jeder Mitgliedstaat grundsätzlich nach seinen Maßstäben und damit im Einklang mit seiner Wertvorstellung im Rahmen eines weiten Ermessensspielraums vornehmen kann, da es in den Mitgliedstaaten unterschiedliche Vorstellungen von diesem Begriff gibt.[965] Der EuGH hat im Rahmen seiner Rechtsprechung den Begriff dennoch einzugrenzen versucht: „Öffentliche Ordnung" bezeichnet die Gesamtheit der hoheitlich festgelegten Grundregeln, die wesentliche Interessen des Staates schützen.[966] Eine genaue Definition des Begriffes kann und sollte vom EuGH aber nicht verlangt werden.[967] Es wird aber anhand der Auslegung dieses Begriffs durch den EuGH sehr anschaulich deutlich, warum gerade die öffentliche Ordnung ein Einfallstor für nationale Interessen mit verfassungsrechtlichem Rang sein kann: Verfassungsregeln, die zur Verfassungsidentität zu zählen sind, sind sicher auch als solche Regeln zu bezeichnen, die die wesentlichen Interessen eines Staates schützen. Eine Verletzung von Verfassungsvorschriften, die zur Verfassungsidentität zu zählen sind, würde damit auch einen Eingriff in die öffentliche Ordnung eines Mitgliedstaates bedeuten. Ebenso wird deutlich, weshalb die unbestimmten Rechtsbegriffe der „öffentlichen Sittlichkeit" und der „öffentlichen Sicherheit", die ebenfalls Eingriffe in den Schutzbereich einer Grundfreiheit rechtfertigen können, keine so hohe Relevanz im Bezug auf nationale Interessen mit verfassungsrechtlichem Rang als Ausfluss des Achtungsgebots gem. Art. 4 Abs. 2 EUV haben. Der Begriff der öffentlichen Sittlichkeit bezieht sich auf Moralvorstellungen, nach denen

---

[965] *Streinz*, Europarecht, Rn. 885; *Leible/Streinz*, in: Grabitz/Hilf/Nettesheim, Das Recht der Europäischen Union, Art. 36 AEUV, Rn. 18; vgl. Europäischer Gerichtshof, Urt. v. 04.12.1974, Rs. 41/74 - VAN DUYN, Slg. 1974, S. 1337, Rn. 18/19; Europäischer Gerichtshof, Urt. v. 27.10.1977, Rs. 30/77 - BOUCHEREAU, Slg. 1977, S. 1999, Rn. 33/35; Europäischer Gerichtshof, Urt. v. 14.03.2000, Rs. C-54/99 - EGLISE DE SCIENTOLOGIE 2000, S. I-1335, Rn. 17. Zur Diskussion, ob es sich bei dem Begriff um einen unionsrechtlichen, nationalen oder vermittelnden handelt, vgl. *Schneider*, Die öffentliche Ordnung als Schranke der Grundfreiheiten im EG-Vertrag, S. 70ff. Letztlich ist der Ansicht von Schneider zuzustimmen, dass es sich um einen gemeinschafts- bzw unionsrechtlichen Rahmenbegriff handelt, vgl. *Schneider*, Die öffentliche Ordnung als Schranke der Grundfreiheiten im EG-Vertrag, S. 78; *Leible/Streinz*, in: Grabitz/Hilf/Nettesheim, Das Recht der Europäischen Union, Art. 36 AEUV, Rn. 17.

[966] Europäischer Gerichtshof, Urt. v. 27.10.1977, Rs. 30/77 - BOUCHEREAU, Slg. 1977, S. 1999, Rn. 33/35; Europäischer Gerichtshof, Urt. v. 14.10.2004, Rs. C-36/02 - OMEGA SPIELHALLEN, Slg. 2004, S. I-9609, Rn. 30; vgl. *Haratsch/Koenig/Pechstein*, Europarecht, Rn. 849; *Streinz*, Europarecht, Rn. 885 m.w.N.

[967] Vgl. Generalanwalt Capotorti: Europäischer Gerichtshof, Urt. v. 16.02.1982, Verbundene Rs. 115 und 116/81; Schlussanträge vom 16.02.1982 - ADOUI UND CORNUAILLE, Slg. 1982, S. 1665, Rn. 3.

sich das Zusammenleben der Menschen in dem betreffenden Mitgliedstaat gestalten soll.[968] Die öffentliche Sicherheit umfasst die äußere und innere Sicherheit des betreffenden Mitgliedstaates.[969] Da die „öffentliche Ordnung" wie erwähnt die Gesamtheit der hoheitlich festgelegten Grundregeln, die die wesentliche Interessen des Staates schützen, bezeichnet, liegen die Berührungspunkte mit Verfassungsvorschriften, die zur Verfassungsidentität zu zählen sind, auf der Hand.

Grundsätzlich sind die „Ausnahmen" von den Grundfreiheiten eng auszulegen.[970] Insoweit behalten sich die Organe der Union ein Nachprüfungsrecht hinsichtlich der Tragweite des Begriffs vor. Da es aber in den Mitgliedstaaten keine völlig übereinstimmenden Vorstellungen von einem geordneten Zusammenleben gibt[971], erkennt der EuGH an, dass den Mitgliedstaaten ein Beurteilungsspielraum einzugestehen ist.[972]

Im Rahmen dieses Beurteilungsspielraums unterliegen diese Maßnahmen der Prüfung des Verhältnismäßigkeitsgrundsatzes. Da das Unionsrecht der Begriffsfestsetzung keine auf den Inhalt bezogenen Schranken setzt, wird nun nach dem Verhältnismäßigkeitsgrundsatz, der die Geeignetheit und die Erforderlichkeit prüft, eine gewisse Intensität der Berührung der Schutzgüter verlangt. Vorraussetzung ist, dass eine tatsächliche und hinreichend schwere Gefährdung der Schutzgüter zu befürchten ist, die ein Grundinteresse der Gesellschaft berühren.[973]

---

[968] *Frenz*, Europäische Grundfreiheiten, Rn. 1082ff m.w.N.

[969] *Frenz*, Europäische Grundfreiheiten, Rn. 1088ff.

[970] Vgl. Europäischer Gerichtshof, Urt. v. 04.12.1974, Rs. 41/74 - VAN DUYN, Slg. 1974, S. 1337, Rn. 18/19; Europäischer Gerichtshof, Urt. v. 28.10.1975, Rs. 36/75 - RUTILI, Slg. 1975, S. 1219, Rn. 26/28; Europäischer Gerichtshof, Urt. v. 14.10.2004, Rs. C-36/02 - OMEGA SPIELHALLEN, Slg. 2004, S. I-9609, Rn. 30; *Müller-Graff*, in: Streinz, EUV/AEUV, Art. 62 AEUV, Rn. 10.

[971] *Scheibeler*, Begriffsbildung durch den Europäischen Gerichtshof - autonom oder durch Verweis auf die nationalen Rechtsordnungen, S. 100f.

[972] Europäischer Gerichtshof, Urt. v. 04.12.1974, Rs. 41/74 - VAN DUYN, Slg. 1974, S. 1337, Rn. 18/19; Europäischer Gerichtshof, Urt. v. 14.10.2004, Rs. C-36/02 - OMEGA SPIELHALLEN, Slg. 2004, S. I-9609, Rn. 31.

[973] Vgl. Europäischer Gerichtshof, Urt. v. 27.10.1977, Rs. 30/77 - BOUCHEREAU, Slg. 1977, S. 1999, Rn. 33/35; Europäischer Gerichtshof, Urt. v. 19.01.1999, Rs. C-348/96 - CALFA, Slg. 1999, S. I-11, Rn. 21; vgl. zu Art. 36 AEUV: *Becker*, in: Schwarze, EU-Kommentar, Art. 36 AEUV, Rn. 11; *Kingreen*, in: Calliess/Ruffert, EUV AEUV, Art. 34-36 AEUV, Rn. 198; zu Art. 45 Abs. 3 AEUV: *Brechmann*, in: Calliess/Ruffert, EUV AEUV, Art. 45 AEUV, Rn. 96; *Schneider/Wunderlich*, in: Schwarze, EU-Kommentar, Art. 45 AEUV, Rn. 126; zu Art. 52 AEUV: *Bröhmer*, in: Calliess/Ruffert, EUV AEUV, Art. 52 AEUV, Rn. 4; *Schlag*, in: Schwarze, EU-Kommentar, Art. 52 AEUV, Rn. 8; zu Art. 62 i.V.m. 52 Abs. 1 AEUV: *Holoubek*, in: Schwarze, EU-Kommentar, Art. 62 AEUV, Rn. 5, wobei hier darauf hinzuweisen ist, dass sich Art. 52 AEUV bei einer Diskriminierung einer Dienstleistung anstelle einer Person nicht auf die Rechtfertigung

Auch hier kommt den nationalen Behörden bei der Durchführung dieser Wertung ein Ermessensspielraum zu.[974] Im Anwendungsbereich der Grundfreiheiten des Unionsrechts werden die nationalen, identitätsstiftenden Besonderheiten durch die entsprechende Ausrichtung „des mitgliedstaatlichen Ermessensspielraums an sittlichen, religiösen oder kulturellen Besonderheiten" nicht verdrängt.[975] Dies gilt gerade bei weltanschaulich sensiblen oder mit besonderen gesellschaftlichen Gefahren verbundenen Bereichen.[976]

Die Maßnahme muss aber im Rahmen der Verhältnismäßigkeit auch mit den Unionsgrundrechten als Schranken-Schranke vereinbar sein. Indem bei der Annahme einer Berührung eines Grundinteresses der Gesellschaft eine nationale Wertentscheidung Orientierungsmaßstab ist, kommt es auf eine gemeinsame Auffassung aller Mitgliedstaaten jedoch nicht an. Es genügt vielmehr, dass auch die Unionsrechtsordnung auf die Gewährleistung des jeweiligen nationalen Verfassungsrechts bzw. Grundrechts als allgemeinen Rechtsgrundsatz abzielt.[977] Spezielle nationale Wertungen und ein besonders hohes individuell-nationales Schutzniveau sind sodann unerheblich.

Damit lässt das Unionsrecht an dieser Stelle Raum für besondere nationale Verfassungsvorschriften- bzw. wertungen in dem soeben abgesteckten Rahmen. Mittel für die Rücksichtnahme auf national verfassungsrechtliche Besonderheiten ist hier also der eingeräumte Beurteilungsspielraum bei der Bestimmung des unbestimmten Rechtsbegriffs der öffentlichen Ordnung.

Die Ausführungen des Generalanwalts Van Greven legen nahe, dass es auch bei der Kollision zwischen Grundrechten bei einem erheblichen Beurteilungsspielraum der nationalen Behörden zur Lösung der Kollision verbleibt, selbst wenn ein Grundrecht im Raume steht, über das keine einheitliche moralische Auffassung in den Mitgliedstaaten und damit in deren Grundrechtsordnung wie beim Schutz des ungeborenen Lebens besteht.[978] Hieran wird deutlich, dass trotz der anzustellenden Verhältnismäßigkeitsprüfung das Einfallstor

---

bloß ausländerrechtlicher Vorschriften beschränkt, sondern eher in Anlehnung an Art. 36 AEUV auszulegen ist, vgl. *Randelzhofer/Forsthoff*, in: Grabitz/Hilf/Nettesheim, Das Recht der Europäischen Union, Art. 62 AEUV, Rn. 5ff.
[974] Europäischer Gerichtshof, Urt. v. 18.05.1982, Verbundene Rs. 115 und 116/81 - ADOUI UND CORNUAILLE, Slg. 1982, S. 1665, Rn. 8.
[975] Vgl. *Hilf/Schorkopf*, in: Grabitz/Hilf/Nettesheim, Das Recht der Europäischen Union, Ergänzungslieferung 40, Oktober 2009, Art. 6 EUV, Rn. 97.
[976] Europäischer Gerichtshof, Urt. v. 18.03.2004, Rs. C-36/02, Schlussanträge vom 18.03.2004 - OMEGA SPIELHALLEN, Slg. 2004, S. I-9609, Rn. 102.
[977] Europäischer Gerichtshof, Urt. v. 14.10.2004, Rs. C-36/02 - OMEGA SPIELHALLEN, Slg. 2004, S. I-9609, Rn. 34.
[978] Europäischer Gerichtshof, Urt. v. 11.06.1991, Rs. C-159/90, Schlussanträge vom 11.06.1991 - GROGAN, Slg. 1991, S. I-4685, Rn. 37.

für die nationalen Grundrechte über die im Unionsvertrag geregelten Schranken doch recht groß ist.

b) Verfassungsbezug

Anknüpfungspunkt für nationale Verfassungsvorschriften zur Rechtfertigung von Eingriffen ist dabei mittelbar die Gefährdung eines Grundinteresses einer Gesellschaft. Die Auslegung dieses Begriffs des „Grundinteresses" einer Gesellschaft ist jedoch wiederum nicht einheitlich vornehmbar. Es scheint aber nahe liegend, dass solche Interessen einer Gesellschaft, die zu ihren Grundinteressen zu zählen sind, immer auch eine identitätsstiftende Komponente haben. Wenn man sich den Versuch der Eingrenzung des Begriffes der „nationalen Identität" zunächst als das „subjektive Zusammengehörigkeitsgefühl, das sich in einem Volk aus historischen, wirtschaftlichen, religiösen oder sonstigen soziokulturellen Unterschieden zu anderen Nationen bildet"[979] vor Augen führt, fällt auf, dass sich daraus letztlich auch die Grundinteressen einer Gesellschaft ableiten lassen. Denn die eigene Identität spiegelt letztlich die Grundinteressen einer Gesellschaft, und im Zusammenhang mit der Beschränkung von Grundfreiheiten ist der Begriff „Gesellschaft" mit dem Begriff „Volk" vom Gebrauch der Vorschriften her weitgehend vergleichbar.

Das Grundinteresse einer Gesellschaft wird jedenfalls dann berührt sein, wenn ein Schutzgut betroffen ist, dem Verfassungsrang zukommt. So fassen die Verfassungen der Mitgliedstaaten die Grundlagen zusammen, auf die sich das gemeinsame Zusammenleben stützt. Vom Generalanwalt Darmon wurde Verfassung als „die Gesamtheit der obersten Werte, zu denen sich eine Nation feierlich bekennt"[980] bezeichnet. Gilt es nun nationale Maßnahmen zu erheben, die aus Gründen des Schutzes der nationalen Verfassungsordnung als Ausfluss der nationalen Werteordnung notwendig erscheinen, jedoch in Konflikt mit den gemeinschaftsrechtlichen Grundfreiheiten stehen, bieten die Rechtfertigung der öffentlichen Ordnung gem. Art. 36, 45 Abs. 3, 52 Abs. 1 und 62 i.V.m. 52 Abs. 1 AEUV hierfür Gelegenheit. Trotz des Vorrangs des Unionsrechts kann sodann nationalen Besonderheiten Rechnung getragen werden. Auch hier finden nationale Grundrechtswertungen als Ausfluss des Achtungsgebots gem. Art. 4 Abs. 2 EUV über die Generalklausel „öffentliche Ordnung" Eingang in das Unionsrecht.

---

[979] vgl. *Schwarzenau*, Deutschland im Umbruch: Dimensionale Einordnung nationaler Identität für die Identität der Deutschen, S. 152/154.
[980] Europäischer Gerichtshof, Urt. v. 16.05.1989, Rs. C-379/87, Schlussanträge vom 16.05.1989 - GROENER, Slg. 1989, S. I-3967, Rn. 21.

c)   Berücksichtigung identitätsprägender Verfassungsvorschriften

Berücksichtigt man nun noch den normativen Gehalt des Identitätsbegriffes in verfassungsrechtlicher Hinsicht, und vergleicht diesen mit der verfassungsrechtlichen Relevanz, die sich aus dem Begriff der öffentlichen Ordnung und dem Grundinteresse der Gesellschaft ergibt, sind die Überschneidungen nicht zu übersehen.

Da die Bestimmung der Grundinteressen einer Gesellschaft ähnlich wie die Bestimmung der nationalen Identität aber Sache der jeweiligen Gesellschaft ist, kann ein abschließender allgemeiner Bestand von darüber geschützten Vorschriften des Verfassungsrechts, was hier von Interesse wäre, nicht ermittelt werden.[981]

Allerdings werden solche Verfassungsvorschriften, die zur Verfassungsidentität zu zählen sind, auch zu den Vorschriften gehören, die die Grundinteressen einer Gesellschaft normieren. Ob dabei die Grundinteressen einer Gesellschaft auch eine über eine Verfassungsidentität hinausgehende Verankerung findet, ist dabei insoweit unerheblich, da hier nur der verfassungsrechtliche Bereich Gegenstand der Untersuchung ist. Deshalb werden über das Einfallstor der öffentlichen Ordnung jedenfalls solche Verfassungsvorschriften Beachtung finden, die zur Verfassungsidentität zählen. Da der Schutz der öffentlichen Ordnung als Rechtfertigung von Eingriffen in die Grundfreiheiten lediglich als Einfallstor des Achtungsgebots des Art. 4 Abs. 2 EUV fungiert, kann hinsichtlich der Vorschriften, die zur Verfassungsidentität zu zählen sind auf die oben gefundenen Ergebnisse verwiesen werden.

Art. 4 Abs. 2 EUV normiert in justiziabler und sich allein schon aus der Verortung ergebenden gewichtigen Weise die Achtung der nationalen Identität, die sich auf die Achtung der Verfassungsidentität verdichtet. Dass dem Grundinteresse einer Gesellschaft in verfassungsrechtlicher Hinsicht eine solch hohe Bedeutung zukommt, dass auch die Grundfreiheiten Einschränkungen hinnehmen müssen, muss am normativen Gehalt von Art. 4 Abs. 2 EUV als Grundwertung der Union festgemacht werden.

In der Rechtssache Omega[982] wurde deutlich, dass der EuGH zwar eine Schranken-Schranke Prüfung an den Gemeinschaftsgrundrechten durchführt, dabei aber Raum für spezielle Wertungen einer nationalen Verfassung lässt (siehe C VII.5.).

---

[981] Vgl. *de Witte*, Droits 1991, S. 95.
[982] Europäischer Gerichtshof, Urt. v. 14.10.2004, Rs. C-36/02 - OMEGA SPIELHALLEN, Slg. 2004, S. I-9609.

Auch Generalanwalt Van Gerven[983] machte in der Rechtssache Grogan deutlich, dass die spezielle Wertung der irischen Verfassungsvorschrift zum Abtreibungsverbot auch im Gemeinschaftsrecht und in Ansehung der Grundfreiheiten Berücksichtigung findet (siehe C II. 3. und 6.).

Damit liegt es im Anwendungsbereich des Rechtfertigungstatbestandes der öffentlichen Ordnung nahe, dass die drei Kategorien von Verfassungsvorschriften, die bereits von Art. 4 Abs. 2 EUV über die nationale Identität gesondert geschützt sind, auch hier stets taugliche Vorschriften sind, um im Falle einer nötigen Beschränkung einer Grundfreiheit eine Möglichkeit zur Berücksichtigung dieser national-verfassungsrechtlichen Vorschriften zu haben.

Es wird angeführt, dass die Mitgliedstaaten in den Fällen der Inanspruchnahme der Ausnahmeklauseln von der Bindung an die Unionsgrundrechte befreit sein müssten, da anderenfalls die nationalen Grundrechte nicht in ihrem spezifischen Gewährleistungsumfang, sondern lediglich in einer gemeineuropäischen Variante zur Anwendung gelangten.[984] Diese Sorge stellt sich jedoch nicht als berechtigt heraus. Dies haben die Rechtssachen Omega und die Ausführungen des Generalanwalts in der Rechtssache Grogan gezeigt, in denen der EuGH spezielle Wertungen einer nationalen Verfassung über das Einfallstor der öffentlichen Ordnung berücksichtigt hat.

4. Fazit

Im Rahmen der Untersuchung zum normativen Gerüst einer Berücksichtigung national-verfassungsrechtlicher Belange von identitätsprägender Bedeutung wurde deutlich, dass Art. 4 Abs. 2 EUV als speziellere Ausformung des Grundsatzes der loyalen Zusammenarbeit gem. Art. 4 Abs. 3 EUV eine Pflicht für alle Organe der Union postuliert, die Identität nationaler Verfassungen zu berücksichtigen. Die Wahrung und Durchsetzung dieser Achtungsverpflichtung obliegt dabei dem EuGH. In einer konkretisierenden Betrachtungsweise hat sich herausgestellt, dass nationale Verfassungsvorschriften dann von unionsrechtlicher Bedeutung in diesem Zusammenhang sind, wenn sie spezielle Verfassungsvorschriften darstellen, eine spezielle Grundrechtswertung beinhalten oder ihre Prinzipien zu unabänderlichem Verfassungsrecht zu zählen sind.

Hinsichtlich konkreter Unionsvorschriften mit Anwendungsbereich im täglichen Rechtsalltag hat sich gezeigt, dass der Begriff der öffentlichen Ord-

---

[983] Europäischer Gerichtshof, Urt. v. 11.06.1991, Rs. C-159/90, Schlussanträge vom 11.06.1991 - GROGAN, Slg. 1991, S. I-4685.
[984] Vgl. *Schorkopf*, ZaöRV 2004, S. 138ff.

nung als Einfallstor des Achtungsgebots des Art. 4 Abs. 2 EUV fungiert. Im Rahmen der Rechtfertigung von Eingriffen in die Grundfreiheitsgewährleistungen gem. Art. 36, 45 Abs. 3, 52 Abs. 1 und 62 i.V.m. 52 Abs. 1 AEUV stellt er ein operables Gerüst für die Berücksichtigung der nationaler Identität gem. Art. 4 Abs. 2 EUV dar.

Doehring geht davon aus, dass die Achtung und Bewahrung der nationalen Identität der Mitgliedstaaten bei voller Akzeptanz der Rechtsprechung des EuGH zum Vorrang des Gemeinschaftsrechts gar nicht möglich sei, da die Auffassung von der Überordnung des Gemeinschaftsrechts lediglich eine „hinkende" Identität bei den Mitgliedstaaten verbleiben lasse.[985] Dem Teil der Ansicht, dass eine absolute Anwendung des Anwendungsvorrangs keinen Raum für die Wahrung der nationalen Identität der Mitgliedstaaten hinsichtlich ihrer Verfassungsstrukturen belässt, ist weitgehend zuzustimmen.

Aufgrund der gefundenen Ergebnisse ist aber ein Schritt weiter vorne anzusetzen: die Ansicht, dass der EuGH den Vorranganspruch absolut anwendet, und damit der Vorrang recht einfach, weil vollumfänglich gültig, zu bestimmen sei, kann so nicht aufrechterhalten werden. Die untersuchten Rechtssachen haben dies nahe gelegt, auch wenn dies nur indizielle Wirkung hat, und wurde normativ begründet. So muss die Identität nicht „hinken", wenn gewisse nationale Verfassungsvorschriften auch für den EuGH zu beachten sind. Ebenso wurde festgestellt, dass von einer klaren Überordnung des Unionsrechts nicht gesprochen werden kann.

Es wurde bereits angeführt, dass der EuGH auf die nationale Identität und damit die Verfassungsidentität als äußerste Grenze der Zuständigkeit der Union zurückgreifen kann.[986] Da nationale Identität wie soeben gesehen auch die Verfassungsidentität umfasst, besteht mit Art. 4 Abs. 2 EUV ein Ansatzpunkt, „um von europäischer Ebene aus den Vorranganspruch gegenüber mitgliedschaftlicher Verfassungsidentität zurückzunehmen."[987]

Fraglich ist, in welcher Weise diese nationalen Verfassungsvorschriften zu achten sind und wie sich dies dogmatisch auf den Anwendungsvorrang auswirkt. Haben diese Verfassungsvorschriften ihrerseits Vorrang vor dem Unionsrecht? Oder stellen sie eine Grenze innerhalb der Dogmatik des Anwendungsvorrangs dar? Dies würde aber gerade im Hinblick auf die konkrete Ermittlung dieser Grenze und die damit einhergehende Gefahr für die Einheitlichkeit des Unionsrechts zu Klärungsbedarf führen.

---

[985] *Doehring*, in: Due/Lutter/Schwarze (Hrsg.), Festschrift für Ulrich Everling, S. 265/271.

[986] Vgl. *Puttler*, in: Calliess/Ruffert, EUV AEUV, Art. 4 EUV, Rn. 22; *Beutler*, in: von der Groeben/Schwarze, Kommentar zum Vertrag über die Europäische Union und zur Gründung der Europäischen Gemeinschaft, Art. 6 EUV, Rn. 207.

[987] *Mayer*, in: von Bogdandy/Bast (Hrsg.), Europäisches Verfassungsrecht, S. 589.

1. Vorrang der identitätsstiftenden nationalen Verfassungsvorschriften?

Man könnte daran denken, nur den Vorschriften bzw. Prinzipien, die die Verfassungsidentität ausmachen und zu einem der in Kapitel D. I. ermittelten Konfliktfelder zu zählen sind, ihrerseits aus rein nationalverfassungsrechtlichen Gründen Vorrang vor dem Unionsrecht zuzugestehen. Wann immer eine Kollision mit diesen drohte, müssten die streitgegenständlichen unionsrechtlichen Regelungen pauschal zurücktreten.

Ein solcher genereller Vorrang bestimmter nationaler Verfassungsvorschriften, abgeleitet aus der Bedeutung des nationalen Verfassungsrechts aus rein national verfassungsrechtlicher, nicht etwa unionsrechtlicher Sicht, lässt sich schwerlich schlüssig in die Vorrangdogmatik des EuGH integrieren. Überdies lässt er sich ein solcher genereller Vorrang bestimmter nationaler Verfassungsvorschriften den untersuchten Rechtssachen nicht entnehmen.

Zunächst sollte von Vorrang nur hinsichtlich der Wirkung von Normen aus einer Rechtsordnungsebene im Kollisionsfall, wie dies etwa hinsichtlich des Unionsrechts gegenüber dem nationalen Recht grundsätzlich der Fall ist, nicht aber von nur einzelnen Vorschriften aus einer Ebene, gesprochen werden. Dies führte zum einen zu erheblicher Rechtsunsicherheit. Zum anderen ist es dogmatisch nicht vertretbar, dem Vorrang einer Ebene nun den Vorrang einiger Vorschriften der zunächst verdrängten Ebene entgegenzustellen.

Vorrang gewisser nationaler Verfassungsvorschriften würde weiter bedeuten, dass bei Kollision mit diesen Vorschriften das Unionsrecht unangewendet bleiben müsste oder gar unwirksam wäre. Auch dies ist mit der vom EuGH entwickelten Vorrangdogmatik nicht vereinbar.

Wie die Rechtssachen Omega und die Schlussanträge der Generalanwalts in der Rechtssache Grogan gezeigt haben, finden die Wertungen der nationalen Verfassungsvorschriften nicht etwa durch eine pauschalen Verweis auf sie Beachtung, wie dies bei ihrem Vorrang sein müsste, sondern erst im Rahmen einer Verhältnismäßigkeitsprüfung.[988] Einen Vorrang dieser nationalen Bestimmungen gibt es also nicht.[989]

2. Interessensausgleich im Rahmen einer offenen Abwägung

Es wird angeführt, dass es bei Kollisionen zwischen identitätsstiftenden nationalen Verfassungsvorschriften mit dem Unionsrecht stets auf einen Ausgleich der Interessen im konkreten Einzelfall ankomme. Im Rahmen einer Abwägung zwischen den betroffenen nationalen Verfassungsgrundsätzen mit

---

[988] Vgl. C. VII. 3 und C II.3.
[989] Vgl. zu Art. 6 Abs 3 EUV a.F.: *Puttler*, in: Calliess/Ruffert, EUV/EGV, Art. 6 EUV, Rn. 49.

den streitgegenständlichen unionsrechtlichen Vorschriften müsse das Bemühen im Vordergrund stehen, einen größtmöglichen Ausgleich zwischen den Interessen zu schaffen.[990] Grundsätzlich enthält Art. 4 Abs. 2 EUV das Gebot der Achtung, also nicht der Gewährleistung der nationalen Identität.[991] In weiten Teilen stellt die nationale Identität kein absolut geschütztes Rechtsgut dar.[992] Insoweit kommt es für die in der Vorschrift wie oben gezeigt breit angelegte nationale Identität tatsächlich in weiten Bereichen deren Anwendung auf einen Ausgleich im Rahmen des Achtungsgebots an. So werden bei einem Interessensausgleich die entgegenstehenden Interessen berücksichtigt, etwa die Ziele und die Einheitlichkeit des Unionsrechts einerseits und die in Frage stehenden identitätsprägenden Wertungen andererseits. Dabei könnte aber ein Interesse bei überwältigendem Überwiegen des anderen Interesses nahezu völlig zurücktreten.

Die Ansicht, dass es bei allen Kollisionen zwischen Unionsrecht und nationalen Verfassungswertungen auf einen Ausgleich der Interessen ankomme, verkennt aber die Auswirkung der identitätsstiftenden Verfassungsvorschriften im Rahmen von Art. 4 Abs. 2 EUV. Eine völlige Zurückdrängung dieser Vorschriften ist nicht denkbar, da sie zur Verfassungsidentität zählend und damit in eine der drei genannten Kategorien fallend ihrerseits einer Abwägung nicht vollumfänglich zugänglich, mithin nicht gänzlich überwindbar sind. Die identitätsstiftenden Verfassungsbestimmungen einer Abwägung mit offenem Ausgang „auszusetzen", entspricht nicht der Bedeutung dieser Vorschriften.

3.   Integrationsfester Verfassungskern

Wie die Fälle gezeigt haben, geht es vielmehr tatsächlich um eine Grenze, die das Unionsrecht selbst zieht. Diese Grenze existiert aus unionsrechtlichen Gründen, nicht aber wegen eines etwaigen entgegenstehenden Vorrangs bestimmten nationalen Rechts. Über Art. 4 Abs. 2 EUV findet das nationale Verfassungsrecht Eingang in die Unionsrechtsordnung.

Die Grenze findet sich dabei in der nationalen Verfassungsidentität in Gestalt solcher Vorschriften, wie sie oben ermittelt wurden[993].

---

[990] *Hilf/Schorkopf*, in: Grabitz/Hilf/Nettesheim, Das Recht der Europäischen Union, Art. 6 EUV, Rn. 97;*Stumpf*, in: Schwarze, EU-Kommentar, Art. 6 EUV, Rn. 40; *Puttler*, in: Calliess/Ruffert, EUV/EGV, Art. 6 EUV, Rn. 49; *Fastenrath/Müller-Gerbes/Groh*, Europarecht, S. 165; *Hatje*, in: Schwarze, EU-Kommentar, Art. 10 EGV, Rn. 57.
[991] Vgl. *Hilf/Schorkopf*, in: Grabitz/Hilf/Nettesheim, Das Recht der Europäischen Union, Art. 6 EUV, Rn. 83.
[992] Vgl. *Hatje*, in: Schwarze, EU-Kommentar, Art. 10 EGV, Rn. 57.
[993] Siehe unter D.III.2.c) cc) bbb).

a)   Abwägungsresistenter Kern als absolute Grenze

Doch wo und wie genau innerhalb dieser nationalen Verfassungsvorschriften ist die Grenze zu verorten? Die oben angesprochenen Verfassungsvorschriften, die die Verfassungsidentität ausmachen, bestehen aus Grundrechten, Staatsorganisationsprinzipien und speziellen moralisch-ethischen Werten.

Rechtsvorschriften haben immer einen Regel- und/oder einen Prinzipiengehalt, wobei eines der beiden Attribute unter Umstände nahezu vom anderen verdrängt werden kann. Es besteht aber nicht nur ein gradueller Unterschied, sondern auch ein qualitativer Unterschied.[994] Man kann insoweit auch von zwei Kategorien von Rechtsvorschriften sprechen.[995] Prinzipien sind Normen, die gebieten, dass etwas in einem relativ auf die rechtlichen und tatsächlichen Möglichkeiten möglichst hohen Maße realisiert wird, sie sind also Optimierungsgebote. Weist eine Vorschrift einen sehr hohen Prinzipengehalt auf, gebietet sie zwar, dass ihr Ziel möglichst optimal verwirklicht wird, sie ist aber im besonderen Maße einer Abwägung zugänglich. Regeln sind Normen, die nur entweder erfüllt oder nicht erfüllt werden können, da eine Regel gebietet, das zu tun, was sie verlangt, nicht mehr und nicht weniger.[996] Eine Regel weist keinen flexiblen Charakter auf, vielmehr gelingt deren Anwendung oder kann aus Gründen entgegenstehender Vorschriften eben nicht erfolgen.

Grundrechte und Staatsorganisationsprinzipien sind Vorschriften, die meist einen hohen Prinzipiengehalt aufweisen. Deshalb sind diese Vorschriften nicht sehr abwägungsresistent. Vielmehr unterliegen viele dieser Prinzipien wie etwa die Grundsätze der Gewaltenteilung einer in gewissem Maße flexiblen Betrachtungsweise.

Der Kernbereich der Vorschriften, die die Verfassungsidentität ausmachen, auch wenn sie einen hohen Prinzipiengehalt aufweisen, ist jedoch unüberwindbar und damit abwägungsresistent. Genau dort ist die Grenze zu verorten, die sich das Unionsrecht aus seiner Pflicht zur Rücksichtnahme auf die nationale Verfassungsidentität auferlegt. Bis zu diesem Kernbereich sind die Vorschriften, die die Verfassungsidentität ausmachen, einer Abwägung zugänglich.

Auch im nationalen Verfassungsrecht unterliegen die Verfassungsgrundsätze im Falle einer Verfassungskollision einer Abwägung (lediglich die Menschenwürde unterliegt nicht der Abwägung, sondern eine Eingrenzung erfolgt

[994] *Alexy,* Theorie der Grundrechte, S. 75.
[995] Vgl. *Peters,* Elemente einer Theorie der Verfassung Europas, S. 286f.
[996] *Alexy,* Theorie der Grundrechte, S. 75f.

über die Inhaltsbestimmung[997]), so die Gewaltenteilung und alle anderen Grundprinzipien oder -rechte.[998]

Auch jene Wertungen, die die Verfassungsidentität ausmachen, müssen sich im Kollisionsfall einer Abwägung stellen[999]: eine Abwägung mit den kollidierenden Interessen, die jedoch nur bis zum Kern der in Frage stehenden nationalen Verfassungsvorschrift reichen kann. Am Kern der Vorschrift findet die Abwägung ihre Grenze. Damit wird sich die Abwägung stets auch um die Frage drehen, ob der abwägungsfeste Kernbereich der Vorschrift betroffen ist.

Spezielle Verfassungsvorschriften können aufgrund ihrer sehr konkreten Ausgestaltung allerdings nicht nennenswert über den Kern ihrer Zielvorgabe hinaus ausgelegt werden (vgl. D.I.3.a). Sie weisen einen hohen Regelgehalt auf und sind daher einer Abwägung nur in sehr begrenztem Maße zugänglich.

Damit ist die Grenze bestimmt: sie liegt im Kern der jeweiligen Vorschrift, die zur Verfassungsidentität zählt.

Die Bestimmung dieses Kernbereichs lässt sich über die Kategorie der Vorschrift vornehmen: handelt es sich um eine Vorschrift mit hohem Regelgehalt, kann und muss der Kern über die recht konkrete Ausgestaltung der Vorschrift direkt Beachtung finden.

Handelt es sich dagegen um eine Vorschrift mit hohem Prinzipiengehalt, kann eine Abwägung hinsichtlich des von ihr vorgegebenen Ziels mit der kollidierenden Vorschrift stattfinden, die aber im Kern der Vorschrift ihre Grenze findet, da sie sich dort zu einer Regel verdichtet. Die genaue Ermittlung wird über eine Verhältnismäßigkeitsprüfung zu erfolgen haben.

Auf der anderen Seite der Kollision zwischen diesem nationalen Verfassungsrecht und dem Unionsrecht stellt sich die Frage, inwieweit der Vorrang des Unionsrechts als Regel oder Prinzip verstanden werden muss, inwieweit seinerseits die unionsrechtliche Norm einer Abwägung zugänglich ist oder nicht. Hierbei ist darauf zu verweisen, dass der Anwendungsvorrang bei einer direkten Kollision als Regel verstanden werden muss, bei einer indirekten Kollision und bei seinen weiteren Auswirkungen auf die nationalen Rechtsordnungen und die Unionsrechtsordnung sich zum Prinzip ausweitet (s. B. VIII. 5.). Dabei ist zu beachten, dass das Institut des Anwendungsvorrangs selbst keine Norm darstellt, sondern vielmehr im Kollisionsfall einer unionsrechtlichen mit einer mitgliedstaatlichen Vorschrift der unionsrechtlichen Vorschrift die Wirkung des Vorrangs verleiht, und bezüglich dieser Wirkung ist

---

[997] Vgl. hierzu *Alexy*, Theorie der Grundrechte, S. 95ff; *Herdegen*, in: Maunz/Dürig, Grundgesetz, Art. 1, Rn. 73f, 83ff.
[998] Vgl. *Schmitt-Glaeser*, Grundgesetz und Europarecht als Elemente europäischen Verfassungsrechts, S. 193ff.
[999] So auch *Pernice*, AöR 2011, S. 198.

die materielle Unionsvorschrift im Rahmen dieser Kollision als Regel oder als Prinzip zu beachten.

Bei einer Kollision, bei der Prinzipien miteinander kollidieren, findet die Kollision nicht in der Dimension von Geltung, sondern von Gewicht statt.[1000] Damit können die widerstreitenden Interessen, Einheitlichkeit des Unionsrechts und nationale Interessen, durch einen Ausgleich in Einklang gebracht werden. Freilich liegt die Grenze der Abwägung im abwägungsfesten Identitätskern der nationalen Verfassungsvorschrift.

Schwieriger liegt der Fall bei einer direkten Kollision von Unionsrecht mit dem Kernbereich einer identitätsstiftenden nationalen Verfassungsvorschrift. Kollidieren identitätsstiftende Verfassungsvorschriften und damit deren Kernbereich in direkter Weise mit Unionsrecht, stößt eine Regel mit einem abwägungsfesten Kern einer Vorschrift aufeinander: die unionsrechtliche Vorschrift, die aufgrund der Kollisionsregel des Anwendungsvorrangs bei einer direkten Kollision das nationale Recht verdrängt, mit dem integrationsfesten Identitätskern der nationalen Verfassungsvorschrift, die sich zur Regel verdichtet hat. Ein Regelkonflikt kann entweder durch eine Ausnahmeklausel, die in die Regel eingefügt wird, beseitigt werden, oder eine der Regeln wird für ungültig erklärt.[1001]

Der Vorrang des Unionsrechts soll aufgrund seiner ungeheuren Bedeutung für das Unionsrecht aber möglichst geringen Modifikationen bzw. Ausnahmeklauseln unterworfen werden. Denn eine Vielzahl von Ausnahmen würde der Autorität und der Einheitlichkeit des Unionsrechts Schaden zufügen. Deshalb wird möglichst versucht, einer Kollision aus dem Wege zu gehen. Die Lösungsmöglichkeiten reichen da von einer bewussten Umgehung der Kollision (vgl. Rechtssache Grogan unter C. II. 6.), über die Einräumung eines weiten Ermessensspielraums (vgl. Rechtssache Maruko unter C. IX. 4.), die Möglichkeit der Bestimmung von unbestimmten Rechtsbegriffen wie dem der öffentlichen Ordnung (vgl. Rechtssache Omega unter C. VII. 5.), die rücksichtsvollen Auslegung der Unionskompetenzen (vgl. EMRK-Gutachten unter C. IV. 3.; Rechtssachen Mangold/Palacios unter C. VIII. 4.) bis (auf politischer Seite) zur Verabschiedung eines Zusatzprotokolls zu den Verträgen. Hierbei wird deutlich, dass ein hohes Interesse daran besteht, eine Kollision mit einer mitgliedschaftlichen Norm, die zur Verfassungsidentität zu zählen ist, zu vermeiden[1002]. Denn der Anwendungsvorrang ist wie bereits dargelegt eine der wichtigsten Regeln im Rahmen der Anwendung des Unionsrechts. Eine Aufweichung dieser Kollisionsregel wird daher offenbar stets zu vermeiden versucht.

[1000] *Alexy,* Theorie der Grundrechte, S. 79.

[1001] *Alexy,* Theorie der Grundrechte, S. 77.

[1002] Was bisher auch gelang, so *Everling,* EuR 2010, S. 104.

Es ist aber theoretisch dennoch denkbar, dass sich eine Kollision im Einzelfall nicht vermeiden lässt. Keine der beiden Regeln kann aber für ungültig erklärt werden, ohne eine der beiden Rechtsordnungen erheblichen Schaden zuzufügen, da mit dem Anwendungsvorrang und den Kernbereichen der integritätsfesten Verfassungsvorschriften Grundelemente der jeweiligen Rechtsordnungen im Raume stehen. Die Lösung kann nur über die Einfügung einer Ausnahmeklausel in die Kollisionsregel des Anwendungsvorrangs im Fall einer direkten Kollision gefunden werden, die letztlich auch als Interpretation dieser Kollisionsregel bezeichnet werden kann[1003]: diese besagt, dass bei einer im Raume stehenden Verdrängung des Kernbereiches einer identitätsstiftenden nationalen Verfassungsvorschrift das Unionsrecht, bezogen auf diesen Kernbereich, zugunsten des Kernbereiches der identitätsstiftenden nationalen Verfassungsvorschrift zurücktreten muss und der Normkonflikt damit mit dem Zurücktreten der unionsrechtlichen Vorschrift aufzulösen ist.[1004] Dieses Ergebnis stimmt auch mit den Überlegungen zur Konsequenz der Ausführungen des Generalanwalts in der Rechtssache Kreil[1005] überein (s. C. VI. 5.). Ein solcher Fall wurde bisher stets vermieden oder durch die oben genannten Möglichkeiten gelöst, weshalb diese Ausnahmeklausel noch nie angewandt werden musste. Diese bisher stets vermeidbare Konstellation ist jedenfalls praktikabler, als auch in diesem Konfliktfall das Unionsrecht vorgehen zu lassen, da ansonsten ein unaufgebbarer Kernbereich einer nationalen Verfassung verdrängt werden würde. Normativ findet das Ergebnis in Art. 4 Abs. 2 EUV seinen zwingenden Rückhalt (s.o.).

b)   Letztentscheidungsbefugnis über den integrationsfesten Identitätskern

Fraglich ist aber, wer über die Grenzziehung und die Beachtung des Kernbereichs dieser Vorschriften zu wachen hat. Obliegt die Bestimmung eines integrationsfesten Kerns einer nationalen Verfassung dem EuGH? Der EuGH hat jedoch nicht die Befugnis, nationales Recht auszulegen. Zudem muss die Bestimmung, welche Vorschriften zum integrationsfesten Identitätskern einer nationalen Verfassung zu zählen sind, eigentlich, wie oben ausgeführt, den

---

[1003] Ähnlich *Besselink,* Utrecht Law Review 2010, S. 48, der Art. 4 Abs. 2 EUV als bedeutende „Qualifikation" des Vorrangs des Unionsrechts bezeichnet.
[1004] Von Bogdandy und Schill sprechen davon, dass Art. 4 Abs. 2 EUV „unter engen Voraussetzungen die Vorstellung eines absoluten Vorrangs des Unionsrechts gegenüber nationalem Verfassungsrecht" überwinde, in :*von Bogdandy/Schill,* ZaöRV 2010, S. 702; ähnlich *von Bogdandy/Schill,* CMLRev. 2011, S. 1419. Nach Pernice könne Art. 4 Abs. 2 EUV so verstanden werden, dass er für die Anwendung eines Rechtsaktes der EU kompetentiell gegenüber dem Vorrangprinzip einen gewissen begrenzten Raum gebe, in: *Pernice,* AöR 2011, S. 205.
[1005] Europäischer Gerichtshof, Urt. v. 26.10.1999, Rs. C-285/98, Schlussanträge vom 26.10.1999 - KREIL, Slg. 2000, S. I-69, Rn. 5, Fn. 6.

Trägern der nationalen Identität überlassen bleiben. Damit hat auch die Bestimmung dises Kernbereichs durch die Mitgliedstaaten als Identitätsträger und somit letztlich durch die nationalen Höchstgerichte und deren Auslegung des nationalen Verfassungsrechts zu erfolgen.

Andererseits folgt die Grenze des Anwendungsvorrangs aus dem Unionsrecht selbst, und zu dessen Auslegung ist nur der EuGH berufen. Bei dem Grundsatz zur Beachtung der nationalen Verfassungsidentität handelt es sich um Unionsrecht, auch wenn zur Ermittlung desselben nationale Erwägungen Eingang finden müssen. Deshalb kann auch aus dem Gedanken der Rechtseinheit und der Autonomie der Unionsrechtordnung heraus nur der EuGH zur Letztentscheidung dieser aus dem Unionsrecht stammenden Quelle berufen sein.[1006] Auch Mayer merkt an, dass die Frage nach der Verortung der Letztentscheidungsbefugnis in materieller Hinsicht auf ex-Art. 6 Abs. 3 EUV (heute Art. 4 Abs. 2 EUV) und damit auf den EuGH verweise.[1007] Damit spielt er letztlich auf die sich aus dieser Vorschrift ergebende Rücksichtnahmeverpflichtung an, die eine Rolle des EuGH als die eines rücksichtsvollen Schiedsrichters sichert.

Der Erkenntnis, dass die Identitätsbestimmung nur von den Mitgliedstaaten selbst vorgenommen werden kann, wird durch andere Weise Rechnung getragen als einer Entscheidungsbefugnis nationaler Gerichte.

Ein Mittel der Mitgliedstaaten, die Identitätsbestimmung neben der Bestimmung der Verfassungsidentität selbst vorzunehmen, liegt in der Ausfüllung des Beurteilungsspielraums bei der Bestimmung unbestimmter Rechtsbegriffe wie dem der öffentlichen Ordnung. Da der EuGH selbst davon ausgeht, dass er zur Auslegung des nationalen Rechts nicht berufen ist, ist dieser Aspekt der Rechtsprechung des EuGH ohnehin nicht fremd. Letztlich beantwortet sich die Vorrangfrage aber immer nach den Feststellungen und Prüfungen, die die übergreifende Ebene trifft.[1008] Zwar wurde festgestellt, dass der Vorrang des Unionsrechts keine Hierarchie im Sinne einer Über- und Unterordnung der Rechtsordnungen begründet (siehe B.VIII.2.). Jedoch besteht hinsichtlich der Letztentscheidungsbefugnis über alle Belange, die das Unionsrecht betreffen, jedenfalls nach den Unionsverträgen eine prozedurale Hierarchie, die vom

---

[1006] Hirsch drückt die Bedeutung der Rechtseinheit wie folgt aus: „Die einheitliche Geltung, Auslegung und Anwendung des Gemeinschaftsrechts in der EG ist schlechterdings existenziell für die Gemeinschaft und darf unter keinen Umständen in Frage gestellt werden. Jede Veränderung der Architektur der Gemeinschaftsgerichtsbarkeit, die die Rechtseinheit bedroht, ist indiskutabel."; in: *Hirsch*, ZRP 2000, S. 59; auch: *Hirsch*, NVwZ 1998, S. 909.

[1007] *Mayer*, in: von Bogdandy/Bast (Hrsg.), Europäisches Verfassungsrecht, S. 597f.

[1008] Vgl. *Mayer*, in: von Bogdandy/Bast (Hrsg.), Europäisches Verfassungsrecht, S. 597.

EuGH angeführt wird. Dies läuft darauf hinaus, dass der Vorrang nicht hierarchisch, sondern rein prozedural wirkt.[1009] Damit scheint die Grenzziehung und –beachtung eines integritätsfesten Identitätskerns durch den EuGH möglich und nötig. Problematisch bleibt, wie für die Bestimmung der Verfassungsidentität eines Mitgliedstaates die Auslegung der bestimmungsrelevanten, subjektiven Perspektive aus den Mitgliedstaaten Beachtung finden soll.[1010] Nationalem Verfassungsrecht muss deshalb in diesen Fällen eine höhere Bedeutung zukommen als einer bloße „Inspirationsquelle", vielmehr müssen auch die von den nationalen Höchstgerichten gemachten Auslegungen, die zur Bestimmung der nationalen Verfassungsidentität nötig sind, direkt Berücksichtigung finden, um somit für die Verortung der Grenzziehung von entscheidender Bedeutung zu sein.[1011] Dies bedeutet aber nicht, dass sich der EuGH jedem „verfassungsrechtlichen Diktat" der Mitgliedstaten zu unterwerfen hat. Vielmehr liegt die abschließende Prüfungsbefugnis beim EuGH, auch hinsichtlich der über die nationalen Höchstgerichte vermittelten Werte. Falls es Gründe für eine Unverhältnismäßigkeit des national-verfassungsrechtlichen Standards gibt, kann der EuGH auch von der Entscheidung abweichen.[1012] Das nationale Verfassungsrecht dient dabei nicht als Rechtsquelle, sondern lediglich als Rechtsfindungsquelle.[1013] Das dahinter stehende Erfordernis von lebhafter Kommunikation zwischen den beiden Ebenen wird in prozeduraler Hinsicht in besonderer Weise durch Art. 267 AEUV erfüllt.[1014]

Die Ausfüllung des materiellen Achtungsgebots des Art. 4 Abs. 2 EUV, das sich hinsichtlich der Verfassungsidentität der Mitgliedstaaten zu einer Grenze verdichtet, obliegt damit der Aufsicht des EuGH. Im Rahmen eines offenen Dialogs hat der EuGH aber die Wertungen der nationalen Höchstgerichte zu beachten, um den Kern des vorrangfesten Kernbestandes der Verfas-

---

[1009] *Peters,* Elemente einer Theorie der Verfassung Europas, S. 292f, 325f.

[1010] Kritisch dazu auch: *Huber,* AöR 1991, S. 220.

[1011] Vgl. *Schmid,* Multi-Level Constitutionalism and Constitutional Conflicts, S. 227; *Schmid,* From Pont d'Avignon to Ponte Vecchio, S. 25, S. 54.

[1012] Dies verkennt Gundel bei seiner Kritik, dass fiktive, Ausländer benachteiligende Regelungen über das nationale Verfassungsrecht nicht nur die Grundfreiheiten zersetzten könnten, in: *Gundel,* Die Einordnung des Gemeinschaftsrechts in die französische Rechtsordnung, S. 32. Das wäre schon innerstaatlich schwerlich mit der Integrationsbereitschaft der jeweiligen nationalen Verfassung zu vereinbaren, überdies würde es einer Verhältnismäßigkeitsprüfung durch den EuGH nicht standhalten.

[1013] *Peters,* Elemente einer Theorie der Verfassung Europas, S. 293.

[1014] Maduro merkt an, dass sich das Verhältnis zwischen nationalen Gerichten und dem EuGH durch dieses Verfahren zu einer Diskussion, nicht zu einem Diktat, entwickelt habe, in: *Maduro,* EuR 2007, S. 14.

sungen zu konkretisieren.[1015] „Vorrangfeste Bestände" können so durch Anerkennung auf beiden Ebenen weitgehend einvernehmlich festgestellt und damit anerkannt werden.[1016]

Die unter C) untersuchten Rechtssachen haben gezeigt, dass der EuGH zum einen sich über die Grenze der vorrangfesten Bestände der nationalen Verfassungsvorschriften bewusst ist. Dies zeigt sich in den Rechtssachen Grogan[1017], Hoechst[1018], Kreil[1019], Omega[1020], Maruko[1021].

Zum anderen wurde deutlich, dass der EuGH sich einem Dialog mit den nationalen Höchstgerichten nicht verschließt und so bereit ist, auf die Wertungen dieser hinsichtlich ihrer Verfassungsordnung einzugehen. Dies haben die Rechtssachen Port[1022] und Mangold[1023] in Zusammenschau mit Palacios[1024] und das EMRK-Gutachten[1025] gezeigt.

Das Bundesverfassungsgericht als bedeutendes nationales Höchstgericht wiederum hat mit seinen Feststellungen in der Lissabon-Entscheidung deutlich gemacht, dass es, freilich von anderer Perspektive als der EuGH aus, die Problematik um die „vorrangfesten Bestände" aufgreift und es seine Rolle bei der Konkretisierung des nationalen „Verfassungsidentität" zu tragen gewillt ist. Eingedenk der zunehmend zurückhaltenden Prüfung von Unionshandeln am Maßstab der deutschen Grundrechte und von Ultra vires-Handeln scheint das Bundesverfassungsgericht vielmehr auf die Identitätskontrolle zukünftig ein besonderes Augenmerk zu legen[1026].

[1015] Vgl. *Mayer*, in: von Bogdandy/Bast (Hrsg.), Europäisches Verfassungsrecht, S. 597f, der von dem Erfordernis eines dialogischen Heranarbeitung an diese Verfassungsvorschriften spricht.

[1016] *Mayer*, in: von Bogdandy/Bast (Hrsg.), Europäisches Verfassungsrecht, S. 597.

[1017] Europäischer Gerichtshof, Urt. v. 04.10.1991, Rs. C-159/90 - GROGAN, Slg. 1991, S. I-4685.

[1018] Europäischer Gerichtshof, Urt. v. 21.09.1989, Verbundene Rs. 46/87 und 227/88 - HOECHST, Slg. 1989, S. 2859.

[1019] Europäischer Gerichtshof, Urt. v. 26.10.1999, Rs. C-285/98, Schlussanträge vom 26.10.1999 - KREIL, Slg. 2000, S. I-69.

[1020] Europäischer Gerichtshof, Urt. v. 14.10.2004, Rs. C-36/02 - OMEGA SPIELHALLEN, Slg. 2004, S. I-9609.

[1021] Europäischer Gerichtshof, Urt. v. 01.04.2008, Rs. C-267/06 - MARUKO, Slg. 2008, S. I-1757.

[1022] Europäischer Gerichtshof, Urt. v. 26.11.1996, Rs. C-68/95 - PORT I, Slg. 1996, S. I-6065.

[1023] Europäischer Gerichtshof, Urt. v. 22.11.2005, Rs. C-144/04 - MANGOLD, Slg. 2005, S. I-9981.

[1024] Europäischer Gerichtshof, Urt. v. 16.10.2007, Rs. C-411/05 - PALACIOS, Slg. 2007, S. I-8531.

[1025] Europäischer Gerichtshof, Urt. v. 28.03.1996, Gutachten 2/94 - EMRK-GUTACHTEN, Slg. 1996, S. I-1759.

[1026] Ähnlich *von Bogdandy/Schill*, ZaöRV 2010, S. 720.

c) Probleme

Natürlich ist dabei die Gefahr nicht von der Hand zu weisen, dass dies zu einer unionsrechtlichen Lesart der nationalen Rechtsordnungen führt.[1027] Allerdings bleibt festzuhalten, dass die Auslegung der nationalen Verfassungen der Mitgliedstaaten diesen selbst überlassen bleibt. Der EuGH lässt diese Wertungen in seine Rechtsprechung einfließen und führt gegebenenfalls eine Verhältnismäßigkeitskontrolle der Auswirkungen dieser Auslegung auf das Unionsrecht durch. [1028]

Auch die Gefahr einer Hochzonung in Form einer verfassungsrechtlichen Aufrüstung nationaler Belange zum Schutz gegen unionsrechtliche Vorschriften ist sehr gering.[1029] Zum einen hat die Vergangenheit gezeigt, dass dies bisher noch nicht stattgefunden hat. Zum anderen ist dies weder politisch, noch praktisch leichterdings durchsetzbar, sondern unterliegt schweren Hürden (s. D. I. 3. a). Überdies entbindet eine gegebenenfalls stattfindende Hoch-zonung nicht von der Verhältinsmäßigkeitskontrolle durch den EuGH, weshalb nur tatsächlich identitätsstiftende Belange ihre Wirkung als integritätsfeste Identitätskerne nationaler Verfassungen, unabhängig von der Verfassungsqualität eines nationalen Belangs, etablieren können.

Eine solche Auslegung der Vorrangdogmatik ist für die Rechtseinheit höchst förderlich, da es bei einem zentralen Entscheidungsorgan verbleibt. Vorausgesetzt wird dabei allerdings, dass sich weiter kein ernsthafter Verfassungskonflikt mit einem nationalen Höchstgericht ereignet, da dies die Einheitlichkeit des Unionsrechts und die Autorität des EuGH schwer beschädigen würde.

[1027] So Gundel in: *Gundel,* Die Einordnung des Gemeinschaftsrechts in die französische Rechtsordnung, S. 34f.

[1028] Mayer schlägt zur Bestimmung der Inhalte von unionsrechtlich anerkannten und geschützten Verfassungsgrundentscheidungen durch die nationalen letztentscheidenden Gerichte die Einführung eines neuen Verfahrens auf unionsrechtlicher Ebene ähnlich dem US-amerikanischen Certification-Verfahren vor, das es in den meisten Einzelstaaten der USA gibt. Dabei legen die Gerichte des Bundes Fragen zur Auslegung des Einzelstaatenrechts an die Einzelstaaten vor. Denn das Einzelstaatenrecht ist in den USA durch die Bundesgerichte so auszulegen, wie es das jeweilige oberste Gericht des Einzelstaates handhabt. Sofern die entscheidungserhebliche Frage noch nicht Gegenstand von Entscheidungen des obersten Einzelstaaten-Gerichts war, ruft da Bundesgericht das Einzelstaatengericht mit einer Vorlagefrage nach dem Certification-Verfahren an, vgl. *Mayer,* in: von Bogdandy/Bast (Hrsg.), Europäisches Verfassungsrecht, S. 588; *Mayer,* Kompetenzüberschreitung und Letztentscheidung, S. 312, 339f. Ein solches Verfahren würde sicher zur Absicherung von verfassungsrechtlichen Grundentscheidungen der Mitgliedstaaten führen. Jedoch ist die Forderung tatsächlich in absehbarer Zeit nicht erfüllbar, zudem würde dies die Einheitlichkeit des Unionsrechts durch die völlige Entziehung der nationalen Verfassungswertung aus dem Einflussbereich des EuGH stark gefährden.

[1029] Vgl. *Peters,* Elemente einer Theorie der Verfassung Europas, S. 294f; a.A. *Gundel,* Die Einordnung des Gemeinschaftsrechts in die französische Rechtsordnung, S. 33.

Insoweit ist dies aus Gesichtspunkten der Rechtssicherheit kein idealer Zustand. Denn durch das von Rechtsprechung und Literatur in vielen Mitgliedstaaten vertretene Modell zur Begründung des Vorrangs des Unionsrechts und das damit einhergehende Prüfungsrecht, welches sich einige nationale Höchstgerichte hinsichtlich unionsrechtlicher Rechtsakte vorbehalten, schwebt letztlich ein Damoklesschwert über der Unionsrechtordnung. Die abschließende judikative Autoritätsfrage der Unionsrechtsordnung ist daher weiter nicht einheitlich geklärt.

Die Mitgliedstaaten als Herren der Verträge haben aber eine normative Grenze des Anwendungsvorrangs durch Art. 4 Abs. 2 EUV bewusst eingefügt, um einen „Verfassungskonflikt" zwischen einer nationalen Rechtsordnung und der Unionsrechtsordnung zu vermeiden. Die Erkenntnis, dass die Unionsrechtsordnung und damit die Vorrangdogmatik des EuGH eine Grenze beinhaltet, die in der nationalen Verfassungsidentität festzumachen ist, ist aber sicher ein gutes Argument, um die prozedurale Hierarchie des EuGH anzuerkennen und zu respektieren.

d)   Dogmatik i.e.S.

Eine Grenze innerhalb des Anwendungsvorrangs ist dogmatisch durchaus denkbar. Der Vorrang muss nicht in denklogischer Weise absolut ausgestaltet sein. Der EuGH hat die gesamte Dogmatik des Anwendungsvorrangs über viele Jahre hinweg entwickelt und dabei erklärt, dass der Vorrang auch gegenüber nationalem Verfassungsrecht gilt.[1030]

Eine Weiterentwicklung bzw. Auslegung ist damit aber nicht ausgeschlossen. Vielmehr zeigt doch die dynamische richterrechtliche Entwicklung der Vorrangdogmatik, dass dieser Grundsatz einer gewissen Flexibilität unterliegt, die mit der dynamischen integrativen Entwicklung der Union selbst einhergeht. Hirsch merkt an, dass es aus europarechtlicher Sicht anzuerkennen sei, dass es trotz des prinzipiellen und autonom begründeten Vorrangs des Unionsrechts verfassungsrechtlich reservierte Bereiche der nationalen Rechtsordnung gebe[1031]. Dass dies in der Rechtsprechung des EuGH auf Basis der vom EuGH selbst gesetzten Prämissen seinen Durchschlag finden könne, ohne dabei mit den historischen Prämissen des EuGH in Konflikt zu geraten, sei vertretbar.[1032]

[1030] Europäischer Gerichtshof, Urt. v. 17.12.1970, Rs. 11/70 - INTERNATIONALE HANDELSGESELLSCHAFT, Slg. 1970, S. 1125; vgl. B) V.
[1031] *Hirsch*, NVwZ 1998, S. 909.
[1032] Vgl. *Krausser*, Das Prinzip begrenzter Ermächtigung im Gemeinschaftsrecht als Strukturprinzip des EWG-Vertrages, S. 148; *Peters*, Elemente einer Theorie der Verfassung Europas, S. 324f; a.A. Bebr, der eine solche Rücksichtnahmeverpflichtung als überzogenen, fast schon provinzlerische

Dazu muss man sich zunächst die Grundlagen der Vorrangdogmatik verdeutlichen. Der EuGH hat den Vorrang aus der Eigenständigkeit der Rechtsordnung des Gemeinschaftsrechts begründet. Er legt dar, dass „der EWG-Vertrag eine eigene Rechtsordnung geschaffen [hat], die bei seinem Inkrafttreten in die Rechtsordnungen der Mitgliedstaaten aufgenommen wurde."[1033] Damit macht er deutlich, dass diese Rechtsordnung von der staatlichen Rechtsordnung delegiert und daher eine in diese staatliche Rechtsordnung eingegliederte Rechtsordnung ist.[1034]

Da Ableitung und Überordnung scheinbar untrennbar zusammengehören, erscheint es problematisch, dass eine Rechtsordnung Vorrang gegenüber einer Rechtsordnung (oder gegenüber mehreren Rechtsordnungen) hat, aus der sie sich ableitet.[1035] Wenn man aber einen Gründungsakt, an dem mehreren Rechtsordnungen beteiligt waren, die ihrerseits mit voller Kompetenz-Kompetenz ausgestattet sind, zugrunde legt, welcher eine „höhere" Rechtsordnung mit Durchgriffswirkung schafft, kann so durch die partielle Zusammenführung von bisher unkoordinierten Autoritäten in bestimmten Bereichen eine neue Autorität geschaffen werden. Diese kann aber keine höhere Autorität beanspruchen, als die ihr diese Autorität abgeleitete Einheit, hier die Mitgliedstaaten. Da die Mitgliedstaaten aber selbst über die höchste Autorität, nämlich die vom Volke abgeleitete Kompetenz-Kompetenz verfügen, können sie ohne einen ebenfalls direkt vom Volk oder mehreren Völkern abgeleiteten Gründungsakt keine Autorität im Sinne einer gänzlichen Überordnung über sich stellen. Sie können jedoch in bestimmten Bereichen die vom eigenen Staatsvolk abgeleitete Autorität an eine andere Stelle abtreten, ohne aber die Kompetenz-Kompetenz selbst abzutreten. Denn die Europäische Union hat kein Staatsvolk, und nur die einzelnen Völker sind als Verfassungsgeber unmittelbarst legitimiert. So muss auch die Sicht des EuGH verstanden werden, was sich aus der Rechtssache Costa/E.N.E.L. ergibt. Denn diese spricht von der Begründung einer eigenen Rechtsordnung und der Übertragung von Hoheitsrechten von den Mitgliedstaaten auf die Gemeinschaft.[1036] Aus dieser Überlegung bezüglich der Kompetenz-Kompetenz, die bei den Mitgliedstaaten verbleibt, erklärt sich aber auch, weshalb nationales Verfassungsrecht über Art. 4

Forderung bezeichnet, die den Vorrang „nationalized and particularised" zurücklasse, in: *Behr, Development of judicial control of the European communities*, S. 707.

[1033] Europäischer Gerichtshof, Urt. v. 15.07.1964, Rs. 6/64 - COSTA/E.N.E.L., Slg. 1964, S. 1253, S. 1269.

[1034] Dieser Gedanke liegt Ausführungen von Kelsen in: *Kelsen, Reine Rechtslehre*, S. 332, zugrunde.

[1035] Vgl. *Schmitt-Glaeser*, Grundgesetz und Europarecht als Elemente europäischer Verfassungsrechts, S. 160.

[1036] Vgl. B.III.2. a, b.

Abs. 2 EUV Eingang in die Unionsrechtsordnung findet und sich in der nationalen Verfassungsidentität zu einer Grenze des Anwendungsvorrangs verdichtet.

Die Tatsache, dass die letzte Autorität dabei immer noch bei den einzelnen Staatsvölkern der Mitgliedstaaten verbleibt, wird dadurch vor Augen geführt, dass die fortdauernde Existenz dieser neuen Rechtsordnung nicht gesichert ist, sondern durch den Austritt der einzelnen Mitgliedstaaten gem. Art. 50 EUV auch wieder aufgelöst werden kann. Dies verdeutlicht, dass die Kompetenz-Kompetenz bei den Mitgliedstaaten verbleibt. Jedoch ändert das nichts daran, dass die Unionsrechtordnung eine partiell höchste und unabhängige Rechtsordnung ist.[1037]

Dadurch wird auch deutlich, dass die nationalen Rechtsordnungen und die Unionsrechtsordnung trotz des Vorrangs der letztgenannten in keinem hierarchischen Verhältnis zueinander stehen.[1038] Denn keine der beteiligten Rechtsordnungen regelt den ganzen Hoheitsbereich, sondern beide Ordnungen sind letztlich fragmentarische.[1039] Dieses Nebeneinander der Rechtsordnungen aufgrund der fragmentarischen Abdeckung der gesamten Hoheitsausübung macht es erklärlich, warum einige Bereiche der nationalen Verfassungen, die eigentlich einen anderen Teil der Hoheitsausübung regeln, über das Unionsrecht im Unionsrecht Bedeutung erlangen: ein materielles Nebeneinander kann nie ein gänzliches Verdrängen bedeuten. Vielmehr ist zur Funktionsfähigkeit der Gesamtordnung die Gewährleistung der Funktionsfähigkeit der einzelnen Einheiten unabdingbar. Würde aber ein Eingriff in die Identität der mitgliedstaatlichen Grundordnung möglich sein, wäre die Erhaltung des gesamten Systems gefährdet.[1040] Hier erlangt einer der bereits ermittelten Hintergründe für die Achtung der nationalen Identität besonderes Gewicht.

Diese Erwägungen ergeben sich letztlich als Schlussfolgerungen der Entwicklung des Vorrangs des Unionsrechts durch den EuGH selbst, auch wenn der EuGH dies nicht ausspricht, weil dies nicht unbedingt autoritätsfördernd wirkt.

[1037] *Schmitt-Glaeser,* Grundgesetz und Europarecht als Elemente europäischen Verfassungsrechts, S. 161.

[1038] Voßkuhle spricht von „angemessener Verantwortungsteilung und Zuordnung in einem komplexen Mehrebenenverbund", *Voßkuhle,* NVwZ 2010, S. 5; ähnlich Pernice in *Pernice,* ZaöRV 2010, S. 63.

[1039] Vgl. *Peters,* Elemente einer Theorie der Verfassung Europas, S. 255.

[1040] Steinz bemerkt, dass es in der Tat nicht einzusehen sei, warum die Funktionsfähigkeit der Gemeinschaften nur durch die rücksichtslose Durchsetzung gemeinschaftlicher Belange im Wege des Anwendungsvorrangs und nicht auch durch die Berücksichtigung mitgliedstaatlicher Mindestpositionen wie der Wahrung unaufgebbarer Verfassungsgrundsätze bewerkstelligt werden soll, in: *Streinz,* Bundesverfassungsgerichtlicher Grundrechtsschutz und Europäisches Gemeinschaftsrecht, S. 235.

Die Aussage des EuGH zur Irrelevanz der Verletzung von nationalen Grundrechten oder von Strukturprinzipien der nationalen Verfassung für die Gültigkeit einer Gemeinschaftshandlung in der Rechtssache Internationale Handelsgesellschaft[1041] steht nicht im Gegensatz zu diesem Ergebnis. Denn diese Aussage ist so zu verstehen, dass eine direkte Überprüfung von Unionsakten an nationalem Verfassungsrecht nicht erfolgen kann. Insoweit ist durch die Abtretung von Hoheitsrechten im Rahmen des Nebeneinander das Fragment der Unionsrechtsordnung betroffen, auf Erwägungen des anderen Fragments kann es nicht mehr ankommen. Nicht gesagt ist damit aber, dass über das Einfallstor des Unionsrechts eine Berücksichtigung der nationalen Verfassungsidentität ausscheidet. Vielmehr legt das Unionsrecht selbst den Organen der Union mit Art. 4 Abs. 2 EUV eine Rücksichtnahmeverpflichtung auf, die sich hinsichtlich des Kernbereichs der Vorschriften, die zur Verfassungsidentität zu zählen sind, zu einer Grenze verdichtet, die eine Ausnahmeklausel in der Kollisionsregel des Anwendungsvorrangs zur Folge haben muss (s.o.).

Die Mitgliedstaaten sind Herren der Verträge und übertragen die Kompetenzen an die Union und bestimmen diese. Um eine weitere Integration zu ermöglichen und die Funktionsfähigkeit der Union zu bewahren, was Zielsetzungen der Union darstellen, ist die Union auf die Mitgliedstaaten in ihrer bestehenden Struktur und damit auf die in den Verfassungen der Mitgliedstaaten verankerten Grundstrukturen und Prinzipien angewiesen. Daraus resultiert automatisch eine Achtung der nationalen Verfassungsordnungen.[1042]

So weist von Danwitz darauf hin, dass der EuGH die sich ihm bietenden Gelegenheiten nicht habe verstreichen lassen, um die Identität der Mitgliedstaaten, ihre besonderen Traditionen sowie wichtige Strukturprinzipien ihrer Rechtsordnung zu schützen.[1043] Mit dieser Tendenz in der Rechtsprechung

---

[1041] „Daher kann es die Gültigkeit einer Gemeinschaftshandlung oder deren Geltung in einem Mitgliedstaat nicht berühren, wenn geltend gemacht wird, die Grundrechte in der ihnen von der Verfassung dieses Staates gegebenen Gestalt oder die Strukturprinzipien der nationalen Verfassung seien verletzt.": Europäischer Gerichtshof, Urt. v. 17.12.1970, Rs. 11/70 - INTERNATIONALE HANDELSGESELLSCHAFT, Slg. 1970, S. 1125, Rn. 3.

[1042] Vgl. Schmitt-Glaeser, Grundgesetz und Europarecht als Elemente europäischen Verfassungsrechts, S. 149ff.

[1043] von Danwitz, EuR 2008, S. 784: er benennt „beispielhaft" als Nachweis für seine Ansicht die Anerkennung von Beschränkungen der Dienstleistungsfreiheit aus Gründen der Meinungsvielfalt in Europäischer Gerichtshof, Urt. v. 25.07.1991, Rs. C-288/89 - ANTENNE GOUDA, Slg. 1991, S. I-4007, den Schutz der nationalen Kultur in Europäischer Gerichtshof, Urt. v. 18.06.1991, Rs. C-260/89 - ERT, Slg. 1991, S. I-2925, die Rechtfertigung des Abtreibungsverbots in Irland in Europäischer Gerichtshof, Urt. v. 04.10.1991, Rs. C-159/90 - GROGAN, Slg. 1991, S. I-4685, die Beschränkungsmöglichkeit der Warenverkehrsfreiheit durch Belange der Versammlungs- und Meinungsfreiheit in Europäischer Gerichtshof, Urt. v. 12.06.2003, Rs. C-112/00 - SCHMIDBERGER, Slg. 2003, S. I-5659, und den vorrangigen Schutz der Menschenwürde gegenüber der

entfernt sich der EuGH immer weiter von einem „Motor der Integration", der teilweise einseitig im Interesse einer fortschreitenden Integration zugunsten einer Stärkung der Union urteilt, hin zu einem unparteiischen Verfassungsgericht, welches verantwortungsvoll über die europäische „Verfassung" und über die Einfallstore des Unionsrechts auch die nationalen Verfassungen berücksichtigt.[1044]

Im Ergebnis führt dieses Zusammenwirken von EuGH und nationalen Höchstgerichten dazu, dass das Unionsrecht die Mitgliedstaaten nicht zu Änderungen von Verfassungsvorschriften einer der drei ermittelten Kategorien (in D. I. 1., 3. und 4.) zwingen kann.[1045] Denn diese beinhalten einen integrationsfesten Identitätskern[1046] der nationalen Verfassungen.

Das immer noch vorhandene Demokratiedefizit schließlich gebietet es aus staatsrechtlicher Sicht, aufgrund des Fehlens einer unmittelbarst legitimierenden Entscheidungsfindung den Kernbereich solcher identitätsstiftenden Verfassungsvorschriften als Grenze der Integration zu beachten. Denn die unmittelbarste demokratische Legitimationsebene bleibt im Unionsrecht das Staatsvolk.

Dienstleistungsfreiheit in Europäischer Gerichtshof, Urt. v. 14.10.2004, Rs. C-36/02 - OMEGA SPIELHALLEN, Slg. 2004, S. I-9609.

[1044] Vgl. *Schmid*, Multi-Level Constitutionalism and Constitutional Conflicts, S. 228, der eine ähnliche Funktion des EuGH zunächst nur als Forderung erhebt.

[1045] Vgl. *von Bogdandy*, in: Grabitz/Hilf/Nettesheim, Das Recht der Europäischen Union, Ergänzungslieferung 40, Oktober 2009, Art. 10 EGV, Rn. 82.

[1046] *Huber*, Recht der europäischen Integration, § 9, Rn. 16; Mayer verwendet den Ausdruck „vorrangfeste Bestände", *Mayer*, in: von Bogdandy/Bast (Hrsg.), Europäisches Verfassungsrecht, S. 597; Thürer spricht von einem „integrationsfesten Kern der staatlichen Verfassung", *Thürer*, Integration 2000, S. 99.

E)   Schlussbemerkung

Die Untersuchung hat zweierlei zum Vorschein gebracht: zum einen praktiziert der EuGH bereits heute eine national-verfassungskonforme Auslegung
des Unionsrechts in der Weise, dass er den integrationsfesten Identitätskern der
nationalen Verfassungen als Grenze der Vorrangdogmatik beachtet.
Zum anderen wurde deutlich, dass diese Tendenz in der Rechtsprechung
keine richterrechtliche Spielart des EuGH ist, sondern den normativen Vorgaben in den Verträgen entspricht. Diese postulieren eine Rücksichtnahme auf
die nationale Identität der Mitgliedstaaten, die sich hinsichtlich des Kernbereichs identitätsstiftender Verfassungsvorschriften zu einer Grenze für den
Vorrang des Unionsrechts verdichtet. Über Einfallstore wie die öffentliche
Ordnung findet dies konkret Eingang in den Rechtsalltag.
Im Bereich des Letztentscheidungsanspruchs hinsichtlich der Aufsicht
über die Kompetenzgrenzen der Union wurde festgestellt, dass der EuGH hier
auf seinem Auslegungsmonopol beharrt und insoweit auch keine Zugeständ-
nisse an Vorgaben der nationalen Verfassungen macht, er den Vorrang (der
hier freilich nur mittelbar eine Rolle spielt) dort also uneingeschränkt anwendet. Zugleich wurde deutlich, dass der EuGH aber bei der Definition der Kompetenzen der Union häufig in verantwortungsvoller Weise urteilt: er seht im
gegenseitigen Dialog mit den nationalen Höchstgerichten, ist fundierter Kritik
zugänglich[1047] und urteilt keineswegs immer einseitig zugunsten der Union.
Der Umstand, dass über die Befugnis zur Letztentscheidung zwischen
dem EuGH und den nationalen Höchstgerichten keine Einigkeit herrscht, sorgt
sicher nicht für letzte Rechtssicherheit und trägt die Gefahr der Instabilität in
sich. Aber das nicht ganz geklärte Kooperationsverhältnis bietet auch Chan-
cen: die Pluralität von Meinungen und Entscheidungen kann sich in einem so
schwierigen Prozess bereichernd auswirken, auch wird durch den Dialog eine
gegenseitige Fehlerkorrektur ermöglicht. Weiter kann eine vielstimmige und
doch gemeinsame Entwicklung der Integration zu mehr Glaubwürdigkeit und
Legitimität führen als die gesicherte Autorität über mehrere Einheiten dies
vollbringen könnte.[1048]
Gleichwohl finden sich in der Rechtsprechung des EuGH auch Urteile, die
zum Teil auf berechtigte Kritik stoßen, weil der EuGH die Kompetenzgrenzen

---

[1047] Vgl. *Everling*, Integration 1994, S. 171; *Everling*, EuR 1994, S. 142; *Voßkuhle*, NVwZ
2010, S. 7.
[1048] Vgl. *Peters*, Elemente einer Theorie der Verfassung Europas, S. 281.

weit auslegt oder kaum nachvollziehbare Schlüsse gezogen werden. Natürlich sollte der EuGH in seiner Rechtsprechung versuchen, auch im Bereich der Kompetenzabgrenzung bei der Entscheidung über Einzelfälle eine kontinuierliche Linie und damit ein Rechtsverständnis zu entwickeln, das die Unionsrechtsordnung trägt.[1049]

Dass der EuGH hier nicht immer ganz einheitlich im Sinne einer stringenten Rechtsprechungslinie entscheidet, überrascht angesichts seiner Zusammensetzung und Arbeitsweise aber nicht unbedingt sehr.[1050] Korrekturen, Modifizierungen und das Abweichen von früheren Urteilen kommen durchaus vor.

Dies hat mehrere Ursachen: zum einen führt der Einfluss der unterschiedlichen Rechtssysteme, aus denen die Richter kommen, zu unterschiedlichen Grundpositionen, von denen die einzelnen Rechtsordnungen ausgehen, und damit zu unterschiedlichen theoretischen Ausgangspunkten. Auch die unterschiedlichen Verfassungen der Mitgliedstaaten prägen das Rechtsverständnis der Richter[1051], was sich ebenfalls in der Praxis auswirkt.[1052] Durch die Vielzahl der Wertvorstellungen und Rechtsauffassungen der beteiligten Richter wird eine einheitliche Entscheidungsfindung sicher nicht immer erleichtert.

In den Urteilen findet dies in einer großen Meinungsvielfalt seinen Niederschlag.[1053] Richtige Konturen gewinnen die Ergebnisse und die Bedeutung der Urteile daher auch vielfach erst in einer ganzen Kette von Urteilen zur jeweiligen Sachfrage.[1054] Schwierig ist auch die häufige „Kargheit und apodiktische Kürze"[1055] der Urteile des EuGH, die sich vom Begründungsstil an die französische Verwaltungsrechtssprechungspraxis anlehnt. Das macht die Entwicklung, Erklärung und eventuelle Verteidigung einer aus seiner Rechtsprechung fließenden Dogmatik sicher nicht leichter. Auch wenn zu bedenken bleibt, dass sich viele Rechtssachen erst in der Zusammenschau mit den Schlussanträgen der Generalanwälte erschließen, wäre eine ausführlichere

---

[1049] Vgl. *Everling,* in: Everling (Hrsg.), Das Europäische Gemeinschaftsrecht im Spannungsfeld von Politik und Wirtschaft, S. 440; *Sander,* Der Europäische Gerichtshof als Förderer und Hüter der Integration, S. 23ff.

[1050] Vgl. *Everling,* EuR 1994, S. 138, Fn. 50 und 51 m.w.N.

[1051] Beispielsweise wird ein Richter aus einem föderalen Mitgliedstaat eher bereit sein, unterschiedliche Regelungen der einzelnen Mitgliedstaaten zu tolerieren, vgl. *Everling,* in: Everling (Hrsg.), Das Europäische Gemeinschaftsrecht im Spannungsfeld von Politik und Wirtschaft, S. 437.

[1052] *Everling,* in: Everling (Hrsg.), Das Europäische Gemeinschaftsrecht im Spannungsfeld von Politik und Wirtschaft, S. 434ff.

[1053] *Everling,* in: Everling (Hrsg.), Das Europäische Gemeinschaftsrecht im Spannungsfeld von Politik und Wirtschaft, S. 442.

[1054] *Everling,* in: Everling (Hrsg.), Das Europäische Gemeinschaftsrecht im Spannungsfeld von Politik und Wirtschaft, S. 443.

[1055] *Everling,* EuR 1994, S. 129; zu einer Erklärung hierfür *Everling,* EuR 1994, S. 136ff.

Begründung für das Verständnis und damit die Akzeptanz des EuGH und damit der gesamten Europäischen Union sehr wünschenswert.

Es bleibt aber auffällig, dass sich der EuGH immer wieder sehr deutlicher und teilweise zu heftiger Kritik ausgesetzt sieht.[1056] In den Zeiten, als der EuGH in epochaler Weise durch Richterrecht die Rechtsordnung der Union nachhaltig prägte, war die Kritik an ihm vergleichsweise leise. Die Gründe dafür sind vielfältiger Natur.

Einmal erfolgte die Rechtssetzung bis in die achtziger Jahre hinein weitgehend intergouvernemental, eine supranationale Durchsetzung dieser Vorschriften barg insoweit wenige Risiken, da jede Rechtsvorschrift mit einem Veto verhindert werden konnte. Um die dadurch von der Politik schwerlich voranzutreibende Integration nachhaltig zu fördern, war der EuGH ein willkommenes Mittel für all diejenigen überzeugten Europäer, die dazu beigetragen haben, den EuGH zu installieren. Mit der Einheitlichen Europäischen Akte wurde Mehrheitsentscheidungen im Rat eingeführt und sukzessive ausgebaut. Dies führte im Ergebnis zu einer supranationalen Rechtssetzung und Rechtssprechung. Dass sodann die Macht des EuGH unter den neuen Vorgaben anders gesehen wurde und wird, verwundert nicht.

Weiter verfügte die Gemeinschaft in den ersten Jahrzehnten nach ihrer Entstehung über eine geringe demokratische Legitimation. Für die Rechtsordnung der Union schien eine sehr starke Position des EuGH akzeptabel, weil sie sich ohnehin nicht an demokratischen Grundsätzen messen lassen musste und von Gewaltenteilung erst gar keine Rede sein konnte. Mit der Stärkung der demokratischen Legitimation der Union, wenn auch immer noch berechtigterweise von einem Demokratiedefizit gesprochen werden kann (s.o.), sieht sich der EuGH sicher nicht ganz zu Unrecht immer stärker mit Kritik konfrontiert, die sich an den Maßstäben einer voll demokratischen Ordnung orientiert.

Überdies verkennt die teils überzogene Kritik am EuGH hinsichtlich dessen angeblich rechtsfortbildender und kompetenzerweiternder Rechtsprechung die Akzeptanz der Rechtsprechung seitens der Politik. So könnten die gesetzgebenden Organe der Union die angebliche Rechtsfortbildung und die Kompetenzerweiterung jederzeit korrigieren. Dies geschieht aber nicht, weshalb daraus die Legitimität der Rechtsprechungspraxis des EuGH gefolgert werden kann.[1057] Durch die Untätigkeit des Gesetzgebers billigt er die Rechtsprechung des EuGH und übernimmt die Verantwortung für die richterlich geschaffene

---

[1056] Etwa *von Armin*, NJW 2007, S. 2534: „mit dem EuGH hat man den Bock zum Gärtner gemacht"; *Herzog/Gerken*, FAZ 08.09.2008; *Jahn*, NJW 2008, S. 1788ff; Scharpf fordert zur Nichtbefolgung von EuGH-Urteilen auf, in: *Scharpf*, Mitbestimmung 2008, S. 18ff; Hailbronner spricht vom „Ende rationaler Jurisprudenz", in: *Hailbronner*, NJW 2004, S. 2187.
[1057] Vgl. *Peters*, Elemente einer Theorie der Verfassung Europas, S. 419.

Norm bzw. Kompetenz[1058], ohne dabei den EuGH als öffentlichen Sündenbock zu verlieren. Die Verantwortung der Politik und damit letztlich der durch sie repräsentierten Völker sollte insoweit nicht aus den Augen verloren werden.

Neben der in dieser Untersuchung gewonnenen Erkenntnis, dass etwaige Furcht vor dem EuGH wie vor einer „europäischer Bestie" wegen dessen Auslegung des Vorrangs mit einer impliziten Grenze im integrationsfesten Identitätskernen der nationalen Verfassungen nicht gerechtfertigt ist, bleibt ein weiterer Aspekt, der solch heftige Kritik besänftigen sollte: Die Verbindlichkeit von Beschlüssen und Entscheidungen der Organe der Union endet dort, wo diese als grob ungerecht und damit als Unrecht anzusehen sind.[1059] Das Unionsrecht begründet bei schweren und anhaltenden Verletzungen gegen die in Art. 6 EUV niedergelegten Grundsätze die Unwirksamkeit solcher Akte. Dies machte der EuGH in der Rechtssache Kadi deutlich.[1060]

Bei der Gesamtbetrachtung dieser Arbeit fällt auf, dass sich die dogmatischen Folgerungen auf relativ wenige Rechtssachen stützen. Dies ist vielleicht die Schwäche der Untersuchung, andererseits sind die Gründe dafür einleuchtend (vgl. D.). Zudem ist die vielleicht größte Bestätigung der Ergebnisse, dass es jedenfalls keine Rechtssache gibt, in der der EuGH den Vorrang auch gegenüber dem integritätsfesten Identitätskern einer nationalen Verfassung durchgesetzt hätte.

Überdies sollten die Rechtssachen auch nur den Weg zu einer Dogmatik weisen, die in sich stringent ist und keines Beweises bedarf. Insoweit ist die Anzahl der Rechtssachen, die die in Teil D) gefundenen Ergebnisse bestätigen, nicht von entscheidender Bedeutung.

In Zukunft werden durch die Ausweitung von Mehrheitsentscheidungen im Ministerrat die Regierungen „als Hüter" bestimmter verfassungsrechtlicher

---

[1058] Diese Umdrehung des legislativen Verfahrens begegnet auch durchaus berechtigter Kritik, da eine Korrektur aufgrund der Vorschriften zum Rechtssetzungsverfahren nicht immer reibungslos möglich sind, vgl. *Alter,* Establishing the supremacy of european law, S. 193ff; *Peters,* Elemente einer Theorie der Verfassung Europas, S. 420. Allerdings bleiben das „Barber"-Protokoll (vgl. *Franzen,* Privatrechtsangleichung durch die Europäische Gemeinschaft, S. 587f.m.w.N. und das „Grogan"-Protokoll (vgl. C II.7.))zwei exemplarische Beispiele für die Möglichkeit und tatsächliche Durchführung einer exekutiven Reaktion auf EuGH Entscheidungen.

[1059] Europäischer Gerichtshof, Urt. v. 03.09.2008, Verbundene Rs. C-402/05 P und C-415/05 P - KADI, Slg. 2008, S. I-6351, Rn. 284f; vgl. *Köck,* in: Bröhmer/Bieber/Calliess/Langenfeld/Weber/Wolf (Hrsg.), Internationale Gemeinschaft und Menschenrechte, S. 573.

[1060] Europäischer Gerichtshof, Urt. v. 03.09.2008, Verbundene Rs. C-402/05 P und C-415/05 P - KADI, Slg. 2008, S. I-6351, Rn. 284f.

Belange der Mitgliedstaaten immer häufiger ausfallen.[1061] Dies könnte dazu führen, dass die Beachtung der integritätsfesten Identitätskerne der nationalen Verfassungen durch den EuGH in Zukunft noch mehr an Bedeutung gewinnt und der Dialog mit den mitgliedstaatlichen Gerichten noch intensiver geführt werden muss, als dies bisher schon der Fall ist[1062]. Der EuGH wird dabei nicht umhin kommen, bei der Auslegung des Unionsrechts und dessen Auswirkungen auf das nationale Verfassungsrecht auch die Ausführungen der nationalen Gerichte noch stärker wahrzunehmen.

Schon vor einiger Zeit formulierte Everling, dass der EuGH einen Paradigmenwechsel vornehme.[1063] Er wirke nicht mehr als „Integrationsmotor"[1064], sondern im Zuge der sich vertiefenden Integration entwickle er sich von einem zumindest auf Integrationsförderung ausgerichteten Organ hin zu einem unparteiischen Organ.[1065] Nur so kann die vertiefte und erweiterte Union Vertrauen und Glaubwürdigkeit bei ihren Bürgern gewinnen. Der Forderung, der EuGH sollte die Interpretation in seinen Urteilen nicht ohne Rücksicht auf ihre möglichen Wirkungen auf die nationalen Verfassungen vornehmen[1066], wird nach den hier gewonnenen Erkenntnissen über die Vorrangdogmatik bereits entsprochen.

Die Ansicht, dass die Lösung eines Normkonflikts zwischen nationalem Recht und Unionsrecht letztlich wie die politische Realität eine „Sache der Macht"[1067] sei, unterschätzt die Fähigkeit zu Integration und Konfliktlösung der Unionsrechtsordnung und ihrer Organe. Die Frage nach dem Inhalt des Rechts kann durchaus ausfüllend beantwortet werden, ohne umgehend zur Frage nach der Zuständigkeit zur Entscheidung über das Recht überzugehen.

In vielen der untersuchten Rechtssachen legten bisweilen namhafte Stimmen direkt oder indirekt dar, dass der Vorrang des Unionsrechts vom EuGH in der jeweiligen Rechtssache nicht absolut angewandt worden sei. Über diese

---

[1061] Vg. *Mayer*, in: von Bogdandy/Bast (Hrsg.), Europäisches Verfassungsrecht, S. 604.

[1062] Z.B. *Mayer*, in: von Bogdandy/Bast (Hrsg.), Europäisches Verfassungsrecht, S. 607, spricht schon jetzt von einer „Kooperation statt Kollision".

[1063] *Everling*, EuR 1997, S. 398f.

[1064] *Schweitzer/Hummer/Obwexer*, Europarecht, S. 202, Rn. 732; „Motor der Integration" in: *Streinz*, Europarecht, Rn. 610; *Ukrow*, Richterliche Rechtsfortbildung durch den EuGH, S. 156. Vertiefend: *Stein*, in: Die Hochschullehrer der juristischen Fakultät der Universität Heidelberg (Hrsg.), Richterliche Rechtsfortbildung, S. 619ff. Zu einer Einteilung der Rechtsprechung des EuGH in verschiedene Phasen der Intensität der Entwicklung von Richterrecht durch einen ehemaligen Richter am EuGH: *Edward*, in: Schulze/Seif (Hrsg.), Richterrecht und Rechtsfortbildung in der Europäischen Rechtsgemeinschaft, S. 76ff.

[1065] *Everling*, in: Hommelhoff/Kirchhof (Hrsg.), Der Staatenverbund der Europäischen Union, S. 61; *Everling*, in: Hailbronner/Ress/Stein (Hrsg.), Staat und Völkerrechtsordnung, S. 196ff.

[1066] *MacCormick*, JZ 1995, S.800.

[1067] *Isensee*, in: Burmeister (Hrsg.), Verfassungsstaatlichkeit, S. 1265; auch bei *Mayer*, in: von Bogdandy/Bast (Hrsg.), Europäisches Verfassungsrecht, S. 591.

kurzen, aber inhaltsschweren Bemerkungen hinaus wurden aber keine allgemeinen Ausführungen zu den Konsequenzen dieser Urteile für die Vorrangdogmatik gemacht. Diese Arbeit versuchte, neues Licht auf die Vorrangdogmatik des EuGH zu werfen und Gründe zu liefern, dem EuGH mehr Vertrauen entgegenzubringen. Der Dissens zwischen dem EuGH und den nationalen Höchstgerichten über die Disponibilität des Vorrangs kann durch einen sich bereits im Gange befindlichen konstruktiven Meinungsaustausch im Sinne eines „Lernverbundes"[1068] bzw. eines Kooperationsverhältnisses weiter entschärft werden. Die in dieser Arbeit aufgedeckten neuen Aspekte der Vorrangdogmatik des EuGH könnten jedenfalls zu einer Akzeptanz einer Letztentscheidungsbefugnis des EuGH über alle Rechtsfragen mit unionsrechtlichem Bezug und damit zu einer Stärkung der Unionsrechtsordnung beitragen.

[1068] Vgl. *Merli*, Veröffentlichungen der Vereinigung der deutschen Staatsrechtslehrer Band 66, S. 418; *Voßkuhle*, NVwZ 2010, S. 8.

Literaturverzeichnis

Ackermann, Thomas, Case Note C-36/02, CMLRev. 2005, 1107–1120.

Alexy, Robert, Theorie der Grundrechte, Frankfurt am Main, 5. Auflage 2006.

Alter, Karen J., Establishing the supremacy of european law, Oxford 2001.

Angelucci, Orietta, Die europäische Identität der Europäer: Eine sozialpsychologische Bestandsaufnahme, in: von Bogdandy (Hrsg.), Die europäische Option, Baden-Baden 1993, 303–321.

Aristoteles, Politik, München, 7. Auflage 1996.

Armin, Hans Herbert von, Wohin treibt Europa?, NJW 2007, 2531–2535.

Arndt, Claus, Waffeneinsatz von Frauen bei der Bundeswehr, NJW 2000, 1461–1462.

Avbelj, Matej, Questioning EU Constitutionalisms, German Law Journal 2008, 1–26.

Avbelj, Matej/Komarek, Jan, Four Visions of Constitutional Pluralism, European Constitutional Law Review 2008, 524–527.

Badura, Peter, Die Organisations- und Personalhoheit des Mitgliedstaates in der Europäischen Union, in: Due/Lutter/Schwarze (Hrsg.), Festschrift für Ulrich Everling, Baden-Baden 1995, 33–47.

Badura, Peter, Staatsrecht, München, 5. Auflage 2012.

Bamberger, Heinz Georg/Roth, Herbert, Beck'scher Online Kommentar zum BGB, München Edition 18, Stand: 1. 8. 2010.

Barnard, Catherine, An Irish Solution, New Law Journal 1992, 526–533.

Battis, Ulrich/Tsatsos, Dimitris/Stefanou, Dimitris, Europäische Integration und nationales Verfassungsrecht: Ein vergleichender Überblick, in: Battis/Tsatsos/Stefanou (Hrsg.), Europäische Integration und nationales Verfassungsrecht, Baden-Baden 1995, 469–513.

Bauer, Jobst-Hubertus, Ein Stück aus dem Tollhaus: Altersbefristung un der EuGH, NZA 2005, 800–803.

Bauer, Jobst-Hubertus/Arnold, Christian, Auf "Junk" folgt "Mangold" - Europarecht verdrängt deutsches Arbeitsrecht, NJW 2006, 6–12.

Bauer, Jobst-Hubertus/Krieger, Steffen, Das Orakel von Luxemburg: Altersgrenzen für Arbeitsverhältnisse zulässig - oder doch nicht?, NJW 2007, 3672–3675.

Beaucamp, Guy, Das ordnungsbehördliche Verbot von Laserdromen - europarechtliche, gewerberechtliche und verfassungsrechtliche Probleme, DVBl 2005, 1174–1179.

Bebr, Gerhard, Development of judicial control of the European communities, The Hague 1981.

Beljin, Sasa, Die Zusammenhänge zwischen dem Vorrang, den Instituten der innerstaatlichen Beachtlichkeit und der Durchführung des Gemeinschaftsrechts, EuR 2002, 351–376.

Bergmann, Jan, Das Bundesverfassungsgericht in Europa, EuGRZ 2004, 620–627.

Bergmann, Jan M., Demokratiedefizit, in: Mickel/Bergmann (Hrsg.), Handlexikon der Europäischen Union, Baden-Baden, 4. Auflage 2012, 209–212.

Berrisch, Georg M., Zum "Bananen"-Urteil des EuGH vom 5.10.1994, EuR 1994, 461–469.

Besselink, Leonard, National and constitutional identity before and after Lisbon, Utrecht Law Review 2010, 36–49.

Bieber, Roland, Verfassungsentwicklung der Europäischen Union: Autonomie oder Konsequenz staatlicher Verfassungsentwicklung?, in: Müller-Graff/Riedel (Hrsg.), Gemeinsames Verfassungsrecht in der Europäischen Union, Baden-Baden 1998, 209–219.

Bieber, Roland/Epiney, Astrid/Haag, Marcel, Die Europäische Union, Baden-Baden, 10. Auflage 2013.

Bienert, Claus-Peter, Die Kontrolle mitgliedstaatlichen Handelns anhand der Gemeinschaftsgrundrechte, Göttingen 2001.

Bleckmann, Albert, Die wertende Rechtsvergleichung bei der Entwicklung der europäischen Grundrechte, in: Baur/Müller-Graff/Zuleeg (Hrsg.), Europarecht, Energierecht, Wirtschaftsrecht, Köln 1992, 29–37.

Bleckmann, Albert, Die Wahrung der "nationalen Identität" im Unionsvertrag, JZ 1997, 265–269.

Bleckmann, Albert, Europarecht, Köln, 6. Auflage 1997.

Böckenförde, Ernst-Wolfgang, Staat, Verfassung, Demokratie, Frankfurt am Main 1991.

Bogdandy, Armin von, Die Verfassung der europäischen Integrationsgemeinschaft als supranationale Union, in: von Bogdandy (Hrsg.), Die europäische Option, Baden-Baden 1993, 97–127.

Bogdandy, Armin von, Europäische Integration und gesellschaftlicher Grundkonsens, Vortrag vom 19.06.2001, Renner-Institut, Wien, abrufbar im Internet unter: http://www.renner-institut.at/fileadmin/user_upload/ downloads/eEuropa_buch/bogdandy.pdf (Stand: April 2013).

Bogdandy, Armin von, Europäische Prinzipenlehre, in: von Bogdandy (Hrsg.), Europäisches Verfassungsrecht, Berlin 2003, 149–203.

Bogdandy, Armin von, Europäische Verfassung und europäische Identität, JZ 2004, 53–61.

Bogdandy, Armin von, Pluralism, direct effect, and the ultimate say: On the relationship between international and domestic constitutional law, International Journal of Constitutional Law 2008, 397–413.

Bogdandy, Armin von/Huber, Peter M. (Hrsg.), Handbuch Ius Publicum Europaeum II, Heidelberg 2008.

Bogdandy, Armin von/Schill, Stephan, Die Achtung der nationalen Identität unter dem reformierten Unionsvertrag, ZaöRV 2010, 701–734.

Bogdandy, Armin von/Schill, Stephan, Overcoming absolute primacy:respect for national identity under the lisbon treaty, CMLRev. 2011, 1417–1454.

Böhm, Monika, Umfang und Grenzen eines europäischen Verbots der Altersdiskriminierung im deutschen Recht, JZ 2008, 324–330.

Borchardt, Klaus-Dieter, Richterrecht durch den EuGH, in: Randelzhofer/Scholz/Wilke (Hrsg.), Gedächtnisschrift für Eberhard Grabitz, München 1996, 41–56.

Borchardt, Klaus-Dieter, Die rechtlichen Grundlagen der Europäischen Union, Heidelberg, 3. Auflage 2006.

Borries, Reimer von, Das Subsidiaritätsprinzip im Recht der Europäischen Union, EuR 1994, 263–300.

Braas, Beate, Die Kompetenzordnung im Vertrag von Lissabon, in: Pernice (Hrsg.), Der Vertrag von Lissabon: Reform der EU ohne Verfassung? 2008, 109–128.

Breitenmoser, Stephan/Riemer, Boris/Seitz, Claudia, Praxis des Europarechts, Köln 2006.

Brinktrine, Ralf, Urteilsanmerkung, JZ 2008, 790–792.

Bröhmer, Jürgen, Zulässige Untersagung eines Tötungsspiels, EuZW 2004, 753–757.

Brosius-Gersdorf, Frauke, Bindung der Mitgliedstaaten an die Gemeinschaftsgrundrechte, Berlin 2005.

Bruns, Manfred, Der EuGH beendet die deutsche Sonderrechtsprechung zur Benachteiligung verpartnerter Beschäftigter, EuZW 2008, 257–258.

Bruns, Manfred, Die Maruko-Entscheidung im Spannungsfeld zwischen europäischer und nationaler Auslegung, NJW 2008, 1929–1931.

Bulterman, M. K./Kranenborg, H.R., What if rules on free movement and human rights collide? About laser games and human dignity: the Omega case, European Law Review 2006, 93–101.

Burrows, Noreen, Question of Community Accession to the European Convention Determined, European Law Review 1997, 58–63.

Busse, Christian, Die Geltung der EMRK für die Rechtsakte der EU, NJW 2000, 1074–1079.

Calliess, Christian, Subsidiaritäts- und Solidaritätsprinzip in der Europäischen Union, Baden-Baden, 2. Auflage 1999.

Calliess, Christian, Europa als Wertegemeinschaft - Integration und Identität durch europäisches Verfassungsrecht, JZ 2004, 1033–1045.

Calliess, Christian, Grundlagen, Grenzen und Perspektiven europäischen Richterrechts, NJW 2005, 929–933.

Calliess, Christian, Optionen zur Demokratisierung der Europäischen Union, in: Bauer/Huber/Sommermann (Hrsg.), Demokratie in Europa, Tübingen 2005, 281–317.

Calliess, Christian, Rechtsfortbildung und Richterrecht in der EU, Berliner Online-Beiträge zum Europarecht, herausgegeben vom Lehrstuhl für Öffentliches Recht und Europarecht, Freie Universität Berlin, Nr. 28, 2005, 1-25.

Calliess, Christian; Ruffert, Matthias, Verfassung der Europäischen Union, Kommentar der Grundlagenbestimmungen, München 2006.

Calliess, Christian; Ruffert, Matthias, Kommentar EUV/EGV, München 3. Auflage 2007.

Calliess, Christian, Mitverantwortung der Rechtswissenschaft für die Verwendung des Verfassungstopos – Die Europäische Verfassung als Opfer der symbolischen Tragweite des Begriffes?, in: Pernice (Hrsg.), Der Vertrag von Lissabon: Reform der EU ohne Verfassung? 2008, 49–74.

Calliess, Christian; Ruffert, Matthias, Kommentar EUV/AEUV, München 4. Auflage 2011.

Carstens, Karl, Der Rang europäischer Verordnungen gegenüber deutschen Rechtsnormen, in: Riese/Aubin/von Caemmerer (Hrsg.), Festschrift für Otto Riese aus Anlass seines siebzigsten Geburtstages 1964, 66ff.

Cirkel, Johannes, Die Bindungen der Mitgliedstaaten an die Gemeinschaftsgrundrechte, Baden-Baden 2000.

Claes, Monica, The national courts' mandate in the European Constitution, Oxford 2006.

Classen, Claus Dieter, Anmerkung zu Beschluss des BVerfG vom 6.5.2008 - 2 BvR 1830/06, JZ 2008, 794–796.

Commichau, Michael Friedrich, Nationales Verfassungsrecht und europäische Gemeinschaftsverfassung, Baden-Baden 1995.

Coppel, Jason/O'Neill, Aidan, The European Court of Justice: Taking Rights Seriously?, CMLRev. 1992, 669.

Cottier, Thomas/Scarpelli, Samuele, Die Legitimität des Europarechts, in: Epiney/Haag/Heinemann (Hrsg.), Die Herausforderung von Grenzen, Baden-Baden 2007, 37–53.

Curtin, Deirdre, Case Note To C-159/90, The Society for the Protection of Unborn Children Ireland Ltd. v. Grogan, CMLRev. 1992, 585–603.

Daig, Hans-Wolfram, Die Gerichtbarkeit in der Europäischen Wirtschaftsgemeinschaft und der Europäischen Atomgemeinschaft, AöR 1958, 132–208.

Danwitz, Thomas von, Verwaltungsrechtliches System und Europäische Integration, Tübingen 1996.

Danwitz, Thomas von, Rechtswirkungen von Richtlinien in der neueren Rechtsprechung des EuGH, JZ 2007, 697–706.

Danwitz, Thomas von, Funktionsbedingungen der Rechtsprechung des Europäischen Gerichtshofes, EuR 2008, 769–785.

Dänzer-Vanotti, Wolfgang, Unzulässige Rechtsfortbildung des Europäischen Gerichtshofs, RIW 1992, 733–742.

Dänzer-Vanotti, Wolfgang, Der Europäische Gerichtshof zwischen Rechtsprechung und Rechtsetzung, in: Due/Lutter/Schwarze (Hrsg.), Festschrift für Ulrich Everling, Baden-Baden 1995, 205-222.

Dashwood, Alan/Johnston, Angus, Synthesis of the Debate, in: Dashwood/Johnston (Hrsg.), The future of the judicial system of the European Union, Oxford 2001, 55–83.

Di Fabio, Udo, Richtlinienkonformität als ranghöchstes Normauslegungsprinzip?, NJW 1990, 947–954.

Di Fabio, Udo, Das Recht offener Staaten, Tübingen 1998.

Dobler, Philipp, Legitimation und Grenzen der Rechtsfortbildung durch den EuGH, in: Roth/Hilpold (Hrsg.), Der EuGH und die Souveränität der Mitgliedstaaten, Bern 2008.

Doehring, Karl, Die nationale Identität der Mitgliedstaaten der Europäischen Union, in: Due/Lutter/Schwarze (Hrsg.), Festschrift für Ulrich Everling, Baden-Baden 1995, 263–271.

Dorn, Dietrich-W, Art. 235 EWGV - Prinzipien der Auslegung, Kehl am Rhein 1986.

Dworkin, Ronald M., Law's empire, Cambridge, Mass. 1986.

Edward, David, Richterrecht in community law, in: Schulze/Seif (Hrsg.), Richterrecht und Rechtsfortbildung in der Europäischen Rechtsgemeinschaft, Tübingen 2003, 75–80.

Ehlers, Dirk, Die Grundrechte des Europäischen Gemeinschaftsrechts, Jura 2002, 468–477.

Ehlers, Dirk, Die Grundrechte der Europäischen Union, in: Ehlers (Hrsg.), Europäische Grundrechte und Grundfreiheiten, Berlin, 3. Auflage 2009, 443–485.

Epiney, Astrid, Gemeinschaftsrecht und Föderalismus: "Landes-Blindheit" und Pflicht zur Berücksichtigung innerstaatlicher Verfassungsstrukturen, EuR 1994, 301–324.

Epiney, Astrid, Zur Tragweite des Art. 10 EGV im Bereich der Außenbeziehungen, in: Bröhmer/Bieber/Calliess/Langenfeld/Weber/Wolf (Hrsg.), Internationale Gemeinschaft und Menschenrechte, Köln 2005, 441–459.

Erler, Adalbert, Das Grundgesetz und die öffentliche Gewalt internationaler Staatengemeinschaften (Hrsg.), Veröffentlichungen der Vereinigung der deutschen Staatsrechtslehrer, Band 18, Berlin 1960, 7ff.

Everling, Ulrich, Der Gerichtshof als Entscheidungsinstanz, in: Everling (Hrsg.), Das Europäische Gemeinschaftsrecht im Spannungsfeld von Politik und Wirtschaft, Baden-Baden 1985, 424–445.

Everling, Ulrich, Zum Vorrang des EG-Rechts vor nationalem Recht, DVBl 1985, 1201–1206.

Everling, Ulrich, Richterrecht in der Europäischen Gemeinschaft, Europa-Institut der Universität des Saarlandes, Vorträge, Reden und Berichte aus dem Europa-Institut, abrufbar im Internet unter: http://europainstitut.de/fileadmin/schriften/151.pdf (Stand: April 2013).

Everling, Ulrich, Zur föderalen Struktur der Europäischen Gemeinschaft, in: Hailbronner/Ress/Stein (Hrsg.), Staat und Völkerrechtsordnung, Berlin 1989, 179–198.

Everling, Ulrich, Brauchen wir "Solange III"?, EuR 1990, 195–227.

Everling, Ulrich, Der Beitrag des Europäischen Gerichtshofs zur europäischen Grundrechtsgemeinschaft, in: Stern (Hrsg.), 40 Jahre Grundgesetz, München 1990, 167–180.

Everling, Ulrich, Justiz in Europa von morgen, DRiZ 1993, 5–10.

Everling, Ulrich, Zur Funktion des Gerichtshofs der Europäischen Gemeinschaften als Verwaltungsgericht, in: Bender/Breuer/Ossenbühl/Sendler (Hrsg.), Rechtsstaat zwischen Sozialgestaltung und Rechtsschutz, München 1993, 293–312.

Everling, Ulrich, Das Maastricht-Urteil des Bundesverfassungsgerichts und seine Bedeutung für die Entwicklung der Europäischen Union, Integration 1994, 165–175.

Everling, Ulrich, Diskussionsbeitrag, in: Hommelhoff/Kirchhof (Hrsg.), Der Staatenverbund der Europäischen Union, Heidelberg 1994, 61–65.

Everling, Ulrich, Zur Begründung der Urteile der Gerichtshofs der Europäischen Gemeinschaften, EuR 1994, 127–143.

Everling, Ulrich, Will Europe slip on bananas? The bananas judgement of the Court of Justice and National Courts, CMLRev. 1996, 401–437.

Everling, Ulrich, Die Zukunft der europäischen Gerichtsbarkeit in einer erweiterten Europäischen Union, EuR 1997, 398–418.

Everling, Ulrich, Subsidiaritätsprinzip und "ausschließliches" Gemeinschaftsrecht - ein "faux probleme" der Verfassungsauslegung, in: Burmeister (Hrsg.), Verfassungsstaatlichkeit, München 1997, 1227–1237.

Everling, Ulrich, Richterliche Rechtsfortbildung in der Europäischen Gemeinschaft, JZ 2000, 217–227.

Everling, Ulrich, Europas Zukunft unter der Kontrolle der nationalen Verfassungsgerichte, EuR 2010, 91–107.

Fastenrath, Ulrich/Müller-Gerbes, Maike/Groh, Thomas, Europarecht, Stuttgart, 2. Auflage 2004.

Folz, Hans-Peter, Demokratie und Integration, Berlin 1999.

Franzen, Martin, Privatrechtsangleichung durch die Europäische Gemeinschaft, Berlin 1999.

Frenz, Walter, Menschenwürde und Dienstleistungsfreiheit, NVwZ 2005, 48–50.

Frenz, Walter, Europäische Grundrechte, Berlin 2009.

Frenz, Walter, Wirkungen und Rechtsschutz, Heidelberg 2010.

Frenz, Walter, Europäische Grundfreiheiten, Berlin, Heidelberg 2. Auflage 2012.

Friauf, Karl Heinrich, Die Notwendigkeit einer verfassungskonformen Auslegung im Recht der westeuropäischen Gemeinschaften, AöR 1960, 224–235.

Fries, Sybilla, Die Grundrechtsbindung der Mitgliedstaaten nach dem Gemeinschaftsrecht, München 2002.

Fromont, Michael, Konflikt oder Gleichlauf zwischen den Verfassungen der Mitgliedstaaten und der Verfassung der EU/EG?, in: Müller-Graff/Riedel (Hrsg.), Gemeinsames Verfassungsrecht in der Europäischen Union, Baden-Baden 1998, 149–156.

Funke, Andreas, Der Anwendungsvorrang des Gemeinschaftsrechts, DÖV 2007, 733–740.

Gaja, Giorgio, Case Law, Court of Justice, Opinion 2/94, CMLRev. 1996, 973–989.

Gas, Tonio, Die unmittelbare Anwendbarkeit von Richtlinien zu Lasten Privater im Urteil Mangold, EuZW 2005, 737.

Gas, Tonio, Mangold und die Folgen, EuZW 2007, 713.

Gebauer, Katharina, Parallele Grund- und Menschenrechtsschutzsysteme in Europa?, Berlin 2007.

Geiger, Rudolf; Khan, Daneil-Erasmus; Kotzur, Markus, Kommentar zum EUV/AEUV, München, 5. Auflage 2010.

Giorgi, Florence/Triart, Nicolas, National Judges, Community Judges: Invitation to a Journey through the Looking-glass - On the Need for Jurisdictions to Rethink the Inter-systemic Relations beyond the Hierarchical Principle, European Law Journal 2008, 693–717.

Glaesner, Hans-Joachim/Bieber, Roland, Europarecht, Baden-Baden, 18. Auflage 2007.

Grabenwarter, Christoph, Europäisches und nationales Verfassungsrecht, in: Veröffentlichungen der Vereinigung der deutschen Staatsrechtslehrer, Band 60, Berlin 2001, 290–349.

Grabenwarter, Christoph, Staatliches Unionsverfassungsrecht, in: von Bogdandy (Hrsg.), Europäisches Verfassungsrecht, Berlin 2003, 283–338.

Grabitz, Eberhard, Gemeinschaftsrecht bricht nationales Recht, Hamburg 1966.

Grabitz, Eberhard; Hilf, Meinhard; Nettesheim, Martin, Das Recht der Europäischen Union – Kommentar, 49. Ergänzungslieferung, München 2012.

Groeben, Hans von der; Schwarze, Jürgen, Kommentar zum Vertrag über die Europäische Union und zur Gründung der Europäischen Gemeinschaft, Baden-Baden, 6. Auflage 2003.

Gronen, Vera, Die "Vorwirkung" von EG-Richtlinien, Baden-Baden 2006.

Guhlan, Marcus, Das Demokratiedefizit in der Europäischen Union: Europa als Demokratie nach dem Muster der Nationalstaaten?, München 2008.

Gundel, Jörg, Die Einordnung des Gemeinschaftsrechts in die französische Rechtsordnung, Berlin 1997.

Häberle, Peter, Verfassungsrechtliche Ewigkeitsklauseln als verfassungsrechtliche Identitätsgarantien, in: Hangartner/Trechsel (Hrsg.), Völkerrecht im Dienste des Menschen, Bern 1986, 81–108.

Häberle, Peter, Rechtsvergleichung im Kraftfeld des Verfassungsstaates, Berlin 1992.

Häde, Ulrich/Puttler, Adelheid, Zur Abgrenzung des Art. 235 EGV von der Vertragsänderung, EuZW 1997, 13–17.

Hailbronner, Kay, Die deutschen Bundesländer in der EG, JZ 1990, 149–158.

Hailbronner, Kay, Die Unionsbürgerschaft und das Ende rationaler Jurisprudenz durch den EuGH?, NJW 2004, 2185–2189.

Hailbronner, Kay, Hat der EuGH eine Normverwerfungskompetenz?, NZA 2006, 811–816.

Haltern, Ulrich, Rechtswissenschaft als Europawissenschaft, in: Schuppert/Pernice/Haltern (Hrsg.), Europawissenschaft, Baden-Baden 2005, 37–87.

Haltern, Ulrich, Europarecht, Tübingen, 2. Auflage 2007.

Haratsch, Andreas/Koenig, Christian/Pechstein, Matthias, Europarecht, Tübingen, 8. Auflage 2012.

Hartley, Trevor C., Constitutional problems of the European Union, Oxford 1999.

Hasselbach, Kai, Der Vorrang des Gemeinschaftsrechts vor dem nationalem Verafssungsrecht nach dem Vertrag von Amsterdam, JZ 1996, 942–944.

Hellmann, Vanessa, Der Vertrag von Lissabon, Berlin 2009.

Herdegen, Matthias, Europarecht, München, 14. Auflage 2012.

Herzog, Roman/Gerken, Lüder, Stoppt der Europäischen Gerichtshof, FAZ 08.09.2008.

Heselhaus, Sebastian/Schmidt-De Caluwe, Reimund, Ernstfall für die Gleichberechtigung - europa- und verfassungsrechtliche Aspekte der Novellierung des Soldatenrechts, NJW 2001, 263–269.

Hilbig, Katharina, Der Streit um den ausreichenden Grundrechtsschutz gegen die Bananenmarktordnung, Walter Hallstein-Institut für Europäisches Verfassungsrecht, WHI-Paper, abrufbar im Internet unter: http://www.whi-berlin.de/documents/whi-paper0600.pdf (Stand: April 2013).

Hilf, Meinhard, Europäische Union und nationale Identität der Mitgliedstaaten, in: Randelzhofer/Scholz/Wilke (Hrsg.), Gedächtnisschrift für Eberhard Grabitz, München 1996, 157–170.

Hirsch, Günter, Europäischer Gerichtshof und Bundesverfassungsgericht - Kooperation oder Konfrontation?, NJW 1996, 2457–2466.

Hirsch, Günter, Kompetenzverteilung zwischen EuGH und nationaler Gerichtsbarkeit, NVwZ 1998, 907–910.

Hirsch, Günter, Dezentralisierung des Gerichtssystems der Europäischen Union?, ZRP 2000, 57–60.

Hirsch, Günter, Die Europäische Gemeinschaft hat ein Demokratiedefizit - Die Rechtsprechung des EuGH ist "natürlich" eher integrationsfreundlich, ZRP 2007, 69–70.

Hobe, Stephan, Der offene Verfassungsstaat zwischen Souveränität und Interdependenz, Berlin 1998.

Hofmann, Rainer, Oberster Gerichtshof Kopenhagen, EuGRZ 1999, 49–52.

Höpfner, Clemens/Rüthers, Bernd, Grundlagen einer europäischen Methodenlehre, AcP 2009, 1–36.

Huber, Peter M., Bundesverfassungsgericht und Europäischer Gerichtshof als Hüter der Gemeinschaftsrechtlichen Kompetenzordnung, AöR 1991, 210–249.

Huber, Peter M., Die Rolle des Demokratieprinzips im europäischen Integrationsprozess, StWuStP 1992, 349ff.

Huber, Peter M., Maastricht - ein Staatsstreich?, Stuttgart 1993.

Huber, Peter M., Der Staatenverbund der Europäischen Union, in: Ipsen/Rengeling/Mössner/Weber (Hrsg.), Verfassungsrecht im Wandel, Köln 1995, 349–371.

Huber, Peter M., Das Kooperationsverhältnis zwischen BVerfG und EuGH in Grundrechtsfragen, EuZW 1997, 517–521.

Huber, Peter M., Demokratie ohne Volk oder Demokratie der Völker? - Zur Demokratiefähigkeit der Europäischen Union -, in: Drexl/Kreuzer/Scheuing/Sieber (Hrsg.), Europäische Demokratie, Baden-Baden 1999, 27–57.

Huber, Peter M., Europäisches und nationales Verfassungsrecht, in: Veröffentlichungen der Vereinigung der deutschen Staatsrechtslehrer, Band 60, Berlin 2001, 194–245.

Huber, Peter M., Recht der europäischen Integration, München, 2. Auflage 2002.

Huber, Peter M., Das institutionelle Gleichgewicht zwischen Rat und Europäischem Parlament in der künftigen Verfassung für Europa, EuR 2003, 574–599.

Huber, Peter M., Demokratie in Europa - Zusammenfassung und Ausblick, in: Bauer/Huber/Sommermann (Hrsg.), Demokratie in Europa, Tübingen 2005, 491–512.

Huber, Peter M., Offene Staatlichkeit: Vergleich, in: von Bogdandy/Huber (Hrsg.), Handbuch Ius Publicum Europaeum II, Heidelberg 2008, 403–459.

Huber, Peter M., Unitarisierung durch Gemeinschaftsgrundrechte - Zur Überprüfungsbedürftigkeit der ERT-Rechtsprechung, EuR 2008, 190–199.

Hufeld, Ulrich, Anwendung des europäischen Rechts in Grenzen des Verfassungsrechts, in: Isensee/Kirchhof (Hrsg.), Deutschland in der Staatengemeinschaft, Heidelberg, 3. Auflage 2012.

Huthmacher, Karl Eugen, Der Vorrang des Gemeinschaftsrechts bei indirekten Kollisionen, Köln 1985.

Ipsen, Hans Peter, Die Verfassungsrolle des Europäischen Gerichtshofs für die Integration, in: Schwarze (Hrsg.), Der Europäische Gerichtshof als Verfassungsgericht und Rechtsschutzinstanz, Baden-Baden 1983, 29–63.

Ipsen, Hans Peter, Zehn Glossen zum Maastricht-Urteil, EuR 1994, 1–21.

Isensee, Josef, Vorrang des Europarechts und deutsche Verfassungsvorbehalte, in: Burmeister (Hrsg.), Verfassungsstaatlichkeit, München 1997, 1239–1268.

Jahn, Joachim, Europarichter überziehen ihre Kompetenzen, NJW 2008, 1788–1789.

Jarass, Hans D., EU-Grundrechte, München 2005.

Jarass, Hans D./Beljin, Sasa, Unmittelbare Anwendung des EG-Rechts und EG-rechtskonforme Auslegung, JZ 2003, 768–777.

Jarass, Hans D./Beljin, Sasa, Die Bedeutung von Vorrang und Durchführung des EG-Rechts für die nationale Rechtssetzung und Rechtsanwendung, NVwZ 2004, 1–11.

Jarass, Hans D.; Pieroth, Bodo, Grundgesetz für die Bundesrepublik Deutschland –Kommentar, München, 12. Auflage 2012.

Kadelbach, Stefan, Allgemeines Verwaltungsrecht unter europäischem Einfluß, Tübingen 1999.

Kelsen, Hans, Reine Rechtslehre, Aalen, 2. Neudr. d. 1. Aufl. Leipzig und Wien 1934, 1994.

Kempen, Bernhard/Hillgruber, Christian, Völkerrecht, München 2012.

Kenntner, Markus, Das Subsidiaritätsprotokoll des Amsterdamer Vertrages - Anmerkungen zum Begrenzungscharakter des gemeinschaftsrechtlichen Subsidiaritätsprinzips, NJW 1998, 2871–2875.

Kimmel, Adolf, Verfassungen der EU-Mitgliedstaaten, München, 6. Auflage 2005.

Kindler, Peter, Bezugsrechtsausschluß und unternehmerisches Ermessen nach deutschen und europäischem Recht, ZGR 1998, 35–68.

Kirchhof, Paul, Der deutsche Staat im Prozeß der europäischen Integration, in: Isensee/Kirchhof (Hrsg.), Normativität und Schutz der Verfassung - Internationale Beziehungen, Heidelberg 1992.

Kirchhof, Paul, Die Identität der Verfassung in ihren unabänderlichen Inhalten, in: Badura/Isensee/Kirchhof (Hrsg.), Grundlagen von Staat und Verfassung, Heidelberg, 2. Auflage 1995, 775–814.

Kirchhof, Paul, Die Gewaltenbalance zwischen staatlichen und europäischen Organen, JZ 1998, 965–974.

Kirchhof, Paul, Der europäische Staatenverbund, in: von Bogdandy/Bast (Hrsg.), Europäisches Verfassungsrecht, Heidelberg, 2. Auflage 2009, 1009–1043.

Kirchhof, Paul, Der deutsche Staat im Prozeß der europäischen Integration, in: Isensee/Kirchhof (Hrsg.), Deutschland in der Staatengemeinschaft, Heidelberg, 3. Auflage 2012.

Koberski, Wolfgang, Befristete Arbeitsverträge älterer Arbeitnehmer im Einklang mit Gemeinschaftsrecht, NZA 2005, 79–84.

Kocher, Eva, Neujustierung des Verhältnisses zwischen EuGH und nationalen Arbeitsgerichten - oder ein Ausrutscher?, RdA 2008, 238–241.

Köck, Heribert Franz, Grundsätzliches Primat und Vorrang des Unions- bzw. Gemeinschaftsrechts im Verhältnis zum mitgliedstaatlichen Rechts oder Als die Frösche keinen König haben wollten, in: Bröhmer/Bieber/Calliess/Langenfeld/Weber/Wolf (Hrsg.), Internationale Gemeinschaft und Menschenrechte, Köln 2005, 557–576.

Koenig, Christian, Gemeinschaftsrechtliche Unzulässigkeit einstweiliger Regelungsanordnungen gem. §123 I VwGO im mitgliedstaatlichen Vollzug einer Gemeinsamen Marktorganisation?, EuZW 1997, 206–208.

Koenig, Christian/Zeiss, Christopher, Entscheidungen -Europarecht, Anmerkung, JZ 1997, 458–463.

Kokott, Juliane/Doehring, Karl/Buergenthal, Thomas, Grundzüge des Völkerrechts, Heidelberg, 3. Auflage 2003.

Kokott, Juliane B., European Community Case Note C-159/90, The American Journal of International Law 1992, 367–370.

Kopp, Andreas, Europäische Identität als Kategorie des Europarechts, Tübingen 2002.

Körner, Marita, Europäisches Verbot der Altersdiskriminierung in Beschäftigung und Beruf, NZA 2005, 1395–1398.

Koslowski, Peter/Brague, Rémi, Vaterland Europa, Wien 1997.

Köster, Constantin/Schröder, Jan, Eine beachtenswerte Kompetenzüberschreitung - Frauen an die Waffe, NJW 2001, 273–274.

Kottmann, Matthias/Wohlfahrt, Christian, Der gespaltene Wächter?, ZaöRV 2009, 443–470.

Kraußer, Hans-Peter, Das Prinzip begrenzter Ermächtigung im Gemeinschaftsrecht als Strukturprinzip des EWG-Vertrages, Berlin 1991.

Krieger, Kai, Die gemeinschaftsrechtskonforme Auslegung des deutschen Rechts, Münster 2005.

Kühling, Jürgen, Grundrechte, in: von Bogdandy/Bast (Hrsg.), Europäisches Verfassungsrecht, Heidelberg, 2. Auflage 2009, 657–704.

Kumm, Mattias, The Jurisprudence of Constitutional Conflict: Constitutional Supremacy in Europe before and after the Constitutional Treaty, European Law Journal 2005, 262–307.

Kumm, Mattias/Ferres Comella, Victor, The primacy clause of the constitutional treaty and the future of constitutional conflict in the European Union, International Journal of Constitutional Law 2005, 473–492.

Kundera, Milan, Die Kunst des Romans, Frankfurt am Main 1989.

Kuras, Gerhard, Gemeinschaftswidrigkeit des §14 Abs. 3 Satz 4 TzBfG - Besprechung des Urteils EuGH vom 22.11.2005 - Rs. C-144/04, RdA 2007, 169–176.

Kwiecien, Roman, The Primacy of European Union Law over National Law Under the Constitutional Treaty, German Law Journal 2005, 1479–1495.

Laber, Jörg/Goetzmann, Markus J., Befristung von Arbeitsverträgen älterer Arbeitnehmer nach der Mangold-Entscheidung des EuGH, ArbRB 2006, 51–54.

Langenfeld, Christine/Zimmermann Andreas, Interpendenzen zwischem nationalem Verfassungsrecht, Europäischer Menschenrechtskonvention und Europäischem Gemeinschaftsrecht, ZaöRV 1992, 259–317.

Larenz, Karl, Methodenlehre der Rechtswissenschaft, Berlin, 6. Auflage 1991.

Lauwaars, R.H., Case Note on Joined Cases 46/87 and 227/88, Case 85/87 and Joined cases 97-99/87, CMLRev. 1990, 355–370.

Lembke, Mark, Sind an die Ehe anknüpfende Leistungen des Arbeitgebers auch an Lebenspartner zu gewähren?, NJW 2008, 1631–1634.

Lenz, Carl Otto/Mölls, Walter, "Due Process" im Wettbewerbsrecht der EWG, WuW 1991, 771–792.

Lenz, Carl Otto; Borchart, Klaus-Dieter, EU- und EG-Vertrag, München, 4. Auflage 2006.

Lerche, Peter, Achtung der nationalen Identität, in: Schippel (Hrsg.), Festschrift zum 65. Geburtstag für Helmuth Schippel, München 2001, 919–923.

Lindner, Josef Franz, Rechtsprechung - Europäischer Gerichtshof, BayVBl. 2005, 205–208.

Lucey, Mary C., Europäische Integration und nationales Verfassungsrecht in Irland, in: Battis/Tsatsos/Stefanou (Hrsg.), Europäische Integration und nationales Verfassungsrecht, Baden-Baden 1995, 213–265.

Lück, Michael, Die Gemeinschaftstreue als allgemeines Rechtsprinzip im Recht der Europäischen Gemeinschaft, Baden-Baden 1992.

MacCormick, Neil, Das Maastricht-Urteil: Souveränität heute, JZ 1995, 797–800.

MacCormick, Neil, Risking Constitutional Collision in Europe?, Oxford Journal of Legal Studies 1998, 517–532.

MacCormick, Neil, Questioning sovereignty, Oxford 2001.

Maduro, Miguel Poiares, We the Court: The European Court of Justice and the European Economic Constitution, Oxford - Portland Oregon 1998.

Maduro, Miguel Poiares, Contrapunctual Law: Europe's Constitutional Pluralism in Action, in: Walker (Hrsg.), Sovereignty In Transition, Oxford 2003, 501–537.

Maduro, Miguel Poiares, How Constitutional Can the European Union Be? The Tension Between Intergovernamentalism and Constitutionalism in the European Union, NYU School of Law, New York, Jean Monnet Center, abrufbar im Internet unter: http://centers.law.nyu.edu/jeanmonnet/archive/papers/04/040501-18.pdf (Stand: April 2013).

Maduro, Miguel Poiares, Der Kontrapunkt im Dienste eines europäischen Verfassungspluralismus, EuR 2007, 3–31.

Maganaris, Emmanuel, The principle of Supremacy of Community Law - The Greek Challenge, European Law Review 1998, 179–182.

Maganaris, Emmanuel, The principle of supremacy of Community law in Greece - from direct challenge to non-application, European Law Review 1999, 426–432.

Mangoldt, Hermann von; Klein, Friedrich; Starck, Christian, GG Kommentar, München, 6. Auflage 2010.

Maunz, Theodor; Dürig, Günter, Kommentar zum Grundgesetz, 67. Ergänzungslieferung, München 2012.

Maurer, Andreas, Vermittlung, Steuerung und demokratische Verantwortung: Die Sollbruchstellen des Reformvertrages, in: Pernice (Hrsg.), Der Vertrag von Lissabon: Reform der EU ohne Verfassung? 2008, 31–48.

Maurer, Hartmut, Allgemeines Verwaltungsrecht, München, 18. Auflage 2011.

Mayer, Franz C., Kompetenzüberschreitung und Letztentscheidung, München 2000.

Mayer, Franz C., Die drei Dimensionen der Europäischen Kompetenzdebatte, ZaöRV 2001, 577–640.

Mayer, Franz C., The language of the European Constituion - beyond Babel?, in: Bodnar/Kowalski/Raible/Schorkopf (Hrsg.), The emerging constitutional law of the European Union, Berlin 2003.

Mayer, Franz C., Competences-reloaded? The vertical division of powers in the EU and the new European Constitution, International Journal of Constitutional Law 2005, 493–515.

Mayer, Franz C., Europa als Rechtsgemeinschaft, in: Schuppert/Pernice/Haltern (Hrsg.), Europawissenschaft, Baden-Baden 2005, 429–487.

Mayer, Franz C., Supremacy - Lost?, German Law Journal 2005, 1497ff.

Mayer, Franz C., Verfassungsgerichtsbarkeit, in: von Bogdandy/Bast (Hrsg.), Europäisches Verfassungsrecht, Heidelberg, 2. Auflage 2009, 559–607.

Merli, Franz, Rechtsprechungskonkurrenz zwischen nationalen Verfassungsgerichten, Europäischen Gerichtshof und Europäischen Gerichtshof für Menschenrechte, in: Veröffentlichungen der Vereinigung der deutschen Staatsrechtslehrer, Band 66, Berlin 2007, 392–419.

Mohr, Jochen, Bestätigung der unmittelbaren Drittwirkung eines europarechtlichen Verbots von Altersdiskriminierungen durch das BAG - zur vermeintlichen Unwirksamkeit von § 14 Abs. 3 Satz 1 und 4 TzBfG, SAE 2007, 16–34.

Moosecker, Karlheinz, Anmerkung zu Rechtssache Hoechst, WuW 1989, 1012–1016.

Morgenstern, Felice, Judicial Practice and the Supremacy of International Law, in: The british yearbook of international law, Oxford 1950, 42–98.

von Münch, Ingo, Kunig, Philip, Grundgesetz-Kommentar, München, 6. Auflage 2012.

Müller-Graff, Peter-Christian, Binnenmarktauftrag und Subsidairitätsprinzip, ZHR 1995, 34–78.

Nettesheim, Martin, Grundrechtliche Prüfdichte durch den EuGH, EuZW 1995, 106–108.

Nettesheim, Martin, Normenhierarchien im EU-Recht, EuR 2006, 737–772.

Nicolaysen, Gert, Historische Entwicklungslinien des Grundrechtsschutzes in der EU, in: Heselhaus/Nowak (Hrsg.), Handbuch der Europäischen Grundrechte, München 2006, 1–28.

Oettingen, Anne von/Rabenschlag, David, Europäische Richtlinien und allgemeiner Gleichheitssatz im innerstaatlichen Recht - Anmerkungen anlässlich des Mangold-Urteils des EuGH, ZEuS 2006, 363–380.

Ohler, Christoph/Weiß, Wolfgang, Einstweiliger Rechtsschutz vor nationalen Gerichten und Gemeinschaftsrecht, NJW 1997, 2221–2222.

O'Leary, Siofra, The Court of Justice as a reluctant constitutional adjudicator: an examination of the abortion information case, European Law Review 1992, 138–157.

O'Leary, Siofra, Current Topic: Accession by the European Community to the European Convention on Human Rights - The Opinion of the ECJ, European Human Rights Law Review 1996, 362–377.

Oppenheimer, Andrew, The Relationship between European Community law and national law, Cambridge, New York, NY, USA 1994.

Oppenheimer, Andrew, The Relationship between European Community law and national law, Cambridge, New York, NY, USA 2003.

Oppermann, Thomas, Europarecht, München, 3. Auflage 2005.

Oppermann, Thomas/Classen, Claus Dieter/Nettesheim, Martin, Europarecht, München, 5. Auflage 2011.

Pache, Eckhard, Europäische und nationale Identität: Integration durch Verfassungsrecht?, DVBl 2002, 1154–1167.

Papp, Konstanze von, Die Integrationswirkung von Grundrechten in der Europäischen Gemeinschaft, Baden-Baden 2007.

Peers, Peter, Taking Supremacy Seriously, European Law Review 1998, 146–156.

Pernice, Ingolf, Grundrechtsgehalte im Europäischen Gemeinschaftsrecht, Baden-Baden 1979.

Pernice, Ingolf, Grundrechtsschutz im Bananenstreit: die Wende?, EuZW 1997, 545.

Pernice, Ingolf, Kompetenzabgrenzung im europäischen Verfassungsverbund, JZ 2000, 866–876.

Pernice, Ingolf, Europäisches und nationales Verfassungsrecht, in: Veröffentlichungen der Vereinigung der deutschen Staatsrechtslehrer, Band 60, Berlin 2001, 148–193.

Pernice, Ingolf, Multilevel Constitutionalism in the European Union, European Law Review 2002, 511–529.

Pernice, Ingolf, Das Verhältnis europäischer zu nationalen Gerichten im europäischen Verfassungsverbund, Berlin 2006.

Pernice, Ingolf, La Rete Europea di Constituzionalita, ZaöRV 2010, 51–71.

Pernice, Ingolf, Der Schutz der nationalen Identität in der Europäischen Union, AöR 2011, 185–221.

Pescatore, Der Schutz der Grundrechte in den Europäischen Gemeinschaften und seine Lücken, in: Mosler/Bernhardt/Hilf (Hrsg.), Grundrechtsschutz in Europa, Berlin 1977, 64–76.

Peters, Anne, Elemente einer Theorie der Verfassung Europas, Berlin 2001.

Phelan, Diarmuid Rossa, Right to Life of the Unborn v Promotion of Trade in Service: The European Court of Justice and the Normative Shaping of the European Union, The Modern Law Review 1992, 670–689.

Phelan, Diarmuid Rossa, Revolt or revolution, Dublin 1997.

Phelan, Diarmuid Rossa/Whelan, Anthony, Ireland, in: F.I.D.E. (Federation Internationale pour le Droit Europeen) (Hrsg.), Nationales Verfassungsrecht mit Blick auf die europäische Integration, Baden-Baden 1996, 292–329.

Potz, Andrea, Gleichstellung homosexueller Paare bei der Hinterbliebenenversorgung?, Österreichisches Recht der Wirtschaft 2008, 405–408.

Preis, Ulrich, Verbot der Altersdiskriminierung als Gemeinschaftsgrundrecht - Der Fall "Mangold" und die Folgen, NZA 2006, 401–410.

Pünder, Hermann, Kommunikationsgrundrechte, in: Ehlers (Hrsg.), Europäische Grundrechte und Grundfreiheiten, Berlin, 3. Auflage 2009, 531–573.

Rabe, Hans-Jürgen, Das Verordnungsrecht der Europäischen Wirtschaftsgemeinschaft, Hamburg 1963.

Randelzhofer, Albrecht, Zum behaupteten Demokratiedefizit der Europäischen Gemeinschaft, in: Hommelhoff/Kirchhof (Hrsg.), Der Staatenverbund der Europäischen Union, Heidelberg 1994, 39–55.

Reich, Norbert, Understanding EU Law, Antwerpen, 2. Auflage 2005.

Reich, Norbert, Gemeinschaftsrechtswidrigkeit der sachgrundlosen Befristungsmöglichkeit bei Arbeitnehmern ab 52 Jahren, EuZW 2006, 17–22.

Reiner, Michael, Rückzugstendenzen von der Rs Mangold, ecolex 2007, 270–273.

Rengeling, Hans-Werner/Szczekalla, Peter, Grundrechte in der Europäischen Union, Köln 2004.

Rennert, Klaus, Bestandskraft rechtswidriger Verwaltungsakte und Gemeinschaftsrecht, DVBl 2007, 400.

Ress, Georg, Abschied von Cassis de Dijon und Dassonville?, EuZW 1993, 745.

Ress, Georg/Ukrow, Jörg, Neue Aspekte des Grundrechtsschutzes in der Europäischen Gemeinschaft, EuZW 1990, 499–505.

Richter, Tobias/Bouchouaf, Ssoufian, Das Verbot der Altersdiskriminierung als allgemeiner Grundsatz des Gemeinschaftsrechts - der Beginn eines umfassenden europäischen Diskriminierungsrechts?, NVwZ 2006, 538–541.

Ritzer, Christoph, Europäische Kompetenzordnung, Baden-Baden 2006.

Röhl, Klaus F/Röhl, Hans Christian, Allgemeine Rechtslehre, Köln, 3. Auflage 2008.

Rörig, Ursula, Die Direktwirkung von Richtlinien in Privatrechtsverhältnissen, Baden-Baden 2001.

Rudisile, Richard, Zur Zwangsgeldentscheidung des EuGH im Hoechst-Urteil, EuZW 1990, 53–54.

Ruffert, Matthias, Die Mitgliedstaaten der Europäischen Gemeinschaft als Verpflichtete der Gemeinschaftsgrundrechte, EuGRZ 1995, 518–530.

Ruffert, Matthias, Entscheidungen - Europarecht, JZ 1996, .

Ruffert, Matthias, Die künftige Rolle des EuGH im europäischen Grundrechtsschutzsystem, EuGRZ 2004, 466–471.

Rupp, Hans Heinrich, Entscheidungen - Verfassungsrecht, Europarecht, JZ 1995, 352–354.

Rupp, Hans Heinrich, Bemerkungen zum europarechtlichen Schutz der "nationalen Identität" der Mitgliedstaaten, in: Arndt/Knemeyer/Kugelmann/Meng/Schweitzer (Hrsg.), Völkerrecht und deutsches Recht, München 2001, 173–187.

Rüthers, Bernd/Fischer, Christian/Birk, Alex, Rechtstheorie, München, 6. Auflage 2011.

Sacco, Dena T./Brown Alexia, Regulation of abortion in the European Community, Harvard International Law Journal, 291–304.

Sagan, Adam, Diskriminierung aufgrund des Alters, EuZW 2007, 762–767.

Sander, Gerald G., Der Europäische Gerichtshof als Förderer und Hüter der Integration, Berlin 1998.

Scharpf, Fritz, Kann es in Europa eine stabile föderale Balance geben?, in: Wildenmann/Besters (Hrsg.), Staatswerdung Europas?, Baden-Baden 1991, 415–428.

Scharpf, Fritz, Der einzige Weg ist, dem EuGH nicht zu folgen, Mitbestimmung 2008, 18–23.

Scheibeler, Elke, Begriffsbildung durch den Europäischen Gerichtshof - autonom oder durch Verweis auf die nationalen Rechtsordnungen, Berlin 2004.

Scheuing, Dieter H., Zur Grundrechtsbindung der EU-Mitgliedstaaten, EuR 2005, 162–191.

Schilling, Theodor, Zu den Grenzen des Vorrangs des Gemeinschaftsrechts, Der Staat 1994, 555–580.

Schilling, Theodor, The Autonomy of the Community Legal Order - An Analysis of Possible Foundations, Harvard International Law Journal 1996, 389.

Schilling,Theodor, Zum Verhältnis von Gemeinschaftrecht und nationalem Recht, ZfRV 1998, 149–152.

Schilling, Theodor, The Jurisprudence of Constitutional Conflict: Some Supplementations to Mattias Kumm, European Law Journal 2006, 173–193.

Schily, Otto, Die Identität Europas und das Wertefundament der EU, in: Derra (Hrsg.), Freiheit, Sicherheit und Recht, Baden-Baden 2006, 17–25.

Schlachter, Monika, Methoden der Rechtsgewinnung zwischen EuGH und der Arbeitsgerichtsbarkeit, ZfA 2007, 249–275.

Schmahl, Stafanie, Grundrechtsschutz im Dreieck von EU, EMRK und nationalem Verfassungsrecht, EuR 2008, 7–40.

Schmid, Christoph U., From Pont d'Avignon to Ponte Vecchio, Florence 1998.

Schmid, Christoph U., Multi-Level Constitutionalism and Constitutional Conflicts, Florence, Italy 2001.

Schmitt-Glaeser, Alexander, Grundgesetz und Europarecht als Elemente europäischen Verfassungsrechts, Berlin 1996.

Schmitt-Glaeser, Alexander, Souveränität und Vorrang, in: von Bogdandy (Hrsg.), Europäisches Verfassungsrecht, Berlin 2003, 205–228.

Schneider, Hartmut, Die öffentliche Ordnung als Schranke der Grundfreiheiten im EG-Vertrag, Baden-Baden 1998.

Schockweiler, Fernand, Die richterliche Kontrollfunktion: Umfang und Grenzen in Bezug auf den Europäischen Gerichtshof, EuR 1995, 191–201.

Scholz, Rupert, Grundrechtsprobleme im europäischen Kartellrecht - Zur Hoechst-Entscheidung des EuGH, WuW 1990, 99–108.

Scholz, Rupert, Frauen an die Waffe kraft Europarechts?, DÖV 2000, 417–420.

Schorkopf, Frank, Nationale Grundrechte in der Dogmatik der Grundfreiheiten, ZaöRV 2004, 125–143.

Schultz, Elmar, Die relative Autonomie des Gerichtshofes der Europäischen Gemeinschaft: Rechtsprechung vor und nach Maastricht, Baden-Baden 1999.

Schwarze, Jürgen, Die europäische Dimension des Verfassungsrechts, in: Due/Lutter/Schwarze (Hrsg.), Festschrift für Ulrich Everling, Baden-Baden 1995, 1355–1378.

Schwarze, Jürgen, Der Schutz der Grundrechte durch den EuGH, NJW 2005, 3459–3466.

Schwarze, Jürgen, Die verordnete Demokratie, EuR 2010, 108–113.

Schwarze, Jürgen, EU-Kommentar, Baden-Baden, 3. Auflage 2012.

Schwarzenau, Michael, Deutschland im Umbruch: Dimensionale Einordnung nationaler Identität für die Identität der Deutschen, Münster 1991.

Schweitzer, Michael/Hummer, Waldemar/Obwexer, Walter, Europarecht, Wien 2007.

Shaw, Josephine, Recent developments in the field of competition procedure, European Law Review 1990, 326–334.

Sieberichs, Thomas, Nochmals: Waffeneinsatz von Frauen bei der Bundeswehr, NJW 2000, 2565–2566.

Skouris, Vassilios, Rechtswirkungen von nicht umgesetzten EG-Richtlinien und EU-Rahmenbeschlüssen gegenüber Privaten - neuere Entwicklungen in der Rechtsprechung des EuGH, ZEuS 2005, 463–477.

Slaughter, Anne-Marie/Stone Sweet, Alec/Weiler, J.H.H. (Hrsg.), The European court and national courts - doctrine and jurisprudence, Oxford 1998.

Stein, Thorsten, Richterrecht wie anderwo auch?, in: Die Hochschullehrer der juristischen Fakultät der Universität Heidelberg (Hrsg.), Richterliche Rechtsfortbildung, Heidelberg 1986, 619–621.

Steindorff, Ernst, Grenzen der EG-Kompetenzen, Heidelberg 1990.

Stone Sweet, Alec, Constitutional Dialogues in the European Community, in: Slaughter/Stone Sweet/Weiler (Hrsg.), The European court and national courts - doctrine and jurisprudence, Oxford 1998, 305–330.

Stotz, Rüdiger, Methodenfragen in der Rechtsprechung: Die Rechtsprechung des EuGH, in: Riesenhuber (Hrsg.), Europäische Methodenlehre, Berlin 2006, 409–427.

Strasser, Kyra, Grundrechtsschutz in Europa und der Beitritt der Europäischen Gemeinschaften zur Europäischen Menschenrechtskonvention, Frankfurt am Main 2001.

Streinz, Rudolf, Bundesverfassungsgerichtlicher Grundrechtsschutz und Europäisches Gemeinschaftsrecht, Baden-Baden 1989.

Streinz, Rudolf, Der "effet utile" in der Rechtsprechung des Gerichtshofs der EG, in: Due/Lutter/Schwarze (Hrsg.), Festschrift für Ulrich Everling, Baden-Baden 1995, 1491–1510.

Streinz, Rudolf, "Gemeinschaftsrecht bricht nationales Recht", in: Köbler/Heinze/Hromadka (Hrsg.), Europas universale rechtsordnungspolitische Aufgabe im Recht des dritten Jahrtausends, München 2000, 1139–1169.

Streinz, Rudolf, EUV/EGV - Kommentar, München 2003.

Streinz, Rudolf, EUV/AEUV - Kommentar, München, 2. Auflage 2012.

Streinz, Rudolf, Europarecht, Heidelberg, 9. Auflage 2012.

Streinz, Rudolf/Herrmann, Christoph, Der Fall Mangold - eine "kopernikanische Wende im Europarecht"?, RdA 2007, 165–169.

Streinz, Rudolf/Ohler, Christoph/Herrmann, Christoph, Der Vertrag von Lissabon zur Reform der EU, München, 3. Auflage 2010.

Streinz, Rudolf/Ohler, Christoph/Herrmann, Christoph/Kruis, Tobias, Die neue Verfassung für Europa, München 2005.

Strohmayr, Sebastian, Kompetenzkollisionen zwischen europäischem und nationalem Recht, Baden-Baden 2006.

Stüber, Stephan, Was folgt aus "Maruko"?, NVwZ 2008, 750–753.

Szczekalla, Peter, Die sogenannten grundrechtlichen Schutzpflichten im deutschen und europäischen Recht, Berlin 2002.

Szczekalla, Peter, Das Verhältnis zwischen dem Grundrechtsschutz in der EU und in den Mitgliedsataaten, in: Heselhaus/Nowak (Hrsg.), Handbuch der Europäischen Grundrechte, München 2006, 36–55.

Temming, Felipe, Der Fall Palacios: Kehrtwende im Recht der Altersdiskriminierung?, NZA 2007, 1193–1200.

Terhechte, Jörg Philipp, Temporäre Durchbrechung des Vorrangs des europäischen Gemeinschaftsrechts beim Vorliegen "inakzeptabler Lücken"?, EuR 2006, 828–847.

Terhechte, Jörg Philipp, Der Vertrag von Lissabon: Grundlegende Verfassungsurkunde der europäischen Rechtsgemeinschaft oder technischer Änderungsvertrag?, EuR 2008, .

Terhechte, Jörg Philipp, Der Vorrang des Unionsrechts, JuS 2008, 403.

Thieme, Werner, Das Grundgesetz und die öffentliche Gewalt internationaler Staatengemeinschaften, in: Veröffentlichungen der Vereinigung der deutschen Staatsrechtslehrer, Band 18, Berlin 1960, 50ff.

Thürer, Daniel, Föderalistische Verfassungsstrukturen für Europa - eine zweite Chance der Entfaltung, Integration 2000, 89–104.

Thym, Daniel, Book review on European Constitutionalism beyond the state, Weiler/Wind, International Journal of Constitutional Law 2006, 174–179.

Tobler, Christa, Die Rechtssachen M-1/05 und M-20/05 im Lichte der EuGH-Entscheidung Mangold, in: Epiney/Haag/Heinemann (Hrsg.), Die Herausforderung von Grenzen, Baden-Baden 2007, 241–261.

Tomuschat, Christian, Die Europäische Union unter der Aufsicht des Bundesverfassungsgerichts, EuGRZ 1993, 489–496.

Uhle, Arnd, Freiheitlicher Verfassungsstaat und kulturelle Identität, Tübingen 2004.

Ukrow, Jörg, Richterliche Rechtsfortbildung durch den EuGH, Baden-Baden 1995.

Unger, Moritz von, Pupino: Der EuGH vergemeinschaftet das intergouvernementale Recht, NVwZ 2006, 46–49.

Vedder, Christoph, Die "verfassungsrechtliche Dimension" - die bisher unbekannte Grenze für Gemeinschaftshandeln?, EuR 1996, 309–319.

Vesting, Thomas, Rechtstheorie, München 2007.

Vitzthum, Wolfgang Graf, Gemeinschaftsgericht und Verfassungsgericht - rechtsvergleichende Aspekte, JZ 1998, 161–167.

Voßkuhle, Andreas, Der europäische Verfassungsgerichtsverbund, NVwZ 2010, 1–8.

Waddington, Lisa, Note on Case C-411/05, CMLRev. 2008, 895–905.

Walker, Neil, Sovereignty and Differentiated Integration in the European Union, European Law Journal 1998, 355–388.

Walker, Neil, Flexibility within a Meta-constitutional frame: Reflections on the future of legal authority in Europe, in: DeBúrca/Scott (Hrsg.), Constitutional change in the EU, Oxford 2000, 9–30.

Walker, Neil, The Idea of Constitutional Pluralism, The Modern Law Review 2002, 317–359.

Walker, Neil, Late Sovereignty in the European Union, in: Walker (Hrsg.), Sovereignty In Transition, Oxford 2003, 3–32.

Walker, Neil, Postnational constitutionalism and the problem of translation, in: Weiler/Wind (Hrsg.), European Constitutionalism Beyond The State, Cambridge 2003, 27–54.

Walter, Christian, Die europäische Grundrechtsidee, in: Ehlers (Hrsg.), Europäische Grundrechte und Grundfreiheiten, Berlin, 3. Auflage 2009, 1–24.

Weber, Albrecht, Zur künftigen Verfassung der Europäischen Gemeinschaft, JZ 1993, 325–330.

Weber, Albrecht, Zur Kontrolle grundrechts- bzw. kompetenzwidriger Rechtsakte der EG durch nationale Verfassungsgerichte, in: Due/Lutter/Schwarze (Hrsg.), Festschrift für Ulrich Everling, Baden-Baden 1995, S. 1625-1649.

Weber, Albrecht, Europäische Verfassungsvergleichung, München, 1. Auflage 2010.

Weiler, J.H.H., Eurocracy and Distrust, Washington Law Review 1986, 1103.

Weiler, J.H.H., The Transformation of Europe, The Yale Law Journal 1991, 2403–2483.

Weiler, J.H.H., A Quiet Revolution, Comparative Political Studies 1994, 510–534.

Weiler, J.H.H., Fin-de-Siecle Europe, in: Dehousse (Hrsg.), Europe after Maastricht 1994.

Weiler, J.H.H., Der Staat "über alles": Demos, Telos und die Maastricht-Entscheidung des Bundesverfassungsgerichts., JÖR NF 1996, 91ff.

Weiler, J.H.H., The European Union belongs to its Citizens: Three Immodest Proposals, European Law Review 1997, 150–156.

Weiler, J.H.H., Fundamental Rights and Fundamental Boundaries: On the Conflict of Standards and Values in the Protection of Human Rights in the European Legal Space, in: Weiler (Hrsg.), The constitution of Europe, Cambridge, Reprinted. 1999, 102–129.

Weiler, J.H.H., Why Should Europe be a Democracy: The Corrution of Political Culture and the Principle of Constitutional Tolerance, in: Snyder (Hrsg.), The Europeanisation of Law: The Legal Effects of European Integration, Oxford - Portland Oregon 2000, 213–218.

Weiler, J.H.H., In defence of the status quo: Europe's constitutional Sonderweg, in: Weiler/Wind (Hrsg.), European Constitutionalism Beyond The State, Cambridge 2003, 7–23.

Weiler, J.H.H., On the power of the Word: Europe's constitutional iconography, International Journal of Constitutional Law 2005, 173–190.

Weiler, J.H.H./Haltern, Ulrich, The Autonomy of the Community Legal Order - Through the Looking Glass, Harvard International Law Journal 1996, 411–448.

Weiler, J.H.H./Haltern, Ulrich, Constitutional or International? The Foundations of the Community Legal Order and the Question of Judicial Kompetenz-Kompetenz, in: Slaughter/Stone Sweet/Weiler (Hrsg.), The European court and national courts - doctrine and jurisprudence, Oxford 1998, 331–364.

Weiler, J.H.H./Lockhart, Nicolas, "Taking Rights Seriously": The European Court and its Fundamental Rights Jurisprudence, CMLRev. 1995, 51-94, 579-627.

Wettner, Florian, Die Amtshilfe im Europäischen Verwaltungsrecht, Tübingen 2005.

Wieser, Bernd, Vergleichendes Verfassungsrecht, Wien 2005.

Wilkinson, Brian, Abortion, The Irish Constitution and the ECC, Public Law 1992, 20–30.

Winter, Gerd, Subsidiarität und Deregulierung im Gemeinschaftsrecht, EuR 1996, 247–269.

Winter, Leon de, Wo steckt Europas Seele?, Der Spiegel, 2004, Nr. 19, 152–158.

Winterhoff, Christian, Verfassung - Verfassungsgebung - Verfassungsänderung, Tübingen 2007.

Witte, Bruno de, Community Law and National Constitutional Values, Legal Issues of European Integration 1991, 1–22.

Witte, Bruno de, Droit communautaire et valeurs constitutionelles nationales, Droits 1991, 87ff.

Witte, Bruno de, Direct Effect, Supremacy and the Nature of the Legal Order, in: Craig/de Burca (Hrsg.), The Evolution of EU Law, Oxford 1999, 177–213.

Wohlfarth, Ernst, Europäische und deutsche Rechtsordnung, in: Institut für Völkerrecht der Universität Göttingen (Hrsg.), Beiträge zum internationalen Wirtschaftsrecht und Atomenergierecht, Göttingen 1965, 157–187.

Wolf, Joachim, Vom Grundrechtsschutz in Europa zu allgemeinverbindlich geltenden Grundrechten - Wege der Grundrechtssicherung unterhalb der Ebene europäischer Verfassungsgebung, in: Bröhmer (Hrsg.), Der Grundrechtsschutz in Europa, Baden-Baden 2002, 9–69.

Wolf-Niedermaier, Anita, Der Europäische Gerichtshof zwischen Recht und Politik, Baden-Baden 1997.

Wölker, Ulrich, Die Normenhierarchie im Unionsrecht in der Praxis, EuR 2007, 32–56.

Zimmermann, Andreas, Verbreitung von Informationen über Schwangerschaftsunterbrechungen und Europäische Menschenrechtskonvention, NJW 1993, 2966–2969.

Zuleeg, Manfred, Der Verfassungsgrundsatz der Demokratie und die Europäischen Gemeinschaften, Der Staat 1978, 27–47.

Zuleeg, Manfred, Die Rolle der rechtsprechenden Gewalt in der europäischen Union, JZ 1994, 1–8.

Zuleeg, Manfred, Bananen und Grundrechte - Anlaß zum Konflikt zwischen europäischer und deutscher Gerichtsbarkeit, NJW 1997, 1201–1207.

Zuleeg, Manfred, The European Constitution under Constitutional Constraints: The German Scenario, European Law Review 1997, 19–34.

Zuleeg, Manfred, Zum Verhältnis nationaler und europäischer Grundrechte, EuGRZ 2000, 511–517.

Zweigert, Konrad, Der Einfluss des europäischen Gemeinschaftsrechts auf die Rechtsordnungen der Mitgliedstaaten, Rabels Zeitschrift für ausländisches und internationales Privatrecht 1964, 601–622.